MOSAIK
DER GESCHICHTE AUF DER SPUR

D2 VOM MITTELALTER BIS ZUM ERSTEN WELTKRIEG

Herausgegeben
von Joachim Cornelissen • Martin Ehrenfeuchter • Christoph Henzler •
Michael Tocha • Helmut Winter

Erarbeitet
von Joachim Cornelissen • Martin Ehrenfeuchter • Christoph Henzler •
Jan Koppmann • Dorothea Kusch • Bettina Nitsche • Wolfgang Opel •
Wolfgang Petz • Stefan Schipperges • Reinhold Schmid • Michael Tocha •
Stefan Weih • Sabine Wierlemann • Helmut Winter

Beraten
von Christoph Cornelißen

Oldenbourg

1450   1500   1550   1600

ab 7. Jh. Ausbreitung des Islam
1096–1291 Kreuzzüge
ca. 1200–1350 Ostsiedlung
13./.14. Jh. italienische
Stadtrepubliken
Mittelmeerhandel/Bankenwesen
ab 1300 Osmanisches Reich ensteht
1347–1352 Pest in Europa

1517 Luthers Thesenanschlag
Beginn der Reformation

1524/25 Bauernkriege

1555 Augsburger Religionsfrieden

um 1450 Buchdruck

1453 Fall Konstantinopels

1492 Ende des islamischen Königreichs
von Granada/
Reconquista beendet

1618–1648 Dreißigjähriger Krie
1648 Westfälischer Friede

1492 Entdeckung Amerikas
ab 1492 Vertreibung von Juden und
Muslimen aus Spanien und Portugal

Ludwig XI
(1661–171:

A u f k l ä r u n g	Restauration liberale und nationale Bewegungen	Imperialismus
t s c h e r N a t i o n	Deutscher Bund	Deutsches Kaiserreich

1700	1750	1800	1850	1870/71	1900	1919

*1740–1786 Friedrich II.
König von Preußen
aufgeklärter Herrscher*

*1765 James Watt
Dampfmaschine
Beginn der industriellen
Revolution in England*

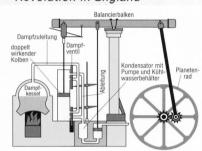

*1814/15 Wiener Kongress
Deutscher Bund*

*ab 1840 Durchbruch der
Industrialisierung in Deutschland*

*1848/49 Revolution
in Deutschland
Grundrechte des
deutschen Volkes*

*1914–1918
Erster Weltkrieg
1919 Versailler
Friedensvertrag
Vorortverträge*

*1866 Preuß.-Österr. Krieg
Ende des Deutschen Bundes*

*1870/71 Dtsch.– Frz. Krieg
Wilhelm I. (1871–1888)
deutscher Kaiser
Bismarck (1870–1890)
Reichskanzler*

*1789 Französische
Revolution
Erklärung der Menschen-
und Bürgerrechte*

*1799
Staatsstreich
Napoleons*

*Wilhelm II.
(1888–1918)
deutscher Kaiser*

*1806 Rheinbund
Ende des Heiligen Römischen
Reichs Deutscher Nation*

Was ihr bisher aus der Geschichte erfahren habt

Die Vorgeschichte

Vor etwa sieben bis sechs Millionen Jahren begann die Entwicklung des Menschen. Die ersten aufrecht gehenden Wesen lebten vor ca. 4 Millionen Jahren. Vor etwa 1,5 Millionen Jahren konnten Frühmenschen erstmals einfache Werkzeuge benutzen und das Feuer gebrauchen. Der moderne vernunftbegabte Mensch (homo sapiens sapiens) verbreitete sich von Afrika aus über alle Kontinente und erreichte Europa vor ca. 40 000 Jahren. Weil die meisten Werkzeuge aus Stein hergestellt wurden, nennt man diese lange Phase der Geschichte „Steinzeit".

Die Steinzeitmenschen lebten zunächst als Nomaden vom Jagen und Sammeln (aneignende Lebensweise). Mit dem Ende der Eiszeit um 10 000 v. Chr. entwickelte sich eine neue Lebensweise. Die Menschen begannen Ackerbau und Viehzucht zu betreiben, wurden sesshaft und entwickelten bessere Werkzeuge und neue Geräte wie die Töpferscheibe oder den Webstuhl (produzierende Lebensweise). Diese grundlegenden Veränderungen der Lebensverhältnisse werden als „neolithische" (jungsteinzeitliche) Revolution bezeichnet.

Eine frühe Hochkultur – Ägypten

In verschiedenen Teilen der Welt entstanden Hochkulturen, so z. B. auch um 3 000 v. Chr. in Ägypten. Kennzeichen von Hochkulturen sind – neben Religion und der Beherrschung einer Schrift – bedeutende künstlerische Leistungen, ein hoch entwickelter Staat mit Arbeitsteilung sowie einer hierarchischen Herrschaftsordnung. Das regelmäßig wiederkehrende Hochwasser des Nils zwang die Ägypter, ihr Zusammenleben straff zu organisieren. An der Spitze des Staates stand der Pharao, den die Menschen als König und Gott verehrten. Beamte nutzten zur Verwaltung des Landes die Hieroglyphen, eine Bilderschrift. Eine der größten Leistungen der Ägypter waren die Pyramiden, die den Pharaonen als Gräber dienten.

Antike Lebenswelten: Griechenland und Rom

Berge und Meer bestimmten das Leben der Griechen. Landknappheit und Übervölkerung führten zur Ausbreitung der Griechen über den gesamten Mittelmeerraum (750–550 v. Chr.). Die geografischen Bedingungen verhinderten die Entstehung eines Großreichs. Jeder Stadtstaat (griech. polis) machte seine eigene „Politik". Das einigende Band für die griechischen Städte war die gemeinsame Sprache, der Götterglaube und ihre gemeinschaftlichen religiösen Bräuche und Feierlichkeiten wie die Olympischen

Spiele. Auch in Wissenschaft, Kunst und Architektur waren sich die Griechen nahe. In der Polis Athen bildete sich im 5. Jh. v. Chr. eine Form der politischen Mitbestimmung für attische Vollbürger heraus, die Vorbild bis heute für viele Staaten geworden ist – die Demokratie.

Aus einem kleinen Bauerndorf am Tiber wurde im Laufe von Jahrhunderten ein römisches Weltreich, das 117 n. Chr. von Schottland bis Nordafrika und von Portugal bis Mesopotamien reichte. Damit umfasste es einen Großteil der damals bekannten Welt. Hauptsächlich möglich machte dies die Stärke des römischen Heeres, aber auch die Anpassungsfähigkeit in kultureller Hinsicht. So übernahmen die Römer vieles von den Griechen und von anderen Kulturen, mit denen sie in Berührung kamen. Wichtig war aber auch, dass die Adligen es verstanden, das Volk bei politischen Entscheidungen mit einzubinden. Im Gegensatz zu den Privatangelegenheiten (Res privata) gingen die öffentlichen Angelegenheiten (Res publica) die Gesamtheit der römischen Bürger an. Die Mächtigen im Staat wurden gewählt oder auf Zeit bestellt, in ihrer Macht kontrolliert und begrenzt. Doch die Republik zerbrach in einem hundertjährigen Bürgerkrieg, den erst Augustus 27 v. Chr. als Alleinherrscher beenden konnte. Mit ihm begann die Herrschaft der römischen Kaiser. Der Frieden im Reich wurde auch die Voraussetzung dafür, dass sich das Christentum ausbreitete. Kaiser Konstantin erkannte es 313 n. Chr. als gleichberechtigt an, später wurde es zur alleinigen Staatsreligion. Um 500 n. Chr. ging das Weströmische Reich in den Wirren der Völkerwanderung unter, das Oströmische Reich bestand noch knapp 1000

Jahre weiter. Rechtsvorstellungen, Bauwerke, die romanischen Sprachen und das Christentum gehören bis heute zum Erbe der Römer.

Was wussten die Menschen in der Antike voneinander?

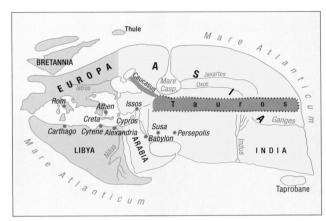

Händler, Seefahrer, Soldaten und Pilger brachten im Altertum Kunde von fernen Ländern und Kulturen. Die Nachfrage nach Luxuswaren und Edelmetallen sowie die Eroberung unbekannter Gebiete waren die bedeutendsten Triebkräfte. Griechen und Phöniker gründeten zahlreiche Kolonien rund um das Mittelmeer und das Schwarze Meer. Mit der Entstehung und Ausbreitung der großen Weltreligionen zwischen 600 v. Chr. und dem 7. Jh. n. Chr. traten Menschen unterschiedlichster Denkweise miteinander in Beziehung. Die Großreiche in Rom und China wussten voneinander, traten aber nie in direkten Kontakt. Die Eroberungszüge Alexanders des Großen erweiterten die geografischen Kenntnisse und das Bild der Welt. Zahlreiche Entdeckungen und Erfindungen prägten das Zeitalter des Hellenismus, in dem sich Griechisch zur Weltsprache und Weltkultur entwickelte.

Was ist das – Mittelalter? Was ist „das Mittelalter?"

Das Ende der Antike setzt man meist mit dem Zusammenbruch des Weströmischen Reichs um 500 fest. Die Neuzeit, die bis zum heutigen Tag andauert, beginnt in vielen Lehrbüchern mit dem Jahr 1492, als Christoph Kolumbus einen neuen Kontinent entdeckte: Amerika. Die rund tausend Jahre, die zwischen diesen Ereignissen liegen, nennen wir Mittelalter.

Die Gesellschaft des Mittelalters. Das Mittelalter kannte zunächst drei gesellschaftliche Gruppen: Bestimmend waren die Geistlichen – Bischöfe, Äbte oder Priester, die man insgesamt auch als „Klerus" bezeichnet – und der Adel. Die dritte und größte Schicht bildeten die Bauern. Die meisten Bauern waren unfrei und lebten als Hörige auf dem Gut eines Grundherrn, dem sie Abgaben und Frondienste leisten mussten. Sie waren an das Land, das sie bewirtschafteten, gebunden. Ihr Alltag bestand aus harter Arbeit. Trotzdem konnten sie kaum mehr als das Allernotwendigste zum Leben erwirtschaften.

Unter den Freien entwickelte sich das Lehnswesen: Oberster Lehnsherr war der König. Er verlieh Güter, Länder oder Vorrechte (Privilegien) – die man als „Lehen" bezeichnete – an sogenannte Vasallen. Diese mussten ihrem Lehnsherrn vertraglich festgelegte Dienste (also auch Kriegsdienste) leisten. Entscheidend war dabei allerdings, dass beide Seiten sich gegenseitiger Treue verpflichteten. Nach dem Tod des Vasallen fiel das Lehen in der Frühzeit des Lehnswesens wieder an den Lehnsherrn zurück, später wurde es erblich. Jeder Vasall konnte das ihm überlassene Lehen auch an einen weiteren Vasallen, den Untervasallen, weiterverleihen. Zwischen Vasall und Untervasall bestanden dieselben Regeln wie zwischen dem König und seinen Lehnsmännern.
In diese Ordnung fügten sich die meisten Menschen ein, weil die Vorstellung bestand, Gott selbst habe Adligen, Geistlichen und Bauern ihre jeweiligen Aufgaben zugewiesen. Die Kirche war Lebensmittelpunkt der meisten Menschen. Zahlreiche kunstvolle Kirchenbauten, die im Spätmittelalter im gotischen Stil erbaut wurden, zeugen von der tief empfundenen Religiosität der Menschen.

Die Entstehung der Städte.

Vom 11.–13. Jh. entstanden in Deutschland viele Städte: Ein zumeist adliger oder geistlicher Stadtgründer verlieh einer Siedlung dabei bestimmte Privilegien, wie Marktrecht, Münzrecht oder andere Freiheiten. So sollten z. B. Kaufleute und Handwerker angelockt werden. Von einer Stadtgründung versprachen sich alle Beteiligten viele Vorteile: Der Stadtgründer erwarb höhere Steuereinnahmen und darüber hinaus ein größeres Ansehen; Händler und Kaufleute hofften durch die schützenden Mauern und die Zollfreiheit auf sichere und erträgliche Geschäfte. Entscheidend wurde jedoch, dass die Stadtbewohner frei waren und sich eine ganz neue Gesellschaftsschicht entwickelte: die Bürger. Auch leibeigene Bauern konnten sich in der Stadt ansiedeln, wenn sie ihrem Grundherrn entkommen waren. Nach einem Jahr und einem Tag galten sie als frei.

Diese **Methoden für den Geschichtsunterricht** hast du bisher kennengelernt:
- Autorentexte lesen und verstehen,
- Bilder betrachten und deuten,
- einen Dokumentarfilm auswerten und vom Spielfilm unterscheiden,
- Vasenbilder als Quellen auswerten,
- Schaubilder untersuchen und erklären,
- Geschichtskarten auswerten,
- Herrscherbilder interpretieren und
- Textquellen auswerten.

7

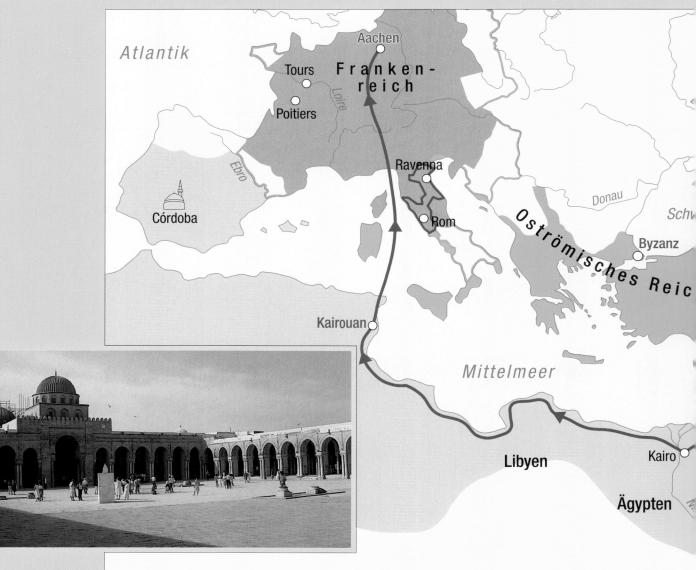

Was wussten die Menschen

im Mittelalter voneinander?

hasaren

Don
Wolga
Kaspisches Meer
Euphrat
Tigris
Bagdad
Damaskus
erusalem
Rotes Meer
Medina
Mekka

Von Bagdad nach Aachen: König Karls weißer Elefant

Karl der Große bestellt einen Elefanten. Der Frankenkönig Karl (768–814) war für alles Wissen aufgeschlossen. Er kümmerte sich darum, dass an seinem Hof und in den Klöstern seines Reichs die Schriften der Antike gesammelt und abgeschrieben wurden. Er konnte selbst kaum schreiben, sprach aber fließend Fränkisch, Romanisch und Latein, verstand sogar Griechisch. Den Herrscher faszinierten Berichte über die Wunder des Orients. Er hatte gehört, dass dort Elefanten als Sinnbild der Herrschaft galten. Ein solches Tier wollte er besitzen. 797 beauftragte er zwei Adlige, Lantfried und Sigismund, und den jüdischen Kaufmann Isaak, nach Bagdad an den Hof des arabischen ▸ Kalifen Harun al-Raschid (786–809) zu reisen. Isaak gehörte als sprachkundiger Fernhändler zu den wenigen Menschen, die sich in der Welt des Orients auskannten. Zudem gab es religiöse und politische Gründe für eine Kontaktaufnahme. Der christliche Patriarch (Bischof) von Jerusalem hatte Karl um Schutz für die Pilgerziele der Christen im „Heiligen Land" gebeten, zu denen sich immer wieder Menschen aus Europa auf den langen und beschwerlichen Weg machten. Jerusalem (hebräisch: Jeruschalajim, arabisch: Al-Quds) war für Juden, Christen und Muslime eine heilige Stadt. Jerusalem gehörte zum Reich Harun al-Raschids, also musste sich Karl in der Frage des Pilgerschutzes mit ihm verständigen.

Die Welt von 1001 Nacht. Nach einer langen Reise zu Pferd bis an die Adria, zu Schiff über das Mittelmeer und zu Fuß über Jerusalem und Damaskus erreichten die drei Gesandten Bagdad. Wie werden sie gestaunt haben über das, was sie im Zweistromland zwischen Euphrat und Tigris alles sahen: uralte Tempeltürme, Ruinen von Palästen der persischen Großkönige und modernste Bewässerungsanlagen. Die Einwohnerzahl Bagdads näherte sich der Million; in Karls Lieblingsresidenz Aachen lebten gerade einmal 1000 Menschen. Der weiträumige Palast des Kalifen lag neben der großen Moschee, wo der Herrscher nach der Vorschrift des Propheten Muhammad (Mohammed) jeden Freitag den muslimischen Gläubigen das Gebet vorsprach. In Bagdad gab es Krankenhäuser, in denen Ärzte schwierige Operationen durchführten. Die Bibliotheken der Stadt enthielten Bücher mit dem gesammelten Wissen der Antike. In den Basaren boten Händler Seide aus China, Gewürze aus Indien, Wolle und Pelze aus dem Land der Chasaren, kostbare Waffen und Goldschmiedearbeiten zum Kauf an.

Harun al-Raschid nahm die Gesandten freundlich auf. Er muss der Beschützerrolle Karls des Großen für die heiligen Stätten der Christen in Jerusalem zugestimmt haben, denn sonst hätte nicht 799 ein Abgesandter des Patriarchen mit Reliquien, d. h. Überresten vom Heiligen Grab, vor dem Frankenkönig erscheinen können. Als besonderes Geschenk übergab der Kalif den Gesandten Karls einen weißen Elefanten, der nach dem Stammvater von Haruns Herrscherhaus Abul Abbas genannt wurde.

M1 Isaak und Abul Abbas auf dem Heimweg.
Das Bild entstand über 500 Jahre nach dem Ereignis (Ausschnitt aus dem Atlas Catalán, Mallorca, 14. Jh.)

Von Bagdad nach Aachen. Den Rückweg musste Isaak mit Abul Abbas und zwei Treibern allein antreten. Lantfried und Sigismund waren in Bagdad erkrankt und gestorben. Warum wählte er den weiten Weg über Nordafrika und nicht den kürzeren durch Kleinasien und Griechenland? Für die Überlegungen Isaaks gibt es keinen Quellenbeleg, wir können sie nur aus der politischen Lage der Zeit erschließen: Er wollte sich mit seinem gewichtigen Begleiter dem Oströmischen Reich (oder Byzantinischen Reich) fernhalten. Dessen Herrscher, der Kaiser in Byzanz (auch: Konstantinopel, heute Istanbul) hatte sowohl zu Karl, als auch zu Harun al-Raschid ein gespanntes Verhältnis. In heftigen Abwehrkämpfen musste sich das Byzantinische Reich gegen die Angriffe der muslimischen Araber behaupten. Über Karl war man in Byzanz verärgert, weil der sich 800 vom Papst in Rom zum „Kaiser" hatte krönen lassen. Doch „basileus" (griechisch: Kaiser) zu sein, beanspruchte der Oströmer für sich ganz allein. So zog Isaak mit dem Elefanten auf der alten Römerstraße zwischen Mittelmeer und Wüste dahin. Hier unterstand er dem Schutz des Statthalters des Kalifen, des Emirs Ibrahim. Vielleicht machte Isaak in Tunesien einen kleinen Umweg, um den Emir in seiner prunkvollen Hauptstadt Kairouan zu besuchen. Im Hafen von Tunis wollte kein Kapitän einen tonnenschweren Elefanten transportieren, der während der Fahrt womöglich zu toben anfing und das Schiff zum Kentern brachte. Isaak saß fest. Karl erfuhr von der Notlage auf dem Rückweg von der Kaiserkrönung und ordnete sofort an, Schiffe bauen zu lassen. So gelangte Isaak an den byzantinischen Inseln Sizilien und Sardinien vorbei nach Norditalien, wo er im Bischofspalast von Vercelli überwinterte. Erst im Frühjahr 802 wagte er sich mit dem Elefanten über die Alpen. Fast fünf Jahre nach seiner Abreise kam der Fernhändler am 13. Juli 802 mit dem Elefanten in Aachen an. Man kann sich vorstellen, welches Staunen und welche Ängste der Koloss aus dem Morgenland auslöste. Abul Abbas lebte noch acht Jahre im Tierpark der Aachener Pfalz. Dann traf im Juli 810 die Nachricht ein, dass ein Wikingerheer mit 200 Drachenschiffen in Friesland eingefallen sei. In aller Eile stellte Karl ein Heer zusammen und schickte es an die Nordsee. Auch Abul Abbas wurde mitgenommen. Doch das viel bewunderte Tier verendete auf dem Feldzug.

Weltkenntnis im Mittelalter. Für die meisten Menschen im Mittelalter, dem Zeitabschnitt zwischen 500 und 1500, waren bereits die Einwohner des nächsten Dorfes Fremde; kaum jemand kannte die Welt wie z. B. der Fernhändler Isaak. Welche Beziehungen, Vermischungen und Konflikte gab es zwischen jüdischer, muslimischer und christlicher Welt? Warum brachen Konflikte aus und welche Basis war für ein friedliches Zusammenleben nötig? Es waren vor allem Pilger, Soldaten, Missionare, Fernhändler und Seefahrer, die von den „Fremden" erzählen konnten. Ganz Wagemutige überschritten die Grenzen der bekannten Welt auf dem Weg zu Indern, Chinesen oder Mongolen.

Was lernst du in diesem Kapitel? Am Ende dieser Einheit kannst du
▶ die Entstehung und die Ausbreitung des Islam beschreiben und die Dreiteilung der ehemaligen römischen Mittelmeerwelt erläutern
▶ die Weltkenntnis von Juden, Christen und Muslimen beschreiben
▶ die Bedeutung von Al-Andalus als Raum des Wissensaustausches zwischen Juden, Muslimen und Christen darstellen und erklären
▶ Gründe für die ▶ Kreuzzüge und die ▶ Ostkolonisation darstellen und diskutieren
▶ die großen Weltkulturen, besonders die kulturellen und wirtschaftlichen Kontakte zwischen Europa und China im Schutz der ▶ Pax Mongolica beschreiben und seine Folgen erläutern.

1 Stelle dir vor, Isaak hätte ein Reisetagebuch geschrieben: Was hätte er deiner Meinung nach an wichtigen Stationen seiner Reise notiert?
2 Lege eine Mindmap zum Thema „Die Mittelmeerwelt um 800" mit den Oberbegriffen „Frankenreich", „Byzantinisches Reich" und „Islamische Reiche" an. Trage alle wichtigen Begriffe aus dem Text an der entsprechenden Stelle ein.
3 Wie hat sich die Mittelmeerwelt im Vergleich zur Zeit des Römischen Reichs gewandelt? Ordne die Bilder der S. 10/11 den drei Reichen der Karte zu (ungeordnet: Moschee in Kairouan, arabische Handelskarawane, Kirche Hagia Sophia, Aachener Dom, islamischer Felsendom in Jerusalem, fränkische Ritter).
4 Woran lässt sich erkennen, dass der Zeichner von M1 noch nie zuvor einen Elefanten gesehen hatte?

Die jüngste Weltreligion entsteht – der Islam

Das Entstehungsgebiet. Der Ursprung aller Welt-religionen liegt in Asien. Drei von ihnen, Judentum, Christentum und ▸ Islam, entstanden in einem Gebiet stetigen kulturellen Austausches im Westen Asiens. Der Islam (Hingabe an Gott) entstand im 7. Jh. christ-licher Zeitrechnung auf der Arabischen Halbinsel. Dort waren die Wüsten und Steppen noch nicht so riesig wie heute – an vielen Orten war dank ausge-klügelter Bewässerung Landwirtschaft möglich. Der hohe Lebensstandard in den Handelsstädten an den großen Karawanenwegen stand im Gegensatz zum ärmlichen Leben der Vieh züchtenden Nomaden (Be-duinen). Unter den einzelnen Stämmen waren Blut-rache und kriegerische Auseinandersetzungen an der Tagesordnung. Die Menschen verehrten ver-schiedenste Gottheiten; nur die in den Städten Ara-biens zahlreich lebenden Juden praktizierten den Glauben an einen einzigen Gott. Ein wichtiger Treff-punkt war seit alters her die Handels- und Oasenstadt Mekka. Sie barg ein uraltes Heiligtum, die Kaaba (ara-bisch: Würfel), in dem in vorislamischer Zeit ver-schiedenste Götterbilder verehrt wurden und zu dem viele Nomaden pilgerten. Zum Schutz der Pilger war in Mekka jede Form der Gewaltanwendung verboten.

Der Religionsstifter. Muhammad wurde um 570 n. Chr. in Mekka geboren. Seine Familie gehörte zum Stamm der Kura'isch, der sich als Nachfolger des Ab-raham-Sohnes Ismael verstand. Als Kind verlor er seine Eltern und wuchs bei einem Onkel auf. Mit 25 Jahren heiratete er Chadidscha, eine reiche Kauf-mannswitwe. Als Karawanenführer kam er auf sei-nen Handelsreisen nach Syrien und Palästina in Kon-takt mit Juden und Christen. Die Erfahrung des Monotheismus prägte ihn so sehr, dass er das Inter-esse am Handelsgeschäft verlor und sich zunehmend in die Einsamkeit des Berges Hira zum intensiven Nachdenken zurückzog. Nach der Überlieferung er-hielt er dort im Jahre 610 vom Erzengel Gabriel die Offenbarungen, die später im Koran, dem heiligen Buch der Muslime, niedergeschrieben wurden. In Mekka predigte Muhammad seine Lehre von einem einzigen barmherzigen Gott, dem Paradies für die Frommen und dem Verderben für alle anderen. Da-mit zog er sich den Unmut der Bewohner Mekkas zu, die um ihre Einnahmen aus dem Pilgergeschäft fürchteten.

Die Botschaft. Als die Feindseligkeiten der Mekka-ner zunahmen, flüchtete Muhammad 622 in die Stadt Jathrib (heute: Medina). Dort wirkte er als Streit-schlichter zwischen verfeindeten Stämmen. In Jathrib wuchs die Schar seiner Anhänger beständig. Sie nannten sich „Muslime", d. h. Gottergebene. Diese Ge-meinschaft der Gläubigen (arabisch: umma) brauchte den Stamm bzw. die Sippe als Schutz nicht mehr. Die Flucht von Mekka nach Jathrib (arabisch: hidschra = Auswanderung) ist der Beginn der islamischen Zeit-rechnung – allerdings berechnet nach dem kürzeren Mondjahr, was die Umrechnung in die christliche Zeitrechnung erschwert. An der Spitze eines großen Heeres gelang Muhammad 630 die Eroberung seiner Heimatstadt Mekka, wo er die Götterbilder in der Kaaba zerstören ließ. Die Rückeroberung Mekkas galt als „Dschihad", als „Anstrengung für den Glau-ben" oder „Heiliger Kampf".

Muhammad sah sich als letzten Propheten in einer Reihe, die von Adam über Noah, Abraham und Moses bis zu Jesus reichte. Die unter seinen Nachfolgern aufgeschriebenen Lehren des Koran und der Erläute-rungen (Hadithe) bestimmten fortan alle Alltagsbe-reiche der Gläubigen. Bei Muhammads Tod im Jahre 632 n. Chr. war der Islam auf der gesamten Arabi-schen Halbinsel verbreitet.

M1 Kaaba in Mekka

Dieses 15 m hohe steinerne Bauwerk ist das wichtigste Heiligtum im Islam. Zu den 13 Tage dauernden Zeremo-nien der Wallfahrer gehört es, siebenmal um dieses „Haus Gottes" zu schreiten.

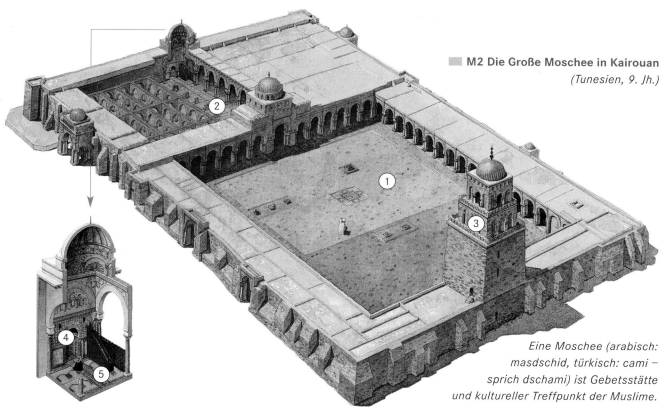

M2 Die Große Moschee in Kairouan
(Tunesien, 9. Jh.)

Eine Moschee (arabisch: masdschid, türkisch: cami – sprich dschami) ist Gebetsstätte und kultureller Treffpunkt der Muslime.

Wichtige Elemente sind ein rechteckiger eingefriedeter Hof ① mit überdachtem Bereich für das Gebet ②, zu dem der Muezzin vom Minarett ③ aus ruft. Die Gebetsrichtung nach Mekka wird durch die Mihrab-Nische ④ angegeben. Daneben erhebt sich häufig eine Kanzel, der Minbar ⑤, von dem aus ein Imam als Gebetsleiter oder politischer Führer seine Ansprache an die Gläubigen während des Freitagsgebets hält.

M3 Zerstörung der Götzenbilder in der Kaaba ▶
(persische Buchmalerei, 16. Jh.).
Auf Muhammads Schultern steht der Schwiegersohn Ali.

1 Schreibe einen kurzen Reisebericht vom Besuch der Großen Moschee in Kairouan (M2 und Seite 10).
2 Berichte mit eigenen Worten über die Entstehung des Islam. Fertige dazu einen Stichwortzettel zum Autorentext auf Seite 14 an.
3 Welche fünf Pflichten muss ein Muslim erfüllen (Suchwort: fünf Säulen des Islam). Welche Ähnlichkeiten gibt es hierbei zum Christentum?
4 Mit Muhammad setzte sich von Mekka aus der Monotheismus durch. Erläutere dies anhand von M3. Finde heraus, warum das Gesicht des Propheten nicht ausgemalt ist.

Das Reich der Kalifen

Die Ausbreitung des Islam. Mit großer Schnelligkeit breitete sich die neue Religion aus. Unter dem Ansturm arabischer Heere brach das Perserreich zusammen und das Oströmische Reich büßte große Gebiete ein. Das vormals christliche Nordafrika wurde vollständig islamisiert. Über die Karawanenwege erfolgte später die Islamisierung Afrikas südlich der Sahara. Im Jahre 711 überquerten islamische Berber die Meerenge von Gibraltar und brachten die gesamte Iberische Halbinsel (s. S. 25) unter die Flagge des Halbmonds. Bei einzelnen Beutezügen drangen muslimische Heere tief ins Frankenreich vor; ein solcher Zug wurde 732 von fränkischen Truppen gestoppt. In Zentralasien endete die muslimische Ausbreitung mit der Schlacht am Talas 751. Dort trafen arabische Heere auf die Truppen des nach Westen vordringenden Chinesischen Reichs unter der Dynastie der Tang-Kaiser. Die Schlacht endete unentschieden. Chinesische Kriegsgefangene übermittelten den Muslimen die Kenntnisse der Papierherstellung. Diese gelangte später über Spanien auch nach Westeuropa.

Der Umgang mit Unterworfenen. Den eroberten Völkern gegenüber zeigten sich die Muslime tolerant. Juden und Christen durften als Anhänger einer „Buchreligion" ihren Glauben gegen Zahlung einer Steuer behalten. Der Gedanke der Zwangsmission war dem Islam fremd. Nur wer sich den neuen Herren widersetzte, verlor sein Hab und Gut. Mancherorts wurden die islamischen Heere als Befreier von politischer und religiöser Unterdrückung begrüßt. Da der Koran eine Vielzahl von Vorschriften enthält, die besonders ärmeren Schichten zugute kamen, setzten sich die islamischen Denk- und Glaubensgrundlagen in den unterworfenen Gebieten rasch durch.

Sunna und Schia. „Dar-al-islam" (Haus des Friedens) nannten die Muslime ihr Reich im Gegensatz zum „Dar-al-harb" (Haus des Krieges), in das Eroberungszüge noch zu führen waren. Die innere Entwicklung der islamischen Reiche verlief jedoch keineswegs friedlich. Abu Bekr, Freund und Schwiegervater Muhammads, übernahm nach dessen Tod die Nachfolge als „Kalif", d. h. als Stellvertreter des Propheten. So wie er versuchten alle späteren Kalifen, sich an den Überlieferungen Muhammads (arabisch: sunna = gewohnte Handlung) zu orientieren. Die Sunniten stellen heute mit 90 % den Hauptanteil der Muslime weltweit. Nachdem mit Ali, dem Cousin und Schwiegersohn Muhammads, ein Verwandter des Propheten zum vierten Kalifen gewählt worden war, verlangte eine Gruppe, dass von nun an ausschließlich ein Mann aus der Familie Muhammads als Kalifen bestimmt werde. Auf diese „Partei des Ali" (arabisch: schia = Partei) gehen die Schiiten, die heute im Iran führende Glaubensrichtung, zurück. Waren es zunächst die Wüstenstädte Mekka und Medina, so wurden unter der Herrscherfamilie der Omaijaden (661–750) Damaskus und unter der Herrscherfamilie der Abbasiden (750–1258) Bagdad zu den Hauptstädten der aus vielen Völkern bestehenden islamischen Welt. Später beanspruchten nichtarabische Völker, vor allem Perser und Türken, die Vorherrschaft. Trotz zunehmenden politischen Zerfalls blieben der Glaube an den einen Gott Allah und die Verkehrssprache Arabisch das einigende Band für alle Muslime.

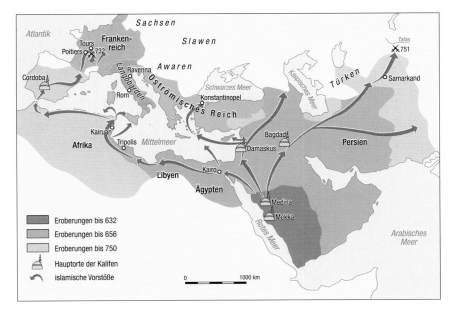

Eroberungen bis 632
Eroberungen bis 656
Eroberungen bis 750
Hauptorte der Kalifen
islamische Vorstöße

0   1000 km

M1 Die Ausbreitung des Islam

M2 Abu Bekr über die Regeln des Kriegs *(632)*

Abu Bekr war Vater von Muhammads Lieblingsfrau Aischa:
Männer! Zehnerlei lege ich euch ans Herz; merkt es euch gut! Betrügt nicht und veruntreut keine Beute; betreibt keinen Verrat und verstümmelt niemanden. Tötet keine kleinen Kinder, keine alten Männer und keine Frauen. Beschädigt und ver-
5 brennt keine Palmen und fällt keine Frucht tragenden Bäume. Schlachtet keine Schafe, Kühe oder Kamele, es sei denn, ihr benötigt sie als Nahrung. Wenn ihr Leute trefft, die sich in Einsiedeleien zurückgezogen haben, lasst sie, damit sie erreichen, was sie erstreben. Wenn ihr auf Leute stößt, die euch
10 Gerichte verschiedener Art vorsetzen und ihr davon esst, sprecht den Namen Gottes darüber.
Zieht in Gottes Namen los und Gott möge euch vor Schwert und Seuche bewahren.
Zitiert nach: Bernard Lewis: Der Islam von den Anfängen bis zur Eroberung von Konstantinopel, Bd. 1, Zürich / München (Artemis) 1981, S. 329. Übers. von Hartmut Fähndrich.

M3 Schutzbrief des muslimischen Generals
Suwaid Ibn Muqarrin

Aus einem Schreiben an die nicht muslimischen Bewohner eines Dorfes am Kaspischen Meer (639):
Ihr erhaltet Schutz, und wir verpflichten uns, euch zu verteidigen unter der Bedingung, dass ihr jedes Jahr für jeden erwachsenen Mann eine bestimmte Steuer (dschizya) gemäß euer Möglichkeit entrichtet. Wenn wir irgendeinen von euch
5 um Hilfe ersuchen, so gilt diese Hilfe anstelle der Bezahlung der dschizya. Die Bewohner erhalten Sicherheit für sich, ihren Besitz, ihre Religion und ihre Gesetze. Alles wird beibehalten wie bisher, solange sie ihre Abgaben leisten, den Reisenden führen, guten Willen zeigen, den Muslimen Quartier
10 geben und weder Spionage betreiben noch Verrat üben. Jeder, der bei ihnen wohnt, untersteht denselben Bestimmungen und jeder, der fortgeht, erhält freies Geleit, bis er in Sicherheit ist, jedoch nur unter der Bedingung, dass jeder, der einen Muslim beleidigt, streng bestraft wird und jeder, der ei-
15 nen Muslim erschlägt, vogelfrei ist.
Zitiert nach: Lewis: a. a. O., S. 329.

1 Beschreibe die Ausbreitung des Islam. Wo und wann kam sie zum Stillstand (M1 und Autorentext)? Nenne heutige Länder, die auf dem Gebiet der Karte M1 liegen. Vergleiche M1 mit M4.

2 Erläutere die Regeln, die Abu Bekr seinen Kriegern mit auf den Weg gab (M2). Aus welchen Gründen wird er diese Rede vermutlich gehalten haben?

3 Fasse mit eigenen Worten den Inhalt des Schutzbriefs M3 zusammen. Wie dürfte sich die Toleranz auf die Andersgläubigen ausgewirkt haben?

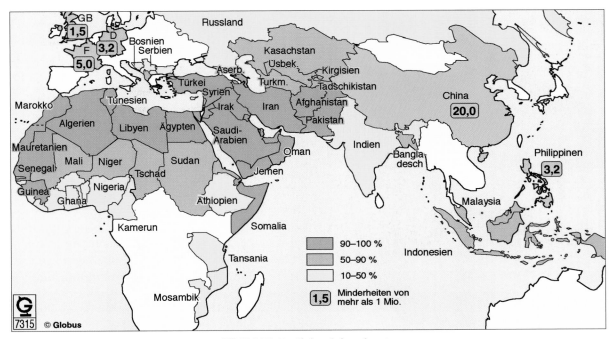

M4 Weltreligion Islam heute

Weltvorstellungen im Mittelalter

M1 Weltkarte aus einem englischen Psalter *(um 1230)*

M2 Vereinfachte Nachzeichnung von M1

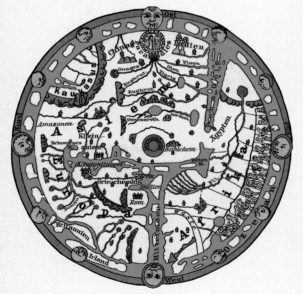

M3 Weltkarte in T-O-Form
(nach Bischof Isidor von Sevilla, der 560–636 lebte, gedruckte Fassung von 1472)

Die Verfasser christlicher Weltkarten im Mittelalter bemühten sich nie um eine exakte Darstellung des geografischen Wissens. Gezeigt wird eine Welt, wie sie nach göttlicher Ordnung sein sollte. Der „Erdkreis" wird rund wie der Buchstabe O gemalt und die drei im Mittelalter bekannten Kontinente in Form des Buchstabens T eingezeichnet. Das T steht für das „Mare magnum" (Mittelmeer). Diese Einteilung ist typisch für mittelalterliche historische Karten, daher nennt man sie auch T-O-Karten. Oben ist immer Osten, wo das Paradies vermutet wurde. Den Mittelpunkt der Welt bildet die Stadt Jerusalem. Die drei Söhne Noahs, Sem, Ham (Cham) und Jafet (Iafeth) sind laut der Bibel (s. Genesis 10,1–32) Urväter für die Besiedlung der drei Kontinente.

Die Zeichner malten die Karten, die bis zu drei Meter groß werden konnten, mit Feder und Pinsel auf Pergament oder Tierhäute. Mit Erfindung des Buchdrucks wurden sie als Holzschnitte oder Kupferstiche verbreitet. Das geografische Wissen der Antike war im christlichen Mittelalter zu einem großen Teil verloren gegangen und wurde auch nicht bewusst gesucht. In der jüdischen und islamischen Kultur bemühte man sich um eine Sicherung und Weiterentwicklung des „Weltwissens" der Antike. Hier benötigte man ein genaues Bild der Erde, um Seefahrern und Fernhändlern eine Orientierung oder Betenden die Richtung nach Mekka angeben zu können.

◄ **M4 Weltkarte des Idrisi von 1134**
(s. S. 25). Im Original ist die Karte nach Süden ausgerichtet.

M5 Vereinfachte Nachzeichnung von M4

Methode: Historische Karten auswerten

M1, M3 und M4 sind historische Karten, die vor langer Zeit entstanden. Ihre Verfasser („Kartografen") haben die Welt oder die Oberflächengestalt der Erde so gezeichnet und ausgemalt, wie es ihnen nach dem Stand der Wissenschaft oder nach den Vorgaben der Religion richtig erschien. Unterschiede zwischen den historischen Karten verschiedener Zeiten und Entstehungsgegenden können uns manche Informationen geben, z. B. zum geografischen und naturwissenschaftlichen Wissen der Entstehungszeit der Karten, zu deren Nutzen und zu den Absichten der Auftraggeber. Historische Karten unterscheiden sich also von den Geschichtskarten in diesem Buch: Diese stammen alle aus heutiger Zeit und zeigen den aktuellen Stand der Geschichtswissenschaft zum jeweiligen Thema.

1. Schritt: Genaues Betrachten und Beschreiben
Historische Karten wirken auf den ersten Blick fremd. Schaue M1 genau an. Zum besseren Verständnis kannst du M2 benutzen. Welchen Raum, welche Zeit und welches Thema behandelt die Karte? In welche Himmelsrichtung ist sie ausgerichtet? Welche Farben, Symbole, Schmuckornamente und Zeichen werden verwendet? Gibt es eine Bildunterschrift?

2. Schritt: Erkennen der historischen Besonderheiten
Historische Karten gewähren Einblick in den Kenntnisstand und das Denken ihrer Entstehungszeit. Lassen sich bestimmte religiöse Vorstellungen herauslesen? Für wen könnte die Karte angefertigt worden sein? Ist sie im heutigen Sinne „brauchbar"? Welche Gemeinsamkeiten und welche Unterschiede fallen bei den hier gezeigten Karten auf? Erstelle eine Tabelle.

3. Schritt: Zusammenfassen und beurteilen
Wir betrachten die Karte unter einer bestimmten Fragestellung: Welche Vorstellungen hatte man um 1230 von der Welt? Welche Fragen bleiben offen?

1 Untersuche nun nach den Vorgaben die Karten M3 und M4.
2 Vergleiche M1, M3 und M4 in Bezug auf ihre Aussagen und Verwendbarkeit.

Juden unter Christen und Muslimen

Diaspora und Zwangsexil. Im Altertum wanderten immer wieder Juden aus Palästina aus, um sich aus wirtschaftlichen Gründen in Städten zwischen Nordafrika und Arabien, Kleinasien, Südeuropa und Indien niederzulassen. Diese weit verstreuten Gemeinden galten als die jüdische Diaspora (griech. „Zerstreutheit"). Nach den gescheiterten Aufständen gegen die Römerherrschaft und innerjüdischen Auseinandersetzungen zwischen Gemäßigten und Radikalen wurden der Tempel (70 n. Chr.) und später die gesamte Stadt Jerusalem (138 n. Chr.) von den Römern zerstört. Es folgte die Zwangsvertreibung ins Exil (hebräisch: Galuth); damit endete die Geschichte der Juden in Palästina.

Schwierige Nachbarschaft. Als „auserwähltes Volk" und Vorfahren Jesu genossen Juden bei Christen und Muslimen einen gewissen Respekt, der jedoch immer wieder in Ablehnung und Verfolgung umschlagen konnte. Ohne eigenes Staatswesen mussten sich Juden in ihrer muslimischen oder christlichen Umwelt einrichten. Günstige Lebensbedingungen fanden Juden zur Zeit des frühen Mittelalters besonders auf der Iberischen Halbinsel und im Zweistromland (Mesopotamien). Dort durften sie Land erwerben und arbeiteten als Schreiber, Steuer und Zollexperten, Astronomen, Mathematiker, Ärzte und

Dichter. Das 11. Jh. wird in der jüdischen Erinnerung als das „goldene Zeitalter" beschrieben. Fernkaufleute waren dank Weltkenntnis und Kreditfähigkeit ihren christlichen Konkurrenten überlegen.

M1 Thorarolle
(Magdeburg, 14. Jh.)

Die Thora (Lehre, Gesetz) besteht aus den fünf Büchern Mose. Diese dienten über Jahrhunderte als Lese- und Lernbuch für jüdische Kinder. Einige Historiker haben für die Thora auch den Begriff „tragbarer Staat der Juden" geprägt. Alle Gesetze des Judentums waren bis 500 in endgültiger Form aufgezeichnet. Diese Auslegung aller Vorschriften wurde gesammelt im Talmud, einer Art jüdischen Enzyklopädie des Wissens.

M2 Ausbreitung jüdischer Gemeinden

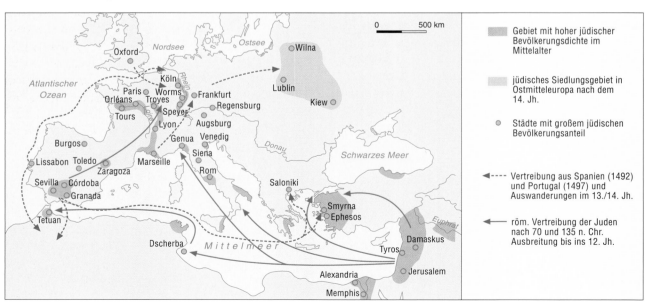

M3 Unterricht in einer Synagoge in Spanien
(Buchmalerei, 14. Jh.)

M4 Judenprivileg des Bischofs von Speyer *(1084)*

Jenen Ort übergab ich ihnen unter der Bedingung, dass sie jedes Jahr dreieinhalb Pfund Speyerischen Geldes zahlen. Innerhalb ihres Wohnplatzes und bis zum Schiffshafen gab ich ihnen das Recht, Gold und Silber frei zu wechseln und al-
5 les Beliebige zu kaufen und zu verkaufen und eben diese Freiheit gab ich ihnen in der ganzen Stadt. Außerdem gab ich ihnen aus dem Besitztum der Kirche einen Begräbnisplatz. Außerdem gestattete ich, dass ein fremder Jude, der sich vorübergehend bei ihnen aufhalten wird, keinen Zoll zu zahlen
10 habe. Wie der Stadtvogt soll der Synagogenvorsteher Klagen, die zwischen oder gegen Juden erhoben werden, entschei-

den. Ist dieser nicht in der Lage, den Streit beizulegen, geht die Sache vor den Bischof. Nächtliche Wachen und Verteidigungen der Befestigungen haben sie nur für ihr Gebiet zu ver-
15 richten. Ammen und Knechte können sie gegen Miete von den Unsrigen haben, geschlachtetes Vieh können sie, wenn es nach ihren Gesetzen ihnen nicht zu essen erlaubt ist, an Christen verkaufen.

Zitiert nach: Konrad Schilling (Hrsg.): Monumenta Judaica. 2000 Jahre Geschichte und Kultur der Juden am Rhein, Ausstellungskatalog der Stadt Köln (Metzler) 1963, S. 81.

M5 Ein jüdischer Staat im Mittelalter

Im 10. Jh. trat die Oberschicht des Chasarenreichs, bestehend aus etwa 4000 Personen, geschlossen zum Judentum über. Die Chasaren waren vorwiegend türkische Normaden, die ein Reich zwischen Schwarzem und Kaspischem Meer errichtet hatten und die Handelswege durch die Steppen des heutigen südlichen Russland kontrollierten (s. Karte S. 11). Ein wertvolles Dokument ist der Brief des jüdischen Ministers Chasdai Ibn Schaprut des Kalifen von Córdoba an den chasarischen König Joseph, um 950:
Alle Gesandtschaften fragte ich beständig über unsere israelischen Brüder (im Orient). Endlich kamen Gesandte aus Chorasan (Zentralasien), die mich benachrichtigten, dass die Juden ein eigenes Reich besäßen unter dem Namen Al-Chasar.
5 *Ich glaubte anfangs ihren Worten nicht und dachte, sie wollten mir nur angenehm sein. Da kamen die Gesandten aus Konstantinopel mit einem Geschenk ihres Kaisers an unseren Kalifen. Und ich fragte sie in der Angelegenheit aus. Da bestätigten sie mir, dass der Name des Königreichs Al-Chasar*
10 *sei und es von Konstantinopel 15 Tagesreisen auf dem Meer dahin seien, auf dem Landweg seien viele Völker dazwischen, dass der chasarische König Joseph heiße und Schiffe aus ihrem Land nach Konstantinopel kämen mit Fischen, Fellen und aller Art von Waren. Sie seien mit Konstantinopel befreundet*
15 *und es würden Gesandtschaften ausgetauscht.*
Zitiert nach: Michael Borgolte: Christen, Juden und Muselmanen. Die Erben der Antike und der Aufstieg des Abendlandes, München (Siedler) 2006, S. 74f.

1 Zeige anhand der Karte M2 die Gebiete, in der sich Juden nach der Vertreibung während der Römerzeit aus Palästina niederließen.
2 Beschreibe M3. Welche Besonderheiten fallen dir auf? Im Bild ist auch ein Rabbiner zu sehen. Finde heraus, welche Aufgaben er hat. Beziehe M1 mit ein.
3 Welche Rechte gewährte der Bischof von Speyer den Juden (M4)?

4 Welche internationalen Beziehungen lassen sich aus M5 ablesen? Schätze anhand der Karte S. 10/11 die Entfernungen, die die Gesandtschaften zurücklegten. Schreibe die Stellen heraus, an denen die Interessen des Verfassers deutlich werden.

Juden in deutschen Städten

Zeiten des Miteinanders. Seit dem frühen Mittelalter waren jüdische Familien auf dem Gebiet des späteren Heiligen Römischen Reichs ansässig. In den neu gegründeten Städten – vor allem im Rheinland und im Donaugebiet – lebten viele Juden als Kaufleute, Ärzte und Handwerker und trugen zum Aufschwung des Landes bei. Hauptsächliches Betätigungsfeld der jüdischen Kaufleute war der Fernhandel. Durch ihre Handels- und Sprachkenntnisse sowie ihre Kreditwürdigkeit stellten sie Kontakte zu weit entfernten Ländern her. Da sie Kaisern und Königen nützlich waren (s. S. 12f.), stellten diese die Juden und deren Familien unter ihren Schutz. Im Alltag unterschieden sich die Juden von den Christen durch die Einhaltung der Speisegebote und die Heiligung des Sabbats (Samstag) statt des christlichen Sonntags. Jüdische Kinder wuchsen zweisprachig auf: Neben Deutsch für den Alltag trat Hebräisch als Gebets- und Wissenschaftssprache. Die Städte Mainz, Worms und Speyer besaßen bedeutende Gelehrtenschulen. Hier entstand das aschkenasische Judentum (Aschkenas).

Zeiten der Ausgrenzung. Der besondere Schutz und der berufliche Erfolg ließen bei anderen Stadtbewohnern immer wieder Neid hochkommen. Dennoch funktionierte das Neben- und Miteinander von Juden und Christen bis ins späte 11. Jh. weitgehend reibungslos. Erst mit dem Aufruf zum ersten Kreuzzug (1096) änderte sich das Verhältnis (s. S. 28f.). Bei den Judenverfolgungen in zahlreichen Städten hatte sich der königliche Schutz als unwirksam erwiesen und musste neu geregelt werden. In der Öffentlichkeit hatten Juden nun einen besonderen Hut und ein gelbes Abzeichen auf ihrer Kleidung zu tragen, um als Schutzwürdige erkennbar zu sein. Im Jahre 1215 verkündete Papst Innozenz III. eine Reihe von antijüdischen Maßnahmen. Juden durften keine Waffen mehr tragen, weder Landbesitz erwerben noch bewirtschaften und keine öffentlichen Ämter ausüben. Auch aus den handwerklichen Tätigkeiten wurden Juden immer weiter herausgedrängt. Damit schränkte sich ihr Tätigkeitsfeld ein: Übrig blieben der Fernhandel, der Handel mit gebrauchten Gegenständen und Vieh sowie das Verleihen von Geld. Die Könige ließen sich den besonderen Schutz durch Abgaben der Juden an die königliche Kammer bezahlen.

Zeiten der Abwanderung. Die große Pestepidemie Mitte des 14. Jh. führte zu einer neuen Welle von Judenverfolgungen. Man stellte die Juden als Schuldige für die Seuche hin und warf ihnen Brunnenvergiftung vor. Sie mussten in einem eigenen Stadtbezirk, dem Getto, leben. In vielen Orten erinnern die Straßennamen („Judengassen") noch an diese Viertel.

Mit Duldung der Schutzherren zahlten viele christliche Gläubiger ihr bei Juden geliehenes Geld nicht mehr zurück. Einige Landesherren kündigten den Judenschutz. So verloren die meisten Juden ihre wirtschaftlichen und rechtlichen Sicherheiten. In Polen durften sich die Juden ohne Einschränkungen durch Zünfte in Handwerk und Gewerbe betätigen. Große jüdische Gemeinden mit internationaler Anerkennung entstanden im Königreich Polen in Krakau, Lemberg, Lublin und Posen. Im polnisch-russisch-litauischen Raum behielten die aus Deutschland zugewanderten Juden ihre Gruppensprache Jiddisch (Mittelhochdeutsch mit hebräischem Alphabet) bis zur Zerstörung des europäischen Judentums durch die deutschen Nationalsozialisten.

M1 Darstellung am Straßburger Münster *(um 1230)*
Seit 800 tauchten in der Kunst die Frauengestalten Ecclesia (für das Christentum) und Synagoga (für das Judentum) auf.

M2 Kaiser Heinrich VII. verleiht Juden einen Schutzbrief *(aus der Trierer Bilderhandschrift, 14. Jh.).*

M3 Vertreibung aus einer deutschen Stadt *(aus einer hebräischen Schrift mit Klageliedern, 15. Jh.)*

M4 Das Judenpogrom in Straßburg

Der Chronist Jakob Twinger von Königshofen berichtet:
Im Jahr 1349 war das größte Sterben, das je gewesen … Wegen diesem Sterben verleumdete man die Juden in der Welt und bezichtigte sie, dies verursacht zu haben, indem sie Gift in das Wasser und die Brunnen getan hätten … Zu Bern
5 und Zofingen folterte man einige Juden; die sagten aus, sie hätten viele Brunnen vergiftet; auch fand man das Gift in den Brunnen. Da verbrannte man sie in vielen Städten und schrieb diese Geschichte nach Straßburg, Freiburg und Basel, damit sie dort auch ihre Juden verbrannten. Da meinten die Mäch-
10 tigsten in diesen drei Städten, die die Gewalt in Händen hatten, man solle den Juden nichts tun. In Basel aber zog das Volk auf das Richthaus und zwang die Ratsherren zu schwören, sie wollten die Juden verbrennen …
Auf einer Tagung zu Benfeld kamen der Bischof von Straß-
15 burg, alle Landesherren vom Elsass und die Boten der drei genannten Städte zusammen. Die von Straßburg wurden gefragt, was sie mit ihren Juden zu tun gedächten; sie antworteten, sie wüssten nichts Böses von ihren Juden. Da sagte man zu den Straßburgern, warum sie dann ihre Brunnen ver-
20 schlossen und die Eimer herabgenommen hätten. Und es entstand ein großer Lärm und ein Geschrei über die Straßburger. So kamen der Bischof, die Herren und die Reichsstädte überein, man solle die Juden beseitigen. Sie wurden nun in vielen Städten verbrannt … An diesem Freitag fing man auch die Ju-
25 den zu Straßburg. Am Samstag …, da verbrannte man die Juden auf ihrem Friedhof auf einem hölzernen Gerüst; es waren gegen zweitausend. Diejenigen, die sich aber taufen ließen, die ließ man am Leben … Und was man den Juden schuldig

war, das galt als beglichen, und es wurden alle Pfänder und
30 Urkunden, die sie wegen der Schulden hatten, zurückgegeben. Aber das Geld, das sie hatten, nahm der Rat und teilte es unter den Handwerkern auf. Das Geld war auch der Grund, weshalb die Juden getötet wurden: Denn wären sie arm gewesen und wären ihnen die Landesherren nichts schuldig ge-
35 wesen, so wären sie nicht verbrannt worden.
Zitiert nach: Gisela Möncke (Hrsg.): Quellen zur Wirtschafts- und Sozialgeschichte mittel- und oberdeutscher im Spätmittelalter, Darmstadt (Wissenschaftliche Buchgesellschaft) 1982, S. 195ff.

1 Beschreibe die beiden Frauengestalten am Straßburger Münster (M1). An welchen Merkmalen lässt sich die christliche Sicht vom Triumph der Ecclesia über die Synagoga ablesen? Welches Bild der jüdischen Religion sollte den Kirchenbesuchern hier vermittelt werden?
2 Welche Verhaltensweisen gegenüber Juden werden in Twingers Bericht deutlich (M4)?
3 Kommentiere anhand der Bilder M2 und M3 die beiden grundsätzlichen Einstellungen der christlichen Mehrheit gegenüber Juden im Mittelalter.
4 Finde heraus, woher sich der Begriff „Aschkenas" ableitet.

Das islamische Europa: Al-Andalus

Muslime in Spanien. Wer heute die Bibliothek einer der ältesten Universitäten Europas im spanischen Salamanca betritt, kommt aus dem Staunen nicht heraus: Schränke und Regale sind prall gefüllt mit Prachthandschriften und Büchern aus dem Mittelalter zu den Themen Naturwissenschaften und Theologie, Astronomie und Literatur, Medizin, Musik und Philosophie. Die Mehrzahl der Bücher muss man von rechts nach links öffnen und lesen, denn sie sind in arabischer, zum Teil auch hebräischer Schrift und Sprache verfasst. Heutige Touristen treffen an vielen Orten in Spanien, Portugal und im südlichen Italien auf islamische Kulturschätze aus dem Mittelalter. In der Geschichtsschreibung wurde die Bedeutung des islamischen Europa bis weit ins 20. Jh. wenig gewürdigt.

Den muslimischen Eroberern des Jahres 711 (s. S. 16) folgten zahlreiche Juden, die eine führende Rolle im Wirtschaftsleben übernahmen. Das Königreich der germanischen Westgoten konnte den Eindringlingen keinen Widerstand entgegensetzen. Schnell akzeptierte die Bevölkerung die neuen Herren des jetzt Al-Andalus genannten Landes, da sie keinen Religionswechsel forderten und kulturell, sozial und materiell mehr zu bieten hatten als der Westgotenkönig.

Toleranz zum Nutzen aller. Im Jahre 750 wurde in Damaskus die Herrscherfamilie der Omaijaden (s. S. 16) ermordet, nur Prinz Abd ar-Rahman I. (756–788) gelang die Flucht ins südspanische Córdoba. Dort beendete er die Stammesfehden zwischen den Muslimen verschiedenster Herkunft und baute die Stadt zu einem Wirtschafts- und Wissenschaftszentrum aus. Sein Enkel, Abd ar-Rahman III. (912–968), nannte sich Kalif und beanspruchte damit die Führung in der islamischen Welt. So bestand neben dem Kalifat der Abbasiden in Bagdad ein zweites Kalifat in Europa. Das 9. und 10. Jh. wurde zu einer Blütezeit der Kultur, während der Juden, Christen und Muslime vergleichsweise friedlich in verschiedenen Stadtvierteln zusammenlebten. Für diese Zeit hat sich der spanische Begriff „convivencia" (friedliches Miteinander) eingebürgert.

Niedergang und Rückeroberung. Wachsende Intoleranz unter neuen islamischen Herrschern und der Beginn der Kreuzzugsbewegung (s. S. 28f.) beendeten die Zeit der Toleranz. In den Fürstentümern der nordspanischen Berge begann die Reconquista, die allmähliche christliche Rückeroberung des Landes von den Muslimen. Toledo wurde 1085 eingenommen. In der entscheidenden Schlacht bei Las Navas de Tolosa 1212 siegten die christlichen Heere über die Muslime. Nur das Gebiet um Granada mit seiner berühmten Burganlage Alhambra blieb islamisch. Aus der Vereinigung der beiden Königreiche Kastilien und Aragón ging 1474 Spanien hervor – Portugal war bereits seit dem 12. Jh. ein eigenständiger Staat. Nach der Eroberung Granadas 1492 finanzierte das spanische Königspaar aus der Beute unter anderem die Schiffe für die Flotte des Cristóbal Colón (Christoph Kolumbus, s. S. 62f.). Mit der Devise „Reinheit des Blutes" befahl das Königspaar allen Juden 1492 und allen Muslimen 1501 Spanien zu verlassen oder sich christlich taufen zu lassen. König Manuel I. von Portugal erließ 1497 eine ähnliche Verordnung.

M1 Ein christlicher und ein muslimischer Ritter beim Schachspiel *(spanische Buchmalerei, 11. Jh.)*
Von den Muslimen lernten die Europäer das Schachspiel.

M2 Westgotenreich *(um 550)*

M3 Al-Andalus *(1034)*

christliches Gebiet
Islamisches Gebiet

M4 Reconquista *(nach 1212)*

christliches Gebiet
Islamisches Gebiet

M5 Zwangstaufen *(Grabstätte des katholischen Königs-paars Ferdinand und Isabella in Granada, 15. Jh.)*

Auf dem Sarg steht: „Die Vernichter der muslimischen Sekte, Auslöscher der ketzerischen Falschheit, Ferdinand von Aragón und Isabella von Kastilien, allerseits das katholische Königspaar genannt, umschließt dieses marmorne Grab."

1 Erkläre die verschiedenen Etappen der muslimischen Eroberung und der christlichen Rückeroberung der Iberischen Halbinsel (M2–M4 und Autorentext).

M6 Was unterschied Al-Andalus vom mittelalterlichen Westeuropa?

Der Reichtum des Kalifats von Córdoba fußte auf einer blühenden einheimischen Industrie und dem ausgedehnten Fernhandel. Die begehrten Schwerter aus Toledo lassen sich bis China nachweisen. Die schon in römischer Zeit fortge-
5 schrittenen Methoden der Landwirtschaft wurden durch ausgedehnte Bewässerungsanlagen mit vielen Schöpfrädern noch verbessert. Neue Produkte waren Apfelsinen, Reis, Zuckerrohr, Datteln und Baumwolle. Trotz des Verbots im Koran wurde der Weinanbau noch intensiver betrieben.
10 Das Straßensystem war gut ausgebaut, sodass eine Handelskarawane 30 Kilometer am Tag schaffte. Mit dem Oströmischen Reich stand Al-Andalus in regem wissenschaftlichen Austausch. Allein in Córdoba schrieben über 1000 Kalligrafen (Schreiber für Schönschrift) tagaus tagein Bücher ab. Die Bi-
15 bliothek umfasste 400 000 Werke.

Zitiert nach: Gisbert Gemein/Joachim Cornelissen: Kreuzzüge und Kreuzzugsgedanke in Mittelalter und Gegenwart, München (bsv) 1992, S. 114.

2 Definiere mit eigenen Worten den Begriff „convivencia".

3 Die Bilder M1 und M5 zeigen unterschiedliche Ansichten von Zusammenleben und Ausgrenzung. Beschreibe sie und deute die Inschrift auf dem Sarg des katholischen Königspaares.

4 Schreibe anhand von M6 und dem Autorentext Merkmale heraus, warum die islamische Kultur von Al-Andalus der des lateinischen Mittelalters überlegen war. Beziehe auch Seite 12f. ein.

Al-Andalus: Kulturbegegnungen und Kulturvermittlung

Bedeutende Kulturvermittler

Ibn Rushd (lat. Averroës), * 1126 in Córdoba, † 1198 in Marrakesch; studierte Jura und Medizin; war Richter in Córdoba und Sevilla, zeitweise Leibarzt des Kalifen, Philosoph; verfasste Kommentare zu den Büchern des Griechen Aristoteles, womit er zu den meistgelesenen Philosophen im Europa des Mittelalters und der Neuzeit gehörte; war der Auffassung, dass niemand aufgrund abweichender Interpretation des Glaubens als „Ungläubiger" bezeichnet werden darf.

Mosche Ben Maimon (lat. Moses Maimonides), *1138 in Córdoba, † 1204 in Kairo; war jüdischer Arzt, Philosoph, Theologe und Rechtsgelehrter; gilt als der bedeutendste jüdische Gelehrte des Mittelalters; entstammte einer der angesehensten Familien in Córdoba; seine Familie floh vor intoleranten islamischen Herrschern nach Fes (Marokko); sie zog dann über Jerusalem und Alexandria nach Kairo; Ben Maimon wurde Leibarzt des Statthalters in Ägypten; verfasste zehn medizinische Werke und veröffentlichte zahlreiche Kommentare zu jüdischen Glaubensgesetzen in arabischer Sprache.

Alfons X. der Weise (span. Alfonso X, el Sabio), * 1221 in Toledo, † 1284 in Sevilla, König von Kastilien und León und kurzzeitig König des Heiligen Römischen Reichs; gründete in Toledo eine Übersetzerschule mit den besten jüdischen, christlichen und muslimischen Übersetzern; diese übertrugen das Wissen der Antike und der islamischen Welt in Mathematik, Astronomie, Medizin und allen Naturwissenschaften ins Lateinische und Altspanische.

Al-Idrisi (lat. Dreses), * 1100 in Ceuta, † 1166 in Sizilien; studierte in Córdoba; wurde Kartograf, Geograf und Botaniker; bildete in großen Kartenfolgen die gesamte bekannte Welt ab (s. S. 19); stand im Dienste des normannischen Königs Roger I. von Sizilien.

Ibn Zuhr (lat. Avenzoar) *1091 in Sevilla, † 1162 in Sevilla; arabischer Arzt jüdischer Herkunft, studierte in Córdoba, Bagdad und Kairo Medizin; wurde berühmt für seine Diagnosen von Krankheiten; beschrieb als Erster die Möglichkeit der künstlichen Ernährung mittels einer Sonde; stellte dazu Versuche an Ziegen an; 1121 erschien sein Buch zu Heilverfahren und Ernährungslehre.

◄ **M1 Wasserhebemaschine** *(Abbildung aus dem Buch des Ibn al-Razzaz al-Jazari, 13. Jh.). Dank der aus dem Nahen Osten eingeführten Bewässerungstechniken vervielfachten sich die Ernteerträge in Al-Andalus.*

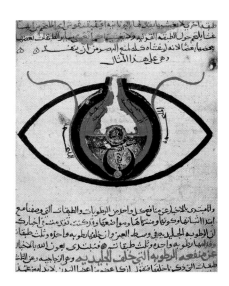

M2 Anatomie des Auges *(Manuskript um 1200, Kairo)*

M3 Abd ar-Rahman III. empfängt die Gesandtschaft des Johannes in der Palaststadt Medina Azahara bei Córdoba

(Gemälde von Dionisio B. Verdaguer, 1885)

▤ M4 Geschichte erzählt

Ein Mönch als Gesandter beim Kalifen

Im Jahre 953 schlug Kalif Abd ar-Rahman III. von Córdoba dem deutschen König Otto I. einen Freundschaftsvertrag vor. Otto musste antworten und schickte als Gesandten den erfahrenen Abt Johannes aus dem Kloster Gorze in Lothringen

5 auf die gefährliche Reise. Doch zunächst reiste Johannes an Ottos Hof und erhielt vom König persönlich einen Brief an den Kalifen. Dieser Brief hatte es in sich – er offenbarte ein erschreckendes Unverständnis des Islam und strotzte von Beleidigungen der unbekannten Religion. Mit drei Begleitern,

10 darunter einem Priester aus Spanien, und fünf Pferden zog Johannes ans Mittelmeer und fuhr per Schiff die Küste entlang nach Westen. Unterwegs fielen sie Räubern in die Hände und verloren ihre ganze Ausrüstung. Beim Eintritt in das islamische Spanien hielt der Kommandant der Grenzfestung sie

15 fest und fragte erst in der Hauptstadt an, ob er sie durchlassen solle. In Córdoba bringt man Johannes in einem Palast unter – und lässt ihn warten. Denn an der Grenze ist der spanische Priester vorausgeeilt und hat am Hof vertraulich über den Inhalt des Schreibens berichtet. Was ist zu tun? Würde

20 Johannes den Brief verlesen, wäre ein Aufruhr die Folge, sogar Mord und Totschlag an den spanischen Christen. Man schickt Boten zu Johannes – Chisdai, einen weltgewandten Juden, der ihn über die Landessitten belehrt, und einen spanischen Bischof, der ihm rät, die Geschenke Ottos zu über-

25 reichen, den Brief aber zurückzuhalten. Johannes lehnt ab. Nach einiger Zeit drückt man ihm auf dem Weg zum Gottesdienst ein Schreiben des Kalifen in die Hand: Wenn er nicht nachgibt, wird es ein Massaker unter den Christen geben, und er ist schuld daran. Johannes versteht endlich und lässt Kon-

30 takt mit Otto I. aufnehmen; der ist einverstanden, dass der umstrittene Brief unterdrückt wird. Erst jetzt, 956 – nach drei Jahren Wartezeit! – wird der Gesandte des Königs beim Kalifen vorgelassen. Auch dabei gibt es noch Misstöne: Johannes weigert sich, die vorgeschriebenen vornehmen Gewänder an-

35 zulegen, als Mönch dürfe er nur sein schwarzes Ordenskleid tragen. Abd ar-Rahman gefällt solche Hartnäckigkeit, er führt mit Johannes ein höfliches Gespräch.

Hier bricht der Bericht ab, mitten im Satz. Wir wissen nur, dass der furchtlose Mönch unversehrt in sein Kloster zurück-

40 gekehrt ist. Die politischen Verhandlungen zwischen Kalif und König wurden von anderen Gesandten fortgesetzt, bald aber aufgegeben. Zu einem wirklichen Gespräch und einem Vertrag zwischen Christen und Muslimen ist es bei dieser Gelegenheit nicht gekommen.

Verfassertext

1 Schreibe die Orte heraus, an denen die auf der linken Seite vorgestellten Gelehrten studiert und gearbeitet haben. In welchen Regionen liegen die Orte? Auf welchen Gebieten waren die Gelehrten Kulturvermittler, Erfinder bzw. Forscher?

2 Wie funktioniert die „Wasserhebemaschine" (M1)?

3 Über welche Kenntnisse des menschlichen Auges musste der Zeichner von M2 verfügen?

4 Du bist Ratgeber König Ottos: Erläutere ihm die wichtigsten Elemente des Islam.

5 Warum scheiterte die Mission des Johannes zum Kalifen? Was wird vermutlich in dem Brief des Kaisers gestanden haben (M4)? Wie sieht der Maler des 19. Jh. die Szene und den Palast (M3)?

Kriege im Zeichen des Kreuzes

„Gott will es!" In der französischen Stadt Clermont-Ferrand tagte im November 1095 ein ▶ Konzil. Bischöfe, Erzbischöfe und Äbte berieten unter Leitung von Papst Urban II. über kirchliche Themen aller Art. Für seine Abschlusspredigt hatte sich der Papst ein besonderes Anliegen aufgehoben. Auf freiem Feld, vor den Toren der Stadt, rief er in einer mitreißenden Rede die Geistlichen, Ritter und Laien zur Befreiung Jerusalems und der heiligen Stätten der Christenheit auf. Was war geschehen?

Mit der Ausbreitung des Islam (s. S. 16/M1) waren Jerusalem und Bethlehem unter islamische Herrschaft gekommen. Christliche Pilger aus Europa konnten dennoch ungestört nach Palästina reisen und dort beten. Im Jahre 1071 eroberte das türkische Reitervolk der Seldschuken das zum Kalifat von Kairo gehörende Jerusalem. Dabei richteten sie ein Blutbad unter ihren muslimischen Glaubensbrüdern an, ließen die christlichen Viertel der Stadt aber unberührt. Der oströmische Kaiser in Byzanz fürchtete weitere Gebietsverluste durch anrückende Seldschuken und bat den Papst in Rom in einem Brief um militärische Hilfe. Nach der Rede Urbans soll eine Welle der Begeisterung die Anwesenden ergriffen haben. In Windeseile verbreitete sich der Aufruf in Klöstern und Kirchen, auf Marktplätzen und entlang der Pilgerstraßen. Menschen aller Stände fühlten sich angesprochen. Hatten nicht gerade erst die Christen Spaniens Toledo aus der Hand der Muslime befreit? Der Ruf „Gott will es!" wurde zum Schlachtruf der Kreuzfahrer.

Beweggründe für den Aufruf und die Teilnehmer. Der Papst lag zu jener Zeit mit dem deutschen Kaiser im Streit, wer der Mächtigere in der lateinischen Christenheit sei. Durch den Aufruf machte er seinen Führungsanspruch deutlich. Von den Rittern erwartete der Papst, dass sie ihre Fehden und das Gesetz der Blutrache für das übergeordnete Ziel eines Kreuzzugs aufgaben. Hauptmotive für eine Teilnahme am Kreuzzug waren die Aussicht auf Sündenvergebung und ewiges Heil, manch einen lockte die Aussicht auf Abenteuer und Beute. Andere entzogen sich den erdrückenden Lasten der Grundherrschaft. Ungeheure Strapazen, Hunger, Durst, Kälte und jahrelange Abwesenheit von zu Hause standen den bewaffneten Wallfahrern bevor.

Der erste Kreuzzug (1096–1099). Ein Ritterheer und eine bunte Schar einfacher Leute machten sich auf den Weg nach Jerusalem, obwohl kaum einer eine Vorstellung davon hatte, wie weit und gefahrvoll der Weg war. Der Zug der Armen war eher eine riesige Räuberbande, die sich mordend und brandschatzend nach Südosten wälzte. In Worms und Speyer töteten sie über 1 000 Juden. Dieser Zug wurde in Anatolien von türkischen Truppen vernichtet. Ein Drittel der ursprünglich aufgebrochenen Ritter unter Leitung von Gottfried von Bouillon erreichte nach über zwei Jahren Jerusalem. Die Stadt wurde nach fünfwöchiger Belagerung am 15. Juli 1099 eingenommen, viele Juden und Muslime ermordet. Nach westeuropäischem Muster entstanden nun Staaten im Vorderen Orient. 200 Jahre lang mussten immer neue Kreuzzüge unternommen werden, um diese zu halten. Der letzte Kreuzfahrerstützpunkt Akkon fiel im Mai 1291.

M1 Erstürmung Jerusalems *(aus der Kreuzzugsgeschichte Wilhelms von Tyrus, Buchmalerei, 13. Jh.)*

**M2
Kreuzzüge**

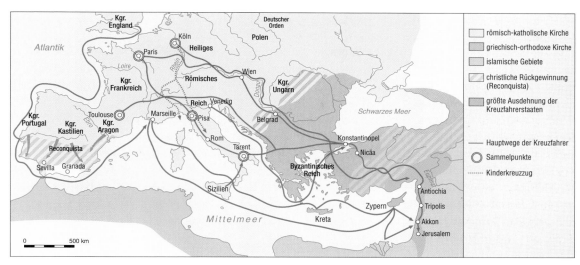

Map legend:
- römisch-katholische Kirche
- griechisch-orthodoxe Kirche
- islamische Gebiete
- christliche Rückgewinnung (Reconquista)
- größte Ausdehnung der Kreuzfahrerstaaten
- Hauptwege der Kreuzfahrer
- Sammelpunkte
- Kinderkreuzzug

M3 Judenverfolgung am Rhein

Als die Kreuzfahrer durch die Städte kamen, in denen Juden wohnten, sprachen sie in ihrem Herzen: „Wir ziehen dahin, das Heilige Grab aufzusuchen, und Rache an den Muslimen zu üben, und hier sind die Juden, die Jesus umgebracht und
5 gekreuzigt haben. Lasst uns zuerst an ihnen Rache nehmen und sie austilgen, sodass sie kein Volk mehr bilden; oder sie sollen sich zu unserem Glauben bekennen." Sie überfielen die Juden in ihren Häusern und brachten sie um, Männer, Frauen und Kinder, Jünglinge und Greise … Sie nahmen die
10 heilige Thora und traten sie in den Straßenkot …
Zitiert nach: Adolphe Neubauer (Hrsg.): Hebräische Berichte über die Judenverfolgung während des ersten Kreuzzugs, Hildesheim (Olms) 1997, S. 153.

M4 Die Eroberung Jerusalems, 15. Juli 1099

a) Ein christlicher Augenzeuge:

Am Freitag ganz früh unternahmen wir einen allgemeinen Sturm auf die Stadt ohne etwas ausrichten zu können. In diesem Augenblick erkletterte einer unserer Ritter die Stadtmauer; alle Verteidiger flohen und die Unsrigen folgten ihnen
5 und trieben sie tötend und mordend vor sich her. Am Tempel Salomons gab es ein Blutbad, dass die Unsrigen im Blut wateten … auch im Tempel ergriffen sie eine große Zahl Männer und Frauen und töteten sie oder ließen sie leben, wie es ihnen gut schien. Bald durcheilten die Kreuzfahrer die Stadt
10 und rafften Gold, Silber, Pferde und Maulesel an sich. Glücklich und vor Freude weinend gingen die Unsrigen hin, das Grab Unseres Erlösers zu verehren. Am folgenden Tag erkletterten die Unsrigen das Dach des Tempels, griffen die Muslime an, Frauen und Männer, zogen das Schwert und schlu-
15 gen ihnen die Köpfe ab.
Gesta Francorum. Zitiert nach: Régine Pernoud: Die Kreuzzüge in Augenzeugenberichten, München (dtv) 1961, S. 100f. Übers. von Barbara von Kaltenborn-Stachau.

b) Der arabische Geschichtsschreiben Ibn al-Atir:

Die Franken nahmen Jerusalem von der Nordseite am Freitag, dem 22. Scha'ban 492. Die Einwohner wurden ans Messer geliefert … In der Al-Aksa Moschee töteten die Franken mehr als 70 000 Muslime, unter ihnen viele Imame … Aus dem Fel-
5 sendom raubten sie mehr als 40 Silberleuchter und andere unermessliche Beute. Die Flüchtlinge erreichten Bagdad im Ramadan. Sie flehten unter Tränen um Hilfe und rührten alle mit ihrer Erzählung, was die Muslime in dieser erhabenen heiligen Stadt erlitten hatten: die Männer getötet, die Frauen und
10 Kinder gefangen, alle Habe geplündert. Die verschiedenen muslimischen Fürsten lagen untereinander in Streit, deswegen konnten die Franken das Land besetzen.
Zitiert nach: Francesco Gabrieli (Hrsg.): Die Kreuzzüge aus arabischer Sicht, Zürich/München (Artemis) 1973, S. 49f. Übers. von Hagen Thürnau.

1 Welche Verbindungen wurden zwischen Kreuzfahrt und Reconquista gezogen (Autorentext)?
2 Beschreibe die Reiserouten der Kreuzfahrer und schätze die Länge der Wegstrecke (M2).

3 Wie konnte es zu dem Pogrom gegen Juden in der Heimat der Kreuzfahrer kommen (M3)?
4 Analysiere die Quellen zur Erstürmung Jerusalems und bewerte die Ereignisse. Ziehe M1 mit heran.

Orient und Okzident – zwei Welten begegnen sich

Die Kreuzfahrerstaaten. Während des ersten Kreuzzugs eroberten die europäischen Ritter einen fast 700 Kilometer langen, schmalen Gebietsstreifen längs der Küste des Mittelmeers. Etwa 100 000 Europäer aus allen Schichten wanderten bis 1187 in die neuen Staaten ein. Doch die Angriffsfläche blieb groß und die Zahl der Siedler gering, sodass sich die Christen letztlich nur aufgrund der Uneinigkeit ihrer Gegner halten konnten. Das eigentliche Rückgrat der christlichen Herrschaft wurden die während der Kreuzzüge entstandenen geistlichen Ritterorden, deren Mitglieder zugleich Mönche und Krieger waren. Als Mönche führten sie ein Leben in der Gemeinschaft, in Armut und Keuschheit. Sie widmeten sich der Krankenpflege und dem Schutz der Pilger. Als Ritter sahen sie ihre Aufgabe im Kampf gegen die „Ungläubigen" – das richtete sich in ihren Augen nicht nur gegen Juden und Muslime, sondern konnte auch nichtkatholische Christen wie Armenier, Syrer, Kopten oder Orthodoxe treffen. Die bedeutendsten Ritterorden waren die Johanniter, die Templer und der Deutsche Orden.

Anpassung oder Abgrenzung? Die viel höher entwickelte Alltagskultur im Nahen Osten übte große Faszination auf die europäischen Ritter aus. Bald wollte jeder in einem bequemen Steinhaus mit erlesenen Möbeln, Teppichen und edlen Stoffen wohnen, die Körperpflege in den Bädern genießen und das viel abwechslungsreichere Nahrungsangebot auskosten. Das Zusammenleben von Christen, Juden und Muslimen erzwang einen gewissen gegenseitigen Respekt im Alltag, der jedoch nie – wie in Al-Andalus – zu einem gegenseitigen Verständnis anwuchs.

Salah ad-Din, der „edle Heide". Saladin war von 1175 bis zu seinem Tod 1193 Sultan von Ägypten und Syrien. Voller Glaubenseifer war sein Ziel die Vernichtung der Kreuzfahrerstaaten und die Wiedereroberung Jerusalems, was ihm 1197 auch gelang. Anders als bei den Kreuzfahrern von 1099 endete sein Sieg nicht in Plünderungen und einem Gemetzel. Saladins ritterliche Gesinnung, seine Duldsamkeit und Großherzigkeit machten bei den Christen großen Eindruck, sodass er in der abendländischen Literatur zum Inbegriff des „edlen Heiden" wurde.

Die Folgen der Kreuzzüge. Die Kreuzzüge verschärften den 1054 erfolgten Bruch zwischen dem lateinischen und griechisch-slawischen Christentum. Die Ritter des vierten Kreuzzugs plünderten auf dem Weg in den Orient das Zentrum der Ostkirche, Konstantinopel. Dies hinterließ einen dauerhaften Groll in der gesamten orthodoxen Kirche gegen die „Lateiner". Das eigentliche politische Ziel der Kreuzzugsidee wurde nicht erreicht. Gewinner waren die italienischen Handelsstädte, vor allem Venedig. Über diese Städte liefen fortan die Handelsbeziehungen und die Kulturkontakte mit der islamischen Welt. In der arabischen Geschichtsschreibung haben die Kreuzzüge wenig Spuren hinterlassen, da sie nicht als einheitliche Bewegung gegen „den Islam" wahrgenommen wurden. Viel mehr Raum nimmt die Bedrohung durch die Mongolen ein, die 1258 Bagdad eroberten und das über 500 Jahre währende Kalifat der Abbasiden beendeten (s. S. 36).

M 1 Der englische König Richard Löwenherz kämpft gegen Sultan Saladin (*englische Miniatur, um 1340*).

M2 Franken im Orient
Fulcher von Chartres (1059–1127),
Teilnehmer des ersten Kreuzzugs und
Kaplan von Balduin I., König von Jeru-
salem:
Wir, die wir Abendländer waren, sind
Orientalen geworden. Dieser, der Römer oder Franke war, ist hier Galiläer
oder Bewohner Palästinas geworden;
5 jener, der in Reims oder Chartres
wohnte, betrachtet sich als Bürger von
Tyrus oder Antiochia. Wir haben schon
unsere Geburtsorte vergessen ... Manche von uns besitzen in diesem Land
10 Häuser und Diener, die ihnen gehören
wie nach Erbrecht. Ein anderer hat eine
Frau geheiratet, die ... Syrerin, Arme-
nierin oder sogar Sarazenin (Muslima)
ist, die die Gnade der Taufe empfangen
15 hat ... Sie sprechen verschiedene Sprachen, doch haben sie es alle fertig gebracht, sich zu verstehen. Die verschiedensten Sprachen sind jetzt der einen
wie der anderen Nation gemeinsam,
20 und das Vertrauen nähert die entfern-
testen Rassen einander an.
Régine Pernoud: Historia hierosolymitana. Zitiert nach:
Die Kreuzzüge in Augenzeugenberichten, Düsseldorf
(Karl-Rauch-Verlag) 1961, S. 125. Übers. Hagen Thürnau.

M3 Ein muslimischer Reisender aus Spanien berichtet
Der Mekkapilger Ibn Dschubair aus Valencia, 1184:
Eigentümlich ist auch, dass, obwohl die Feuer der Uneinigkeit
zwischen beiden Parteien, Muslimen wie Christen, brennen,
zwei Armeen von ihnen aufeinander stoßen, dennoch muslimische und christliche Reisende ohne Behelligung hin und
5 her ziehen. Unser Weg führte dauernd durch bestellte Länd-
reien und geordnete Siedlungen, deren Bewohner alle Muslime waren und mit den Franken angenehm leben. Möge Gott
uns vor solchen Verführungen bewahren. Sie übergeben zur
Erntezeit die Hälfte ihrer Erträge den Franken und zahlen
10 außerdem noch eine Kopfsteuer ... Abgesehen davon mischt
man sich nicht in ihre Angelegenheiten ein, außer einer geringen Besteuerung auf die Früchte an den Bäumen. Ihre Häuser und all ihre Güter bleiben in ihrem vollen Besitz. Alle Küs-
tenstädte, die von den Franken besetzt wurden, werden auf
15 diese Weise verwaltet ... Die muslimische Gemeinde klagt

über Ungerechtigkeit eines Gutsherrn ihres
eigenen Glaubens und spendet dem Verhalten seines Gegenübers und Feindes,
des fränkischen Gutsherrn, Beifall. Und ge-
20 wöhnt sich an dessen Gerechtigkeit ...
Außerdem fehlt dort die Reinheit, man lebt
inmitten von Schweinen und anderen un-
gesetzlichen Dingen ... Zu dem Unglück,
das ein Besucher ihrer Länder sehen wird,
25 gehören die muslimischen Gefangenen, die
in Fesseln laufen und wie Sklaven zu
schmerzlichen Arbeiten eingesetzt werden. Unter ähnlichen Bedingungen leben
die weiblichen Gefangenen mit ihren Bei-
30 nen in Eisenringen.
Zitiert nach: Ibn Dschubair: Tagebuch ei-
nes Mekkapilgers, Stuttgart (Erdmann)
1985, S. 213, 224 und 229. Übers. Re-
gina Günther.

◀ **M4 Die Rückkehr des Kreuzfahrers**
(Skulptur in der Prieuré de Belval,
Lothringen, 130 cm hoch)

1 Schreibe einen kurzen Lebenslauf der beiden
Kämpfer in M1 und ordne die hier gezeigte Episode
in die Gesamtgeschichte der Kreuzzüge ein.
2 Welche heutigen Gebiete umfassen die ehemaligen
Kreuzfahrerstaaten (s. S. 29/M2). Zähle Gründe auf,
die den relativ kurzen Bestand dieser Staaten erklären.
3 Beschreibe und erkläre den Einfluss des Orients auf
das Alltagsleben der Kreuzfahrer (M2 und Autorentext).
4 Stelle zusammen, welche Kritik der Reisende Ibn
Dschubair an der Lage der Muslime in Palästina unter fränkischer Herrschaft übte (M3). Zeige Stellen, an
denen seine Haltung besonders deutlich wird. Was
könnte ihm ein fränkischer Ritter antworten?
5 Betrachte die Skulptur M4. Versetze dich in die
Lage der beiden – was können sie dem Partner jeweils erzählen?
6 Stelle die ursprünglichen Absichten der Kreuzzüge
den Ergebnissen gegenüber. Beziehe auch die vor-
hergehende Doppelseite mit ein.

Siedlungsland im Osten: Slawen und Deutsche

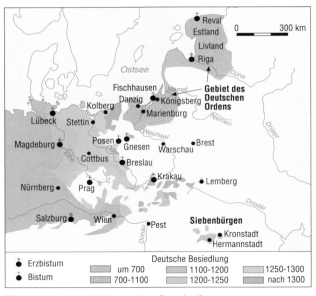

Kolonisierung zum Nutzen aller. Der Begriff „Kolonisierung" bedeutet Gewinnung von ungenutztem Land für bäuerliche Siedlungen. Um das Jahr 1000 reichte das Gebiet der deutschen Könige bis zur unteren Elbe. Die kriegerischen Auseinandersetzungen mit den slawischen Stämmen weiter östlich endeten, als die Slawen Christen wurden. Polnische Herzöge und Könige riefen Siedler aus dem Deutschen Reich zur Entwicklung der Wirtschaft ins Land. In mehreren Wellen wanderten zwischen dem 12. und 14. Jh. etwa eine halbe Million Siedler aus Flandern, den Niederlanden, Schwaben, dem Rheinland und anderen Gegenden des Reichs nach Osten und Südosten aus. Angelockt von vielen Vorrechten ließen sie sich im Baltikum, in Polen und in Gebieten der heutigen Länder Tschechien, Slowakei, Ukraine, Ungarn und Rumänien nieder. Die Siedler genossen persönliche Freiheit, mussten keine Frondienste und keine Abgaben leisten. Sie durften nach Bedarf in den Wäldern Bauholz schlagen, besaßen das Fischrecht und den Kaufleuten wurden für einen bestimmten Zeitraum die Zollabgaben erlassen. Das führte bisweilen zu Konflikten mit der einheimischen slawischen Bevölkerung. Diese wurde nicht verdrängt, blieb aber im Mittelalter unfrei und musste Abgaben leisten. Mit den Bauern aus dem Westen kamen auch Händler, Handwerker, Bergleute und vertriebene Juden (s. S. 22f.). Mehrere tausend Dörfer und Städte nach Magdeburger oder Lübecker Stadtrecht wurden bis zum 14. Jh. zwischen den Flüssen Elbe und Weichsel gegründet.

Der Deutsche Orden. In den Gebieten östlich der Weichsel waren bis zum 13. Jh. alle Missionsversuche gescheitert. 1222 rief der Papst zum Kreuzzug gegen die heidnischen Pruzzen (Preußen) auf. Diese Aufgabe übernahm der Deutsche Orden, der nach dem Niedergang der Kreuzfahrerstaaten (s. S. 30) in Ostmitteleuropa sein neues Betätigungsfeld fand. Bis 1300 unterwarfen die Ordensritter weite Teile des Baltikums. Als aber 1386 Litauen christlich wurde und sich mit Polen zu einem Großreich vereinigte, kam es zum Machtkampf. Das Heer des Deutschen Ordens wurde 1410 bei Tannenberg vom vereinten Heer des polnischen Königs Władysław Jagiełło und des litauischen Großfürsten Vytaustas (Witold) besiegt. Die Schlacht von Tannenberg (polnisch: Grunwald) gehörte zu den blutigsten Schlachten des Mittelalters, wurde aber erst im 19. Jh. zum Sinnbild einer deutsch-polnischen Feindschaft.

M2 Marienburg (polnisch Malbork) an der Nogat, dem östlichen Mündungsarm der Weichsel, Sitz des Deutschen Ordens von 1309 bis 1457
Die Festung wurde nach Vorbildern in den Kreuzfahrerstaaten gebaut, im Zweiten Weltkrieg stark zerstört und von Polen ab 1960 aufwändig restauriert.

M3 Ein Siedlungsvertrag

Przemyśl II., König von Polen, übergibt deutschen
Siedlern eine polnische Stadt zur Ansiedlung, 1290:
In dem Wunsche, den Zustand unseres Landes um Krakau zu
verbessern, haben wir die nach polnischem Recht lebende
Stadt Miechow mit Wissen und Willen der Priester und Brüder des Klosters, unserem Bürger Gerhard übertragen. Er soll
5 sie nach deutschem Siedelrecht bevölkern und erhält zehn
Freihufen (unbesiedeltes Land), dazu jeden 6. Bauernhof und
jeden 6. Garten um die Stadt, einen Schlachthof, freie Ba-
destuben, und eine Mühle, von deren Ertrag jedoch die Hälfte
ans Kloster abgegeben werden muss. Gerhard und seine
10 Nachkommen dürfen eine Halle für Tuchverkauf und Kramlä-
den frei aufschlagen. Gerhard darf auch Übeltäter verhören
und verurteilen … Und damit die Siedler williger in die Stadt
ziehen und vor allem Lust bekommen, dort zu bleiben, geben
wir den Siedlern sechs Jahre Abgabenfreiheit auf bebaute
15 Äcker und 10 Jahre Freiheit auf noch zu rodendes Waldland.
So entfallen alle Abgaben, Steuern, Frondienste, Zinsen und
aller Zwang. Wir übergeben Gerhard weitere 600 Hufen, die
zum ländlichen Bereich der Stadt gehören. Er hat die Macht,
diese mit Siedlern nach deutschem Recht zu besetzen.
Codex diplomaticus Maioris Poloniae II, Posen 1877,
Nr. 648, S. 28. Übers. vom Verfasser.

M4 Ältere deutsche und polnische Schulbücher

a) Aus einem westdeutschen Schulbuch von 1966:
Die Ostkolonisation wird zu Recht als die Großtat des deutschen Volkes während des Mittelalters bezeichnet. Sie setzte
zwar mit einer Reihe von Kriegszügen ein, aber die eigentliche Volksbewegung im 13. Jh. vollzog sich friedlich und durch
5 die Förderung slawischer Fürsten … Die Ostsiedlung ver-
mehrte die deutsche Bodenfläche um zwei Drittel und erweiterte den abendländischen Kulturkreis.

b) Aus einem polnischen Schulbuch von 1975:
In die von den deutschen Feudalherren eroberten Gebiete
strömte aus der Tiefe des deutschen Raumes Bevölkerung aller Stände ein. Die deutschen Kolonisten besetzten die besten Böden, die sie der ansässigen Bevölkerung wegnahmen.
5 Auch in den Städten drängte die eingeströmte deutsche Bevölkerung die örtliche Bevölkerung in eine untergeordnete
Rolle.
Zitiert nach: Matthias Kneip/Manfred Mack (Hrsg.): Pol-
nische Geschichte und deutsch-polnische Beziehungen,
Deutsches Polen-Institut Mannheim, Berlin (Cornelsen)
2007, S. 17.

M5 Der Stand der Wissenschaft

Die Aussage eines Wissenschaftlers, 1989:
Die Ostsiedlung ist Teil eines umfassenden Prozesses von
Landesausbau (Besiedlung), wie er sich in allen europäischen
Ländern zwischen dem 12. und 14. Jh. ereignet hat. Lange
Zeit wurde das Bild genährt, dass im Mittelalter das deutsche
5 Volk gewissermaßen aus allen Nähten geplatzt sei, dass sich
Abertausende auf den Weg nach Osten gemacht hätten, um
sich jenen Lebensraum zu verschaffen, den ihnen die Heimat
nicht mehr bieten konnte. Aber das war das Denken um
1900, das Zeitalter imperialistischer Außenpolitik (moderner
10 Kolonialpolitik).
Zitiert nach: Hartmut Boockmann: Der deutsche Orden,
München (Beck) 1989, S. 115ff.

M6 Gründung eines Dorfes durch Neusiedler

Der Grundherr links außen übergibt dem Dorfschulzen die
Urkunde mit den Rechtsbestimmungen (Ausschnitt aus dem
Sachsenspiegel, einem deutschen Rechtsbuch, 13. Jh.).

1 In welchen zeitlichen Phasen vollzog sich die Ostsiedlung und wo siedelten sich Menschen an (M1)?
2 Welche drei Schritte waren nach der Abbildung M6
typisch für die Ostsiedlung? Was bewegte Menschen,
die Strapazen eines Neuanfangs weit entfernt von ihrer Heimat auf sich zu nehmen?
3 Deine bäuerliche Großfamilie berät über eine Auswanderung nach Osten. Schreibe Argumente dafür
und dagegen auf. Beziehe M3 mit ein.
4 Was ist aus heutiger Sicht an der Darstellung der
Schulbücher M4 historisch ungenau oder falsch?
Stelle M5 gegenüber.
5 Welche Bedeutung hat die Marienburg (M2) für den
Deutschen Orden, welche für das heutige Polen?

33

„Das Reich der osmanischen Länder"

Wer sind die Türken? Im 6. Jh. gründeten Turkvölker, auf die die Bezeichnung „Türken" zurückgeht, ein erstes Reich, das vom Aralsee bis nach Nordchina reichte. Die Vorfahren der heutigen Türken waren die Seldschuken. Einer ihrer Anführer, Alp Arslan, schlug 1071 das byzantinische Heer bei Mantzikert/ Malazgirt (Armenien). Damit begann das Einsickern türkischer Stämme nach Anatolien und die Islamisierung dieser bis dahin vorwiegend christlichen Gebiete.

Die Herrschaft der Osmanen. Zu Beginn des 14. Jh. gelang es der Dynastie der Osmanen, die in einer zweiten Einwanderungswelle von Türken nach Anatolien gekommen waren, die Macht im Seldschukenstaat an sich zu bringen. Der Name ihrer Herrscherfamilie wurde bald zur Bezeichnung für das ganze Reich. Osman I. (1288–1326) verstand es, seine Macht durch ein streng geordnetes Berufsheer zu festigen und eine wirkungsvoll arbeitende Verwaltung aufzubauen. 1353 drangen türkische Truppen erstmals nach Europa vor. Zu einer Krise des Osmanischen Reichs kam es, als Anfang des 14. Jh. die Mongolen aus Zentralasien nach Westen vordrangen. Doch bald gelang es den Osmanen, die Herrschaft der Steppenvölker abzuschütteln und sich der Eroberung Konstantinopels zuzuwenden. Diese einst mächtigste Stadt der Welt hatte nach den Plünderungen während des vierten Kreuzzugs immer mehr an Ausstrahlung und Bevölkerung verloren. Nur noch 40 000 Menschen wohnten in ihren Mauern, als Mehmet II. (1453–1481) mit dem Beinamen Fâtih (= der Eroberer) die Stadt einnahm. Er erklärte sie unter dem Namen Istanbul zur Hauptstadt des Reichs. Nun kontrollierten die Osmanen den Zugang zum Schwarzen Meer und den Fernhandel auf dem Landweg nach Indien. Die zentralistische Verwaltung überwachte von Istanbul aus alle Wirtschaftszweige in drei Kontinenten. Die griechisch-orthodoxe Kirche erhielt 1484 weitreichende Vorrechte, die sie bis ins 19. Jh. bewahren konnte. Die Hagia Sophia (s. S. 10) wurde zur Moschee.

Unter Süleyman dem Prächtigen (1520–1566) erreichte das „Reich der osmanischen Länder" seine größte Ausdehnung und kulturelle Blüte. Es wurden prächtige Moscheen, Paläste und Schulen errichtet und die Wissenschaften gefördert. Besondere Bedeu-

tung für das Zusammenleben in einem multireligiösen Staat wurde das Millet-System (arabisch „milla" = Religionsgemeinschaft). Dieses System gewährte allen Nichtmuslimen einen Minderheitenschutz und das Recht, ihre Angelegenheiten selbst zu regeln. Eine solche Einteilung nach Religionen und nicht nach Völkerschaften legte den Grundstein für die einzigartige ethnische Vielfalt auf dem Balkan. Mit der Niederlage in der Seeschlacht von Lepanto 1571 verlor das Osmanische Reich die Vorherrschaft im östlichen Mittelmeerraum. Die Niederlage vor Wien 1683 und eine anhaltende Wirtschaftskrise standen am Beginn eines langsamen Verfallsprozesses.

M1 Die Belagerung von Konstantinopel 1453
(frz. Miniatur von Jean Miélot, 15. Jh.)
Im Vordergrund das Zeltlager Mehmets II. Der Sultan hatte auf dem Landweg Schiffe an das von den Byzantinern gesperrte Goldene Horn bringen lassen, um die Stadt auch von See her angreifen zu können.

M2 Die Entwicklung des Osmanischen Reichs vom 15. bis zum 17. Jh.

Völker:

ein Drittel: Türken
zwei Drittel: Griechen,
Armenier, Juden, Rumänen,
slawische Völker, Albaner,
Araber

Millets:

Muslime, Orthodoxe,
Armenier, Juden;
später auch: Protestanten,
Katholiken

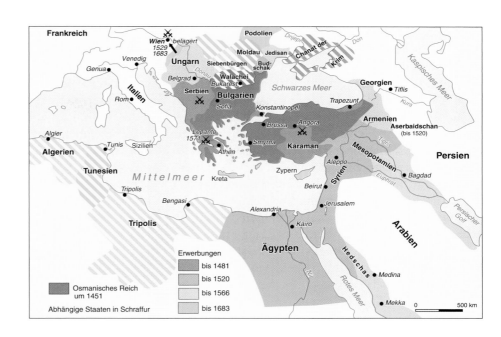

M3 Mehmet II. *(Gemälde von Sinan Vey, 1475)*

M4 Tuğra von Süleyman dem Prächtigen

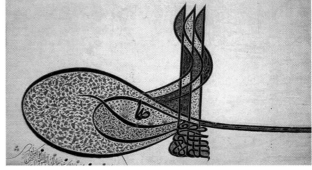

Eine Tuğra ist das Herrschaftsabzeichen eines osmanischen Sultans. In kunstvoll verschlungener Schönschrift enthält sie den Namen des Herrschers und seines Vaters, die persischen und mongolischen Königstitel Shah und Khan, sowie den arabischen Titel „der allzeit Siegreiche". Zudem konnten Koranverse und der Titel Gasi – Förderer des Islam – eingebaut werden. Geschrieben wurde in schwarzer und farbiger Tinte sowie mit Goldtusche.

1 Zeige mithilfe der Karte (M2) und des Autorentextes die Ausdehnung des „Reichs der osmanischen Länder.

2 Gib in eigenen Worten das Millet-System wieder. Welche Vorteile bot es für Herrscher und Beherrschte (Autorentext)?

3 Beschreibe die günstige geografische Lage der Hauptstadt (M1 und M2).

4 Vergleiche das Porträt Mehmets II. (M3) mit der Darstellung europäischer Herrscher (z. B. S. 97).

5 Verdeutliche, welcher Herrschaftsanspruch aus den einzelnen Textteilen der Tuğra (M4) deutlich wird.

Das Reich der Mongolen

Völker der Steppe. Über 3 000 Kilometer zieht sich die eurasische Steppenzone zwischen der Wüste Gobi und der unteren Donau. Von dort drohten Europa und China immer wieder Überfälle kriegerischer Reiternomaden. Ende des 12. Jh. gelang es dem Mongolenfürsten Dschingis Khan innerhalb weniger Jahre ein gewaltiges Weltreich mit der Hauptstadt Karakorum aus dem Boden zu stampfen. Er vereinte die rivalisierenden türkischen und mongolischen Stämme und führte ein überschaubares Gliederungssystem nach Tausend-, Hundert- und Zehnerschaften für das Heer ein. Seine Nachfolger stellten für Europa nach der gewonnenen Schlacht bei Liegnitz (heute Legnica in Polen) 1241 eine Bedrohung dar, sie zogen aber wegen des Todes ihres Großkhans wieder ab. Das Mongolenreich zerfiel bald in vier Teilreiche (s. S. 39/M3). Khubilai Khan gelang die Eroberung Chinas; in der chinesischen Geschichte wird die Zeit der Mongolen-Herrscher als Yuan-Dynastie von 1280–1368 gezählt. Hauptstadt wurde Khanbalik, das heutige Beijing (Peking).

M 1 Mongolische Krieger
(Wasserfarben auf Papier, Täbris/Iran, 14. Jh.)

Frieden erlaubt Kontakte. Während des Bestehens der Mongolenreiche waren erneut sichere Reisen auf dem Landweg von Europa nach Ostasien möglich. Nun gelangten wieder größere Mengen chinesischer Seide auf europäische Märkte. Die bekanntesten Fernreisenden der Zeit waren die italienischen Handelsvertreter Gebrüder Polo, die 1271 mit dem 17-jäh-

rigen Marco bis an den Hof Khubilais reisten, von wo sie erst 1295 zurückkehrten. Der bedeutendste arabische China-Reisende war Ibn Battuta – er hinterließ wie Marco Polo einen ausführlichen Reisebericht. Europäische Könige und der Papst versuchten zu jener Zeit Kontakt zum legendären christlichen Priesterkönig Johannes aufzunehmen. Von ihm erhoffte man sich einen Verbündeten im Fernen Osten, um die Muslime von zwei Seiten angreifen zu können. Doch Johannes blieb eine Legende. Tatsächlich gab es christliche Gruppen in China, die als Abkömmlinge einer christlichen Abspaltung im 4. Jh. („Nestorianer") bis nach China gewandert waren. Papst Innozenz IV. entsandte Dominikaner und Franziskaner nach Karakorum, die am Hof des Großkhans für eine antiislamische Koalition und die Christianisierung der Mongolen werben sollten. Doch die mongolischen Herrscher waren in Religionsfragen tolerant, tendierten zeitweise zum Buddhismus und zum Islam. Der Großkhan stellte im Gegenzug aber die Forderung, dass alle Könige des Abendlandes und der Papst nach Karakorum kommen und ihm huldigen sollten. Mit den Berichten der Franziskaner Giovanni de Carpini und Wilhelm von Rubruk besitzen wir die ersten genauen Kenntnisse von der Lebensart der Mongolen. Die Reisenden würdigen unvoreingenommen, ja bewundernd, das geordnete Staatswesen, die religiöse Toleranz und die umfassenden naturwissenschaftlichen Kenntnisse. Rubruk vermittelte viele wirtschaftliche und geografische Kenntnisse nach Europa, so über die Verwendung von Papiergeld und die Feststellung, dass das Kaspische Meer ein Binnenmeer sei. Seine Beschreibungen waren in Europa bis zum 18. Jh. die genauesten, die es über China gab.

Der Schwarze Tod. Aus den Steppen Asiens kam im 14. Jh. die Beulenpest bis in die Hafenstädte am Nordrand des Schwarzen Meeres. Von dort gelangte die Epidemie über die infizierte Besatzung von Handelsschiffen nach Sizilien und verbreitete sich von 1347 bis 1352 über den größten Teil Europas. Nur wenige Gebiete blieben verschont. Etwa 20 bis 25 Millionen Menschen, ein Drittel der europäische Gesamtbevölkerung, fielen der Pest zum Opfer.

M2 Der „Silberbaum" im Palast von Karakorum
(barocke Darstellung von Pierre Bergeron aus dem 18. Jh.)

Der Palast des Großkhans war wie ein chinesischer Palast mit rot lackierten Holzsäulen gebaut. 50 europäische Kunsthandwerker unter Leitung des Pariser Goldschmieds Guillaume Boucher fertigten den Silberbaum und den magischen Brunnen in der Mitte an. Boucher arbeitete zuvor in Ungarn und wurde bei Belgrad von Mongolen gefangen genommen und verschleppt.

Wilhelm von Rubruk freundete sich in Karakorum mit ihm an und schreibt:

„Meister Boucher machte dem Khan einen großen Baum aus Silber, an dessen Wurzeln vier Löwen aus Silber lagern und die im Innern eine Röhre haben und alle weiße Stutenmilch ausspeien. Innerhalb des Baumes gehen vier Röhren bis nach
5 oben … Eine der Röhren lässt Wein herausfließen, die andere Kara-Kumys (vergorene Stutenmilch ohne Hefe), die dritte das Honiggetränk Bal und die letzte Reisbier. Oben auf dem Baum befindet sich ein Engel mit einer Trompete in der Hand. Der Baum hat silberne Äste, Blätter und Birnen."
Zitiert nach: Dschingis Khan und seine Erben. Das Weltreich der Mongolen, Katalog hrsg. von der Kunst- und Ausstellungshalle der Bundesrepublik Deutschland, Bonn 2005, S. 152f. Übers. von Bernadett Ott.

M3 Marco Polos Abschied aus China
Khubilai Khan lässt den Polos ein Goldtäfelchen überreichen, das ihnen sicheres Geleit gewähren soll.

(Abbildung aus „Le Livre des Merveilles du Monde", 1410).

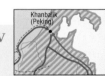

GESCHICHTE AKTIV/KREATIV
Projektidee: „Wir vergleichen zwei Reiseberichte."
Marco Polo (1254–1324) und Ibn Battuta (1304–1368) reisten im Abstand weniger Jahre nach Ostasien. Ihre Reiserouten findest du in der Karte auf Seite 39. Beide Berichte sind als Taschenbuchausgaben verfügbar. Wer waren die beiden Reisenden? Stelle ihre Lebensläufe vor. Experten lesen beide Bücher und präsentieren ausgewählte Abschnitte. Zeigt auch interessante Abbildungen wie hier M3.

1 Beschreibe die mongolischen Krieger (M1). Was unterschied sie von den Kriegern auf den Seiten 10–11?
2 Stelle Vermutungen an, warum der Khan europäische Fachleute am Bau seines Palastes in Karakorum beschäftigte (M2). Welche Kulturbeziehungen werden deutlich?
3 Am 30. Mai 1254 kam es in Anwesenheit des Großkhans Möngke zu einer Religionsdebatte, wer den besten Glauben habe. Vertreter von Buddhismus, Islam, nestorianischer Kirche und Rubruk für die katholische Kirche nahmen daran teil. Welche Argumente könnten Buddhisten, Muslime und Christen angeführt haben?
4 Besorge dir weitere Informationen zur Entstehung und Auswirkung der großen Pest 1347–1352.

Kontakte – Konflikte: das Bild des Anderen

622 ▶	Übersiedlung Muhammads von Mekka nach Medina – Beginn der islamischen Zeitrechnung
661–750 ▶	Kalifat der Omaijaden (Damaskus)
711–1492 ▶	Muslime auf der Iberischen Halbinsel Blütezeit Kalifat von Córdoba 10. Jh.
750–1258 ▶	Kalifat der Abbasiden (Bagdad)
1096 ▶	Judenpogrome in rheinischen Städten
1099 ▶	Eroberung Jerusalems im 1. Kreuzzug
ca. 1200 bis 1350 ▶	Ostsiedlung
1206–1405 ▶	Mongolenreiche
1299–1923 ▶	Osmanisches Reich
1212 ▶	weitgehende Rückeroberung der Iberischen Halbinsel nach Sieg christlicher Heere über die Muslime
1347–1352 ▶	Pest in Europa
1453 ▶	Türken erobern Byzanz
1492 ▶	Fall Granadas, anschließend Vertreibung von Juden und Muslimen aus Spanien und Portugal

In diesem Kapitel hast du Beispiele für Kontakte zwischen Kulturen kennen gelernt. Fernhändler, Pilger verschiedenster Religionen, Diplomaten auf einer Mission oder Soldaten bei der Eroberung fremder Länder prägten die Bilder des Fremden. Das konnten Feind- oder Freundbilder sein.

Sicherung wichtiger Kompetenzen

▽ 🗀 **Eigene Dateien**
▽ 🗀 **Geschichte**
▽ 🗀 **Was wussten die Menschen im Mittelalter voneinander?**
▽ 🗀 **Methode**
  📄 Historische Karten analysieren
▽ 🗀 **Fachbegriffe**
  📄 Islam   📄 Ostkolonisation/
  📄 Kalif/Kalifat   Ostsiedlung
  📄 Kreuzzüge   📄 Pax Mongolica

M1 Der Dichter Wolfram von Eschenbach *(ca. 1170/1180–1220)* **versöhnt einen Muslim, einen Juden und einen Kreuzfahrer** *(Buchmalerei, 13. Jh.)*

Im Anschluss an die Kreuzzüge gibt es vermehrt bildliche Darstellungen, die die erforderliche Suche nach einer Kompromisslösung bei Konflikten in der alltäglichen Beziehung von Menschen unterschiedlicher Kulturen herausstellen. Von Wolfram von Eschenbach ist das folgende Zitat überliefert:
„Ist es nicht Sünde, dass man die, die nie Kunde von der Taufe empfingen, erschlug wie Vieh? Ich spreche hier sogar von großer Sünde, weil alle Geschöpfe Gottes sind, alle Menschen der zweiundsiebzig Sprachen, die er geschaffen hat."

M2 Alfons der Weise mit Mitgliedern seiner Übersetzerschule *(spanische Buchmalerei, 13.Jh.)*

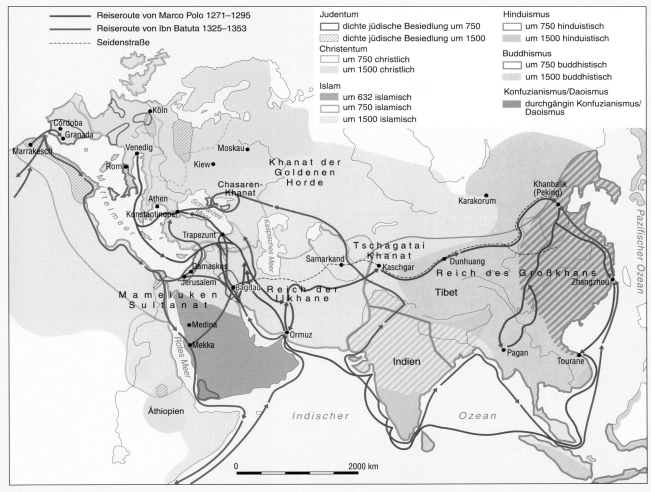

M3 Kulturräume in Asien, Europa und Nordafrika im Mittelalter

M4 Wissensvermittlung China-Europa

Erfindungen	China	Europa
Seekompass	1090	um 1180
Hinteres Steuerruder	1. Jh.	um 1190
Brustgeschirr für Pferde	5. Jh	ab 1000
Schubkarren	1./2. Jh.	um 1250
Blockdruck	8.Jh.	1375
Papier	1./2. Jh.	12./13. Jh.
Druck mit beweglichen Lettern	1041	1430–60
Schleusentore (Kanäle)	11./12. Jh.	um 1375
Gusseisen	6. Jh. v. Chr.	um 1380
Schiesspulver	9. Jh.	1285

Zitiert nach: Jacques Gernet: Die chinesische Welt, Frankfurt/M. (Insel) 1979 S. 322. Übers.von Regine Kappeler.

1 Beschreibe M1 und M2 und ordne sie einem Thema der vorhergehenden Seiten zu. Was für ein Bild wird hier vermittelt?

2 Zeige anhand der Karte (M3) die großen Kulturräume in Europa, Asien und Nordafrika am Ende des Mittelalters. Blättere dabei das erste Kapitel nochmals durch. Wo und wann kamen Kontakte zustande? Waren diese eher von friedlicher oder kriegerischer Art? Wer waren jeweils die Kontaktpersonen? Wo verliefen die bedeutenden Handelsstraßen?

3 Welche Erfindungen (M4) übernahmen die Europäer aus China? Vermute, warum bestimmte Übernahmen lange dauerten, andere nicht. Welche Erleichterungen waren durch diese Erfindungen möglich geworden?

Neue Welten –

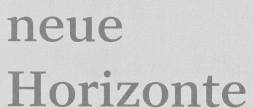

neue Horizonte

Vom Mittelalter zur Neuzeit

Wieso eine neue Epoche? Ein Mönch predigt von der Kanzel, ein Buch liegt vor ihm, drei Segelschiffe kreuzen auf dem Meer und ein Mensch steckt seinen Kopf ins All – alle Bilder auf den Seiten 40 und 41 haben auf den ersten Blick nichts miteinander gemein. Doch jedes Bild zeigt auf seine Art den Wandel, der Europa zwischen dem 13. und dem 16. Jh. erfasste. Das Aufkommen eines selbstbewussten Bürgertums, die Ausweitung des Handels und ein weniger religiös bestimmtes ▶ Welt- und Menschenbild bildeten die Grundlage dieses Wandels. Statt Mythen, Legenden und biblischen Vorstellungen wurden nun systematisch naturwissenschaftliche und geografische Erkenntnisse gesammelt. Bessere Orientierungsmöglichkeiten durch neue Instrumente verlockten dazu, die letzten Grenzen auszuloten: Wagemutige Seefahrer befuhren mit neuartigen Segelschiffen die Weltmeere auf der Suche nach Gold und Gewürzen. Nur zwei Jahrhunderte nach Beginn der Entdeckungsfahrten von Portugiesen und Spaniern standen große Teile der Erde unter der Vorherrschaft europäischer Mächte.

Eine neue Technik verändert die Welt. Die Erfindung des Buchdrucks erlaubte die Herstellung von Büchern, Flugschriften und Holzdrucken in großer Auflage. Der Mönch auf Seite 41 ist der Reformator Martin Luther, der ein gedrucktes Exemplar der von ihm übersetzten Bibel vor sich liegen hat. Das Buchdruckverfahren ermöglichte die rasche und flächendeckende Verbreitung von Nachrichten und Ideen; daher sehen heutige Forscher darin den ersten Schritt zu einer weltweiten Informationsgesellschaft. Die neue Epoche der ▶ Renaissance löste das mittelalterliche Denken ab und steht am Beginn der ▶ Neuzeit.

Die Neuerungen kommen aus Italien. Die italienischen Stadtrepubliken pflegten intensive Kontakte mit Byzanz und der arabischen Welt. Von dort gelangten zahllose Handschriften griechischer und römischer Autoren nach Italien. Italienische Gelehrte beugten sich eifrig über die wieder gefundenen Texte. Bei den bekannten Vorlagen entdeckte man, wie viele Abschreibfehler die Aussage der Bücher verfälscht hatten. In den antiken Büchern fanden die Gelehrten eine Auffassung vom menschlichen Wesen (lat. humanum), die sie faszinierte: Nicht als Sünder, der ohne die Gnade Gottes nichts vermag, sondern als selbstbewusstes Vernunftwesen – so sahen die antiken Autoren die Menschen. Das Studium der alten Sprachen und die Gedankenwelt der Antike verband man mit dem Begriff ▶ „Humanismus".

M1 Der „Erdapfel" des Nürnbergers Martin Behaim (1492) – der älteste Globus der Welt *(Germanisches Nationalmuseum, Nürnberg).*

Was lernst du in diesem Kapitel? Am Ende dieser Einheit wirst du Antworten zu folgenden Fragen geben können:

- ▶ Welche Merkmale sind typisch für das Zeitalter der Renaissance und des Humanismus?
- ▶ Wo liegen die Ursprünge des neuen Kunstverständnisses und Menschenbildes?
- ▶ Was verstehen wir unter ▶ „Frühkapitalismus"?
- ▶ Wie kam es zur „Europäisierung" der Erde?
- ▶ Aus welchen Gründen spaltete sich die römische Kirche und welche Folgen hatte dies?

M2 Das kopernikanische System

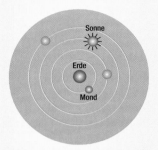

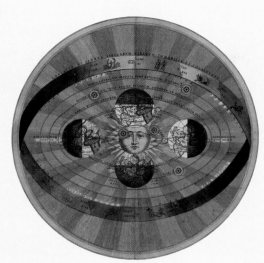

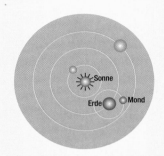

■ Geozentrisches Weltbild
(von Ptolemäus im 2. Jh. v. Chr. entworfen)
griech. geo = Erde

Kupferstich *(16. Jh.)*

■ Heliozentrisches Weltbild
(von Nikolaus Kopernikus im 16. Jh. entworfen)
griech. helios = Sonne

In Frauenburg (heute Frombork, Polen) stellte der Domherr Nikolaus Kopernikus (1473–1543) über viele Jahre lang Berechnungen über den Lauf der Himmelskörper an. Seine Studien führten zur Ablösung des im Mittelalter gültigen Weltbildes. Diese Aufbruchstimmung versinnbildlicht der Kupferstich auf S. 40. Die neuen Lehren entsprachen nicht der Lehrmeinung der Kirche und setzten sich deshalb nur langsam als allgemein anerkanntes Wissen durch.

■ M3 Was waren die Kennzeichen des neuen Denkens?

Auszug aus einem Jugendbuch:

Während die große Mehrheit der Menschen auch noch im 15. Jh. ihr Schicksal und den Zustand der Welt als gottgegeben hinnahm, versuchten vor allem Gelehrte und Künstler, sich von diesem Weltbild zu befreien. Dabei schauten sie je-

5 doch nicht nach vorn, sondern erst einmal zurück in die Welt der Griechen und Römer, die ihnen heller als die eigene erschien. Das nun beginnende Zeitalter hat davon seinen Namen: „Renaissance", was soviel wie „Wiedergeburt" bedeutet ... Man wandte sich dem Diesseits zu und rückte den

10 Menschen in den Mittelpunkt des wissenschaftlichen und künstlerischen Interesses ... Der Mensch sollte über sich und sein Leben selbst entscheiden und seine Fähigkeiten voll entfalten können. Als Voraussetzung dazu galt eine umfassende Bildung, die sich am antiken Vorbild orientierte.

15 Dieses neue Denken entstand zuerst in Florenz und Venedig, wo die europäische Kultur am höchsten entwickelt war. Weil der Mensch (lat. humanus) im Mittelpunkt stand, spricht man von „Humanismus".

Die Humanisten gewannen ihre neuen Einsichten nicht aus

20 der Bibel, sondern indem sie die Menschen und die Natur genau beobachteten und erforschten. Würde man eine Aufstellung der großen Geister der Menschheitsgeschichte versu-

chen, wäre die Renaissance wie kein anderes Zeitalter vertreten. Leonardo da Vinci, das Universalgenie, Michelangelo,

25 der Maler und Bildhauer, Erasmus von Rotterdam, der große Humanist und Philosoph, Nikolaus Kopernikus, der Astronom – sie alle lebten in dieser Zeit.

Manfred Mai: Weltgeschichte, München (Hanser) 2003, S. 68f. (gekürzt und leicht verändert).

1 Anlässlich der 500-Jahr-Feier der Entdeckung Amerikas 1992 wiederholten Wissenschaftler die Entdeckungsfahrt des Kolumbus mit nachgebauten Karavellen (s. S. 40f.). Welche Vorzüge hatte dieser Schiffstyp?

2 Nenne Änderungen, die die Berechnungen des Kopernikus mit sich brachten (M2).

3 Suche alle Merkmale der Renaissance und des Humanismus aus dem Text M3 heraus. Welche davon waren neu im Vergleich zur Epoche des Mittelalters? Beziehe dazu auch M1–M2, den Autorentext und die Bilder auf den Seiten 40f. mit ein.

4 Erarbeitet in Kleingruppen mithilfe von Nachschlagewerken je eine Biografie zu den genannten Renaissance-Künstlern; wählt eines ihrer Werke aus und stellt dieses vor.

Bildung zwischen Mittelalter und Neuzeit

M1 Schulbetrieb in Basel
(Gemälde der Brüder Holbein, 1516)

Wer konnte sich bilden? Eine Pflicht zum Schulbesuch gibt es erst seit dem 19. Jh. Bis ins späte Mittelalter war der Schulbesuch Jungen vorbehalten, die Priester werden sollten. Mit dem Entstehen von Städten verlangten jedoch immer mehr Bürger eine Grundbildung für ihre Kinder in Lesen, Schreiben, Rechnen und Buchführung. Der Unterricht wurde von umherziehenden Lehrern oder Studenten gegen Bezahlung erteilt. Man schätzt, dass in den Städten West- und Mitteleuropas um 1500 zwischen 10 % und 30 % der Bürgerinnen und Bürger lesen und schreiben konnten, während die Landbevölkerung keinerlei Grundbildung erwarb.

Bedeutung der Universitäten. Durch den zunehmenden Bedarf an Rechtsgelehrten und Ärzten entstanden ab dem 13. Jh. neue Bildungsstätten, an denen sich die Lehrer der verschiedensten Wissenschaften zu freien Lehrgemeinschaften zusammenschlossen, den Universitäten. Die Studenten kamen aus allen Ländern Europas, die gemeinsame Sprache war Latein und die Abschlüsse waren überall gültig. Bis zur Gründung der ersten Universitäten im Deutschen Reich in Prag (1348), Heidelberg (1386) und Köln (1388) wanderten Tausende deutscher Studenten nach Bologna, Paris oder Salamanca. Dort studierten sie Theologie, Rechtswissenschaften, Medizin, Naturwissenschaften oder Philosophie. Allmählich bildete sich eine geistige Führungsschicht heraus, die sich überall in Europa zu Hause fühlte.

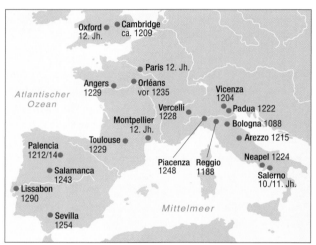

M2 Die ältesten europäischen Universitäten

M3 Siegel der Universität Paris
(1292)

Unten: Professoren und Studenten beim Lesen und Lehren. Die vier Räume stehen für die vier Fakultäten. Darüber: die Gottesmutter als Verkörperung der Weisheit zwischen den Heiligen Nikolaus und Katharina, den Schutzpatronen der Schüler und Studenten.

M4 Thomas von Aquin: Gelehrter des Mittelalters

Thomas zwischen Platon und Aristoteles, zu seinen Füßen Averroës (Ausschnitt aus einem Gemälde von Benozzo Gozzoli, 1470/74)

Thomas von Aquin wurde um 1224 bei Aquino in Süditalien als Sohn eines Landadligen geboren. Söhne von Adligen besuchten damals keine Schulen, sondern lernten Waffengebrauch, Reiten und Jagen. Seine Eltern bestimmten Thomas
5 jedoch für eine geistliche Laufbahn und übergaben ihn im Alter von fünf Jahren dem Kloster Monte Cassino. Hier musste er, wie alle Klosterschüler, stundenlang lateinische Texte antiker Autoren und der Kirchenväter lesen und nach festen Regeln auswendig lernen. Daneben stand auch praktisches Wissen wie Handwerk, Technik oder Garten- und Pflanzenkunde
10 auf dem Stundenplan. Es herrschte strenge Disziplin. Mit 14 ging Thomas an die Universität Neapel. Hier lernte er, sich gewandt auf Latein auszudrücken, logisch zu denken und zu argumentieren. Dieser Studienabschnitt wurde mit der Prüfung
15 zum „Baccalaureus" und „Magister" abgeschlossen. Nur der kleinere Teil der Studenten studierte weiter und erwarb den „Doktor" in Theologie, Jura oder Medizin.
Thomas trat gegen den Willen seiner Familie dem Bettelorden der Dominikaner bei. 1245 wanderte er zu Fuß zu theologischen
20 Studien nach Paris. Als Mönch führte er mit seinen Mitbrüdern ein strenges Leben. 1248–1252 lehrte er in Köln, anschließend Philosophie und Theologie in Paris und Neapel. Er starb 1274 auf einer Reise zu einer Kirchenversammlung in Lyon.

M5 Erasmus von Rotterdam: Gelehrter des Humanismus
(Bild von Hans Holbein dem Jüngeren, 1523)

Der zwischen 1466 und 1469 bei Rotterdam geborene Erasmus war der uneheliche Sohn eines Pries-
5 ters und einer Arzttochter. Nach der Klosterausbildung in Utrecht und Gouda studierte er in Paris Theologie und war ein gefragter Lehrer und Gesprächspartner zwischen Oxford, Paris, Bologna, Neapel
10 und Florenz. An der Universität Turin erwarb Erasmus 1506 den Doktortitel für Theologie. Nach jahrelanger Arbeit veröffentlichte er die kritische Ausgabe und Übersetzung des griechischen Neuen Testaments ins Lateinische auf der Grundlage wiederentdeckter Manuskripte. Dazu besuchte er immer
15 wieder den Drucker seines Vertrauens in der Universitätsstadt Löwen (Leuven) bei Brüssel, um Druckbögen zu korrigieren und den Fortgang seiner Veröffentlichungen zu überwachen. Die Übersetzung von Erasmus bildete für die nächsten 300 Jahre die Grundlage für die Auslegung des Neuen
20 Testaments. Eine Reihe von philosophischen Werken und die Satire „Lob der Torheit" vermehrten seinen Ruhm. Während der Reformation in Deutschland versuchte er immer wieder zwischen Protestanten und Katholiken zu vermitteln und mahnte zur gegenseitigen Rücksicht. Seine letzten Jahre ver-
25 brachte er in Freiburg und Basel, wo er 1536 starb.

1 Beschreibe die Unterrichtsszene in M1.
2 Wo entstanden wann die ersten Universitäten (M2)?
3 Welches Buch hält Thomas von Aquin in der Hand (M4)? Wer sind Platon, Aristoteles und Averroës (s. auch S. 26)? Stelle Vermutungen an, warum gerade diese drei Personen auf dem Bild erscheinen.
4 Vergleiche den Lebenslauf des Thomas von Aquin mit dem des Erasmus von Rotterdam (M4 und M5). Welche typischen Merkmale für ihre Epoche kannst du herauslesen?
5 Ermittle Herkunft und Wortgeschichte der heutigen Universitätsabschlüsse „Bachelor", „Master" und „Doktor". Was ist das heutige „Erasmus"-Programm?

Die Entdeckung des Individuums

Ein neues Menschenbild. Ideale des mittelalterlichen Menschen waren Frömmigkeit, Armut und die Ergebung in das von Gott zugewiesene Schicksal. Am Ende eines gottgefälligen Lebens wurden Elend und Mühen im Diesseits durch Aufnahme ins Paradies vergolten. In der Renaissance hingegen standen neue Werte im Mittelpunkt: Dazu gehörten ein aktives und selbstbewusstes Leben, Bildung und Freiheit des Einzelnen, sowie der durch eigene Leistung erworbene Reichtum. Man glaubte nun, durch schöpferische Kraft und Bildung Einfluss auf den Lauf der Welt nehmen zu können. Dieses neue Denken war aber keine Ablehnung des christlichen Glaubens. Auch in den „heidnischen" Texten der Antike war nach Auffassung führender Gelehrter die von Gott offenbarte Wahrheit zu finden.

Eine neue Art des Malens. Seit dem 14. Jh. tauchten auf Gemälden und Statuen immer öfter die Namen der Künstler auf. Eine neue Bildgattung, das Porträt, zeigte Menschen mit ihren unverwechselbaren Zügen, schönen wie hässlichen. Diese Bilder wurden immer seltener auf Holz gemalt und mit Goldhintergrund versehen, sondern auf Leinwand mit gestalteten Landschaften im Hintergrund. Durch die Erfindung der Zentralperspektive erschienen die Bilder für den Betrachter „natürlicher", weil der Raum Tiefe gewann. Keiner der Renaissancekünstler sah sich nur als Maler oder nur als Bildhauer. Das Streben nach Vollkommenheit auf vielen künstlerischen Gebieten zeigt sich besonders im Werk von Leonardo da Vinci, der zugleich Maler und Architekt, Naturforscher und Ingenieur war. Er entwarf Festungsanlagen, Fluggeräte, bewegliche Brücken und Kriegsmaschinen.

◀ **M 1 Thronende Madonna**
(Cimabue, 1280–1285, 385 x 223 cm)

M2 Madonna
(Raffael, 1513–1514, Holz, Durchmesser: 71 cm)

M3 Die Gesandten *(Gemälde von Hans Holbein, 1533, 207 x 210 cm)*
Das Porträt eines Diplomaten (links) und eines Gelehrten gilt als Schlüsselbild der Renaissance, weil Holbein eine Reihe von Gegenständen mit symbolischer Bedeutung malte, die typisch für das neue Denken der Renaissance waren. Zugleich warnte er vor Selbstüberschätzung: Von unten links gesehen erweist sich das Element im Vordergrund als verzerrter Totenschädel.

M4 Rhinozeros *(Federzeichnung von Albrecht Dürer, 1515, 27 x 42 cm)*

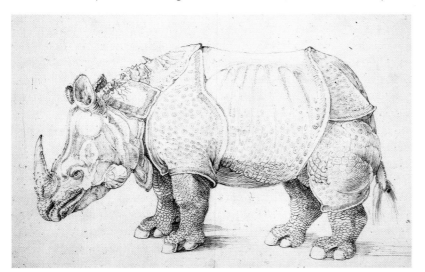

Der portugiesische König Manuel I. bestellte einen Elefanten aus Afrika und ein Rhinozeros aus Indien, das nach drei Jahren Seefahrt in Lissabon eintraf und dort ein halbes Jahr im Zoo ausgestellt wurde. Danach verfrachtete man das Rhinozeros als Geschenk König Manuels an den Papst erneut auf ein Schiff. Dieses kenterte auf dem Weg nach Rom, das Tier starb. Dürer malte es nach Beschreibungen derer, die es gesehen hatten.

1 Vergleiche M1 und M2. Welches Thema haben beide Bilder? Beschreibe die Gesichter. Welche religiösen Symbole findest du? Inwiefern sind sie typisch für ihre Entstehungsepoche?
2 Suche auf dem Bild M3 folgende Elemente und bestimme ihre Bedeutung für das „neue Denken": Himmelsglobus, Quadrant, Sonnenuhr, Zirkel, Rechenlehre für Kaufleute, Flöte, Gesangbuch, Laute.
3 Welche Parallelen siehst du zwischen den Geschichten des Elefanten Karls (s. S. 12f.) und dem Rhinozeros Manuels? Wie zeigt sich bei der Malweise Dürers das neue Denken (s. S. 12/M1)? Fragt Biologen, wo Dürer bei seiner Darstellung irrte.

Geld regiert die Welt

Moderne Staaten? Im 12. und 13. Jh. übernahm in zahlreichen Städten Italiens eine reich gewordene Schicht von Bürgern zusammen mit dem in der Stadt ansässigen Adel die politische Macht in sogenannten Stadtrepubliken.

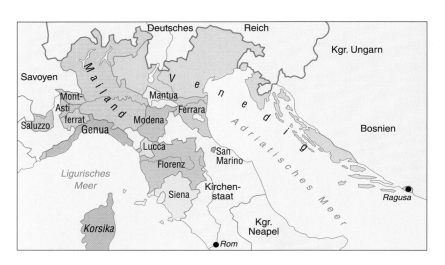

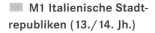
M1 Italienische Stadtrepubliken (13./14. Jh.)

Die Oberherrschaft von Kaiser und Papst bestand nur dem Namen nach. In diesen Stadtrepubliken wurden erstmals in Europa Leitsätze für ein funktionierendes Staatswesen entwickelt. In der Theorie beschrieb man Rechtsstaatlichkeit, Gewaltenteilung, Minderheitenschutz, verschiedene Parteien und das Wahlprinzip. In der Praxis regierte jedoch ein Fürst als Alleinherrscher oder eine Ratsversammlung aus Mitgliedern der wohlhabendsten Familien.

Der Reichtum der Städte beruhte auf dem Fernhandel mit dem Orient im Gefolge der Kreuzzüge. Besonders die Seerepubliken Genua und Venedig erreichten durch Zollbefreiungen und bevorrechtigte Warenlager in den Häfen der islamischen Küsten, im Byzantinischen Reich und in den Kreuzfahrerstaaten eine Sonderstellung. Am Schwarzen Meer und im östlichen Mittelmeer errichteten die Venezianer das erste Kolonialreich der europäischen Geschichte und importierten von dort Sklaven und Luxuswaren. Allein die Stadt Genua nahm 1293 dreimal mehr an Steuern für Importwaren ein als das französische Königreich im gleichen Jahr.

Die Kaufleute. Waren Händler im Mittelalter eher abschätzig als Wucherer und Spekulanten verachtet worden, wandelte sich dieses Bild. Der neue Kaufmann wollte möglichst viel Gewinn erzielen, sich Monopole (alleiniges Handelsrecht) sichern, um die Preise bestimmen zu können. Typisch für ihn waren Risikobereitschaft, der sparsame Umgang mit Zeit und eine straffe Geschäftsorganisation. Die gebildeten und selbstbewussten Kaufleute Italiens verfügten nicht nur über weit gespannte Handelsbeziehungen, sondern auch über große Summen an Kapital. Um aber mit dem Kapital „arbeiten" zu können, mussten die Währungen tauschbar sein. Die Italiener gingen daher von den europäischen Silberwährungen zu einer Bezahlung in Gold über; der islamische Handelspartner verlangte dieses Edelmetall. Doch die Mitnahme großer Goldmengen auf Reisen war gefährlich – so erfanden italienische Kaufleute den Kredit und den Wechsel. Ein Schuldner unterschrieb an einem Wechseltisch (ital. banca) eine Verpflichtung über die Rückzahlung der gewährten Summe an einem anderen Ort oder in einer anderen Währung. Geldwechsler waren hoch angesehene Fachleute, die den bargeldlosen Zahlungsverkehr innehatten und auch Kredite an Fürsten und wohlhabende Privatleute vergaben. Diese neue Wirtschaftsform einzelner Unternehmensfamilien oder Handelsgesellschaften nennt man auch ▶ Frühkapitalismus.

Die Medici: Verknüpfung von Wirtschaft und Politik. Mit einem florierenden Tuch- und Wollgeschäft legte die Kaufmannsfamilie der Medici aus Florenz den Grundstein für ein weitreichendes Handelsnetz in ganz Europa. Später stieg die Familie in das Bankgeschäft ein und wurde zu einer der reichsten Familien Italiens. Der wirtschaftliche Erfolg machte sie zu den wichtigsten Geldgebern der Mächtigen der Zeit. So verwalteten sie die Finanzgeschäfte des Papstes und verliehen immer wieder beträchtliche Summen an die Kirche. Auch ihr politischer Einfluss wurde immer größer.

M2 Stammbaum der Medici

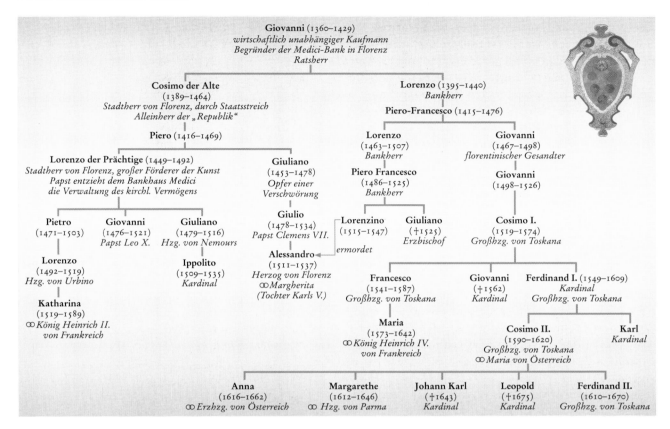

Giovanni (1360–1429)
wirtschaftlich unabhängiger Kaufmann
Begründer der Medici-Bank in Florenz
Ratsherr

Cosimo der Alte
(1389–1464)
Stadtherr von Florenz, durch Staatsstreich
Alleinherr der „Republik"

Lorenzo (1395–1440)
Bankherr

Piero-Francesco (1415–1476)

Piero (1416–1469)

Lorenzo
(1463–1507)
Bankherr

Giovanni
(1467–1498)
florentinischer Gesandter

Lorenzo der Prächtige (1449–1492)
Stadtherr von Florenz, großer Förderer der Kunst
Papst entzieht dem Bankhaus Medici
die Verwaltung des kirchl. Vermögens

Giuliano
(1453–1478)
Opfer einer
Verschwörung

Piero Francesco
(1486–1525)
Bankherr

Giovanni
(1498–1526)

Pietro
(1471–1503)

Giovanni
(1476–1521)
Papst Leo X.

Giuliano
(1479–1516)
Hzg. von Nemours

Giulio
(1478–1534)
Papst Clemens VII.

Lorenzino
(1515–1547)
ermordet

Giuliano
(†1525)
Erzbischof

Cosimo I.
(1519–1574)
Großhzg. von Toskana

Lorenzo
(1492–1519)
Hzg. von Urbino

Ippolito
(1509–1535)
Kardinal

Alessandro
(1511–1537)
Herzog von Florenz
∞ *Margherita*
(Tochter Karls V.)

Katharina
(1519–1589)
∞ *König Heinrich II.*
von Frankreich

Francesco
(1541–1587)
Großhzg. von Toskana

Giovanni
(†1562)
Kardinal

Ferdinand I. (1549–1609)
Kardinal
Großhzg. von Toskana

Maria
(1573–1642)
∞ *König Heinrich IV.*
von Frankreich

Cosimo II.
(1590–1620)
Großhzg. von Toskana
∞ *Maria von Österreich*

Karl
Kardinal

Anna
(1616–1662)
∞ *Erzhzg. von Österreich*

Margarethe
(1612–1646)
∞ *Hzg. von Parma*

Johann Karl
(†1643)
Kardinal

Leopold
(†1675)
Kardinal

Ferdinand II.
(1610–1670)
Großhzg. von Toskana

Aus einer Stammtafel historische Informationen ablesen:

Ein Familienstammbaum stellt in übersichtlicher Weise verschiedene Generationen einer Familie als Schaubild dar. Um der Stammtafel so viele Informationen wie möglich zu entnehmen, kannst du folgende Fragen an die Grafik stellen:

5 1) Welche Familie wird durch die Stammtafel vorgestellt?

2) Wie viele Ebenen hat der Stammbaum, d. h. wie viele Generationen sind in ihm verzeichnet?

3) Sind alle Mitglieder der Familie aufgeführt oder fehlen einige? Welchen Grund könnte ihr Fehlen haben?

10 4) Welche Informationen werden zu den einzelnen Mitgliedern der Familie gegeben? Warum wurde gerade diese Auswahl an Informationen getroffen?

5) Welche zeichnerischen Mittel wurden bei der Darstellung verwendet, d. h. in welcher Beziehung stehen die einzelnen

15 Familienmitglieder zueinander?

6) Welche Symbole werden in dem Stammbaum verzeichnet und was bedeuten sie für die jeweilige Person?

7) Welche zusätzlichen Informationen werden in der Legende

(Zeichenerklärung) gegeben und was bedeuten diese für den
20 Stammbaum?

Ein Stammbaum gibt einerseits Auskunft über die verwandtschaftlichen Beziehungen einer Familie über mehrere Generationen hinweg. Andererseits lassen sich aus den Angaben Informationen über die soziale Stellung der Familienmitglie-
25 der, deren Beruf und Lebensdaten ableiten.

1 Erstelle eine Liste der italienischen Stadtrepubliken (M1). Finde mithilfe eines Geschichtsatlanten heraus, wie weit das Reich Venedigs reichte.

2 Worin bestand der politische und wirtschaftliche Wandel in Italien? Erstelle eine Stichwortliste (Autorentext).

3 Versuche anhand der Hinweise den Stammbaum der Medici zu interpretieren. Trage in eine Tabelle die politischen und die kirchlichen Ämter der Familie Medici ein (M2).

4 Bank, Giro, Konto, Saldo, Kredit, Diskont – was bedeuten diese aus Italien stammenden Begriffe?

Die Fugger – eine deutsche Weltfirma vor 500 Jahren

Die Erfolgsstory. In einer der reichsten Städte des Reichs legten die wohlhabenden Brüder Ulrich, Georg und Jakob II. den Grundstein für das international erfolgreiche Familienunternehmen der Fugger. In Augsburg begannen die Fugger zunächst als kleine Händler, die vorwiegend Wolle, Seide und die begehrten Gewürze verkauften. Im Laufe der Zeit entwickelten sie Handelsbeziehungen bis nach Italien, Schweden und Russland. Sie stiegen in das Bergbaugeschäft ein und erzielten hohe Gewinne durch die Förderung und den Verkauf von Kupfer, Silber, Blei und Quecksilber. Besonders einträglich war dieser Erwerbszweig, weil die Fugger das alleinige Abbaurecht (Monopol) besaßen und deshalb keine Konkurrenz fürchten mussten. Innerhalb von dreißig Jahren konnten die Fugger die Rekordsumme von 1,5 Millionen Gulden erwirtschaften und gehörten damit zu den vermögendsten Familien des Reichs. Zehn Prozent des gesamten Kapitals (Geld- und Sachbesitz) im Heiligen Römischen Reich waren in ihrem Besitz. Mit heutigem Maßstab gemessen wären sie demnach so vermögend wie die hundert größten deutschen Firmen zusammen.

Bankgeschäfte. Auf ihrem Erfolg ruhten sich die Fugger aber nicht aus, sondern sie suchten nach immer neuen Wegen, erfolgreiche Geschäfte abzuschließen. So erweiterten sie ihren Geschäftsbereich auf das Bankwesen und setzten auf das gewinnbringende Geschäft der Kreditvergabe. Dies war ein ungewöhnlicher Schritt für eine Kaufmannsfamilie der damaligen Zeit. Zu ihren Kunden zählten neben Bürgern auch bedeutende Adlige wie Karl V., der mit dem geliehenen Geld seinen Wahlkampf und seine Feldzüge finanzierte. Als Geldgeber hatten die Fugger im Laufe der Zeit Kontakte zu vielen einflussreichen europäischen Herrschern. Die Konkurrenz wehrte sich vergeblich gegen die Monopolstellung dieses Handelshauses.

Nach Lehrjahren in Venedig und Innsbruck leitete Jakob ▶ *an der Seite seiner Brüder, ab 1510 allein, das fuggersche Unternehmen und verhalf diesem zu weiterem Reichtum und Ruhm. Er stiftete viel Geld für Kirchen und wohltätige Zwecke. Für unschuldig in Not geratene Augsburger ließ er die erste Sozialsiedlung der Welt, die Fuggerei, bauen.*

M1 Buchführung
(Malerei, 1516)

In einem Geschäftsbuch wurden auf der einen Seite alle Einnahmen, Warenbestände und Besitztümer des Unternehmens notiert (= Haben), auf der anderen Seite alle Ausgaben und Schulden (= Soll). Die wirtschaftliche Situation war so jederzeit sichtbar.

M2 Bildnis des Jakob Fugger
(Gemälde eines italienischen Malers, 1538)

M3 „Allerdurchlauchtigster, großmächtigster römischer Kaiser, allergnädigster Herr!"

Aus dem Brief Jakob Fuggers an Kaiser Karl V. (1524):
Eure Kaiserliche Majestät werden ohne Zweifel wissen, wie ich und meine Vettern bisher dem Haus Österreich zu dessen Nutzen ... zu dienen geneigt sind. Deshalb haben wir uns auch mit dem verstorbenen Kaiser Maximilian ... eingelassen und
5 uns ... verpflichtet, für Ew. Kais. Majestät die römische Krone zu erlangen ... Wir haben dann ... eine beachtliche Summe Geldes vorgestreckt. Diese Summe habe ich nicht allein bei mir und meinen Vettern aufgebracht, sondern auch bei anderen ..., und zwar mit großen Nachteilen, damit das Vorhaben
10 Ew. Kais. Majestät nur ja in Erfüllung ginge. Es ist allgemein bekannt ..., dass Ew. Majestät die römische Krone ohne mich nicht erlangt hätte ... Inzwischen sind Ew. Kais. Majestät mir die Summe ... schuldig geblieben ... Demnach ist eine untertänige Bitte an Ew. Kais. Majestät, Sie möge ... veranlassen,
15 dass mir meine ausstehende Summe Geld samt den Zinsen ... ohne längeren Verzug entrichtet und bezahlt wird.
Zitiert nach: Eugen Ortner: Glück und Macht der Fugger, München (Ehrenwirth) 1977, S. 277ff.

M4 Gleiche Chancen für alle

Zu Beginn des 16. Jh. beschäftigten sich die Reichstage regelmäßig mit Beschwerden über die Handelshäuser, so auch in Trier und Köln 1512:
In den letzten Jahren sind ... viele Handelsgesellschaften entstanden. Auch etliche Einzelpersonen haben es darauf angelegt, allerlei Waren ... an sich zu bringen, um sie zu überhöhten, allein von ihnen festgelegten Preisen ... zu verkaufen. Da-
5 mit fügen sie dem Reich ... erheblichen Schaden zu und verstoßen gegen geschriebenes kaiserliches Recht und die guten Sitten. Zur Förderung des gemeinen Nutzens haben wir deshalb angeordnet, ... dass derartig schändliches Tun hinfür verboten ist ... Wer es trotzdem tut, dessen Hab und Gut
10 sollen konfisziert ... werden ... Doch heißt das nicht, dass Kaufleute sich nicht zu Handelsgesellschaften zusammenschließen und Waren kaufen und verkaufen dürfen ... Verboten ist nur, dass jemand eine Ware ausschließlich in seine Hand bringt und den Preis nach seinem Belieben fest-
15 setzt oder vom Verkäufer fordert, Waren nur ihm zu verkaufen ... Sollten die Kaufleute ihre Waren aber unziemlich verteuern, so soll jegliche Obrigkeit dagegen vorgehen und für den Verkauf zu angemessenem Preis sorgen.
Zitiert nach: Adolf Wrede (Bearb.): Deutsche Reichstagsakten unter Kaiser Karl V., Bd. 2, Gotha 1896 (fotomech. Nachdruck 1962).

▨ M5 Das Wirtschaftsimperium der Fugger und Medici

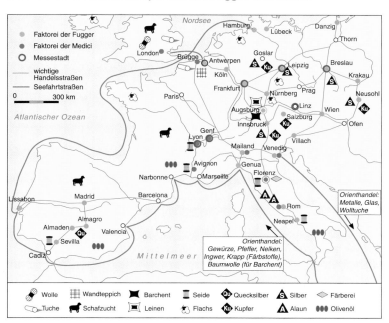

1 Die Fugger – ein neuer Typ von Unternehmern. Was zeichnet die Fugger aus? Schreibe einen kurzen Steckbrief (Autorentext, M1–M4).

2 Wie zeigt sich diese Stellung in dem Bild von Jakob Fugger (M2)?

3 Beschreibe das Anliegen, mit dem sich Jakob Fugger an den Kaiser wendet. Welche Bedeutung hatten die Fugger für den Adel (M3)?

4 Was wirft der Reichstag den Fuggern vor (M4)? Schreibe aus der Sicht Jakob Fuggers einen Brief an den Reichstag, in dem du seine Position darlegst.

5 Nenne die Vorteile, die sich aus der doppelten Buchführung ergaben (M1).

6 Fasse die Aussage der Karte M5 in Worte: In welchen Städten errichteten die Fugger und die Medici Zweigstellen? Welche Güter wurden gehandelt?

Kunst als Ausdruck politischer Haltungen

Das Beispiel Florenz. Selbstbewusst bauten die Bürger der italienischen Städte große Rathäuser und demonstrierten damit ihren Reichtum, den sie sich durch harte Arbeit und den Mut zum geschäftlichen Risiko erworben hatten. Zugleich wollten sie damit aber auch ihre Unabhängigkeit von Kirche, Kaiser und Papst deutlich machen. In Florenz, der nach Bevölkerungszahl und Wirtschaftskraft bedeutendsten Stadtrepublik, herrschten neun Ratsherren, die Signoria, über die Stadt. Diese Ratsherren entstammten reichen Interessenverbänden und Großfamilien, die die Wollproduktion, die Banken und den Fernhandel kontrollierten. Nur in der 2. Hälfte des 15. Jh., der künstlerischen Blütezeit der Stadt, herrschten Mitglieder der Familie Medici wie Könige, ehe sie 1494 verjagt wurden (s. S. 48f.).

Das Idealbild des republikanischen Menschen. Die Plätze vor den Rathäusern wurden mit Skulpturen geschmückt, die dieses Selbstbewusstsein unterstrichen. Auf der Piazza della Signoria vor dem Florentiner Rathaus wurde zunächst die Judith-Statue des Künstlers Donatello errichtet. Sie trug die Inschrift: „Dies Beispiel öffentlichen Heils errichteten die Bürger 1495". Die Inschrift betont, dass die Judith des Alten Testaments, als sie den assyrischen Feldherrn Holofernes tötete, zum Wohl des gesamten Staates handelte und sie als Vorbild hingestellt wurde. Die Republik Florenz fühlte sich zu diesem Zeitpunkt von innerstädtischen Gruppen und ausländischen Truppen bedroht.

M1 Blick auf die Piazza della Signoria
Das Rathaus oder „alter Palast" (Palazzo vecchio) wurde in Form eines Würfels wie eine Festung ab 1299 erbaut. Vor dem Eingang steht die Kopie des David – das Original befindet sich heute in einem Museum. In der Bogenhalle rechts fanden Staatsakte und Feierlichkeiten statt. Das dahinter liegende Amtsgebäude, die Uffizien, beherbergt heute eine der größten Gemäldesammlungen der Welt.

M2 Donatello: Judith *(1495)*
Die Bronzestatue ist 236 cm hoch.

Neun Jahre später (1504) wurde die Judith-Figur durch die monumentale Davidstatue von Michelangelo ersetzt. David sollte Modell des republikanischen Menschen sein, der aus freien Stücken handelt und keine Macht außer Gott über sich duldet.

M3 David

(Michelangelo Buonarotti, 1501–1504, 434 cm hoch)
Die Figur aus weißem Marmor ahmt die Statuen der Antike nach. David trägt keine Rüstung, sondern ist nackt; seine Tugend und sein Selbstvertrauen sind Garanten des Sieges gegen den übermächtigen Goliath. Der Ausdruck von Stärke und Wachsamkeit der David-Figur hatte für die Zeitgenossen eine höchst politische Bedeutung. Florenz wurde als unabhängiger Stadtstaat von der Signoria regiert. Kurz vor der Aufstellung der Statue war eine Verschwörung gegen die Stadtregierung aufgedeckt worden, in die das zuvor vertriebene Adelsgeschlecht der Medici verwickelt war. In dieser Krise wurde der „David" zur Verkörperung der Tugenden der Stadtrepublik und Warnung an ihre Feinde. Daher verwundert es nicht, dass beim Transport der Statue zum Aufstellungsort am Rathausplatz Anhänger der Medici mit Steinen nach ihr warfen.

M4 Blick auf San Gimignano *(Provinz Siena/Italien)*

1 Lies die biblische Erzählung über David (1. Samuel, 17) nach.

2 Analysiere nun die Statue des David. Aus welchem Material ist sie? Deute Körperhaltung und Ausdruck.

3 Stelle Vermutungen an, warum David zum Leitbild der Florentiner Stadtrepublik wurde. Erläutere dabei, inwiefern die Statue das neue Menschenbild der Renaissance verkörperte.

4 Auch heute kann es bei der Ausschreibung für ein Denkmal oder eine Statue zu unterschiedlichen Sichtweisen kommen. Suche nach einem Beispiel aus deiner Heimat.

5 Vergleiche M2 mit M3. Lies dazu im Alten Testament unter Judith, Kapitel 8-13 nach.

6 Beschreibe das Aussehen des Rathauses von Florenz und deute den Spruch der Florentiner Bürger: „Der alte Palast vertritt die Stadt."

7 Finde die Bedeutung von italienischen Geschlechtertürmen wie in San Gimignano (M4) heraus.

Der Buchdruck verändert die Welt

Schriftlichkeit im Alltag. Unternehmer wie die Medici oder die Fugger waren auf Geschäftsbriefe und schriftliche Buchführung angewiesen. Das wiederum setzte schreibkundige und gebildete Mitarbeiter voraus. Seit dem ausgehenden Mittelalter gingen immer mehr Menschen zur Schule und studierten an Universitäten. Daher nahm die Nachfrage nach Büchern sprunghaft zu. Immer noch aber wurden Bücher mühsam von Hand geschrieben. Die Abschrift der Bibel dauerte zwei Jahre. Es war daher nicht verwunderlich, dass Erfinder nach einem Verfahren suchten, Bücher billiger und in großer Zahl herzustellen.

Der Meister und seine Kunst. Reiche Kaufleute mussten Johannes Gutenberg (um 1397–1468) Geld leihen, damit er sich seine Werkstatt einrichten und an seiner Erfindung arbeiten konnte. Der Tüftler, der aus einer Patrizierfamilie in Mainz stammte, stellte Gesellen ein, die ihm hinter verschlossenen Türen behilflich waren. Er ließ allerlei Gerätschaften herbeischaffen: eine große Presse, kleine Metallstifte und einen Stapel Papier. Was hier im Geheimen entstand, sollte die Welt verändern. Da Meister Gutenberg fürchtete, seine Erfindung könnte von seinen Konkurrenten vorzeitig entdeckt und kopiert werden, stellte er sein Produkt erst vor, als er dessen Entwicklung abgeschlossen hatte. Gutenberg wurde der Erfinder des ▸ Buchdrucks mit beweglichen Metalllettern (Buchstaben), mit deren Hilfe immer wieder neue Texte gesetzt und anschließend gedruckt werden konnten.

Erfolg und Niedergang. Um seine Erfindung bekannt zu machen und um genügend Käufer für seine Bücher zu finden, druckte Gutenberg die Bibel. Der älteste Druck erschien im Jahr 1455, drei Jahre dauerte die Arbeit. Die Bibel hatte 1282 Seiten. Gutenberg beschäftigte sechs Setzer, die pro Tag zwei Seiten schafften. Hinzu kamen zwölf Drucker, die an sechs Pressen arbeiteten. Zahlreiches weiteres Personal war notwendig. 150 Exemplare wurden auf Papier, 30 auf Pergament gedruckt. Dafür mussten an die 8 000 Rinder geschlachtet und deren Haut gegerbt werden.

Von nun an konnten mehr Exemplare günstiger und schneller produziert werden. Musste man für ein handgeschriebenes Exemplar der Bibel noch das Jahreseinkommen eines Handwerkers von 300–400 Gulden bezahlen, so kostete eine gedruckte Bibel 25–40 Gulden, so viel wie man für zwei Pferde zahlen musste. Durch Gutenbergs Erfindung konnten sich mehr Menschen Bücher leisten. Die Nachfrage nach ihnen war enorm und so gab es schon um 1500 in 250 Städten Europas insgesamt mehr als 1120 Druckereien. Mithilfe des Buchdrucks verbreiteten sich sehr rasch Informationen aus Politik, Wissenschaft und Religion und erreichten ein immer größer werdendes Publikum. Über 75% der in Europa im 15. Jh. gedruckten Bücher waren in lateinischer Sprache verfasst, der restliche Teil in Deutsch, Französisch und Italienisch. Johannes Gutenberg konnte seinen Erfolg nicht genießen. Sein Geldgeber forderte den hohen Kredit zurück, den er ihm zur Errichtung seiner Werkstatt gewährt hatte. Gutenberg konnte diesen nicht zurückzahlen und verlor in einem Prozess seine Druckerei sowie die fertigen Bibeln und gründete anderswo eine neue Druckerei.

▨ **M1 Schematische Darstellung des Buchdrucks**
Das Verfahren Johannes Gutenbergs:
Ein Buch entsteht vom Gießen der Buchstaben bis hin
zur Bindung des fertigen Buches (s. S. 55).

M2 In einer Druckerwerkstatt

(französische Buchmalerei, um 1490)

1 Erkläre, welche Arbeitsschritte beim Buchdruck nach Gutenbergs Erfindung nötig waren, um ein Buch herzustellen (M1–M2).
2 Vergleiche den Buchdruck mit der Herstellungsweise eines Buches im Mittelalter. Was war das Revolutionäre an dieser neuen Produktionsweise? Stelle die Entwicklung in China gegenüber (M3).

M3 Buchdruck in China und in Europa

Das auf Papier gedruckte Buch stellte in Europa einen entscheidenden Fortschritt gegenüber dem auf Pergament geschriebenen Manuskript dar. Damit endete in Europa das Mittelalter. Anders in China: Die Verbreitung eines schnellen und billigen Druckverfahrens für geschriebene Texte und figürliche Darstellungen wurde nicht als revolutionäres Ereignis empfunden, obwohl es in den Folgen nicht weniger bedeutend war als in Europa. Europa war in kurzer Zeit von einem Manuskript aus einem seltenen und teuren Material zum gedruckten Buch aus Papier übergegangen. In China kam es zu einer viel langsameren Entwicklung: Das Papier war bereits im 2. Jh. n. Chr. normales Schreibmaterial.

Zwischen dem 2. Jh. und dem Beginn des eigentlichen Buchdrucks hatte sich das Eingravieren von Texten oder Zeichnungen in Stelen entwickelt. Das war die Stein-Abreibung mithilfe eines feuchten Papiers, Trocknen, Einschwärzung und Reproduktion auf Papier, das bis heute in allen Ländern des chinesischen Kulturkreises die Herstellung getreuer und billiger Reproduktionen von eingravierten Zeichnungen oder Zeichen in Schönschrift ermöglicht hat. Mithilfe von Siegeln konnten Schriftzeichen, Zeichnungen oder religiöse Bilder reproduziert werden ... Zwischen 972 und 983 wurde die gesamte buddhistische Literatur gedruckt – 1076 Bücher in 5048 Kapiteln. Schon 1024 verwendete man den Blockdruck für die Ausgabe des ersten Papiergeldes in Sichuan. Die Überlegenheit des westlichen Buchdrucks erwies sich erst mit der Mechanisierung im 19. Jh.

Zitiert nach: Jacques Gernet: a. a. O. S. 284ff.

3 Verfasse einen Stichwortzettel, mit dessen Hilfe du einen Geldgeber überzeugst, Geld in das neue Verfahren der Buchherstellung zu investieren.
4 Für viele Historiker beginnt mit dem Buchdruck die Neuzeit. Begründe diese Einschätzung.

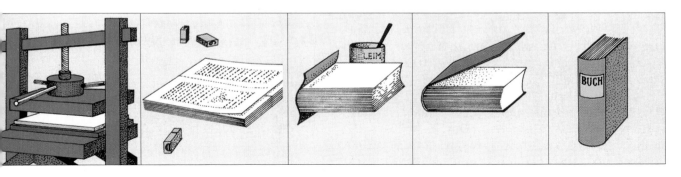

Das neue Bild der Erde

Dauerhafte weltweite Kontakte entstehen. Bis um 1400 kannten die Europäer außerhalb ihres Kontinents nur den Norden Afrikas und Teile Asiens (s. S. 38). Das sollte sich bis 1600 dramatisch wandeln: Europäische Seefahrer befuhren alle Weltmeere; die Kugelgestalt der Erde fand ihre Bestätigung. Es kam zum Austausch von Pflanzen und Tieren über die Ozeane hinweg. Verschiedenste Kulturen traten miteinander in Kontakt, was höchst unterschiedliche

M1 Portolankarte *(lat. portus = Hafen) von Lazaro Luis (Ausschnitt aus einem Atlas, 1563)*

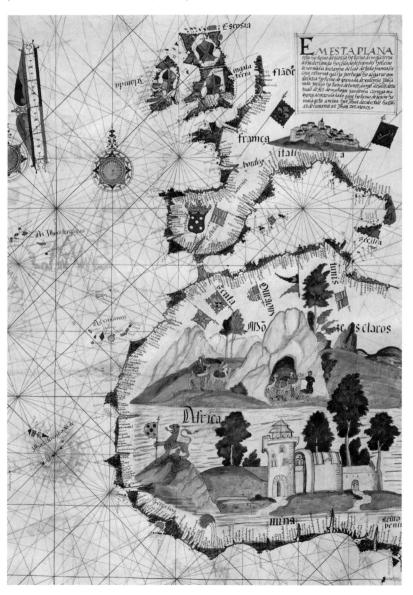

Folgen für die Betroffenen hatte. In vielen Teilen der Welt entstanden Stützpunkte von europäischen Gesellschaften. Heute bezeichnen wir diesen Prozess, der im 14. Jh. begann, als „Europäisierung der Erde". Er bedeutete die Ausbreitung von europäischen Sprachen, europäischer Lebensart und Produktionsweisen in Gebiete außerhalb Europas. Diese Ausbreitung war untrennbar mit der Verbreitung des christlichen Glaubens verbunden. Umgekehrt beeinflussten auch die fremden Kulturen durch ihre Art des Wirtschaftens, der Ernährung und der Religion das Denken und Handeln der Europäer.

Revolution in der Seefahrt. Erst die „Wissensexplosion" der frühen Neuzeit machte die Entdeckungsfahrten möglich. Die mittelalterlichen Karten waren als Wegweiser vollkommen unbrauchbar. Zentren der modernen Kartenherstellung waren Italien und Katalonien im Nordosten der Iberischen Halbinsel. Der neue Typ der Portolankarte verzeichnete alle Küstenlinien und Häfen. Mit einem Netz von Windrosen überzogen und nach Norden ausgerichtet, ließen sich Kurs und Entfernungen bestimmen. Für die Fahrten auf hoher See erlaubte der aus China stammende Kompass die Richtungsbestimmung. Nur unzureichend lösbar war die Positionsbestimmung: Aus Schiffsgeschwindigkeit und Richtungsangaben ließ sich mithilfe des Standes der Fixsterne auf komplizierte Weise der Breitengrad und damit die Position eines Schiffes ungefähr berechnen. Risikobereitschaft war immer gefordert. Die genaue Kenntnis von Riffen, Inseln, Winden und Meeresströmungen galt als überlebenswichtig. Traditioneller Schiffstyp im Mittelmeer war die Galeere, ein Ruderschiff mit zusätzlichem Segel. Die Portugiesen entwickelten für ihre Afrikaerkundung den Typ der Karavelle (s. S. 40f.).

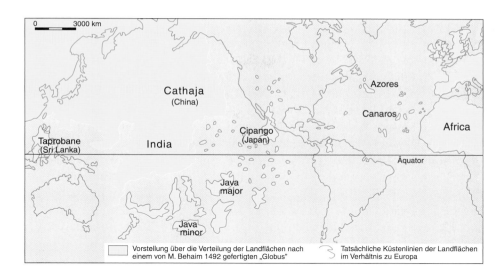

M2 Nachzeichnung einer Karte des Florentiner Wissenschaftlers Paolo Toscanelli *(um 1470)*

M3 Toscanelli an den Beichtvater des portugiesischen Königs *(25. Juni 1474):*

Große Freude bereitet es mir zu hören, dass du gesund bist und mit deinem König, dem großherzigsten und freigebigsten Fürsten so vertrauten Umgang pflegst. Dein durchlauchtigster König trat mit der Bitte an mich heran, einen kürzeren Weg
5 in die Gewürzländer zu beschreiben … Ich habe seiner Majestät eine von mir selbst gezeichnete Karte geschickt. Auf dieser Karte werdet Ihr die Länder finden, zu denen Ihr gelangen werdet, um Gegenden zu erreichen, die so überaus reich an Gewürzen und Edelsteinen sind. Ihr dürft euch nicht
10 darüber wundern, dass ich die Gegenden der Gewürze als westliche bezeichne, obgleich sie gemeinhin östliche genannt werden. Auf dem Seeweg werden sich diese Länder stets im Westen befinden, während dieselben Länder im Osten liegen für diejenigen, die auf dem Landweg kommen …
15 Ein Reisender kam an den Hof des Vatikan und berichtete von der Großartigkeit der Paläste (in China), von der erstaunlichen Länge und Breite der Flüsse, von der Unzahl der Städte … mit weit gespannten Marmorbrücken, die allseits mit Marmorsäulen verziert sind. Dieses Land ist es wert, dass die la-
20 teinischen Völker es aufsuchen. Sie werden dort nicht nur große Schätze an Gold, Silber, Edelsteinen und Gewürzen vorfinden, sondern auch weise Männer und kundige Astrologen, die dank ihrer Erfahrung diese herrliche Provinz regieren.
Zitiert nach: Eberhard Schmitt (Hrsg.): Dokumente zur Geschichte der europäischen Expansion, Band 2, München (Beck) 1984, S. 9f.

M4 Gefahren, die bei Fahrten übers offene Meer in der Vorstellung der Seefahrer lauerten *(Holzschnitt, um 1450)*

1 Vergleiche M1 mit der Karte M1 auf Seite 18. Was hat sich geändert? Welche Gründe werden die Verfasser bewogen haben, eine „wissenschaftliche" Karte zu erstellen?

2 Welche Erkenntnisse hat Toscanelli über einen westlichen Seeweg nach Indien und China gesammelt (M3)? Wie veranschaulicht er diese in der Karte (M2). Welchen Irrtum begeht er dabei?

3 Auf der Leiste links oben siehst du einige Instrumente abgebildet, mit deren Hilfe sich die Seeleute aufs offene Meer wagten. Welche Kenntnisse mussten Kapitäne haben, um Karten wie M1 zu lesen?

4 Welche „Schranken" im Denken der Zeit galt es zu überwinden (M4)?

Warum nicht China?

Die größte Flotte der Welt. Das chinesische 14. Jh. ist berühmt für seine großen Expeditionen zur See. Unter den Ming-Kaisern (1368–1644) blüht die Wirtschaft. Das Reich der Mitte expandiert nach Südostasien und in den Indischen Ozean. Die ehemaligen Eroberer des Landes, die Mongolen, sind zurückgedrängt und besiegt. Nicht nur zu Lande, auch zur See ist China eine Großmacht. Man blickt auf eine lange Tradition des Schiffbaus und der Seefahrt zurück. Chinesische Hochseedschunken sind in allen Häfen Ostasiens anzutreffen.

Der berühmteste Seefahrer wird Zheng He. Er entstammt einer muslimischen Familie in der Grenzprovinz Yunnan. Im Alter von 13 Jahren fällt er den Soldaten des Kaisers in die Hände und soll Diener in den Frauengemächern des Hofes werden. Dazu wird er – der chinesischen Sitte entsprechend – kastriert. Seine Karriere führt steil nach oben, wie bei vielen Eunuchen am Hofe. Der Kaiser überträgt dem gebildeten Mann den Befehl über seine Flotte. Sieben Expeditionen werden Zheng He zwischen 1405 und 1433 in die Welt führen. Nicht weniger als 300 Schiffe mit 27 870 Mann Besatzung stehen unter seinem Kommando. Der Herrscher der Meere vertritt chinesische Interessen in allen Gegenden: Er vertreibt die Piraten, setzt Herrscher ein, die er zu Vasallen Chinas erklärt, sammelt Tribute und macht China zur größten See- und Handelsmacht. Möglicherweise erreichten Chinesen bereits vor Kolumbus Amerika. In der Forschung ist noch umstritten, ob die chinesischen Karten, die den amerikanischen Doppelkontinent zeigen, aus der Zeit vor Kolumbus stammen.

Nach dem Tod von Zheng He bricht die über vier Jahrhunderte während chinesische Vorherrschaft im Schiffbau und den Navigationstechniken ab. Der Bau von Schiffen mit mehr als zwei Masten wurde 1500 verboten, später alle hochseetauglichen Schiffe verbrannt. China entschied sich für die Isolation.

M1 Kommandoschiff des Zheng He

M2   **Größenvergleich mit der Karavelle des Kolumbus**

M3 Fahrten des Zheng He *(1405–1433)*

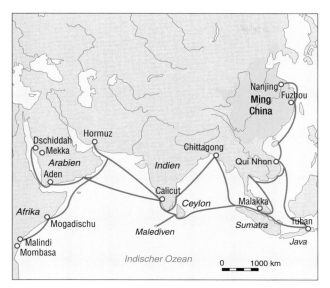

M4 Denkschrift für den chinesischen Kaiser *(1426):*
Ihre Diener hoffen, dass Eure Majestät sich nicht zu kriegerischen Plänen und zu Ruhmgewinn durch die Expeditionen in ferne Länder herablassen wird. Geben Sie die sterilen fremden Länder auf und schenken Sie dem chinesischen Volk eine
5 Periode der Ruhe, damit es sich dem Ackerbau und den Studien widmen kann. Dann wird es keinen Krieg und keine Leiden an den Grenzen geben und keine Klagen in den Dörfern. Die Befehlshaber werden nicht nach Ruhm streben und die Soldaten nicht ihr Leben fern von ihrer Heimat opfern müs-
10 sen. Ferne Völker werden sich freiwillig unterwerfen und entfernte Länder werden unter unseren Einfluss kommen. Und die Dynastie wird 10 000 Jahre währen.
Zitiert nach: Wolfgang Reinhard: Geschichte der europäischen Expansion, Bd. 1: Die Alte Welt bis 1818, Stuttgart (Kohlhammer) S. 1983, S. 26f.

M5 Warum doch die Europäer?
Der Historiker Wolfgang Reinhard:
China ist sich selbst genug, aber aufgrund seiner Überlegenheit dennoch die Mitte der Welt! Warum wurde Europa nicht von den Muslimen erschlossen oder von den Chinesen entdeckt und kolonisiert? Oder umgekehrt, durch welche besonderen
5 Merkmale werden gerade die Europäer zu erfolgreichen Entdeckern und Kolonisatoren? Zumindest zwischen China und dem Westen besteht bis ins 16. Jahrhundert ein wirtschaftliches, technologisches und kulturelles Gleichgewicht; von Überlegenheit Europas kann (noch) nicht die Rede

10 sein. Für die islamische Welt eines Ibn Battuta und das China des Zheng He ist eine gewisse Selbstgenügsamkeit charakteristisch. Demgegenüber werden Europäer aus ihrer eigenen Welt hinausgetrieben vom Drang nach individueller Selbstverwirklichung, von Ruhmbegier, von einer aggressiv-missio-
15 narischen Religion – im Islam war das nur bei den Türken der Fall – und schließlich von einem hoch sensibilisierten Willen zum Profit.
Zitiert nach: Reinhard: a. a. O., S. 27.

M6 Eine chinesische Renaissance?
Der französische China-Historiker Jacques Gernet:
Wir Europäer nehmen tief greifende Veränderungen und hervorstechende Neuerungen in der chinesischen Geschichte nicht wahr. Was in der europäischen Geschichte als Anbruch einer neuen Zeit betrachtet wird, betrachten wir im Falle Chi-
5 nas nur als einen „Dynastiewechsel". Wenn sich die Vergangenheit der chinesischen Welt so stark von der Europas unterscheiden soll, dann ist daran zuallererst die Darstellung Schuld.
Die Ähnlichkeiten mit der europäische Renaissance sind zahl-
10 reich: Rückkehr zur klassischen Tradition, Verbreitung des Wissens, Aufschwung von Wissenschaft und Technik (Buchdruck, Explosivstoffe, Fortschritt der Schifffahrtstechniken, Taschenuhr), Entstehung einer neuen Philosophie und einer neuen Weltanschauung. Dieser Vergleich mit unserer Ge-
15 schichte soll ein Hinweis auf die parallele Entwicklung der Kulturkreise sein ...
Zitiert nach: Gernet: a. a. O., S. 254.

1 Beschreibe das große chinesische Schiff (M1) und vergleiche es mit M2 und den Karavellen auf Seite 40f. Suche weitere Informationen zu Zheng He (Bibliothek, Internet).
2 Zeige anhand der Karte M3 die Ziele der chinesischen Expeditionen zur See im 15. Jh. auf.
3 Welche Gründe für einen Abbruch der Expeditionen lassen sich aus M4 erschließen?
4 Fasse die Aussage des Historikers Gernet (M6) zusammen und kommentiere sie nach Vergleich mit Seite 42–43.
5 Beantworte die Überschrift der Doppelseite mithilfe von M5.

Portugiesen umrunden Afrika

Warum die Portugiesen? Nicht die erfahrenen Seefahrer aus den italienischen Handelsstädten, sondern das vergleichsweise kleine Portugal organisierte die ersten Entdeckungsfahrten nach Indien. Wie konnte ein Land von der Größe Bayerns mit nur drei Millionen Einwohnern eine solche Leistung vollbringen? Portugal besitzt seit der Mitte des 13. Jh. bis in die heutige Zeit feste Grenzen. Damals war die Rückeroberung des Landes von den Muslimen abgeschlossen. Das Land verteidigte seine Unabhängigkeit gegenüber spanischen Ausdehnungsbestrebungen. Die portugiesischen Könige unterstützten durch hohe Summen den Bau und die Ausrüstung von Schiffen. Welche Gründe veranlassten sie dazu?

Hunger nach Gold und Gewürzen. Im 14. Jh. herrschte in vielen Ländern Europas eine nie erlebte Knappheit an Gold und Silber. Diese Edelmetalle wurden aber dringend für den Handel mit dem Orient und für den Kauf von Waffen benötigt. Zudem behinderten politische Wirren im östlichen Mittelmeerraum den traditionellen Orienthandel der Italiener, wodurch Gewürze zu teuren Mangelwaren wurden. Was lag daher näher als der Gedanke, selbst die Goldländer Westafrikas und die sagenhaften Reichtümer Indiens anzusteuern? Nach der Vertreibung der Muslime aus Portugal suchte auch die Ritterschaft ein neues militärisches Betätigungsfeld. Der Kampf gegen die Ungläubigen sollte jenseits der Meere fortgeführt werden – ein Vorhaben, das auch die Kirche unterstützte. Das Königshaus sicherte sich durch entsprechende Verträge ein Fünftel aller Einnahmen der Expeditionen. Der Verkauf von Gewürzen, Gold, Sklaven und Elfenbein durfte nur über die königliche Verwaltung abgewickelt werden.

Rund um Afrika. Ein wichtiger und unermüdlicher Förderer der Seefahrt war Prinz Heinrich, genannt „der Seefahrer". Er ließ an einem Ort an der Südwestspitze Portugals die bekanntesten Kartenhersteller, Seeleute, Ingenieure und Astronomen das gesamte Wissen über ferne Länder und Küsten, über Schiffsbautechnik, Wetterkunde und Orientierung auf hoher See sammeln. Nach der Eroberung der wichtigen Handelsstadt Ceuta wagten sich die Seeleute immer weiter vor – trotz der Schilderungen von Magnetbergen, Seeungeheuern und dickflüssiger See, die alle

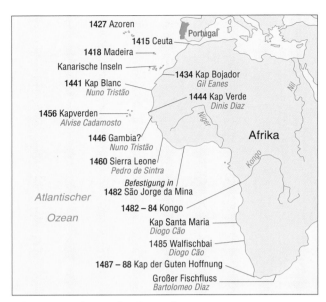

M1 Vordringen der Portugiesen

Schiffe jenseits von Kap Bojador verschlingen sollten. Der Entdeckergeist siegte: Im Jahre 1487 umschiffte Bartolomeo Diaz die Südspitze Afrikas. In Ostafrika angekommen, stellten die Portugiesen überrascht fest, dass zwischen Ostafrika und Indien seit Jahrhunderten reger Handel betrieben wurde. Nun war der Seeweg von Europa nach Indien offen. Als erster europäischer Kapitän legte Vasco da Gama 1498 mithilfe eines arabischen Lotsen im indischen Calicut an. Dort wurden die Portugiesen argwöhnisch von den arabischen, afrikanischen und indischen Kaufleuten beobachtet.

M2 Portugiesen landen in Japan *(Wandschirm, um 1600).*

M3 Die Reisen von Vasco da Gama und Pedro Cabral

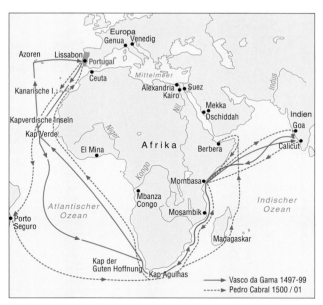

Um das Kap der Guten Hoffnung ansteuern zu können, mussten die Schiffe südlich der Kapverdischen Inseln wegen der starken Gegenwinde weit nach Westen auf den Atlantik hinaussegeln. Bei einem dieser Umwege entdeckte Pedro Cabral 1500 zufällig die Küsten des heutigen Brasilien.

M4 Der portugiesische Seefahrer Gil Eanes *(sprich: Janesch)* über seinen Entdeckungsauftrag

Heinrich („der Seefahrer") wollte herausfinden lassen, welche Länder und Inseln sich jenseits der Kanaren und südlich des Kap Bojador befänden, da es bis dahin keinen einzigen mündlichen oder schriftlichen Bericht über die Existenz von
5 Land weiter südlich davon gab.
Zweitens wollte Heinrich wissen, ob es dort Christen gäbe oder zumindest Häfen, die sich leicht anlaufen ließen, um billiger an Waren zu kommen. Drittens bestand mein Auftrag darin, auszukundschaften, wie weit südlich das Reich der Un-
10 gläubigen reichte. Viertens wollte Heinrich wissen, ob in diesen südlichen Regionen vielleicht christliche Prinzen oder Könige regierten, mit deren Hilfe man die Feinde des wahren Glaubens in die Zange nehmen könnte. Der fünfte Grund war Heinrichs sehnlichster Wunsch, den heiligen Glauben unse-
15 res Herrn Jesus Christus zu verbreiten und allen Seelen zu Hilfe zu kommen, die auf Erlösung hofften.
Zitiert nach: Gomes Eanes de Azurara: Crónica da descoberta e conquista da Guiné, Lisboa 1543. Übers. vom Verfasser.

M5 Wie funktionierte der Gewürzhandel aus Indien?
Ein jüdischer Händler berichtet:
Von diesem Land Calicut in Indien kommen die Gewürze, die im Westen in allen Ländern verzehrt werden: viel Ingwer, Pfeffer und Zimt … In Calicut nehmen die Schiffe aus Mekka die Gewürze an Bord und bringen sie bis zu einer Stadt in der
5 Nähe von Mekka, die Dschiddah heißt. Bis dorthin brauchen sie 50 Tage. Dort angekommen löschen sie die Ladung und zahlen dem großen Sultan Zoll. Dann werden die Gewürze in kleinere Schiffe umgeladen und durch das Rote Meer bis zu einem Ort mit Namen Suez gebracht. Auch hier bezahlen sie
10 wieder Zoll. Dort laden die Kaufleute die Gewürze auf gemietete Kamele um, die die Fracht in 10 Tagen nach Kairo bringen, wo erneut Zoll zu zahlen ist. Auf dem Weg nach Kairo werden die Kaufleute oft von Räubern in großer Zahl überfallen. In Kairo laden sie die Gewürze auf Schiffe um, die auf
15 einem Fluss fahren, der Nil heißt. Auf diesem Fluss fahren sie zwei Tage bis zur Stadt Rosette, wo man wieder Zoll zahlen muss. Auf Kamelen geht es in einer Tagesreise in eine Hafenstadt, die Alexandria heißt. Dorthin kommen Galeeren aus Venedig und Genua, um diese Gewürze zu kaufen.
Zitiert nach: Wolfgang Reinhard: Geschichte der europäischen Expansion. Band 1: Die Alte Welt bis 1818, Stuttgart (Kohlhammer) 1983, S. 52.

1 Welche Begründung gibt Gil Eanes (M4) für die Eroberungsfahrten? Ergänze diese durch die Darstellung des Autorentextes.
2 Die Portugiesen erreichten als erste Europäer Japan (M2). Finde heraus, welche Stützpunkte sie zwischen Indien und Japan anlegten.
3 Erkläre mithilfe von M1 und M3 den portugiesischen Königstitel: König von Portugal und Algarve diesseits und jenseits des Meeres, Herr von Guinea und der Eroberung, der Schifffahrt und des Handels von Äthiopien, Arabien, Persien und Indien.
4 Beschreibe in eigenen Worten den herkömmlichen Weg der Gewürze aus Indien nach Italien (M5). An jeder der erwähnten Zollstellen musste die Hälfte des Warenwertes an Zoll bezahlt werden. Was bedeutet das für eine Warenladung, die in Calicut für umgerechnet 1000 Euro gekauft wurde? Hinzu kamen noch Transportkosten in Höhe von etwa der dreifachen Summe des Einkaufswertes.

Kolumbus „entdeckt" Amerika

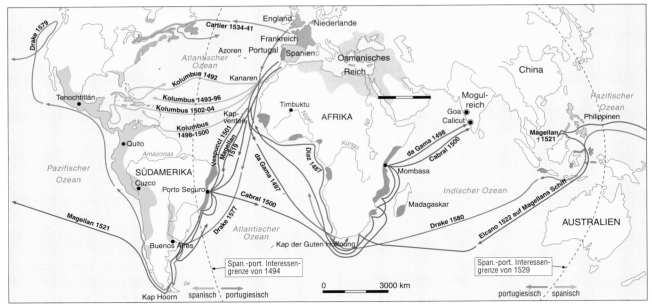

M1 Europäische Entdeckungsfahrten *(15. / 16. Jh.)*

Ein Genuese bietet seine Dienste an. Christoph Kolumbus wurde als Sohn eines Wollwebers 1451 in Genua geboren. Als Jugendlicher las er begeistert alle Reiseberichte. Mit 23 Jahren ging er als Vertreter eines Genueser Handelshauses nach Lissabon und befuhr auf portugiesischen Schiffen die afrikanischen Küsten. Er vertiefte sich in wissenschaftliche Studien. Mit dem so erworbenen Wissen wollte er prominente Geldgeber für seinen Plan, eine Westroute nach Indien zu finden, gewinnen. Kolumbus berechnete die Strecke von den Kanarischen Inseln nach Japan aufgrund der Angaben des italienischen Geografen Paolo Toscanelli auf 4 445 km (in Wirklichkeit sind es fast 20 000 km) und warb ohne Erfolg in Lissabon, Madrid und London für sein Unternehmen.

Der Plan wird umgesetzt. Kolumbus' Ideen fanden erst am spanischen Hof Gehör. Als 1492 die Heere des spanischen Königspaares das letzte verbliebene muslimische Reich von Granada besiegt hatten (s. S. 24f.), erhielt Kolumbus die Zusage für die Finanzierung von drei Expeditionsschiffen. Ein Viertel des benötigten Geldes musste sich Kolumbus leihen. Er beanspruchte ein Zehntel aller Einnahmen aus dem Verkauf der Waren, die er mitzubringen hoffte. Außerdem verlangte er die Erhebung in den Adelsstand und das Amt des Vizekönigs in allen eroberten Gebieten.

Am 3. August 1492 stachen die „Pinta", die „Niña" und die „Santa María" mit 90 Mann Besatzung in See. Die Mannschaft bestand zum größten Teil aus Häftlingen, da für ein solches Unternehmen kaum Freiwillige zu bekommen waren. Mehrfach verlangten meuternde Matrosen die Umkehr, doch der Kapitän behielt die Oberhand. Endlich – am 12. Oktober 1492 – erspähte ein Matrose das lang ersehnte Land.

Ein neuer Kontinent? Kolumbus nannte das entdeckte Land die „Westindischen Inseln" und ihre Einwohner Indios. Die ersten Kontakte mit den „Indianern" verliefen friedlich. Weitere drei Fahrten in die Neue Welt folgten, auf denen Kolumbus die neu entdeckten Gebiete für die spanische Krone in Besitz nahm. Mit dem Rivalen Portugal schloss Spanien 1494 den Vertrag von Tordesillas, der eine Teilung der Welt in zwei Interessengebiete vorsah.
Gemessen an den Erwartungen war Kolumbus' Ausbeute an Gold und Gewürzen gering. Nach Auseinandersetzungen zwischen Siedlern und Indianern verlor Kolumbus seine Stellung als Vizekönig. Er starb 1506 vereinsamt und enttäuscht in dem Bewusstsein, wenig ergiebige Küstenstreifen Indiens erforscht zu haben. Der Kontinent wurde nach dem Vornamen des italienischen Geografen Amerigo Vespucci benannt.

M2 Kolumbus geht auf der Insel Guanahani (Bahamas) an Land.
Der niederländische Protestant Theodor de Bry ließ sich als Kupferstecher in Frankfurt nieder. Dort fertigte er 100 Jahre nach dem ersten Kontakt zwischen Indianern und Spaniern eine Serie von 346 Kupferstichen zur Entdeckung der Neuen Welt an. Der hier abgebildete Stich von 1594 stützt sich auf Reiseberichte und trägt die Unterschrift: „Columbus, als er in India erstlich (erstmalig) angekommen, wird von den Einwohnern aufgenommen und mit großem Geschenk verehret und begabet."

▆▆ **M4 Kolumbus – Entdecker oder Ausbeuter?**
Anlässlich der 500-Jahr-Feier der Entdeckungsfahrt befragte man Jugendliche in mehreren Ländern zur Leistung von Kolumbus. Die Hauptantworten waren:
Die Wikinger haben Amerika lange vor ihm entdeckt. – Mit Kolumbus begann die Ausrottung der indianischen Völker durch die Europäer. – Die Spanier waren nur an Edelmetallen interessiert und haben die Menschen und Länder ausgebeu-
5 tet. – Kolumbus hat Lateinamerika die Zivilisation gebracht.
Verfassertext

1 Welche Nationen beteiligten sich an den Entdeckungsfahrten? Nenne die jeweiligen Gebiete, die sie für ihr Land eroberten (M1).
2 Welche Motive bewogen Kolumbus zur Westfahrt über den Atlantik (Autorentext und M3)?
3 Beschreibe das Bild M2. Wie stehen sich Spanier und Indianer gegenüber?
4 Beurteile die Ergebnisse der Umfrage (M4). Welche Meinung vertrittst du?

M3 Erste Kontakte mit Indianern:
12.10.1492
Die Angst der Indianer vor unseren Schiffen scheint geschwunden zu sein ... An unseren Geschenken hatten sie viel Freude. Sie scheinen zu
5 glauben, dass alles, was aus unseren Händen kommt, überirdische Kraft besitzt ...
7.12.1492
Ich vermute, dass die Feuer, die zu Beginn der Nacht aufflammen, Signalfeuer sind, welche die
10 Bewohner von unserer Ankunft benachrichtigen ... Das scheint mir ein Hinweis zu sein, dass sich im Innern große volkreiche Städte befinden, wo es eine Art Regierung gibt. Dass ich Zipangu (Japan) erreicht habe, glaube ich nun nicht mehr.
15 Marco Polo hat dieses Land anders beschrieben.
Zitiert nach: Christoph Columbus: Das Bordbuch, hrsg. und bearb. von Robert Grün, Berlin/Darmstadt/Wien (Horst Erdmann) 1970, S. 98 und S. 111.

**GESCHICHTE AKTIV/
KREATIV
Projektidee: „Expeditionen –
einst und heute"**
Wie klein erscheinen uns heute die Schiffe des Entdeckungszeitalters. Was brauchte Kolumbus für eine Atlantiküberquerung auf einer Karavelle? Wie viel Mann Besatzung? Wie viel Proviant und Trinkwasser wurden benötigt? Wie erfolgte die Lagerung der Lebensmittel und des Trinkwassers? Welche Werkzeuge und Orientierungshilfen waren unverzichtbar? (Lies auch auf S. 56f. nach).
• Zeichne die Umrisse des Schiffes auf eine Tapetenrolle und beginne mit dem Beladen ...
• Verfasse ein Bittschreiben an den spanischen König, in dem du aufzählst, was du wofür brauchst.
• Wähle einen in M1 genannten Entdecker aus und berichte über seine Expedition.
• Was benötigen die Teilnehmer einer Expedition heute? Welche Ziele haben sie?

Das Land der Indianer – Goldland, „niemands Land"?

Altamerikanische Kulturen vor Kolumbus. Der amerikanische Kontinent war bei Ankunft der spanischen Konquistadoren (Eroberer) bereits seit mindestens 15 000 Jahren von Menschen besiedelt. Die Spanier nahmen das Land der Indianer ganz selbstverständlich für sich in Besitz. Sie handelten dabei nach dem damals herrschenden Rechtsdenken der Europäer: Alle Länder, in denen keine Christen wohnten, galten als „Niemandsland". Mit dem Aufstellen eines Kreuzes wurde das Land für den jeweiligen König in Besitz genommen.

Die größten Indianerreiche in Mittel- und Südamerika waren die der Azteken, der Maya und der Inka. Die Azteken lebten im Hochland des heutigen Mexiko und hatten viele Völker unterworfen. An der Spitze ihres Staates standen ein König und der höchste Priester. Die einzelnen Gesellschaftsschichten waren klar getrennt: Die adlige Herrenschicht von etwa zehn Prozent der Bevölkerung besaß viele Vorrechte. Freie Bauern und Handwerker bildeten den größten Teil der Bevölkerung. Die unterste Schicht bestand aus Sklaven, zumeist Angehörige unterworfener Völker. Die Azteken verfügten über eine Schrift und einen ausgeklügelten Kalender. Die bedeutendsten aztekischen Gottheiten waren der Kriegsgott Huitzilopochtli und Quetzalcóatl, der Gott der Schrift und des Kalenders. Die Rückkehr dieses Gottes war für das Jahr „Ein Rohr" des aztekischen Kalenders (= 1519) vorhergesagt.

Auf der Suche nach Eldorado. Der Konquistador Hernán Cortés erhielt 1519 den Auftrag, die Küste Mittelamerikas zu erforschen und nach dem sagenhaften Goldland (= Eldorado) zu suchen. Wie war es möglich, dass rund 650 Spanier mit vier Kanonen das Reich der Azteken eroberten? Cortés verbündete sich gezielt mit Völkern, die zuvor von den Azteken besiegt worden waren. Damit standen ihm bis zu 30 000 Mann an Hilfstruppen zur Verfügung. Die Spanier wurden zunächst freundlich aufgenommen, da sie mit ihren Bärten und ihrer weißen Haut dem Bild entsprachen, das die Azteken sich von ihren Göttern machten. Mit der Gefangennahme des Königs Montezuma II. war die Staatsspitze gelähmt. Trotz einiger erheblicher Rückschläge vermochten die Spanier ihre Herrschaft im Aztekenreich auszubauen und zu sichern. Ihre Armbrüste und Gewehre waren viel moderner als die vergleichsweise steinzeitliche Bewaffnung der Azteken. Die in Amerika unbekannten Pferde und Kampfhunde der Eroberer verbreiteten Angst und Schrecken. Eine große Pockenepidemie und andere aus Europa eingeschleppte Krankheiten rafften die Hälfte der indianischen Bevölkerung hinweg und brachen jeden Widerstand.

Die Eroberung des Inkareichs. Der Spanier Francisco Pizarro eroberte zwischen 1531 und 1534 mit weniger als 200 Soldaten dieses Reich. Der Name „Inka" stand für den Priesterkönig, der seine Abstammung vom obersten Sonnengott herleitete. Durch das Inkareich führte ein Netz schnurgerader Straßen mit Abschnitten aus Steinstufen zur Überwindung der hohen Bergpässe. Kundschafter und Truppen konnten auf diesen Pfaden schnell zu ihren Zielen gelangen. Eine große Beamtenschaft sorgte für die Verwaltung. Das Volk arbeitete auf Feldern, in Bergwerken und beim Straßenbau für den Staat, der seine Bevölkerung mit allen notwendigen Dingen versorgte.

Bei der Eroberung ging Pizarro ähnlich wie Cortés vor: Er ließ den Inkakönig Atahuallpa gefangen nehmen und verlangte große Mengen Gold als Lösegeld. Obwohl dieses Gold rasch aufgebracht wurde, ließ Pizarro den Inkakönig heimtückisch ermorden. Ihres Königs beraubt, fiel den Spaniern das gewaltige Reich ohne nennenswerten Widerstand zu. Für die Indianer brach eine Zeit der Unterdrückung und der hemmungslosen Ausbeutung an.

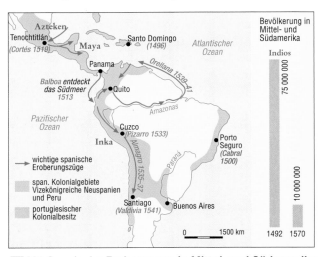

M 1 Spanische Eroberungen in Mittel- und Südamerika

M2 Die Hauptstadt der Azteken: Tenochtitlán *Stadtplan (16. Jh.)* ▶

◀ *Dieses Wandgemälde von Diego Rivera (1945) befindet sich im Nationalpalast von Mexico-Stadt.*

M3 Die Eroberung Tenochtitláns

a) Ein Augenzeugenbericht aus spanischer Sicht:

Auf allen Türmen und Tempeln standen Zuschauer, der ganze See war dicht bedeckt mit überfüllten Booten. Aber was Wunder? Die Leute hatten ja noch nie Menschen unserer Art und Pferde gesehen. Wir marschierten wie im Traum durch diese
5 Herrlichkeiten …

Als wir in dem großen Hof des Palastes ankamen, trat der mächtige Montezuma auf Cortés zu, fasste ihn an der Hand und führte ihn selbst in die für ihn bestimmten, reich geschmückten Gemächer. Dort hängte er ihm eine sehr kost-
10 bare goldene Kette um den Hals, deren Glieder aus fein gearbeiteten Krebsen bestand … Cortés dankte dem Fürsten und Montezuma verabschiedete sich mit den Worten: „Du und deine Brüder, ihr sollt euch wie in eurem eigenen Haus fühlen. Ruht jetzt von eurer weiten Reise aus!" Dann ging er
10 in seinen Palast. Wir verteilten unsere Kompanien auf die vielen Gemächer, brachten die Geschütze in Stellung und teilten alles so ein, dass jeder Reiter und jeder Mann sofort kampfbereit war.

Zitiert nach: Denkwürdigkeiten des Hauptmanns Bernal Diaz del Castillo, unter Verwendung alter deutscher Übersetzungen, durchgesehen, neu bearb. und hrsg. von Georg A. Narciß, Stuttgart (Steingrüben) 1965, S. 238f.

b) Ein Augenzeugenbericht aus aztekischer Sicht:

Die Azteken schenkten den Göttern (den Spaniern) goldene Fahnen und goldene Halsketten. Als sie das Gold in ihren Händen hatten, brach Lachen aus den Gesichtern der Spanier hervor, ihre Augen funkelten vor Vergnügen. Wie Affen griffen
5 sie nach dem Gold … Sie schwollen an vor Gier und Verlangen nach Gold. Als die Spanier sich im Palast eingerichtet hatten, fragten sie Montezuma nach dem Staatsschatz aus. Sie bedrängten ihn hart. Als sie am Schatzhaus waren, zeigte man ihnen die Reichtümer. Vor Vergnügen fletschten die Spanier
10 die Zähne wie die Tiere und beklopften einander vor Freude. Sie glaubten in ihrem Paradies zu sein, durchsuchten alles, als ob es ihr Eigentum wäre und kein Raub.

Aus einer Sammlung aztekischer Berichte des Franziskaners F. de Sahagún. Zitiert nach: Miguel León-Portilla und Renate Heuer (Hrsg.): Rückkehr der Götter. Aus dem Náhuatl von Angel Maria Garibay. Deutsch von Renate Heuer (= UT 89), Zürich (Unionsverlag) 1997. © Verlag Vervuert, Frankfurt a. M. 1986.

1 Suche zu den Stichworten „Azteken", „Maya" und „Inka" die wichtigsten Merkmale der jeweiligen Kulturen heraus und stelle sie in einer Tabelle nebeneinander. Lies dazu auch in einem Lexikon nach.
2 Verfolge auf der Karte M1 die Stoßrichtungen der weiteren Eroberungszüge der Spanier.
3 Wie wird die Eroberung Tenochtitláns geschildert (M3)? Stelle Vermutungen über die weitere Entwicklung der Beziehungen zwischen Spaniern und Azteken an.
4 Fasse unter dem Stichwort „Tenochtitlán" Informationen zur Größe der Stadt und ihrer Tempel zusammen (M2 und Internet).

Ein Reich, in dem die Sonne nicht untergeht …

Die Verwaltung des Königreichs. Innerhalb weniger Jahrzehnte erwarben die Spanier ein riesiges Kolonialreich. Voller Stolz sprachen die Beamten Kaiser Karls V. von „einem Reich, in dem die Sonne nicht untergeht". Der Indienrat als zentrale Behörde koordinierte und überwachte die Verwaltung, die Gerichtsbarkeit, die Finanzen und die Missionierung der neuen Gebiete. In der Stadt Sevilla, dem bedeutendsten Hafen für Schiffe nach Amerika, entstand eine zentrale Anlaufstelle für alle Auswanderer. Fast alle Waren aus der Neuen Welt wurden dort ausgeladen und verzollt. Zwei Vizekönige herrschten im Auftrag des spanischen Königs in den Kolonien. Gewaltige Mengen an Silber, Gold und wertvollen Rohstoffen flossen ins Mutterland. In den großen Silberbergwerken in Potosí (Bolivien) fristeten Tausende von Indiosklaven ein trauriges Leben. Die von den Kanarischen Inseln nach Amerika mitgebrachte Zuckerrohrpflanze wurde auf den Karibischen Inseln und auf dem südamerikanischen Kontinent angebaut. Da für die Plantagenwirtschaft immer mehr Arbeitskräfte benötigt wurden, begann ein transatlantischer Dreieckshandel. Hierbei wurden Hunderttausende von Afrikanern gewaltsam nach Amerika gebracht, um dort als Sklaven zu arbeiten. Alle europäischen Seefahrtnationen beteiligten sich am Gewinn bringenden Geschäft des Sklavenhandels in die Neue Welt.

Die Behandlung der Indios. In den ersten Jahrzehnten der Kolonisierung Amerikas waren die meisten Konquistadoren der Überzeugung, die Indios seien Kannibalen und daher eher Tiere als Menschen. Zwar standen die Indios offiziell unter dem Schutz des spanischen Königspaares, doch Europa war weit entfernt. Die Konquistadoren hatten in erster Linie ihre eigene Bereicherung im Sinne und gingen mit brutaler Härte gegen die einheimische Bevölkerung vor. Aufgeschreckt durch die Berichte vieler Priester über Misshandlungen von Einheimischen durch die Siedler sprach der Papst ein Machtwort, indem er die Indios unmissverständlich als Menschen bezeichnete, die zu missionieren seien. Dennoch ging zwischen 1500 und 1600 die Zahl der Indios von 75 auf 10 Millionen zurück. Für das Massensterben der Indianer waren neben der harten Behandlung durch die Siedler aber auch eingeschleppte Krankheiten, wie Pocken, Windpocken, Cholera, Masern und Grippe, verantwortlich.

Im 15. und 16. Jh. verbreiteten etwa 15 000 Franziskaner, Dominikaner und Jesuiten den katholischen Glauben. Die Missionare erzogen die Indianer als Untertanen Spaniens, lehrten sie die spanische Sprache und zerstörten einheimische Kultstätten. Die gut organisierte kirchliche Verwaltung wurde zu einem wichtigen Pfeiler des spanischen Kolonialsystems.

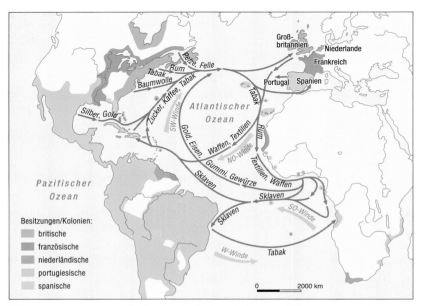

■ M1 Der transatlantische Dreieckshandel

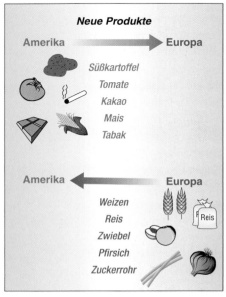

■ M2 Was erhielt Europa aus Amerika, was Amerika von Europa?

M3 Was ist eine Encomienda?

In diesem System wurden Land und Leute ähnlich wie in der Grundherrschaft des europäischen Mittelalters unter die spanischen Herren aufgeteilt. Eine Encomienda erhielten diejenigen, die sich Verdienste bei der Eroberung oder Verwal-
5 tung der Kolonien erworben hatten. Jeder Encomendero „besaß" zwischen 50 und 2000 Indianer, die für ihn arbeiteten und zusätzliche Abgaben leisten mussten. Damit wurde die herrschaftliche Lebensweise der Eroberer gesichert. Das Encomienda-System löste die Sklaverei ab, doch in der Praxis
10 änderte sich an der ungeschützten Ausbeutung der Indianer wenig.

Zitiert nach: Horst Gründer: Eine Geschichte der europäischen Expansion. Von Entdeckern und Eroberern zum Kolonialismus, Stuttgart (Theiss) 2003, S. 52. © Brockhaus-Verlag, Leipzig/Mannheim.

M4 Ausbeutung

Kolorierter Kupferstich von Theodor de Bry (16. Jh.)

M5 Zwangsmissionierung

Kupferstich von Theodor de Bry (16. Jh.)

M6 Ein Mönch wird Fürsprecher der Indios

Der Mönch und spätere Bischof von Mexiko, Bartolomé de las Casas (1474–1566), besaß zunächst eine Encomienda, ehe er die Rechte der Indianer verteidigte:
Ich bestehe darauf, dass die Spanier sich der Ausübung solcher Exzesse (Misshandlungen) gegen andere Völker, wenn diese auch barbarische Götzendiener und von allen Lastern befallen sein mögen, enthalten … Denn es gibt keinen Unter-
5 schied von Mann und Frau, „Griechen und Juden … Sklaven und Freien, weil Christus in allem ist" (Bibelzitat).
Da nun die Natur der Menschen in allen dieselbe ist und alle von Christus gerufen sind, … darf man die Indios nicht auf andere Weise zum Eintritt in die Kirche einladen als andere Men-
10 schen auch.

Bartolomé de las Casas, Historia de las Indias. Zitiert nach: Mariano Delgado (Hrsg.): Gott in Lateinamerika, Düsseldorf (Patmos) 1991, S. 104ff.

M7 500 Jahre nach der Ankunft von Kolumbus

„Also nichts für ungut! Ich hab Mist gebaut!"
(Karikatur von Klaus Pielert, 1992)

1 Seit dem 16. Jh. blühte der Dreieckshandel zwischen den Kontinenten Europa, Afrika und Amerika auf (M1). Womit wurde gehandelt? Was machte den Handel so profitabel für Europa?
2 Finde heraus, welche weiteren Nutzpflanzen und welche Tiere erstmalig den Ozean zwischen Amerika und Europa und umgekehrt überquerten (M2).
3 Erkläre in eigenen Worten das Encomienda-System (M3). Welche Folgen hatte es für die spanischen Siedler, welche für die Indios (M4)?
4 Erläutere die Haltung von de las Casas anhand von M3–M6.
5 Deute die Aussage der Karikatur M7.

Luther gegen Papst, Kirche und Kaiser

Martin Luther – Superstar? Das Publikum eines deutschen Fernsehsenders wählte im Jahr 2003 die besten Deutschen aus Vergangenheit und Gegenwart. Das verblüffende Ergebnis: Über 500 000 Zuschauer setzten Luther auf Platz 2 dieser Hitparade. Während die Hauptkonkurrenten auf der Bestenliste aus dem 20. Jh. stammten, wurde Luther am Ende des Mittelalters geboren (1483). Wie konnte dieser aufsässige Mönch und Einzelgänger über solch einen langen Zeitraum hinweg so aktuell bleiben? War es sein entschlossener Widerstand gegen eine betrügerische geistliche Obrigkeit? Oder war es sein außerordentlicher Mut, den er im Kampf gegen Papst und Kaiser bewies?

Ablasshandel – eine geniale Geschäftsidee? Zu Luthers Zeit lebten Papst, Kardinäle und Bischöfe wie weltliche Fürsten. Sie waren wenig an religiösen Fragen interessiert – umso mehr an Macht. Das Leben in Luxus kostete die Kirche ein Vermögen. Die leeren Kassen versuchte man durch eine neue Geschäftsidee zu füllen: den ▶ Ablasshandel. Im Auftrag des Papstes und heimischer Bischöfe zogen Bußprediger durch Deutschland, um den einfachen Leuten durch den Verkauf kirchlich ausgestellter Ablassbriefe das Geld aus der Tasche zu ziehen. So lockte z. B. der Dominikaner Johannes Tetzel mit dem Angebot: „Wenn das Geld im Kasten klingt, die Seele aus dem Fegefeuer springt." Er nutzte die Angst der Gläubigen vor Sündenstrafe und ewiger Verdammnis. In einer Zeit, in der das Christentum den Alltag der Menschen prägte, stand das Seelenheil im Zentrum aller Überlegungen. Die Beachtung der Gebote von Bibel und Kirche, Buße und Reue, Wallfahrten, Stiftungen oder Ablassbriefe sollten die eigene Seele oder die Seele verstorbener Verwandter aus dem Fegefeuer retten.

Luthers Kritik. Martin Luther (1483–1546), ein Augustinermönch, lehrte als Professor für Theologie an der neu gegründeten Universität Wittenberg. Er kritisierte die Amtskirche und beanstandete den Ablasshandel. Nicht durch gute Werke oder durch Vermittlung geweihter Priester erlange der Einzelne das Seelenheil, sondern es werde ihm allein aufgrund seines Glaubens von Gott aus reiner Gnade geschenkt. Luther wandte sich an seine Fachkollegen und veröffentlichte – nach damaligem wissenschaft-

lichem Brauch – 95 lateinische Lehrsätze. Diese auch ins Deutsche übersetzten Thesen verbreiteten sich schnell und wirkten weit über den Kreis der Fachgelehrten hinaus. Es wurde deutlich, dass auch das Volk diese Kritik als notwendig ansah.

Trotz Kirchenbann und Reichsacht. Die Wirkung der Lehre Martin Luthers auf die Öffentlichkeit sowie seine stetig wachsende Anhängerschaft blieben der Amtskirche nicht verborgen. Der drohenden Anklage wegen ▶ Ketzerei konnte er sich nur entziehen, weil er sich in den Schutz seines Landesherrn, Kurfürst Friedrich von Sachsen, stellte.

In einem öffentlichen Streitgespräch mit Professor Eck in Leipzig verschärfte Luther im Juli 1519 seine Kritik. Er lehnte die Anerkennung päpstlicher Autorität ab: Christus sei das alleinige Haupt der Kirche und die Heilige Schrift die einzige Quelle des Glaubens. Damit bestritt Luther die Geltung der Tradition und wies die von Päpsten und Kirchenvätern verfassten Glaubenssätze zurück. Der Papst forderte Luther auf, seine Lehre zu widerrufen, und drohte ihm mit dem ▶ Bann, dem Ausschluss aus der Kirche. Doch Luther verbrannte anstelle der eigenen Schriften das päpstliche Schreiben in aller Öffentlichkeit. Das bedeutete den Bruch mit der Kirche.

Obwohl Luther nun gebannt war, erhielt er im Januar 1521 auf dem Reichstag in Worms die Gelegenheit, sich vor Kaiser Karl V. (1519–1556) und den Reichsfürsten zu verteidigen. Erneut verweigerte er den Widerruf und verwies auf die Irrtümer von Päpsten und Konzilien. Dagegen berief er sich bei seiner Lehre auf Gott und das eigene Gewissen als Richtschnur des Handelns. Berühmt ist der Schluss seiner Rede: „Hier stehe ich, ich kann nicht anders. Gott helfe mir." Ende Mai verbot der Kaiser Luthers Schriften und verhängte über ihn und seine Anhänger die ▶ Reichsacht. Das bedeutete, der Geächtete war ohne rechtlichen Schutz und von seinen Mitmenschen im Reich isoliert. Er konnte sogar straflos getötet werden. Friedrich von Sachsen aber ließ Luther zu dessen Schutz auf die Wartburg bringen. Dort lebte der Theologe neun Monate als Junker Jörg und übersetzte das Neue Testament in die deutsche Sprache.

M 1–M 3

Kolorierte Holzschnitte (Straßburg, 1557)

M4 Aus den 95 Thesen Luthers *(1517):*

5. Der Papst will und kann nur die Strafen erlassen, die er aufgrund seiner eigenen Entscheidung oder der kirchlichen Gesetze auferlegt hat.

6. Der Papst kann Schuld nur vergeben, indem er erklärt und
5 bestätigt, dass Gott sie vergeben hat …

21. Deshalb irren diejenigen Ablassprediger, die sagen, dass durch die Ablässe des Papstes der Mensch von jeder Strafe befreit und selig wird …

23. Wenn überhaupt ein Erlass aller Strafen jemandem zuteil
10 werden kann, dann ist gewiss, dass er nur den Vollkommensten, d. h. den allerwenigsten, zuteil werden kann.

24. Aus diesem Grund muss der größte Teil des Volkes durch jene unterschiedslose und großspurige Versprechung der Strafbefreiung betrogen werden …

15 32. In Ewigkeit werden diejenigen mit ihren Lehrern verdammt werden, die glauben, dass ihnen aufgrund der Ablassbriefe ihr Heil sicher ist …

37. Jeder wahre Christ, er sei lebend oder tot, hat Anteil an allen Gütern Christi und der Kirche; diesen gibt ihm Gott auch
20 ohne Ablassbriefe …

43. Man muss die Christen lehren: Wer dem Armen gibt oder dem Bedürftigen leiht, handelt besser, als wenn er Ablässe kauft …

62. Der wahre Schatz der Kirche ist das allerheiligste
25 Evangelium von der Herrlichkeit und Gnade Gottes …

76. Wir behaupten: Die päpstlichen Ablässe können auch nicht das Geringste der täglichen Sünden wegnehmen, soweit es sich auf die Schuld bezieht …

Zitiert nach: Martin Luther: Weimarer Ausgabe 1 (= Kritische Gesamtausgabe), Sonderedition 2000f., S. 233–238.

1 Betrachte die Bilder M1–M3. Welche auf Seite 68 beschriebenen Ereignisse sind darauf dargestellt? Finde passende Überschriften.

2 Das bekannte Ende von Luthers Rede auf dem Reichstag in Worms ist nur auf Wittenberger, nicht aber auf Straßburger Flugblättern überliefert. Wie deutest du diesen Sachverhalt?

3 Stell dir vor, du liest als Student, Fachkollege oder Landesherr Luthers Thesen (M4). Formuliere ein Antwortschreiben. Was hältst du aus heutiger Sicht von den Ablassgeschäften?

4 Stellt in der Klasse eine Hitparade der wichtigsten Persönlichkeiten der deutschen Geschichte auf. Diskutiert über den Sinn solch einer Wahl.

Luthers Lehre – Erneuerung des Christentums?

Die neue Lehre. Luther wollte keine neue Kirche gründen. Mit seinen Schriften von 1520 entwarf er aber die Grundgedanken der ▸ Reformation – eines neuen Bekenntnisses. Im ersten Text regte er eine von Rom unabhängige Nationalkirche an. In der ausführlichen Abhandlung „Von der babylonischen Gefangenschaft der Kirche" reduzierte er die sieben Sakramente der römisch-katholischen Kirche auf zwei – Taufe und Abendmahl. Im dritten Werk zeigte er den Gläubigen den Weg aus dem „Gefängnis der Papstkirche". Danach benötigte ein freier Christ außer dem Wort der Bibel, dem Evangelium, keinen Vermittler zwischen Gott und sich, also weder Papst noch Priester.

Wirkung der Lehre. Den Satz „Ein Christenmensch ist ein freier Herr über alle Dinge und niemandem untertan" bezog Luther auf die Kirche. Für viele Leute aber war diese Aussage ein Signal dafür, die mittelalterlichen Lebensverhältnisse zu überdenken. So löste die Reformation Änderungen im religiösen und gesellschaftlichen Bereich aus (s. S. 78ff.). Während viele Menschen am alten Glauben festhielten, wandten sich andere ab und begannen die Heilige Schrift zu deuten und zu predigen. Man schloss sich zusammen, verspottete katholische Priester, plünderte Kirchen und Klöster. Reformierte Prediger, die vertrieben werden sollten, wurden mit Waffengewalt verteidigt. Auch Frauen begehrten in dieser unruhigen Zeit auf. Nonnen widersetzten sich der Auflösung von Klöstern, wie die Äbtissin Caritas Pirkheimer in Nürnberg. Sie berief sich auf Luthers Schrift „Freiheit des Christenmenschen" und forderte religiöse Toleranz. Aber es gab auch Nonnen, die aus Klöstern flohen. Luther heiratete die 1525 aus einem Zisterzienserkloster in Sachsen geflohene Nonne Katharina von Bora.

Luther und seine Ehefrau leben seine Lehre. In seinen Schriften erkannte Martin Luther die Frau als Partnerin des Mannes an. Ledige Frauen entsprachen nicht Luthers Idealbild; er bezeichnete sie als „böse und eigensinnig". Im Ehestand sah er eine gottgefällige Notwendigkeit. Für die Frau war darin die Rolle als fromme und fleißige Hausmutter vorgesehen. Insbesondere Pfarrersfrauen sollten hierbei als Vorbilder gelten. Katharina von Bora führte ihren großen Haushalt wie ein kleines Unternehmen. Sie erzog sechs Kinder, versorgte häufig Gäste, Studenten, Pflegebedürftige und Flüchtlinge.

M1 Martin Luther und Katharina von Bora
(Gemälde aus der Werkstatt des Lucas Cranach, um 1526)

M2 Eine Predigt vom Ehestand *(Auszug 1525)*:
… Der Mann soll sein Weib … nicht anders halten, als sei sie sein eigen Leib oder Fleisch. Und wie zärtlich und freundlich er mit seinem Leibe umgehet und handelt, also soll es der Mann mit seinem Weibe auch machen. Also soll man auch
5 die Weiber regieren, nicht mit großen Knütteln, sondern mit aller Sanftmut, damit sie nicht schüchtern werden und erschrecken, dass sie hernach nicht wissen, was sie tun sollen. Darum muss man die Weiber mit Vernunft regieren und dem weiblichen Geschlechte seine Ehre geben, auch als
10 Miterben der Gnade des Lebens …
Wenn nun Gott Gnade gibt, dass das Weib schwanger ist, so finden sich zwei Stück. Erstlich, dass dann das Weib große Schmerzen und Krankheit bekommt, … darin sich das Weib muss ergeben zu tragen. Darnach, wenn sie soll gebären, so
15 kommt erst der rechte Jammer und Gefahr … Darum soll man die Weiber in Kindesnöten ermahnen, dass sie ihre höchste Kraft und Macht dazu verwenden, dass das Kind genese, auch wenn sie selbst sterben. Denn etliche Frauen sorgen mehr für sich, wie sie mit dem Leben davon kommen,
20 denn für das Kind … Das ist nicht recht noch christlich. Zum andern, so soll des Weibes Wille, wie Gott saget, dem Manne unterworfen sein und der soll ihr Herr sein … Wo der ist, muss sie mit und sich vor ihm ducken als vor ihrem Herrn, den sie soll fürchten, ihm untertan und gehorsam sein.
25 Das dritte Stück, was nun Mann und Weib tun sollen, wenn ihnen Gott Kinder gibt …, sie in Gottesfurcht erziehen:
Zitiert nach: Martin Luther, Weimarer Ausgabe, a. a. O. (vereinfacht)

M3 Gesetz und Gnade *(Gemälde von Lucas Cranach d. Ä., um 1535)*

Gericht   Gnade

Sündenfall
Abbild unserer
Schande   Gesetz

Schlange
Abbild von Kreuz
und Erlösung   Rechtfertigung

Erkenntnis
der Sünde

Verkündung
des Evangeliums

Strafe
Verdammung

Leben aus
dem Glauben

linke Hälfte:

A) Christus als Weltenrichter

B) Todesbaum

C) Adam und Eva

D) Teufel und Tod

E) die Sünde als des
Todes Spieß

F) Hölle

G) Moses mit den
Gesetzestafeln und den
Propheten

rechte Hälfte:

a) Lebensbaum

b) Verkündigung an Maria

c) Sendung des Sohnes

d) Verkündigung an die Hirten

e) Schlange als alttestamentlicher Verweis auf die Kreuzigung Jesu

f) Blutstrahl Jesu und Taube (= Symbol des Heiligen Geistes) spenden den Menschen den lebenserneuernden Glauben

g) Johannes der Täufer zeigt das Lamm mit der Siegesfahne (= Symbol für Jesus als Sieger über Welt und Macht)

h) Auferstehung als Vernichtung von Tod und Teufel

1 Welche Vorstellungen hat Luther vom Ehestand (M2 und Autorentext)?

2 Betrachte das Bild M3 genau. Suche dir möglichst viele Szenen aus und erkläre sie deinem Banknachbarn. Nimm dazu die Hinweise unter dem Bild zu Hilfe. Weise daraufhin, welche Szenen du gut verstehst und welche dir Schwierigkeiten machen zu interpretieren.

3 Fasst eure Bildinterpretation zusammen, indem ihr die Gegensätze der beiden Bildhälften darlegt und den Titel auf Luthers neue Lehre und den alten Glauben bezieht. Inwieweit stimmen Bildaussage und Luthers Gedanken (M2) überein?

4 Schreibt ein Streitgespräch zwischen Caritas Pirkheimer und Luther. Themen könnten darin sein: die Auflösung von Klöstern, Luthers Hochzeit mit Katharina von Bora oder die Spaltung des Glaubens.

Die „Revolution des gemeinen Mannes"

Gewalt gegen Sachen und Menschen. Das ganze Mittelalter hindurch hat es in Europa immer wieder Aufstände von Bauern gegeben. Dennoch hat der ▶ „Bauernkrieg" von 1525 besondere Aufmerksamkeit erregt, obwohl der Begriff „Krieg" dafür wenig zutreffend ist. Denn bei den Bauern wie bei den Herren gab es keine einheitliche militärische Führung. Die Bauern erhoben sich beinahe gleichzeitig in verschiedenen Gegenden, besonders im Südwesten Deutschlands. Dabei kam es zu Ausschreitungen. Klöster wurden geplündert, Schlösser belagert und verwüstet. Gewalt gegen Menschen war die Ausnahme. Im württembergischen Weinsberg erstürmte ein Bauernhaufen Ostern 1525 die Stadt. Graf Ludwig von Helfenstein und andere Adlige wurden gefangen genommen und von den Bauern „durch die Spieße gejagt". Diese Gewalttat lieferte den Herren die Begründung, die Bauern als Aufrührer hart zu bestrafen. Das Heer des Schwäbischen Bundes, in dem sich geistliche und weltliche Herren sowie Reichsstädte zusammengeschlossen hatten, schlug und vernichtete unter dem Truchsess Georg von Waldburg die Bauernhaufen.

Ursachen für die Unzufriedenheit. Luther hatte 1520 „Von der Freiheit eines Christenmenschen" geschrieben. Die aufständischen Bauern beriefen sich auf diese Schrift und auf göttliches Recht. Aber es gab noch viele andere Gründe für die Auflehnung der Bauern. So hatte sich für viele die Last der Abgaben an die Herren erhöht. Und weil die Bevölkerung gewachsen war, mussten jetzt mehr Menschen auf den Höfen ernährt werden. Zur selben Zeit versuchten die Herren ihre Länder zu modernen Staaten auszubauen. Dazu brauchten sie gut ausgebildete Amtsleute und studierte Richter; deshalb begannen sie, mehr Steuern und Abgaben zu erheben. Wem es gelang, die Steuern und Abgaben zu steigern, der konnte sein Land vergrößern und Herrschaftsrechte dazukaufen. Wer diese Entwicklung verpasste, verlor seine Macht. Die Herren setzten sich damit gegenseitig unter Druck. Das bekamen auch die Untertanen zu spüren.

Leibeigene und Gemeinden unter Druck. Beim Tod eines Bauern wurde zum Beispiel der „Todfall" eingezogen. Das war oft ein Drittel des gesamten Besitzes. Dazu kamen „Besthaupt" und „Bestgewand", also das beste Stück Vieh und das beste Kleid. Ein Hoferbe musste seine Wirtschaft mit diesen Verlusten an Sachvermögen beginnen. Die neuen Beamten und Richter griffen nun auch für die Herrschaften in die Dorfgerichte ein. Das machte die Bauern besonders wütend. Sie sahen alte Rechte ihrer Dorfgemeinschaft verletzt. Deshalb war der Bauernaufstand im deutschen Südwesten vor allem eine Erhebung der Dorfgemeinden. An der Spitze standen dabei die wohlhabenden Bauern, die in den Gemeinden etwas zu sagen hatten. Sie galten als der „gemeine Mann", der sich erhob, um sein „gutes altes Recht" gegen die Neuerungen der Herrschaften zu verteidigen. Hätten sie die Reformation in den Dörfern durchführen, die Leibeigenschaft abwerfen und ihre Rechte gegen die Herren durchsetzen können, dann wäre das eine echte Revolution gewesen.

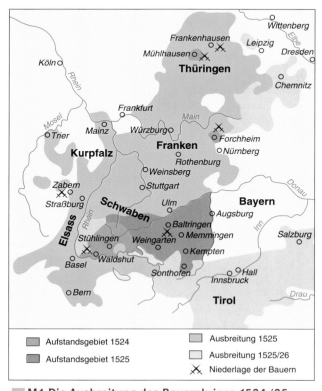

M1 Die Ausbreitung des Bauernkriegs 1524/25

M2 Die „Zwölf Artikel" der Bauernschaft

Die von einem Handwerksgesellen und einem reformier-
ten Pfarrer 1525 in der freien Reichsstadt Memmingen
verfassten „Zwölf Artikel" fanden weite Verbreitung. Das
zeigte, dass es auch in den Städten, unter den Bürgern,
im Handwerk und bei den Geistlichen Unruhe gab:

1. Die Gemeinde soll ihren Pfarrer wählen dürfen. Der Pfarrer
soll das reine Evangelium predigen.

2. Der Kornzehnt soll gegeben werden, wie es in der Bibel
steht. Der Zehnt vom Vieh soll nicht gegeben werden.

5 3. Die Leibeigenschaft soll aufgehoben werden, da Christus
alle mit seinem Blut erlöst und freigekauft hat.

4. Wenn einer ein Wasserrecht besitzt, muss er es schriftlich
beweisen können. Kann er das nicht, fällt das Recht mit dem
Wasser an die Gemeinde zurück.

10 5. Wald und Holz, die sich die Herren angeeignet haben, sollen wieder an die Gemeinde zurückfallen, damit alle einen
Nutzen davon haben.

6. Die Herren haben die Dienste immer weiter vermehrt. Sie
sollen wieder so geleistet werden, wie das schon nach altem

15 Recht die Eltern getan haben.

7. Vor Gericht soll man nach den alten geschriebenen Gesetzen bestraft werden und nicht nach Willkür der Richter …

10. Wiesen und Äcker, die einmal der Gemeinde gehört haben, sollen an diese wieder zurückgegeben werden.

20 11. Die Todfallsteuer soll ganz wegfallen, denn Witwen und
Waisen etwas wegzunehmen, ist gegen Gottes Gebot.

12. Wenn eine dieser Forderungen nicht dem Wort Gottes
entspricht, soll sie aufgehoben werden.

Zitiert nach: Hans-Joachim Steigertahl: Reformation und
Gegenreformation/Glaubenskriege, Stuttgart (Klett)
1993, S. 54f.

M3 Luthers Reaktion auf die Bauernaufstände *(1525):*
Erstens haben sie ihrer Obrigkeit Treue und Ergebenheit ge-
schworen, untertänig und gehorsam zu sein, wie das Gott ge-
bietet. Da sie aber diesen Gehorsam mutwillig brechen und
sich dazu gegen ihre Herren stellen, haben sie dadurch Leib

5 und Seele verwirkt … Zweitens. Sie machen Aufruhr, berau-
ben und plündern unter Gewalttaten Klöster und Schlösser,
womit sie schon allein als öffentliche Straßenräuber und
Mörder wohl zweifachen Tod an Leib und Seele verdient haben … Drittens decken sie diese schreckliche, grauenhaf-

10 te Sünde mit dem Evangelium, nennen sich christliche Brüder
… , wodurch sie die allergrößten Gotteslästerer und Schän-
der seines heiligen Namens werden … Denn ein Fürst und
Herr muss hierbei bedenken, dass er Gottes Beamter und

Diener seines Zorns ist, dem das Schwert gegen solche
15 Buben (Schurken) befohlen ist, und dass er sich schwer vor
Gott versündigt, wenn er nicht straft und wehrt und sein Amt
nicht ausübt.
Zitiert nach: Martin Luther: Weimarer Ausgabe, a. a. O.,
S. 299ff.

M4 Bauern vor dem Tor des Klosters Weißenau

Ausschnitt aus der Weißenauer Chronik
Der Abt des Klosters Weißenau, Jakob Murer, hat die Vor-
gänge um das Kloster Weißenau bildlich und schriftlich
festgehalten.

1 Trage in eine Tabelle ein: Wann haben sich die Bauern wo erhoben? Bei welchen Orten wurden diese
Bauernhaufen besiegt (M1)?

2 Sortiere die Forderungen der Bauern in M2 nach
„göttlichem" und „altem Recht".

3 Gestalte ein Plakat, auf dem die Bauern schlag-
wortartig Forderungen erheben.

4 Schreibe eine Predigt Luthers an die aufständischen Bauern, z. B. an die Männer, die in M4 vor dem
Klostertor stehen. Beziehe M3 mit ein.

Siegreiche Fürstenreformation?

Kaiser Karl V. – allein gegen alle? Als Karl V. 1519 im Alter von 19 Jahren zum Kaiser gewählt wurde, schien seine Macht gewaltig. Er beherrschte mit dem Reichsgebiet sowie mit Spanien und dessen Kolonien ein Weltreich, in dem „die Sonne nie unterging". Der Kaiser sah seinen katholischen Glauben als die wahre Religion und sich als weltliches Oberhaupt der gesamten Christenheit. Daher wollte er die weltliche und religiöse Einheit des Reichs gegen starke äußere und innere Gegner verteidigen. Mit Frankreich führte er Kriege um die Vormachtstellung in Europa und geriet dabei auch in Konflikt mit dem Papst. Zur gleichen Zeit drangen im Osten die Türken vor und belagerten 1529 Wien. Trotz des religiösen Gegensatzes verbündeten sich Franzosen und Türken zeitweise gegen Karl V. Wegen dieser Kämpfe war der Kaiser im Reich nicht anwesend und konnte deshalb nicht gegen die Reformation und den zunehmenden Einfluss der deutschen Fürsten vorgehen. Außerdem war er auf deren Unterstützung gegen die äußeren Feinde angewiesen.

Die Fürsten und ihre Landeskirchen. Die deutschen Fürsten konnten sich aber in der Religionsfrage nicht einigen und schoben sie immer wieder auf. Zugleich nutzten die Reichsstände ihre Handlungsfreiheit und kümmerten sich in ihren Territorien um das kirchliche Leben. Hatte sich ein Landesherr für die evangelische ▶ Konfession entschieden, machte er sie für alle Untertanen verbindlich. Kirchenordnungen wurden erlassen und bisweilen mit hilfe von Strafen durchgesetzt. Diese landeskirchliche Organisation stärkte die Macht der Fürsten, die sich große Teile des Kircheneigentums aus den verwaisten Pfarreien und Klöstern aneigneten. Im Südwesten Deutschlands schlossen sich die Reichsstädte der Reformation an. Auch in den beim alten Glauben verbliebenen Territorien, etwa Österreich und Bayern, erweiterte der Landesherr sein Aufsichtsrecht über die Kirche.

Ist ein Kompromiss möglich? Am Reichstag in Augsburg 1530 nahm der Kaiser teil. Mit Frankreich herrschte für kurze Zeit Frieden und das türkische Heer vor Wien war zum Rückzug gezwungen worden. Karl V. wollte einen letzten Versuch unternehmen, die Einheit der Kirche zu erhalten. Die Protestanten legten eine von dem Gelehrten Philipp Melanchthon verfasste Bekenntnisschrift vor. Sie sollte die Unterschiede zum alten Glauben als möglichst gering darstellen, um eine Verständigung zu bewirken. Luther sah dies mit Sorge; zum Reichstag konnte er als Geächteter selbst nicht kommen. Dem protestantischen Bekenntnis setzte Karl V. eine von katholischen Theologen verfasste Erwiderung entgegen. Darin erklärte man die Protestanten als irrgläubig und forderte ihre Rückkehr in die katholische Kirche. Ein allgemeines Konzil zur Lösung aller Fragen wurde in Aussicht gestellt. Der Augsburger Reichstag zeigte: Ein friedlicher Ausgleich im Konfessionsstreit schien unmöglich. Das Reich war in zwei Konfessionen gespalten. Ein Jahr später gründeten die

M1 Der Reichstag von Augsburg 1530
(Ausschnitt aus einem Gemälde von Andreas Herneisen, 1601) Dargestellt sind neben den Fürsten noch Szenen aus protestantischen Kirchen. Der Teufel hält eine Tafel mit den Namen von Ketzern. Im Hintergrund werden Calvinisten verjagt.

evangelischen Fürsten und Reichsstädte im thüringischen Schmalkalden ein Bündnis gegen den Kaiser.

Krieg und Frieden. Nach Siegen gegen Frankreich und die Türken wandte sich Karl V. auf der Höhe seiner Macht erst wieder 1544 der Religionsfrage in Deutschland zu. Er rüstete zu einem Krieg gegen den Schmalkaldischen Bund, den er mit einem spanischen Heer 1547 bei Mühlberg an der Elbe besiegte. Doch mit Zwangsmaßnahmen gegen die Unterlegenen erreichte der Kaiser lediglich, dass sich die deutschen Fürsten 1552 konfessionsübergreifend gegen ihn erhoben. Frankreich unterstützte die Fürsten. Bei Innsbruck konnte sich der Kaiser nur durch eine rasche Flucht vor einem Angriff retten. Enttäuscht zog er sich aus der deutschen Politik zurück. Sein Bruder Ferdinand, seit 1531 zum deutschen König gewählt, war an einer Einigung im Konfessionsstreit interessiert. Diese gelang nach langen und zähen Verhandlungen 1555. Die Bestimmungen des
▸ Augsburger Religionsfriedens besagten:
• Lutheraner und Katholiken waren fortan gleichberechtigt, die anderen protestantischen Glaubensrichtungen, z. B. die Calvinisten, jedoch nicht anerkannt.
• Die evangelischen Fürsten durften vor 1552 eingezogene Kirchengüter behalten.
• Der Landesherr bestimmte das Bekenntnis für sein Land. Wer dem nicht folgen wollte, hatte auszuwandern.
• Ein geistlicher Fürst konnte lutherisch werden, musste aber sein Amt niederlegen.
• In den Reichsstädten sollten beide Konfessionen nebeneinander bestehen können.
Mit diesem Friedensschluss fanden die politischen Kämpfe der Reformationszeit einen vorläufigen Abschluss. Da nicht alle Grundsatzfragen eindeutig beantwortet worden waren, legten die Fürsten manche Bestimmungen zu ihren Gunsten aus. Die evangelischen Fürstenhäuser wünschten, geistliche Territorien mit Familienangehörigen besetzen zu können. So sollten diese Gebiete dann später in weltliche Herrschaften umgewandelt und dem eigenen Fürstentum eingegliedert werden. Außerdem nahmen Fürsten die Kirchenpolitik zum Anlass, um Einfluss auf ihre Untertanen auszuüben und ihre Macht auf Nachbarländer auszudehnen.

☐ Anglikaner	▨ griechisch-orthodoxe Kirche
▨ Calvinisten	☐ Länder, die katholisch blieben
☐ Lutheraner	▨ Mischformen
☐ Muslime	☐ Reich Karls V.

M2 Konfessionsentwicklung um 1570 in Europa

1 Auf dem Bild M1 haben sich die protestantischen Reichsfürsten um den Kaiser versammelt. Beschreibe die verschiedenen Szenen bzw. Personengruppen.
2 Ziehe zur Karte M2 einen Atlas heran und benenne die heutigen Staaten, die zum Reichsgebiet Karls V. in Europa gehörten. Warum fühlte sich Frankreich von Karls Herrschaftsgebiet bedroht?
3 Werte M2 weiter aus. Nenne die Länder und Gebiete, die katholisch blieben, evangelisch-lutherisch oder calvinistisch wurden. Ordne deine Ergebnisse tabellarisch (Glaubensrichtung/Chronologie) an. In welche Richtungen strahlte die Reformation aus?
4 Informiere dich, wie hoch der Anteil von Protestanten und Katholiken in Deutschland heute ist. Wo leben überwiegend Katholiken, wo Protestanten? Finde heraus, warum die evangelische Seite seit 1529 Protestanten genannt wird.
5 Vergleiche die ursprünglichen Absichten Luthers mit den Ergebnissen des Augsburger Religionsfriedens. Inwiefern ist Luthers Gewissensfreiheit durchgesetzt worden?

Spottbilder und Flugschriften

Spott als Waffe im Streit. In der modernen Demokratie streitet man sich in Diskussionen und Debatten über den richtigen politischen Weg. Nicht immer geschieht dies sachlich. Gern nutzen Politiker oder Journalisten angebliche Schwächen und Fehler, um jemanden bloßzustellen oder lächerlich zu machen. Dies schließt sogar Beschimpfung und Beleidigung mit ein. In der Reformationszeit wurden ähnliche Mittel in der religiösen Auseinandersetzung gebraucht. Entsprechende Bilder wurden auch von Menschen verstanden, die nicht lesen konnten. Katholiken und Protestanten führten von 1521 bis 1525 einen Krieg mit solchen Flugschriften.

M1 Luther und Luzifer
(Holzschnitt 1535)

M2 Der Papstesel
(Holzschnitt, Mitte 16. Jh.)

Einblattdrucke – ein neues Medium. Im Mittelalter galten Bücher als seltene Schätze, deren Vervielfältigung aufwändig und teuer war. Die schnellere und billigere Buchherstellung seit Gutenbergs Erfindung der beweglichen Lettern (s. S. 54f.) ließ die Zahl der Bucherscheinungen rasant anwachsen. Dennoch blieben Bücher für das einfache Volk kostspielig. Wesentlich preiswerter waren Einblattdrucke. Diese Flugblätter wurden von umherziehenden Händlern verkauft. Beim Kirchgang, in der Wirtschaft oder auf öffentlichen Plätzen herumgereicht, informierten und unterhielten sie – ähnlich wie Zeitschriften heute – eine breite Leserschaft. Die derbe Verspottung des Gegners in Wort und Bild steigerte den Unterhaltungswert. Ohne die Erfindung des Buchdrucks und ohne den Einblattdruck hätten sich Luthers Gedanken wohl kaum so schnell und folgenreich verbreiten können.

Mittel der Propaganda. Flugblätter lassen sich schnell und kostengünstig herstellen. In Kriegszeiten werden die Gegner als unfähig oder feig dargestellt, die feindlichen Soldaten dazu ermuntert, ihre Waffen niederzulegen. Flugblätter berichten nicht sachlich, sondern nehmen aus einer bestimmten Sicht Stellung. Sie sind Mittel der Propaganda. Heute werden Flugblätter dazu verwendet, die Aufmerksamkeit des Lesers zu wecken und für Waren, Geschäfte, Restaurants oder politische Parteien zu werben. Außerdem fordern sie oft dazu auf, aktiv zu werden: Man soll Konzerte oder Sportveranstaltungen besuchen oder zu einer Demonstration gehen.

Methode: Flugschriften untersuchen und ihre propagandistische Absicht erkennen

1. Schritt: Den Inhaltskern verstehen
Lies den Text des Flugblatts und betrachte die Abbildung. Verschaffe dir mittels Markierungen und Notizen einen ersten Überblick. Was ist das Thema der Flugschrift? In welchem Zusammenhang stehen Text und Bild?

2. Schritt: Die Darstellung der Gegner erfassen
Suche aus dem Text Beschreibungen der Gegner, Behauptungen oder Vergleiche heraus. Kläre, welche Eigenschaften wem zugeschrieben werden. Schau dir das Bild genau an: Welche Personen und Gegenstände erkennst du? Wie sind sie dargestellt? In welcher Beziehung stehen die Personen zueinander? Wer oder was steht im Mittelpunkt?

3. Schritt: Die Position und Absicht des Autors
Kläre mithilfe der Legende, wer die Flugschrift verfasst hat. Informiere dich über den Verfasser/ Künstler. Wann wurde das Flugblatt verfasst? Welche Absicht verfolgt der Autor? Aus welchem Grund? An wen richtet sich das Flugblatt? Gehören die Leser einer Gruppierung oder Partei an?

M3 Vom Ursprung der Mönche und der Herkunft des Antichristen (gemeint ist der Papst)
Holzschnitt, 1551; vorgetäuscht wird, dass er aus Rom stammt

Text des Flugblattes:
Als der Bauch erleichtert war, erschien die erstarrende Sch ... als neue Missgeburt.

Die Kapuzenbrüder kamen, als der Hintern aufgerissen war, heraus, unterschiedlich in Bekleidung, Farbe, Geist.

5 Der Teufel wundert sich ..., dass er so großes Übel verborgen hielt. Während er zugleich seinen Kot betrachtet, sagt er: „... Schau an, ich habe Übel geboren, das bei weitem alle Sch...dämonen übertrifft, fürcht ich, wenn ich diese Ungeheuer sehe." So sprach er lachend und verteilte in der 10 ganzen Welt die Höllenbrüder, die alle Übel bringen.

... Der Teufel versammelt unzählige Mönche, rasende Sophisten[1] und eine Herde Priester, eine üble Schar. In einem riesigen Gefäß vermischt er sie mit Rabbinern (jüdischen Geistlichen) mit einem Stampfer, das gab eine schwere Masse.

15 Diese nahm er und machte daraus eine gewaltige Menschengestalt und hauchte eine schwarze Seele dem riesigen Knochen ein. Sieh, aus dem riesigen Körper erhebt sich aber sofort der Antichrist als schwarzes Ungeheuer, ein trauriges Übel. Diesen bewundert der Teufel, da er schlimmer als er 20 selbst sei, und spricht: „... Nichts nämlich ist der Antichrist als ein bestimmtes Tier, zusammengepanscht aus Mönchen und prahlerischen Sophisten."
Lateinischer Text von Johannes Villicus. Übers. von Kai Bülte.

[1] griech. sophistes = Weisheitsbringer; ursprünglich Gelehrter im antiken Griechenland, auch Berufsbezeichnung für wandernden Lehrer, herabsetzend spricht man auch von „Sophisterei" = Weismacherei, Wortverdreherei.

1 Untersuche in der Reihenfolge der drei Arbeitsschritte Text und Abbildung des Flugblatts (M3).
2 Wo findest du den Teufel, wo den Papst? Wie oft ist der Teufel dargestellt? Was drückt sich in seiner Mimik und Gestik aus? Woran ist der Papst zu erkennen?

3 Beschreibe M1 und M2 ausführlich. Welche Absichten wurden mit diesen Kampfbildern verfolgt? Welche Wirkung konnten sie auslösen? Welches Bild wertet den Gegner stärker ab? Begründe deine Auffassung.
4 Bringt Karikaturen von bekannten Politikern mit. Beschreibt die Mittel, mit denen die Zeichner heute arbeiten.

Der katholische Weg aus der Krise

Möglichkeiten der Krisenbewältigung. Die katholische Kirche hatte weite Gebiete in Mittel- und Nordeuropa an die Anhänger der reformatorischen Lehren verloren. Der Verlust setzte aber neue Kräfte in der alten Kirche frei. Man wollte die weitere Ausbreitung der Reformation verhindern und verlorene Gebiete zurückgewinnen. Zugleich sollte damit eine innere Kirchenreform den katholischen Glauben erneuern und das Vertrauen in die Kirche wieder herstellen. Diese Bestrebungen werden mit dem Begriff ▶ Gegenreformation bezeichnet.

Das Konzil von Trient (1545–1563). Ziel dieser Kirchenversammlung sollte es ursprünglich sein, die gespaltene Christenheit zu einen. Die Protestanten verweigerten aber die Teilnahme an der vom Papst veranlassten Veranstaltung. Dennoch berief Papst Paul III. im Jahre 1545 ein Konzil nach Trient in Norditalien ein. Mit einigen Unterbrechungen schleppten sich die Beratungen über 18 Jahre lang hin. Die Beschlüsse von Trient grenzten vor allem den katholischen Glauben gegen die reformatorischen „Irrleh-

ren" ab und fassten ihn in manchen Punkten klarer. Die kirchliche Tradition, z. B. Konzilsbeschlüsse und die Schriften der Kirchenväter, wurde neben der Bibel als gleichrangig anerkannt. Für die Auslegung der Heiligen Schrift war ausschließlich die katholische Kirche zuständig. Der Papst blieb oberste Autorität. Einige Reformen zielten darauf ab, die immer wieder kritisierten Missstände zu beheben. Der Ablasshandel wurde ebenso verboten wie der Kauf und die Häufung von Ämtern. Die Aufgaben der Bischöfe wurden genauer festgelegt. Außerdem sollten künftig Geistliche in Seminaren ausgebildet und verpflichtet werden, regelmäßig zu predigen.

Die „Soldaten Christi". Im Jahre 1534 gründete Ignatius von Loyola, der Sohn einer alten baskischen Adelsfamilie und Offizier in der Armee Karls V., die „Gesellschaft Jesu". Sechs Jahre darauf bestätigte der Papst sie als einen geistlichen Orden. Dessen Mitglieder, die Jesuiten, trugen keine Ordenstracht und lebten nicht wie im Mittelalter in klösterlicher Abgeschiedenheit. Sie verstanden sich als geistliche

M1 Das Konzil von Trient *(Ausschnitt aus einem zeitgenössischen Gemälde eines unbekannten Malers). Hinter dem Kreuz sitzen die Vertreter des Papstes, in dem Halbrund die Kardinäle, Bischöfe und Äbte. Über allen steht Gottvater, der Heilige Geist (Taube) und Jesus Christus.*

„Soldaten". Neben den üblichen Mönchsgelübden verpflichteten sie sich zum unbedingten Gehorsam gegenüber ihrem „Ordensgeneral" und dem Papst. Geistliche Übungen förderten körperliche Härte, Konzentration und Disziplin. Jeder Bewerber wurde erst nach schwierigen Prüfungen in den Orden aufgenommen. Ein langes und intensives Studium bereitete ihn auf seine künftige Tätigkeit vor.

M2 Ignatius von Loyola bei Papst Paul III.:
Übergabe der Regeln der „Gesellschaft Jesu"
(Gemälde eines unbekannten Malers, 1540)

Erziehung und Mission. Die Jesuiten wurden in der katholischen Kirche rasch sehr einflussreich, obwohl sie auf kirchliche Würden und Ämter verzichteten. Sie sorgten sich um vernachlässigte katholische Gemeinden, lehrten ihren Glauben auf anschauliche Weise und gewannen so protestantische Gläubige für den Katholizismus zurück. Hauptsächlich arbeiteten sie jedoch als Erzieher und Missionare. In neu gegründeten Gymnasien und Hochschulen sorgten sich die Jesuiten um die Bildung der Jugend und wirkten an den katholischen Fürstenhöfen als Beichtväter und Erzieher. Als politische Berater oder Diplomaten erlangten sie Macht und Geltung. Über die Rekatholisierung der Bevölkerung in Europa hinaus war die „Gesellschaft Jesu" auch um die Ausbreitung des katholischen Glaubens in Amerika (Brasilien und Paraguay) sowie Asien (Indien und China) bemüht.

M3 Durch Strenge den Glauben fördern?
Ein Schweizer Reformierter hatte zwei Jahre an der Jesuitenuniversität in Dillingen an der Donau Philosophie studiert. Im Rückblick schrieb er:
Dort ist nicht zu fürchten, dass die Jünglinge vom Pesthauche des Lasters angesteckt und verdorben werden, denn scharfe, strenge Zucht hält sie alle im Zaum. Keinem wird Geld in den Händen gelassen, keiner darf aus dem Kollegium hinausge-
5 hen. Köstliche Kleider zu tragen ist verboten, damit nicht durch dieses Beispiel auch andere zur Eitelkeit gereizt und die Eltern durch Verschwendung der Söhne auf unbillige Art sich einzuschränken genötigt sind. Die Lehrart, die Emsigkeit und den Fleiß dieser Männer muss ich loben; ich würde aber den-
10 noch keinem Reformierten raten, seine Kinder zur Ausbildung dorthin zu senden, denn stets arbeitet man mit allen Kräften dahin, den Jünglingen papistischen[1] Aberglauben und Irrtümer einzupflanzen, welche bei tiefer geschlagenen Wurzeln nur schwer ausgerottet werden können.
Zitiert nach: Richard van Dülmen: Kultur und Alltag in der frühen Neuzeit, Bd. 3: Religion, Magie, Aufklärung: 16.–18. Jahrhundert, München (Beck) 1994, S. 126.
[1] *papistisch = päpstlich ausgerichtet (abschätzig gebraucht)*

1 Analysiere die Abbildung M1. Was ist in der Mitte dargestellt? Wie unterscheiden sich die Anwesenden farblich? Was sagen Farben und die Anordnung über die Stellung der kirchlichen Vertreter aus?
2 Diskutiert in der Klasse: Inwieweit führten die Beschlüsse des Trienter Konzils zu einer Modernisierung der katholischen Kirche? Informiert euch: Welche Neuerungen haltet ihr heute für notwendig?
3 In den Bildunterschriften von zwei Geschichtsbüchern zu M2 ist die Rede davon, dass Ignatius von Loyola die Ordensregeln dem Papst bzw. der Papst sie dem Ordensgründer übergibt. Welche Aussage hältst du für richtig? Begründe.
4 Sammle aus dem Autorentext und aus M3 positive und negative Aussagen über den Jesuitenorden. Wie kann es zu solch unterschiedlichen Äußerungen kommen? Nimm dazu Stellung.

Religion als Mittel der Macht und Unterdrückung

Sind gute Christen fügsame Untertanen? Aus Reformation und Erneuerung der katholischen Kirche entwickelte sich eine Glaubensspaltung, die für lange Zeit Alltag und Denken der Menschen prägte. Religion und Kirche spielten im Leben der Menschen eine noch größere Rolle als im Mittelalter. Ihr Tageslauf war von Gebeten, Bibelsprüchen, Andachten und Gottesdiensten gegliedert, das Jahr durch kirchliche Feste und Wallfahrten. Die tiefe religiöse Bindung zeigte sich auch im weltlichen bzw. gesellschaftlichen Bereich. Menschen, die bereit waren, sich an kirchliche Gebote zu halten, fügten sich leichter den Gesetzen des Staates und den Regeln des Anstands. Wenn sie es nicht taten, griff oft keine Polizei ein, sondern Nachbarn, Kirchenälteste, Lehrer oder Pfarrer brachten den Abweichler durch Überzeugung, aber auch Zwang wieder auf den rechten Weg. Gewinner dieser Entwicklung waren neben den Kirchen die Fürsten. Sie nutzten diese neuen Möglichkeiten, ihre Untertanen stärker zu kontrollieren und ihr Macht auszubauen.

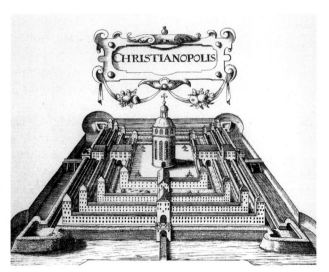

M 1 Eine ideale Ordnung?
Titelbild von Christianopolis (Christenstadt), eines Werk von Johann Valentin Andreae. Der Autor stammt aus Herrenberg bei Stuttgart und war einer der bedeutendsten evangelischen Theologen des 17. Jh.

Hexenverfolgungen – ein Mittel der Unterdrückung. In dieses Klima gegenseitiger Kontrolle und Bespitzelung passte die Verfolgung von Minderheiten, die der Hexerei beschuldigt wurden. Hatte die Kirche dies früher als heidnischen Brauch abgetan, vertrat sie seit Ende des Mittelalters den Standpunkt, es gebe wirklich Hexen. Von ihnen behauptete man, sie hätten sich vom Christentum losgelöst und einen Pakt mit dem Teufel geschlossen, um Menschen durch Zauberei zu schädigen. Hexen seien keine Einzelerscheinung, sondern sie bildeten eine weit verzweigte Sekte und träfen sich gemeinsam nachts mit dem Teufel zum Tanz, dem „Hexensabbat". Das einfache Volk machte bei der Verfolgung von Hexen mit, da man den Zorn Gottes fürchtete und sie für die Ursache persönlichen Unglücks hielt: Wenn die Kinder erkrankten, die Kuh im Stall keine Milch mehr gab oder die Ernte verhagelt worden war, erklärte man solche Vorfälle oft mit dem Schadenszauber von Hexen. Doch was man ihnen vorwarf, hatte tatsächlich ganz andere Hintergründe: Viele Menschen verarmten im 16. Jh., weil die Preise für Lebensmittel viel stärker anstiegen als die Löhne. Hierfür waren Missernten verantwortlich, zu denen es aufgrund einer jahrzehntelang andauernden Klimaverschlechterung kam. So wurden das Leben der Menschen und ihr Miteinander immer schwieriger.

Hexenprozesse. Als Hexen und Zauberer wurden meist Angehörige der ärmeren Bevölkerungsschichten angeklagt, auch Männer, vor allem aber Frauen. Oft folterte man sie, um Geständnisse zu erzwingen, ohne die kein Urteil gesprochen werden durfte. Da man von einer großen Verschwörung vieler Hexen ausging, zwang man die Angeklagten unter Folter dazu, ihre vermeintlichen Komplizinnen zu nennen. Die Regeln des Strafprozesses, die die Verurteilung Unschuldiger verhüten sollten, setzte man dabei meist außer Kraft. Daher endeten die Prozesse fast immer mit der Hinrichtung der Angeklagten. Die Urteile wurden öffentlich vollstreckt. Dadurch bestärkte jede Verurteilung das Volk noch mehr in seiner Angst vor Hexen. So blieb es meist nicht bei einem einzelnen Prozess, sondern es kam zu Verfolgungswellen, deren Höhepunkte zwischen 1560 und 1630 lagen. Dabei wurden auf dem Boden des heutigen Deutschland etwa 25 000 Menschen als Hexen und Zauberer getötet. Obwohl es immer Gegner des Hexenglaubens gab – auch in der Kirche – setzte sich ihr Standpunkt erst spät durch: Die letzte sogenannte Hexe wurde in Deutschland 1775 zum Tode verurteilt.

M2 Hexenschuss *(1489)*

M3 Wetterzauber *(1489)*

M4 Hexen und Teufel *(1568)*

M5 Geschichte erzählt
Verbrechen und Tod einer Hexe

Die Bewohner von Schiltach im Schwarzwald standen vor den Trümmern ihrer Häuser. Kein einziges hatte das große Feuer verschont.
5 Verzweifelt blickten die Menschen auf die verkohlten Reste ihres Besitzes. Sie fragten sich, warum Gott sie an diesem Apriltag des Jahres 1533 so gestraft hatte, waren doch
10 erst wenige Jahre seit der letzten Feuersbrunst vergangen. Die Menschen erinnerten sich des unheimlichen Geschehens, das kurz vor dem Brand im Wirtshaus beobach-
15 tet worden war: Getrommelt hatte es da und gepfiffen. Tagelang, ohne dass man die Herkunft der Geräusche hatte ermitteln können. Bis sich ihr Urheber selbst zu erkennen gab: Der Teufel in der Stadt! Die
20 Bürger erschraken und bekreuzigten sich: Mit dem Wirt hatte er gesprochen! Und verlangt, er solle seine Magd entlassen! Denn ihm gehöre die Magd, nicht dem Wirt! – Tatsächlich jagte der Mann seine Magd aus dem Haus. Einige Wochen später wurde
25 sie in Oberndorf bei lebendigem Leibe verbrannt. Zuvor verlas man ihr Geständnis: Ja, sie sei eine Hexe. Verbündet mit dem Teufel seit 18 Jahren. Und habe Verbrechen begangen mit seiner Hilfe und Menschen und Vieh geschadet. Auch Schiltach habe
30 sie angesteckt. Mit dem Teufel habe sie sich auf dem Heuboden des Wirtshauses getroffen; er habe ihr ein Töpfchen gegeben und befohlen, es auszugießen. Da habe es angefangen zu brennen …
Nach einem Flugblatt aus dem Jahre 1533, vom Verfasser nacherzählt.

1 Beschreibe die besonderen Merkmale von Christianopolis (M1). Überlege, welche Idealvorstellungen von einer christlichen Gesellschaft in dem Bild zum Ausdruck kommen.
2 Zähle die Handlungen und Verbrechen auf, die den Hexen unterstellt wurden (M2–M5).
3 Warum blieb es meist nicht bei einzelnen Prozessen?

4 Stell dir vor, der Fall der Schiltacher Magd würde heute vor Gericht neu verhandelt werden: Formuliere eine Rede, mit der ein Rechtsanwalt die Magd verteidigen könnte (M5).
5 Fasse in Form einer Mindmap zusammen, was der darstellende Text über Hexen und ihre Verfolgung vermittelt.

Dreißig Jahre Krieg (1618–1648)

Hintergründe des Kriegs. Es ist nicht leicht, diesen dreißig Jahre andauernden Krieg zu überblicken und zu verstehen, weil es so viele verschiedene Beteiligte und Motive gab. Immer wieder kam es trotz des Augsburger Religionsfriedens von 1555 (s. S. 75) zu Spannungen zwischen Protestanten und Katholiken. Deswegen schlossen sich evangelische Fürsten unter der Leitung von Kurfürst Friedrich von der Pfalz zur „Union" zusammen. Katholische Fürsten gründeten daraufhin die „Liga" unter der Leitung Herzog Maximilians I. von Bayern.

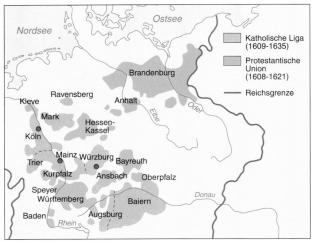

M1 Liga und Union

Auslöser des Kriegs. Im Jahre 1618 ereignete sich in der Stadt Prag in Böhmen eine gewaltsame Demonstration. Die meisten böhmischen Adligen waren Protestanten; der deutsche Kaiser Ferdinand II., Habsburger und zugleich böhmischer König, aber war katholisch. Schon seit längerem versuchte er die religiösen Rechte, die sein Vorgänger den Protestanten garantiert hatte, einzuschränken. Daher beriefen diese einen Protestantentag nach Prag ein, um sich zu beraten, wie sie sich gegen mögliche Eingriffe wehren könnten. Als der Kaiser die Zusammenkunft verbieten ließ, machten einige Anführer der Protestanten ihrer Empörung Luft und warfen kurzerhand zwei Gesandte des Kaisers und einen Schreiber aus einem Fenster der Prager Burg.

M2 „Prager Fenstersturz"
(Holzschnitt aus einem zeitgenössischen Zeitungsblatt)

Der Böhmisch-Pfälzische Krieg (1618–1623). Im Jahre 1619 wählten die böhmischen Stände den calvinistischen pfälzischen Kurfürsten Friedrich V. zum König. Gleichzeitig setzten sie Ferdinand II. als böhmischen König ab. Das konnte er als Kaiser nicht hinnehmen. Sein Schwager, der katholische Herzog Maximilian I. von Bayern, bot ihm militärische Unterstützung an. Am 8. November 1620 besiegte die überlegene Armee des Bayernherzogs in der Schlacht am Weißen Berg bei Prag in nur wenigen Stunden die böhmischen Truppen. Kaiser Ferdinand II. hielt ein großes Strafgericht in Böhmen ab. Führende Adlige wurden hingerichtet und enteignet, Böhmen wurde rekatholisiert. Maximilian I. erhielt zur Belohnung für seine Unterstützung im Jahre 1623 die Oberpfalz und die Kurwürde. Der besiegte Friedrich V. floh.

Ausländische Mächte greifen ein. Als Johann von Tilly, bayerischer General und erfolgreicher Feldherr der katholischen Liga, den flüchtigen Friedrich V. bis nach Norddeutschland verfolgte, schaltete sich der protestantische dänische König Christian IV. ein, da er seine Interessen bedroht sah. Auch die Holländer, Engländer und Franzosen wollten nicht, dass der Kaiser in Wien zu stark wurde. Deshalb unterstützten sie Christian, als dieser mit seinen Truppen nach Norddeutschland zog. Er wurde aber trotzdem von einer kaiserlichen Söldnerarmee unter Wallenstein (s. S. 84 f.) und den Truppen Tillys besiegt und musste 1629 einen Friedensvertrag mit dem Kaiser in Lübeck schließen.

Ferdinand II. war nun auf dem Höhepunkt seiner Macht und wollte den evangelischen Fürsten Deutschlands alle Kirchengüter wieder wegnehmen, die sie sich seit 1552 angeeignet hatten. Das hätte für sie einen großen Verlust an Einkünften und Einfluss bedeutet. Diese Situation nutzte der protestantische König von Schweden, Gustav II. Adolf, und landete im Jahre 1630 mit 30 000 Soldaten auf Usedom. Auf schwedischen Flugblättern ließ er sich als Retter der bedrängten deutschen Protestanten darstellen, doch ging es ihm nicht zuletzt darum, Schweden ein Stück Ostseeküste zu sichern und so dessen Einflussbereich auszudehnen. Finanziell wurde er übrigens von dem katholischen Frankreich unterstützt. In einem siegreichen Vormarsch drang Gustav II. Adolf bis nach Bayern vor, fiel jedoch im Jahre 1632 in der Schlacht bei Lützen. In Schweden wird er bis heute fast wie ein Heiliger verehrt.

Ab 1635 beteiligte sich Frankreich auch direkt militärisch am Krieg, in dem es nun hauptsächlich um die Vorherrschaft in Europa ging. Diese letzte lange Kriegsphase, die noch bis 1648 dauerte, war für die schon jahrelang geplagten Menschen die schlimmste und bedrückendste. Ob es eigene oder feindliche Soldaten waren, die in ihre Dörfer einfielen, war für sie bedeutungslos, denn von beiden Seiten hatten sie nur Ausplünderung und Schrecken zu erwarten.

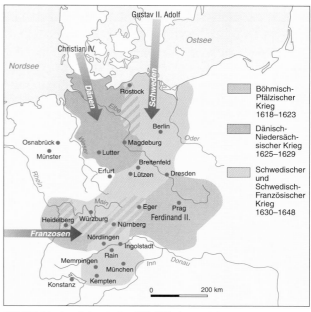

M3 Verlauf des ▶ Dreißigjährigen Kriegs

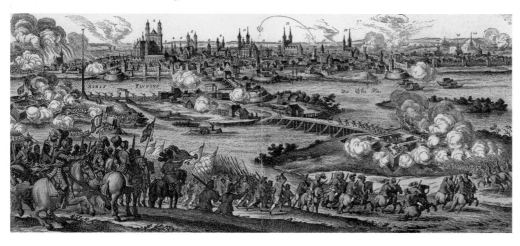

M4 Die Beschießung Magdeburgs 1631 durch die kaiserlichen Truppen unter ihrem Feldherrn Tilly *(Kupferstich von Matthäus Merian)*

1 Beschreibe die Abbildung M2 möglichst genau. Stelle dir nun vor, du gehörtest zur kaiserlichen Gesandtschaft oder zu den böhmischen Adligen. Du willst das Bild für ein Flugblatt verwenden, das kurz und deutlich deine Sicht der Dinge und deine Empörung darüber darstellt. Verfasse dazu einen Text. Denke auch an eine zündende Überschrift, wie „Jetzt reicht's!"

2 Betrachte die beiden Karten (M1 und M3) und beschreibe, welche Informationen du ihnen entnehmen kannst.

3 Erstellt arbeitsteilig Steckbriefe zu den im Text genannten Beteiligten des Dreißigjährigen Kriegs. Zieht dazu Informationen aus Lexika, anderen Büchern oder dem Internet heran.

Der schreckliche Alltag des Kriegs

Heerführer und Söldner. Warum war dieser Krieg so schrecklich? Wie wurde damals gekämpft? In den Schlachten des Dreißigjährigen Kriegs traten große Heere gegeneinander an, die nicht selten über 20 000 Soldaten zählten. Es waren Söldner, die für Feldzüge angeworben wurden und manches Mal während des Kriegs auch die Seiten wechselten. Die Regimenter begleitete ein Tross von Frauen, Kindern und Händlern. Für ihre Unterkunft und Einquartierung hatte die Bevölkerung der Orte und Landstriche, durch die sie zogen, zu sorgen. Wurde den Söldnern ihr Sold nicht ausgezahlt, hielten sie sich mit Plünderungen bei den Bauern schadlos, wobei es zu vielen Gewalttaten kam. Vor allem in der letzten Phase des Kriegs, ab 1635, hatte die Zivilbevölkerung entsetzlich darunter zu leiden.

M1 Albrecht von Wallenstein *(1583–1634, Gemälde eines unbekannten Künstlers)*

Ein Kriegsunternehmer. Der katholische böhmische Adlige Wallenstein war einer der ehrgeizigsten und mächtigsten Männer seiner Zeit. Reich geworden durch Heirat und die Aneignung von Besitztümern der hingerichteten protestantischen Rebellen aus dem böhmischen Adel, stellte er dem Kaiser nicht nur Söldnerheere, sondern auch Geldmittel zur Verfügung. In seinem Herzogtum Friedland in Ostböhmen ließ er alle wichtigen Kriegsgüter – Rüstungen, Uniformen, Waffen, Munition – produzieren. Er war nicht nur Heerführer, sondern auch ein erfolgreicher Kriegsunternehmer. Der Kaiser war immer wieder auf ihn angewiesen, misstraute ihm aber auch wegen seines Ehrgeizes. Als Wallenstein in Verdacht geriet, heimlich mit den Schweden über einen Friedensschluss zu verhandeln, wurde er von kaisertreuen Offizieren in seinem Haus in Eger ermordet.

▨ **M2 Geschichte erzählt**

Ein Kampf auf Leben und Tod

Im Jahr 1669 erschien der Roman „Simplicius Simplicissimus" von Hans Jakob Christoffel von Grimmelshausen. Sein Held erlebt viele Abenteuer im Dreißigjährigen Krieg. In der folgenden Episode erzählt er von einer Schlacht gegen die Schweden im Jahre 1636:

Und als eine schwedische Abteilung auf die unserige traf, waren wir sowohl als die Fechtenden selbst in Todsgefahr, denn in einem Augenblick flog die Luft so häufig voll singender Kugeln über uns her, dass es das Ansehen hatte, als ob die Salve
5 uns zu Gefallen gegeben worden wäre, davon duckten sich die Furchtsamen, als ob sie sich in sich selbst verbergen wollen; diejenigen aber, so Courage hatten und mehr bei dergleichen Scherz gewesen, ließen solche über sich hinwegstreichen. Im Treffen selbst aber suchte jeder, seinem Tod mit
10 Niedermachung des Nächsten, der ihm aufstieß, vorzukommen. Das gräuliche Schießen, das Geklapper der Harnisch, das Krachen der Piken und das Geschrei beider, der Verwundeten und Angreifenden, machten neben den Trompeten, Trommeln und Pfeifen eine erschreckliche Musik! Da sah man
15 nichts als einen dicken Rauch und Staub, welcher schien, als wollte er die Abscheulichkeit der Verwundeten und Toten bedecken, in demselbigen hörte man ein jämmerliches Weheklagen der Sterbenden und ein lustiges Geschrei derjenigen, die noch voller Mut staken …
20 Köpf lagen dorten, welche ihre natürlichen Herren verloren hatten, und hingegen Leiber, die ihrer Köpf mangelten …
Summa summarum, das war nichts anderes als ein elender, jämmerlicher Anblick!
Zitiert nach: Hans Jakob Christoffel von Grimmelshausen: Der Abentheuerliche Simplicissimus Teutsch, hrsg. von Rolf Tarot, Tübingen (Max Niemeyer) 1967.

M3 Aus dem Tagebuch eines unbekannten Söldners

In diesem Jahr 1627 im April den 3. habe ich mich unter das Pappenheimsche Regiment zu Ulm lassen anwerben als einen Gefreiten, denn ich bin ganz abgerissen gewesen. Von da aus sind wir auf den Musterplatz gezogen, in die Obermark-
5 grafschaft Baden. Dort in Quartier gelegen, gefressen und gesoffen, dass es gut heißt.

Im Jahr 1630 kommt der Söldner über Paderborn und Goslar nach Magdeburg. Darüber schreibt er:

Haben uns verlegt auf Dörfer und die Stadt blockiert, den ganzen Winter still gelegen auf Dörfern bis zum Frühling im Jahr 1631. Da haben wir etliche Schanzen eingenommen im
10 Wald vor Magdeburg. Da ist unser Hauptmann vor einer Schanze, neben vielen anderen, totgeschossen worden … Den 20. Mai haben wir mit Ernst angesetzt und gestürmt und auch erobert. Da bin ich mit stürmender Hand ohne allen Schaden in die Stadt gekommen. Aber in der Stadt, am
15 Neustädter Tor, bin ich 2-mal durch den Leib geschossen worden, das ist meine Beute gewesen … Nachher bin ich in das Lager geführt worden, verbunden, denn einmal bin ich durch den Bauch vorne durchgeschossen worden, zum anderen durch beide Achseln, sodass die Kugel ist in dem Hemd
20 gelegen. Also hat mir der Feldscher (Militärarzt) die Hände auf den Rücken gebunden, damit er hat können den Meißel einbringen. So bin ich in meine Hütte gebracht worden, halb tot … Wie ich nun verbunden bin, ist mein Weib in die Stadt gegangen, obwohl es überall gebrannt hat, und hat
25 wollen ein Kissen holen und Tücher zum Verbinden und worauf ich liegen könnte.

Zitiert nach: Ein Söldnerleben im Dreißigjährigen Krieg. Eine Quelle zur Sozialgeschichte, hrsg. und bearbeitet von Jan Peters, Berlin (Akademie Verlag) 1993, S. 138f.

M4 Zeitgenössische Radierungen

(Hans Ulrich Franck, Augsburg)

1 Du machst eine Führung und beschreibst das Gemälde von Wallenstein (M1). Gib Informationen zu Wallensteins Leben.

2 Lies den Text M2 zweimal – du brauchst nicht jedes Wort zu verstehen. Stelle dir vor, der Text wäre auf einer Hörkassette: Welche Hintergrundgeräusche würdest du hören? Stelle dir den Text als Bild vor: Was wäre zu sehen? Überlege: Was wird wohl aus den verwundeten und verkrüppelten Soldaten?

3 Stelle dir vor, der Söldner in M3 denkt nach seiner Genesung darüber nach, ob er in seinem Regiment bleiben oder den Dienst quittieren soll. Schreibe dazu einen Tagebucheintrag.

4 Informiere dich in einem Lexikon oder im Internet über die Eroberung Magdeburgs 1631 und berichte darüber. Beziehe M4 auf Seite 83 mit ein.

5 Dreißig Jahre lang Krieg. Worunter litten die Menschen besonders (M2–M4)?

Der Westfälische Frieden von 1648

Verhandlungen in Münster und Osnabrück. Lang und schrecklich war der Krieg und lange dauerten auch die Verhandlungen, die ihn mit einem Friedensvertrag im Jahre 1648 schließlich beenden sollten. Seit 1643 tagten in den westfälischen Städten Münster und Osnabrück Hunderte von Gesandten mit ihren Mitarbeitern aus vielen deutschen und europäischen Staaten, um sich zu beraten und zu einigen. Man hatte diese beiden Städte ausgewählt, weil Münster katholisch, Osnabrück evangelisch war und beide Städte ungefähr in der Mitte zwischen Paris und Stockholm lagen. Nach fünf Jahren einigten sich die Unterhändler schließlich auf einen Friedensvertrag.

Die Bestimmungen. Auf der Grundlage des Augsburger Religionsfriedens von 1555 (s. S. 75) wurden Katholizismus und Protestantismus als gleichberechtigte Religionen anerkannt. Was die jeweiligen Kirchen und die katholischen bzw. protestantischen Landesherren im Jahre 1624 besessen hatten, sollte in ihrem Besitz verbleiben. Wenn ein Fürst die Konfession wechselte, sollten seine Landeskinder trotzdem ihren bisherigen Glauben behalten dürfen. Die ausländischen Kriegsparteien Frankreich und Schweden setzten ihre Ansprüche weitgehend durch und erzielten Gebietsgewinne. Das Heilige Römische Reich Deutscher Nation mit dem Kaiser an der Spitze bestand aus mehreren hundert kleinen, mittleren und größeren Ländern. Jedes hatte seine eigene Regierung und bestimmte seine Politik weitgehend selbst. Doch gab es auch gemeinsame Einrichtungen. Im Reichstag trafen sich Gesandte der Länder, um mit der Zustimmung des Kaisers Reichsgesetze zu beschließen; im Reichskammergericht, dessen Mitglieder zum Teil vom Kaiser, zum Teil von den Reichsständen ernannt wurden, konnten kleinere Länder, z. B. bei Streitigkeiten mit ihren Landesherren, ihr Recht einklagen. Aber es sollte noch viele, viele Jahre dauern, bis aus dem „Heiligen Römischen Reich Deutscher Nation" ein „Deutsches Reich", wurde, ein Nationalstaat, wie es ihn in England und Frankreich schon gab.

„Vivat Pax!" Trotz der vielen Toten, Grausamkeiten und Zerstörungen, trotz des Elends wurden überall im Reich Dankgottesdienste abgehalten und Feste gefeiert. Ein besonders glanzvolles Freudenfest fand in Münster statt. Seinen Höhepunkt bildete am Abend ein großes Feuerwerk, in dem neben dem Stadtwappen die Worte „Vivat Pax!" (= „Es lebe der Frieden!") aufleuchteten.

M1 Friedensreiter verbreiteten die Nachricht von der Unterzeichnung des Vertrages *(Flugblatt, Oktober 1648).*

M2 Entlassene Soldaten, Räuberbanden und Bettler machten viele Straßen unsicher *(Radierung von J. Callot, 1622).*

M3 Die Ergebnisse des ▶ Westfälischen Friedens

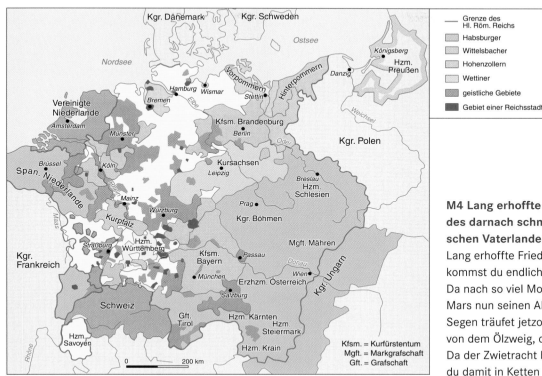

——	Grenze des Hl. Röm. Reichs		Gebiet der deutschen Kleinstaaten
	Habsburger		aus dem Hl. Röm. Reich ausgeschieden
	Wittelsbacher		an Schweden abgetretene Gebiete
	Hohenzollern		
	Wettiner		an Frankreich abgetretene Gebiete
	geistliche Gebiete		
	Gebiet einer Reichsstadt		

Kfsm. = Kurfürstentum
Mgft. = Markgrafschaft
Gft. = Grafschaft

M4 Lang erhoffte Friedenstaube des darnach schmachtenden deutschen Vaterlandes *(Volkslied, 1648):*
Lang erhoffte Friedenstaube,
kommst du endlich in die Welt,
Da nach so viel Mord und Raube,
Mars nun seinen Abzug hält?
Segen träufet jetzo nieder
von dem Ölzweig, den du trägst,
Da der Zwietracht blut'ge Glieder
du damit in Ketten legst.

M5 Bevölkerungsverluste

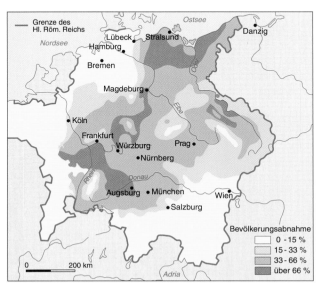

Bevölkerungsabnahme
0 - 15 %
15 - 33 %
33 - 66 %
über 66 %

Von den 18 Millionen Einwohnern, die das Heilige Römische Reich um 1618 hatte, waren fünf bis sechs Millionen in den Schlachten, durch Misshandlungen, als Folge von Hungersnöten und Seuchen umgekommen.

1 Betrachte das Bild M1 genau. Beachte die Symbole für gute Nachrichten und die Gegenstände am rechten unteren Bildrand. Erkläre die Bedeutung der Städtenamen im Zusammenhang mit dem Dreißigjährigen Krieg.

2 Auf welche Fragen gaben die Bestimmungen des Friedensvertrages eine Antwort?

3 Welche heutigen Staaten liegen auf dem Gebiet des Heiligen Römischen Reichs Deutscher Nation (M3)? Zu welchem Herrschaftsgebiet gehörte dein Wohnort?

4 Nenne die Gebietsgewinne Schwedens und Frankreichs. Welche Gebiete schieden aus dem Heiligen Römischen Reich aus (M3)?

5 Welche Probleme mussten nach Kriegsende gelöst werden (M2, M5)?

6 Zeichne zu der Liedstrophe M4 eine Illustration für ein zeitgenössisches Flugblatt. Erkläre die Bedeutung der Symbole „Mars" und „Ölzweig".

Religionskriege in Europa

Zeitalter der Glaubenskämpfe. Eine lange Reihe konfessioneller Bürgerkriege setzte bereits um die Mitte des 16. Jh. in Westeuropa ein, wo es nur wenige Lutheraner gab, aber Katholiken und Anhänger des französischen Reformators Calvin sich gegenüberstanden. Wie in Deutschland versuchten die jeweiligen Regierungen, ihre Bevölkerung zu einem bestimmten Glaubensbekenntnis zu zwingen. Dies führte oft zum Widerstand von Anhängern der Religion, die unterdrückt wurde.

Calvins Kirchenordnung. Jean Calvin (1509–1564) musste als junger Mann aus Paris fliehen, weil er begeisterter Anhänger der Reformation war. Über Basel kam er nach Genf. Hier ließ er sich nieder und ordnete ab 1541 die kirchlichen Verhältnisse der Stadt von Grund auf neu. Er wollte das Christentum streng zu seinem biblischen Kern zurückführen. Der Gottesdienst, den er einrichtete, war nüchtern, in den Kirchen durften nicht einmal Kreuze hängen. Es gab keine Bischöfe oder Priester; wer eines der zahlreichen Ämter ausüben wollte, musste dazu von der Gemeinde gewählt werden. Ihre demokratischen Mitbestimmungsrechte und ihr Glaube, von Gott in besonderer Weise erwählt zu sein, machten die „Reformierten" gegenüber kirchlichen und weltlichen Autoritäten selbstbewusst und mutig.

Vom Blutbad zur Toleranz. In Frankreich nannte man die Anhänger Calvins „Hugenotten", nach „eyguenôts", einem Genfer Wort für „Eidgenossen". Sie wurden grausam verfolgt; trotzdem nahmen ihre Zahl und ihr Einfluss ständig zu. Der König und katholische Adlige befürchteten, die Hugenotten könnten ganz Frankreich in ihrem Sinn beeinflussen. Es kam zu einem blutigen Bürgerkrieg, der über 30 Jahre dauerte. Ein Ausgleich schien greifbar, als die Schwester des Königs den protestantischen Herrscher Heinrich von Navarra, einem Königreich in Nordspanien, heiratete. Aus diesem Anlass waren zahlreiche vornehme Hugenotten nach Paris gekommen. Die katholische Partei nutzte diese Gelegenheit: In der Nacht vom 23. zum 24. August 1572, der „Bartholomäusnacht", wurden über 3000 Hugenotten hinterhältig ermordet, danach noch 12000 bis 20000 im ganzen Land. 1593 erbte der König von Navarra als Heinrich IV. den Thron von Frankreich. Er

sah ein, dass er als Protestant nicht ein mehrheitlich katholisches Land regieren könne, und trat zum Katholizismus über. Er soll dazu gesagt haben: „Paris ist eine Messe wert." Im Edikt von Nantes bestätigte er 1598 die katholische Konfession als Staatsreligion, erlaubte aber auch den Hugenotten, ihren Gottesdienst zu feiern und Ämter im Staat zu übernehmen.

Der Freiheitskampf der Holländer. Die heutigen Niederlande und Belgien unterstanden im 16. Jh. der spanischen Krone, der stärksten Macht Europas. Von der Reformation war sie völlig unberührt geblieben. König Philipp II. (1556–1598) wollte die spanische Macht einsetzen, um überall in Europa den Katholizismus wieder zu stärken. Als in den nördlichen Landesteilen der Niederlande die Zahl der ▶ Calvinisten immer mehr zunahm, machte er ihnen durch hohe Steuern und weniger Mitspracherechte ihr Leben schwer. Ihr Protest dagegen gipfelte 1566 in einem gewaltigen Bildersturm, d. h. calvinistische Aufrührer verwüsteten zahllose katholische Kirchen. Daraufhin schickte der König eine starke Armee ins Land. Er ließ die Calvinisten grausam verfolgen, Tausende wurden umgebracht. Aber die Niederländer wehrten sich tapfer und zäh gegen die Fremdherrschaft. Sie überfielen die Spanier auf schmalen Dammwegen, versenkten ihre Schiffe, durchstachen Deiche, um ihre Unterdrücker zu ertränken. Nach jahrzehntelangem Kampf erlangten die calvinistischen Nordprovinzen 1609 ihre Unabhängigkeit, die katholischen südlichen Landesteile (heute Belgien) blieben bei Spanien.

M1 Calvinistischer Bildersturm in Flandern *(1568)*

M2 Das „Massaker von Vassy"

1562 überfielen katholische Truppen einen reformierten Gottesdienst, der in einer Scheune stattfand. Sie töteten 23 Hugenotten und verletzten über 100. Der Vorfall eröffnete den Bürgerkrieg, der bis 1593 insgesamt achtmal aufflammte.

M3 Titelblatt des „Leviathan" von Thomas Hobbes *(1651)*
Der englische Philosoph Hobbes hatte die Bürgerkriege in England und Frankreich miterlebt. In seinem Werk stellt er grundsätzliche Überlegungen über die Natur des Menschen und die Aufgabe des Staates an. Das Titelblatt zeigt seine zentralen Ideen.

1 Nenne Unterschiede zwischen Calvins und Luthers Lehre. Lies dazu auch auf S. 70f. nach.

2 Zeige anhand von M1 und M2 und mithilfe des Autorentextes, wie sich die Religionsparteien bekämpft haben.

3 Erkläre den Satz „Paris ist eine Messe wert."

4 a) Betrachte M2 und M3 genau und nenne die Elemente, die in beiden Bildern vorkommen.

b) Beschreibe, wie der Stecher des Titelblatts des „Leviathan" (M3) diese Elemente angeordnet hat. Was fügte er hinzu?

c) Beschreibe, wie nach Auffassung des Philosophen Thomas Hobbes (M3) der Staat aufgebaut sein soll. Wer soll Gewalt ausüben dürfen, wer nicht?

d) Erläutere die Auswirkungen auf das Land und die Menschen, die in ihm leben. Prüfe, ob in einer solchen Ordnung Bürgerkrieg noch möglich wäre.

Gesellschaft im Umbruch

seit dem 14. Jh. ➤	*Renaissance und Humanismus*
um 1450 ➤	*Erfindung des Buchdrucks mit beweglichen Lettern (Johannes Gutenberg)*
1492 ➤	*Kolumbus entdeckt Amerika*
1498 ➤	*Entdeckung des Seeweges nach Indien (Vasco da Gama)*
1517 ➤	*Luthers 95 Thesen gegen kirchliche Missstände*
1519–1556 ➤	*Kaiser Karl V.*
1519–1522 ➤	*erste Weltumsegelung (Fernando Magellan)*
1519–1521 ➤	*Hernán Cortés zerstört das Reich der Azteken*
1521 ➤	*Luther vor dem Reichstag in Worms*
1524/25 ➤	*Bauernkrieg*
1530 ➤	*Augsburger Konfession*
1531–1534 ➤	*Francisco Pizarro erobert das Inkareich*
1555 ➤	*Augsburger Religionsfrieden*
1545–1563 ➤	*Konzil von Trient*
1618–1648 ➤	*Dreißigjähriger Krieg/ Westfälischer Frieden*

ENTDECKUNGEN

ERFINDUNGEN

Sicherung wichtiger Kompetenzen

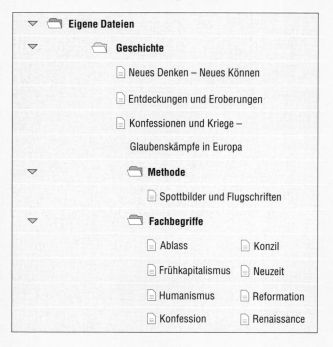

▽ 🗀 **Eigene Dateien**

　▽ 　🗀 **Geschichte**

　　　📄 Neues Denken – Neues Können

　　　📄 Entdeckungen und Eroberungen

　　　📄 Konfessionen und Kriege –
　　　Glaubenskämpfe in Europa

　　▽ 　🗀 **Methode**

　　　　📄 Spottbilder und Flugschriften

　　▽ 　🗀 **Fachbegriffe**

　　　　📄 Ablass　　📄 Konzil

　　　　📄 Frühkapitalismus　📄 Neuzeit

　　　　📄 Humanismus　📄 Reformation

　　　　📄 Konfession　📄 Renaissance

1 Führe die PC-Datei wie gewohnt fort bzw. erweitere deinen Karteikasten.

2 Ordne die Daten aus der Zeittabelle oben links den Begriffen im Schaubild zu.

3 Welche Veränderungen erfuhr der mittelalterliche Mensch während des Übergangs zur Neuzeit? Erläutere die Zusammenhänge des Schaubildes.

4 Kennst du weitere Umbrüche in der Geschichte? Denke z. B. an die Steinzeit. Berichte.

DER MENSCH
ALS INDIVIDUUM

HUMANISMUS

RENAISSANCE

REFOR-
MATION

RELIGIONS-
KRIEGE

GESCHICHTE AKTIV/KREATIV

Projektidee: „Collagen für das Klassenzimmer zum Thema ‚Neues Denken‘ "

Entscheidet euch in Kleingruppen für ein Thema des obigen Schaubildes: der Mensch als Individuum, Renaissance, Humanismus; Entdeckungen/Erfindungen oder Reformation/Religionskriege.

Entwickelt eigene Ideen zur Darstellung der gesellschaftlichen Umbruchsituation in eurem Themenfeld.

Sucht zu eurem Thema Bilder aus Büchern und Zeitschriften. Kopiert sie oder schneidet sie aus.

Überlegt, welche Daten, Kommentare, Zitate, Symbole oder Zeichnungen dazu passen, die das Thema verfremden oder komisch wirken lassen.

Klebt eure Collage auf ein Stück Tapete oder großformatige, dünne Pappe.

Im Klassenraum könnt ihr eure „Kunstwerke" aufhängen, euch gegenseitig dazu befragen und die Collagen erklären.

...nté par ... le ... cholat ... l'un des Vainqueur de la Bastille

Europa im Wandel

Revolution und nationales Selbstverständnis

M1 Am 14. Juli auf den Champs-Elysées in Paris.
Erstmals wurde 2007 die alljährlich stattfindende Militärparade mit Soldaten aus allen EU-Staaten begangen.

Nationalfeiertag – wozu? Die Franzosen begehen seit 1880 alljährlich am 14. Juli ihren Nationalfeiertag. Der Tag beginnt mit einer großen Militärparade auf der Pariser Prachtstraße Champs-Elysées und endet mit Volksfesten, Bällen und Feuerwerken in allen Gemeinden des Landes. Damit wird die Erinnerung an den Ausbruch der Französischen Revolution überall im Land wach gehalten – an jenen 14. Juli 1789, als 7000 Bewaffnete das Staatsgefängnis Bastille einnahmen (s. S. 92). Der Tag symbolisiert die Beseitigung der alten staatlichen Ordnung, die das Volk in Frankreich atemberaubend schnell erkämpfen konnte. Die Franzosen sind stolz auf ihre Revolution und auf den politischen Wandel, der von Frankreich aus nach und nach Europa erfasste.

Und Deutschland? Auch hier entstanden revolutionäre Bewegungen, die neben der Freiheit auch die staatliche Einheit erkämpfen wollten. Es dauerte aber fast 60 Jahre, bis die revolutionären Ideen in Deutschland zu einem Kampf des Volkes für demokratische Mitbestimmung führten. Ein Beispiel dafür ist der Barrikadenkampf in der Nacht vom 18. zum 19. März 1848 auf dem Berliner Alexanderplatz (s. S. 93). Warum ging dieser Tag nicht in die deutsche Geschichte als nationaler Gedenktag ein?

Immer wieder ein anderer Tag. In Deutschland sind in den letzten 125 Jahren viele verschiedene nationale Feiertage geschaffen worden. Im Kaiserreich gab es nach 1871 keinen offiziellen Nationalfeiertag. Der Sedantag sollte jedoch alljährlich an den siegreichen Deutsch-Französischen Krieg erinnern. Dieses Datum wurde auch vom preußischen Kultusministerium als Tag für Feste an Schulen und Universitäten festgelegt. Einen offiziellen Nationalfeiertag bekam Deutschland nach dem Ersten Weltkrieg in der Zeit der Weimarer Republik. Die Unterzeichnung der Verfassung durch den Reichspräsidenten am 11. August 1919 galt als „Geburtsstunde der Demokratie". Daher wurde dieser Tag zum Nationalfeiertag bestimmt. Die Nationalsozialisten führten 1933 den 1. Mai als Nationalfeiertag ein. Nach dem Zweiten Weltkrieg wurde in der DDR von 1949 bis 1989 der 7. Oktober als „Tag der Republik" begangen, der Tag der Staatsgründung 1949. In der Bundesrepublik Deutschland hingegen erinnerte man von 1954 bis 1989 am 17. Juni an den Aufstand vieler Arbeiter in der DDR, die 1953 für mehr Freiheit demonstriert hatten, aber von Polizei und Armee niedergeschlagen wurden.

M2 Berlin *(1989)*

Der Tag der Deutschen Einheit. Heute wird in Deutschland jeweils am 3. Oktober an einen wenig revolutionären Staatsakt erinnert, der in der Nacht vom 2. auf den 3. Oktober 1990 in Berlin vor dem Reichstagsgebäude stattfand und die Vereinigung von Bundesrepublik Deutschland und DDR vollzog. In einer Frühherbstnacht sahen eine Million Menschen, wie eine große schwarz-rot-goldene Flagge gehisst wurde, und erfreuten sich am Feuerwerk. Auch dieser Feiertag ist nicht unumstritten. Statt einen Verwaltungsakt zu würdigen, könnten andere Ereignisse gefeiert werden – z. B. die Maueröffnung am 9. November 1989 oder die friedliche Revolution in der DDR mit der Montagsdemonstration in Leipzig am 9. Oktober. Im Jahre 2004 diskutierten deutsche Politiker sogar, ob der Nationalfeiertag aus wirtschaftlichen Gründen nicht besser auf den ersten Sonntag im Oktober verschoben werden sollte.

M3 Bericht eines Verteidigers der Bastille
Der Schweizer Soldat Ludwig von Flüe schrieb Anfang September 1789 an seinen Bruder:
Am Morgen des 14. Juli kamen Abgeordnete der Bürger und verlangten, dass man ihnen das Schloss übergebe. Nachmittags um drei wurden wir angegriffen. Eine Menge bewaffneter Bürger und auch einige von den französischen Garden be-
5 mächtigten sich der Vorhöfe ... Die Fallbrücke und die Tore, welche zum Schloss führten, wurden zerhauen. Dieses konnte leicht geschehen, weil es uns verboten war, dieselben von den Türmen aus mit unserem Feuer zu schützen. Nun kam man zur letzten Pforte, welche den Haupteingang bildet.
10 Nachdem wir die Belagerer umsonst ermahnt hatten sich zurückzuziehen, wurde endlich befohlen, auf dieselben zu schießen ...
Unterdessen hatten die Belagerer einen Wagen mit brennendem Stroh auf den Eingang der Brücke gebracht und das
15 Haus des Verwalters, das im Hof lag, in Brand gesteckt. So konnten wir den Feind nicht mehr sehen. Dieser hatte fünf Kanonen und ein Geschütz für Sprenggeschosse herbeigeführt ... Die Feinde machten Anstalten, die Tore einzubrechen. Sobald Herr Launay das sah, schien er gänzlich den Kopf verlo-
20 ren zu haben. Ohne sich zu beraten ließ er das Zeichen der Übergabe geben ... In einem Augenblick war die Festung mit Volk angefüllt, das sich unserer bemächtigte und uns entwaffnete. Man plünderte und verheerte das ganze Schloss. Wir verloren alles, was wir bei uns hatten ... Endlich wurden
25 wir zum Rathaus geführt ... Unterwegs wurden zwei meiner

Soldaten vom rasenden Volk ermordet ... So kam ich unter allgemeinem Geschrei, mit der Aussicht, aufgehängt zu werden, bis etwa 200 Schritt vor das Rathaus, wo man schon den Kopf des Herrn Launay mir auf einer Lanze entgegen-
30 brachte ...
Zitiert nach: Briefe aus der Französischen Revolution I, ausgewählt, übersetzt und erläutert von Gustav Landauer, Frankfurt (Rütten & Löning) 1919, S. 265f.

Was lernst du in diesem Kapitel? Am Ende dieser Einheit wirst du folgende Fragen beantworten können:
▶ Was ist typisch für den ▶ Absolutismus?
▶ Welche Ideen führten zur Abschaffung des Absolutismus?
▶ Warum kam es zur Französischen Revolution? Welche Folgen hatte sie für Frankreich und Europa?
▶ Wie konnte Napoleon nach der Revolution Kaiser von Frankreich werden?
▶ Inwieweit veränderte Napoleon Europa?
▶ Was bedeutete die Revolution von 1848/49 für Deutschland und Europa?

1 Das Bild auf S. 92 zeigt den Kampf um die Bastille am 14. Juli 1789. Es wurde von einem Augenzeugen wenige Tage nach dem Ereignis gemalt. Betrachte die Abbildung und beschreibe das Geschehen. Achte dabei auf die Einzelheiten.
2 Lies den Augenzeugenbericht M3. Was geschah am 14. Juli 1789? Inwieweit ergänzt oder bestätigt der Bericht die Abbildung?
3 Vergleiche die beiden Bilder auf den Seiten 92f. hinsichtlich der Gewalt, die vom Staat bzw. von den Revolutionären eingesetzt wird. Inwiefern gehören Revolution und Gewalt zusammen.
4 Erkundige dich: Wie wird der deutsche Nationalfeiertag begangen? Vergleiche mit Frankreich (Autorentext und M1).
5 Informiere dich über den deutschen Schicksalstag, den 9. November. Welche Ereignisse haben an diesem Tag stattgefunden?
6 Diskutiert, welchen Tag der deutschen Geschichte ihr als nationalen Gedenktag feiern wollt.
7 Stellt Vermutungen an, warum die Berliner Barrikadenkämpfe vom 18./19. März 1848 nicht als Gedenktag gefeiert werden.

Frankreich unter Ludwig XIV.

Der König gewinnt. Anders als in England im 17. Jh. war es den französischen Königen gelungen, sich gegen die Stände durchzusetzen und ihren absoluten Machtanspruch zu festigen. Schon unter der Herrschaft König Ludwigs XIII. (1610–1643) hatte Kardinal Richelieu als leitender Minister Adel und Protestanten der Krone unterworfen. Sein Nachfolger, Kardinal Mazarin, schlug für den noch unmündigen König Ludwig XIV. einen weiteren Aufstand des Adels und der Bevölkerung von Paris nieder. Als der Kardinal 1661 starb, rief der inzwischen 23-jährige Ludwig den Staatsrat zu sich und erklärte selbstbewusst, von nun an alleine zu regieren. 54 Jahre erfüllte er, wie er es nannte, die „große, edle und köstliche Aufgabe eines Königs".

„L'Etat c'est moi!" – der Staat bin ich. Dieser Ausspruch Ludwigs XIV. – ob erfunden oder nicht – kennzeichnet die Regierungsweise des Königs, die unter dem Begriff ▷ Absolutismus (absolut = losgelöst, frei von Bindungen an die Gesetze des Staates) in die Geschichte einging. Der König musste sich nur vor Gott rechtfertigen, von dem ihm die Macht übertragen worden war (Gottesgnadentum). Um Frankreich seinen Willen aufzuzwingen, besetzte er seine Regierung überwiegend mit Bürgerlichen. Sie erkannten im Gegensatz zum Adel die königliche Autorität bedingungslos an und beanspruchten nicht mehr Macht als Ludwig ihnen zugestand. Der Herrscher nutzte den Sachverstand seiner Minister; Entscheidungen traf er aber stets alleine. Widerstand wurde nicht geduldet und hart bestraft.

Die Stützen der Macht. Um den königlichen Willen landesweit durchzusetzen, wurde die Zahl der Staatsdiener beträchtlich erhöht. Königliche Beamte zogen durch Frankreich, sammelten Informationen und überwachten die Durchführung der königlichen Anweisungen. Mit viel Energie betrieb Ludwig XIV. den Ausbau der Armee, die unter seinem Oberbefehl stand. Er schuf ein stehendes, d. h. immer einsatzbereites, Heer (s. S. 94). Die katholische Kirche wurde Staatskirche, ihre Geistlichen verkündeten in Gottesdiensten Anordnungen und Gesetze des Königs nach dem Motto: „Ein Gott, ein Glaube, ein Gesetz, ein König."

M1 Ludwig XIV., der Sonnenkönig
Sinnbild seiner Herrschaft war die Sonne, weshalb er auch „Sonnenkönig" genannt wurde:
a) Detail eines Schlosstores von Versailles, der Residenz Ludwigs XIV.:

b) Ludwig sagte über die Sonne:
Ich war der Meinung, dass sich das Zeichen nicht bei irgendetwas Untergeordnetem und Gewöhnlichem aufhalten, sondern gewissermaßen die Pflichten eines Herrschers darstellen und mich selber ständig an ihre Erfüllung mahnen sollte.
5 Man wählte daher als Figur die Sonne, die … durch ihre Einzigartigkeit, durch den Glanz, der sie umgibt, durch das Licht, das sie den anderen, sie wie ein Hofstaat umgebenden Sternen mitteilt, durch die gleichmäßige Gerechtigkeit, mit der sie dieses Licht allen Zonen der Erde zuteilt, durch das Gute,
10 das sie allerorten bewirkt, indem sie unaufhörlich auf allen Seiten Leben, Freude und Tätigkeit weckt, durch ihre unermüdliche Bewegung, die gleichwohl als ständige Ruhe erscheint, durch ihren gleichbleibenden und unveränderten Lauf, von dem sie sich nie entfernt und niemals abweicht,
15 sicher das lebendigste und schönste Sinnbild eines großen Herrschers darstellt.
Gott, der die Könige über die Menschen gesetzt hat, wollte, dass man sie als seine Stellvertreter achte … Es ist sein Wille, dass, wer als Untertan geboren ist, willenlos zu gehorchen
20 hat.
Louis XIV., Mémoires. Zitiert nach: Memoiren. Ludwig XIV., Basel/Leipzig (Kompass-Verlag), S. 187. Übers. von Leopold Steinfeld.

Methode: Herrscherbilder interpretieren

1. Schritt: Das Bild betrachten und beschreiben

Sieh das Gemälde sehr genau an. Notiere deine ersten Eindrücke, z. B. wie das Bild auf dich wirkt. Schreibe nun Fragen auf, die sich dir stellen. Beschreibe stichwortartig, was besonders auffällt. Beantworte dabei vor allem die Fragen: Wer ist dargestellt? Was ist abgebildet? Wie wird der Herrscher gezeigt? Halte auch Einzelheiten fest.

2. Schritt: Details und Symbole entschlüsseln

Die Macht der Herrscher zeigt sich in Historienbildern an den Herrschaftszeichen (Insignien, z. B. Krone, Zepter, Schwert oder Krönungsmantel). Wo und wie finden sie sich im vorliegenden Gemälde wieder? Auch Haltung und Kleidung der dargestellten Person sind wichtig. Was kannst du über die Bekleidung, Haartracht, Gesichtsmimik, Arm-, Fuß- und Beinhaltung aussagen? Fertige eine Tabelle an.

3. Schritt: Die Herrschaftsdarstellung zusammenfassend deuten

Werte deine Notizen aus und formuliere ein Gesamtergebnis. Beziehe dabei auch folgende Fragen ein: Wann ist das Bild entstanden? Wer hat es warum in Auftrag gegeben? Wer soll sich vor allem das Gemälde anschauen? Aus welcher Position betrachtet man das aufgehängte Bild? Wie schaut der Herrscher die Betrachtenden an? Welche Wirkung soll mit dem Herrscherbild erreicht werden?

M2 Das Herrscherbild Ludwgs XIV.
Der junge spanische König Philipp V. (1683-1746) wünschte ein Porträt Ludwigs XIV., seines Großvaters. Der 63-jährige Herrscher stand seinem Hofmaler Hyacinthe Rigaud (1659–1743) Modell und war von dessen Ölgemälde so begeistert, dass er es behielt und für seinen Enkel eine Kopie bestellte. Das überlebensgroße Porträt (Höhe 2,8 m, Breite 1,9 m) hängt heute im Louvre in Paris.

1 Worauf stützte Ludwig XIV. seine Macht (M1–M2 und Autorentext)? Fertige eine kleine Skizze an.
2 Stelle zusammen, welche Eigenschaften Ludwig XIV. der Sonne zuschreibt. Überlege, was er damit über sein Handeln als König aussagen will (M1).
3 Erläutere, wie im Gemälde M2 Ludwigs Herrscherrolle deutlich wird. Stelle die Haltung des Königs nach.

4 Zwei weitere Einzelheiten der Abbildung M2 sind recht schwierig zu entschlüsseln. Informiere dich über die Bedeutung der goldenen Lilien auf dem blauen Stoff und über die Abbildung einer weiblichen Person auf dem Sockel der mächtigen Säule im Hintergrund. Vielleicht schaffst du es ohne Hilfe deiner Lehrkraft.

Die Anlage von Versailles – ein Sinnbild der Unterwerfung

M1 Schloss von Versailles *(Gemälde von Pierre-Denis Martin, um 1722)*

Der König bezwingt die Natur. Die französischen Könige hatten ein großes Stadtschloss, den Louvre. Doch Ludwig XIV. fühlte sich inmitten des unruhigen Volks von Paris nicht genügend sicher. Daher befahl er, westlich der Hauptstadt, im Wald von Versailles, ein neues Schloss zu errichten. Bis zu 36 000 Menschen und 6 000 Pferde wurden gleichzeitig eingesetzt. Sie durchwühlten ein riesiges Gelände, bauten Straßen und legten Wasserleitungen. Der Wald wurde nach strengen geometrischen Mustern in einen Park verwandelt – die Bäche zu Achsenkreuzen umgebaut, die Hecken zu geraden und glatten Mauern beschnitten, selbst die Blumen wurden symmetrisch angeordnet. Der wasserarmen Gegend wurden glänzende Wasserspiele abgerungen.

Der König unterwirft sich die Menschen. Das Schloss wurde riesengroß; seine Gartenfassade ist 580 m lang. Die Räume boten Platz für mehr als 10 000 Personen – schließlich sollten möglichst viele Adlige in der Nähe des Königs und damit unter seiner Kontrolle leben. Es steht auf einem flachen Hügel und überragt die ganze Gegend. Drei große Straßen laufen auf das Schloss zu, ihre gedachten Verlänge-

rungen schneiden sich im Ehrenhof vor dem Schlafzimmer des Königs. Hier war der Mittelpunkt des Landes, hier arbeiteten die Minister, hier feierte die Hofgesellschaft rauschende Feste.

Die Bühne des Sonnenkönigs. Ein strenges Hofzeremoniell regelte den Tagesablauf. Alles war als Schauspiel mit Ludwig XIV. als Hauptdarsteller und vielen Personen in Nebenrollen inszeniert. Dem König beim Essen, ja selbst beim morgendlichen Aufstehen zusehen zu dürfen, war eine Ehre. Der Zugang zum König war streng geregelt. Besucher gelangten über Vorhöfe in Innenhöfe, stiegen Treppen empor, warteten in Vorzimmern, bis sie endlich einen Blick auf den Herrscher werfen durften. Der Alltag in Versailles verlief in sich wiederholenden Handlungen mit symbolischer Bedeutung. Es war verboten, einem Bildnis des Königs den Rücken zuzukehren, das leere Schlafzimmer ohne Kniefall zu betreten oder in für Ludwig vorbereiteten Räumen den Hut aufzubehalten. Das prunkvolle Leben am Hof und der Kult, der um die Person des Königs getrieben wurde, waren Teil eines Programms und sollten seine absolute Macht unterstreichen.

M2 Gartenanlage des Schlosses von Versailles

M3 „Das Volk mag das Schauspiel"

Ludwig XIV. an seinen Sohn:

Ein König von Frankreich muss in diesen Lustbarkeiten etwas anderes sehen als nur ein Schauspiel. Das Volk mag das Schauspiel, mit dem man ja eigentlich immer Vergnügen bereiten will. Dadurch beherrschen wir seinen Geist und seine
5 Herzen manchmal besser als mittels Belohnungen und Wohltaten.

Zitiert nach: Die große Bertelsmann Enzyklopädie des Wissens. Kaiser, Könige und Zaren, Gütersloh 1993, S. 29.

M4 Blicke hinter die Kulissen

Ein französischer Adliger beschreibt das Leben am Hof:

In allem liebte er (Ludwig XIV.) Glanz, Verschwendung, Fülle. Es war wohl berechnet, dass er die Sucht, ihm hierin nachzueifern, in jeder Weise begünstigte. Er impfte sie dem ganzen Hofe ein. Wer alles draufgehen ließ für Küche, Kleidung, Wagen, Haushalt und Spiel, der gewann sein Wohlwollen. Um solcher Dinge willen redete er die Leute an. Indem er so den Luxus gewissermaßen zur Ehrensache und für manche zur Notwendigkeit machte, richtete er nacheinander alle zugrunde, bis sie schließlich einzig und allein von seiner Gnade
10 abhingen. So befriedigte er seinen Hochmut und seinen Ehrgeiz ...

Zitiert nach: Saint-Simon, Memoiren, übers. von Arthur Schurig, Leipzig (Insel) 1913.

Wohnen in Luxus?

Die königlichen Gemächer sind entsetzlich unbehaglich: sie grenzen an die Toiletten und andere dunkle und übel riechende Räume. Die erstaunliche Pracht der Gärten findet ihre Entsprechung nur in dem schlechten Geschmack, mit dem
5 sie entworfen wurden.

Um im Garten die Kühle des Schattens zu erreichen, muss man eine riesige, sengende Ebene überqueren. Die Kieswege verbrennen einem die Füße, aber ohne sie würde man ständig in weichem Sand oder schwarzem Sumpf versinken. Die
10 Gewalt, die man der Natur angetan hat, ist abstoßend und abscheulich. Die zahllosen Wasserläufe, aus allen Richtungen hereingepumpt oder sonst wie herangeleitet, führen eine grüne, zähe und schlammige Brühe; sie schaffen eine ungesunde, spürbare Feuchtigkeit und strömen faule Dünste
15 aus ...

Vom Verfasser nacherzählt.

1 Stell dir vor, du befindest dich in einem Fesselballon über dem Schloss von Versailles. Zeichne einen Plan des Bauwerks und der Gartenanlage (M1 und Autorentext).

2 Erläutere, inwiefern die Schlossanlage und das Hofleben von Versailles die königliche Macht betonten (M1–M4).

3 Stelle aus M4 zusammen, unter welchen Unannehmlichkeiten die Schlossbewohner zu leiden hatten. Überlege weitere Nachteile des Hoflebens.

4 Suche Gründe, warum so viele Adlige dennoch in Versailles und nicht mehr auf ihren Landsitzen lebten (M3–M4 und Autorentext).

GESCHICHTE AKTIV/KREATIV Projektidee: „Ein Fest auf Schloss Versailles"

Du bist Zeremonienmeister und bestimmst den Ablauf des festlichen Abends. Fertige ein Protokoll an (z. B. Vorfahrt der Kutsche, Begrüßung, Speisefolge). Berücksichtige dabei auch das musikalische Programm.

Benutze für das Protokoll Wörter, die aus dem Französischen stammen, z. B. Madame, Jackett, Garderobe, Ballett, Menuett, Kavalier, elegant.

Der Staat fördert den Handel

Woher nimmt der König sein Geld? Ludwig XIV. war beständig in Geldnot. Der Hof von Versailles, die Verwaltung mit ihren vielen Beamten und vor allem das stehende Heer und die Kriege verschlangen riesige Summen. Steuergelder verschwanden oft in den Taschen der Steuereinnehmer. Der Mann, der diese Probleme lösen sollte, war Ludwigs ergebener Finanzminister, Jean-Baptiste Colbert (1619–1683). Er verglich den Handel zwischen den Staaten mit einem Krieg: Gewinner sei derjenige, der möglichst viel Geld ins Land zieht und möglichst wenig Geld hinauslässt. So entwickelte Colbert ein Wirtschaftssystem, das die Staatseinnahmen und damit die Macht des Königs vergrößern sollte. Diese vom Staat gelenkte und auf dem Handel beruhende Wirtschaftsform nennt man ▶ Merkantilismus (lat. mercator = Kaufmann). Sie fand zahlreiche Nachahmer in anderen absolutistischen Staaten Europas. Der Merkantilismus des 17. Jh. sollte in erster Linie die Staatskasse füllen, Rücksicht auf die Bedürfnisse der Bevölkerung war zweitrangig. Aber wie konnten die Staatseinnahmen erhöht werden, wenn der Adel und die Geistlichkeit weiterhin ein steuerfreies Leben führen sollten und die Mehrheit der Untertanen, die Bauern, nicht weiter belastbar war?

Manufakturen verändern die Arbeitswelt. Um Colberts Ideen umzusetzen, mussten Handel und Gewerbe im Inland gestärkt werden. Durch billige Kredite und Steuerfreiheit wollte man die Produktion von Fertigwaren steigern. Das sollte in handwerklichen Großbetrieben, sogenannten ▶ Manufakturen (lat. manus = die Hand, facere = machen, tun) geschehen. Man kann sie als Vorläufer unserer Industriebetriebe ansehen. Dort wurde die Arbeit so gestaltet, dass viele Fach- und Hilfsarbeiter Möbel, Wandteppiche (Gobelins), Kutschen, Spiegel und zahlreiche andere Waren in großer Zahl und in staatlich überwachter Qualität arbeitsteilig fast wie am Fließband herstellten.

Mit der Einrichtung von Manufakturen veränderte sich das bisherige Wirtschafts- und Arbeitsleben. Während früher nur einzelne Bestellungen ausgeführt wurden, arbeiteten die Manufakturen auf Vorrat. Neue Käufer wurden geworben und Bedürfnisse geweckt. Die meisten Menschen verdienten ihr Brot zwar immer noch als Bauern oder Handwerker, aber zunehmend mehr arbeiteten für geringen Lohn in den Manufakturen.

Handelsbeziehungen. Wenn damals ein Kaufmann Waren durchs Land transportierte, wurde er an vielen Provinzgrenzen erst durchgelassen, wenn er Geld an die Staatskasse bezahlte. Colbert hob diese Binnenzölle auf. Er ließ Straßen, Kanäle und Häfen vergrößern und neue bauen. Diese Maßnahmen sollten den Warenverkehr innerhalb Frankreichs beleben. Fertigwaren aus dem Ausland dagegen sollten möglichst nicht ins Land kommen. Um das zu erreichen, musste bei ihrem Import an den Grenzen ein hoher „Schutzzoll" entrichtet werden. Auf diese Weise wurden ausländische Produkte teurer als die französischen und deshalb weniger gekauft.

Gezielt besetzten Händler und Soldaten des Königs weite Gebiete in Nordamerika und Indien und machten sie zu französischen Kolonien. Diese lieferten kostengünstig Rohstoffe, die Frankreich nicht hatte, z. B. Baumwolle, Erz oder Tropenholz. Um diese Rohstoffe und später die Fertigwaren transportieren zu können, entstand eine große Handelsflotte. Frankreich war nicht nur die stärkste Militärmacht Europas, sondern dank Colbert auch eine bedeutende Kolonial- und Handelsmacht geworden.

▨ M 1 Die Wirtschaftsform des Merkantilismus

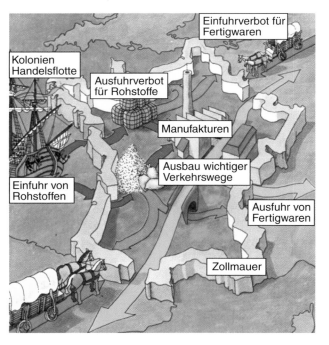

Einfuhrverbot für Fertigwaren

Kolonien
Handelsflotte

Ausfuhrverbot
für Rohstoffe

Manufakturen

Ausbau wichtiger
Verkehrswege

Einfuhr von
Rohstoffen

Ausfuhr von
Fertigwaren

Zollmauer

M2 Rasiermessermanufaktur *(Kupferstich von Le Roy, um 1800)*
Diese Manufaktur wurde gegründet, da die Einfuhr von Rasiermessern aus England verboten war.

a) Kräftige Männer treiben große Holzräder an, die über Lederriemen die Schleifmaschine in Gang setzen. b) Die Roh-linge werden gefeilt. c) Riesige Blasebälge sorgen für die nötige Temperatur in den Schmiedeöfen. d) Die Rasiermesser werden auf einem Amboss grob zurechtgeschmiedet. e) Die Rohlinge werden nach dem Erkalten vom Boden aufgesam-melt. f) Hier bekommen die Rasiermesser durch Schleifen an Schleifscheiben die nötige Schärfe.

M3 Ludwig XIV. unterstützt die Ansiedlung ausländi-scher Spezialisten

Wir gestatten und erlauben dem genannten Van Robais, sich in der Stadt Abbéville mit 50 holländischen Arbeitern nieder-zulassen und dort eine Manufaktur für feine Tuche einzurich-ten, wie man sie in Spanien und Holland herstellt, und zu die-
5 sem Zweck 30 Webstühle aufzustellen ... Wir wollen, dass er und seine ausländischen Gesellschafter und Arbeiter als wahre ... Franzosen eingestuft werden. Sie werden von allen übrigen Abgaben, Steuern, Soldateneinquartierungen, städti-schen Diensten, Frondiensten und sonstigen öffentlichen
10 Lasten befreit sein ... Wir gestatten (ihnen) ..., sich weiterhin zur angeblich reformierten Religion zu bekennen ... (Wir) ord-nen an, dass dem Unternehmer 12 000 Livres bar bezahlt werden ..., und damit der Antragsteller in voller Freiheit den Gewinn seiner Arbeit genießen kann, haben wir ... verboten,
15 (dass andere) während der Zeit von 20 Jahren diese Tuchsor-ten nachahmen ...

P. Lebrun, XVIIe siécle, Paris 1969, S. 232. Zitiert nach: Heinz-Dieter Schmid: Fragen an die Geschichte, Bd. 3, Frankfurt (Hirschgraben) ²1977, S. 21.

1 Erarbeite aus M1 und M3, wie Colbert die Finanz-probleme des französischen Staates beheben wollte.
2 Zähle die Vergünstigungen auf, die der König dem ausländischen Unternehmer und seinen Facharbei-tern gewährte. Überlege, welche Absicht er damit verfolgte (M3).

3 Der Kupferstich (M2) zeigt einen typischen Manu-fakturbetrieb. Erkläre den Herstellungsablauf der Messer. Ordne die Bilderklärung den Nummern zu. Welche Bedeutung könnte die große Wanduhr ha-ben?

Friedrich II. von Preußen – absolut und aufgeklärt

Der Siebenjährige Krieg. „Ich glaube, alles ist verloren. Ich werde den Untergang meines Vaterlandes nicht überleben", schrieb Friedrich II. 1759 nach der Schlacht von Kunersdorf. Dennoch überstanden der preußische König und sein Staat den Kampf gegen alle europäischen Großmächte im Siebenjährigen Krieg (1756–1763). Frankreich, Russland, Österreich, Sachsen, Schweden und das Heilige Römische Reich waren die Gegner Preußens, das nur mit England verbündet war. Preußen war ein absolutistischer Staat mit einigen Besonderheiten. So ist es zu erklären, dass dieser Staat im großen europäischen Krieg nicht unterging.

Schon der Vater Friedrichs II., der „Soldatenkönig" Friedrich Wilhelm I., hatte seine Armee auf 83 000 Mann aufgestockt. Friedrich II. vergrößerte sie weiter und gab den allergrößten Teil der Staatseinnahmen für Militär und Krieg aus. Da die Mittel knapp waren, mussten sie sparsam und zielvoll ausgegeben werden. Der König ging dabei mit gutem Beispiel voran. Er hatte im Vergleich zu anderen Herrschern in Europa einen bescheidenen Hofstaat und trug selbst die einfache blaue Uniform eines preußischen Offiziers.

Die Armee – Preußens Gloria. Friedrichs Überzeugung war, dass Preußen nur solange existierte, wie es eine hervorragend gedrillte Armee hat. Die Infanterie, welche die Gewehre schneller laden konnte, siegte. Deshalb mussten die Soldaten die Handgriffe für das Laden täglich üben. Friedrich wusste auch: Im Krieg entscheiden nicht die Geschütze, sondern die Menschen über den Sieg. Sehr große Soldaten, sogenannte „lange Kerls", schienen ihm besonders wirkungsvoll im Kampf mit dem Bajonett Mann gegen Mann. Ein Soldat, der ungehorsam war, wurde mit Spießrutenlaufen bestraft. Er hatte zwölfmal durch eine Gasse von 150 Soldaten zu laufen, die auf ihn einprügelten. Der preußische König formulierte den Grundsatz: Der einfache Soldat muss den Offizier mehr fürchten als den Feind. Die Offiziere waren Adlige und durften keinen Umgang mit einfachen Leuten oder Bürgern haben.

Menschen, Vernunft und Recht. Preußen war unter Friedrich II. ein Land, das Menschen ohne Ansehen von Herkunft und Religion aufnahm, wenn sie nur tüchtig und gehorsam waren. Hugenotten aus Frankreich, Protestanten aus Salzburg, andere Glaubensflüchtlinge aus dem deutschen Südwesten konnten in Preußen „nach ihrer Façon selig werden", wie der König sagte. Dass Friedrich II. in seinem Staat Religionsfreiheit zuließ, verschaffte ihm den Ruf eines aufgeklärten Herrschers. An die Vernunft hielt er sich auch, indem er die Hexenprozesse abschaffen ließ. Das Foltern im Strafprozess wurde verboten und nur noch in wenigen Fällen drohte in Preußen die Todesstrafe. Obwohl er ein absolut regierender König war, schrieb er: „... in den Gerichtshöfen sollen die Gesetze sprechen und der Herrscher soll schweigen."

Alles für den Staat. Dem Staat zu dienen, galt in Deutschland lange Zeit als das Höchste überhaupt. Die preußischen Könige haben es ihren Untertanen eingebläut. Friedrich II. nannte sich den „ersten Diener des Staates". Für Preußen war er „immer auf dem Posten". Er kontrollierte u. a. die Arbeit in den Manufakturen und förderte Verbesserungen in der Wirtschaft seines Staates. Wie von seinen Soldaten verlangte „der alte Fritz" auch von den Beamten absoluten Gehorsam und vollkommene Korrektheit. Unteroffiziere wurden nach ihrer Entlassung aus der Armee oftmals Steuereinnehmer oder Volksschullehrer. Mit Rute oder Peitsche führten sie auch in der Schule ein strenges Regiment. Ziel des Unterrichts waren disziplinierte Untertanen, die dem Staat viel nützten. Durch Armee und Beamtenschaft wurde aus Preußen ein militärisch geprägter Staat. Der königstreue preußische Offizier galt als das Vorbild des Landes, das der zeitgenössische Schriftsteller Lessing für den „sklavischsten Staat Europas" hielt.

Philosoph und Musikant. Friedrich II. war als Kronprinz voller menschenfreundlicher, friedlicher Ideen gewesen. Als König führte er jedoch 23 Jahre Krieg, was er ein „abscheuliches Handwerk" nannte. Er hatte aber auch Interesse an Philosophie und Kunst, spielte Querflöte und komponierte Stücke dafür. Er sprach fast nur Französisch und las die neuesten philosophischen Schriften. Den französischen Philosophen Voltaire lud er an seinen Hof nach Potsdam; die beiden zerstritten sich allerdings. Der Forderung aufgeklärter Kreise nach Pressefreiheit gab Friedrich nach: „Die Gazetten dürfen nicht geniret (behelligt) werden", ließ er in Preußen verkünden.

M1 Schloss Sanssouci in Potsdam bei Berlin *(erbaut 1745–1747)*

M2 „Der König überall"
(Gemälde von Robert Warthmüller, 1886)

Gegen den Widerstand vieler Bauern förderte Friedrich II. den Anbau der nährstoffhaltigen Kartoffel, die auch in weniger fruchtbaren Böden Erträge brachte und so Hungersnöten vorbeugte.

1 Welches Bild des Monarchen wird dem Betrachter in M2 nahe gebracht? Achte auch auf die Entstehungszeit.

2 Vergleiche Preußen unter Friedrich II. (M1–M2 und Autorentext) mit dem absolutistisch regierten Frankreich (s. S. 96ff.): a) Was war in Preußen genauso? b) Was war in Preußen anders?

3 Ein Soldat und ein Bürger streiten sich, ob man Friedrich II. „den Großen" nennen soll. Führt diese Diskussion.

4 Stelle die Gegner Friedrichs des Großen im Siebenjährigen Krieg zusammen: Land – Herrscher/in – Hauptstadt – Schloss/Residenz. Nimm einen Geschichtsatlas zu Hilfe und lies in einem Lexikon nach.

Aufklärung: „Wage, selbst zu denken!"

Zweifel und Kritik an der Religion. Schon im späten Mittelalter hatte es Kritik an Kirche und Klerus gegeben. Nach der Entdeckung der Neuen Welt und im Anschluss an die Reformation gab es weitere Ursachen, an den Lehren der Kirche zu zweifeln. Mancher geistliche Landesherr ließ Unschuldige als Hexen und Zauberer verbrennen. Geistliche schürten die Furcht der Menschen vor dem Teufel und vor der Hölle. In grausamen Religionskriegen brachten sich Christen verschiedener Konfessionen gegenseitig um. Völker, die gerade entdeckt worden waren, hatten andere Götter und religiöse Bräuche. Trotz der Entdeckungen des Kopernikus (s. S. 43) war die Kirche lange bei ihrem Bild der Welt und des Sonnensystems geblieben.

Gewissheit durch Vernunft und Natur. Gab es eine andere Autorität, der man vertrauen konnte? Denker und Naturforscher in England, Frankreich und Deutschland gaben darauf eine neue Antwort: Ja, es gibt zwei Quellen, die uns die Wahrheit erschließen: die Vernunft und die Natur. Wenn man die Natur beobachtet, z. B. mit dem Fernrohr oder dem Mikroskop, und mit dem Verstand die richtigen Berechnungen anstellt, dann ist die Erkenntnis der Wahrheit möglich. Wenn man seine Vorurteile beiseite lässt, dann kann man mithilfe seiner Vernunft unterscheiden, was richtig und was falsch ist. In der

Vernunft erkannte man die geistige Kraft, die den Menschen vom Tier unterscheidet. So setzte sich die Auffassung durch: Die Vernunft ist die Natur des Menschen. Er muss es nur „wagen, selbst zu denken", wie dies der Philosoph Immanuel Kant forderte.

Bürger mit Besitz und Bildung. Diese neue Denkrichtung wurde vor allem von Bürgern größerer Städte getragen. Sie waren gelehrte Juristen, Beamte und Professoren oder erfolgreiche Kaufleute und Fabrikanten. Durch Fleiß und Arbeit hatten sie es zu Besitz und Bildung gebracht. Auch einige jüngere Adlige in der Verwaltung und im Militär vertraten dieses neue Gedankengut: Im Grundsatz sind alle Menschen von Natur aus frei und gleichberechtigt. Jeder kann durch seine Vernunft zu richtigen Urteilen kommen. Deshalb forderten sie für sich als „mündige Staatsbürger" Mitsprache im Staat. Sie dachten dabei an sich selbst, nämlich an Männer, die Vermögen hatten und Steuern zahlten. Die Frauen, ärmere Lohnempfänger oder Juden zählten sie nicht dazu. Dieses Bürgertum wollte die alte Ständeordnung aufheben. Damit befanden sich die aufgeklärten Bürger in einem kritischen Gegensatz zur Kirche und zum Staat des Absolutismus, in dem viele von ihnen durch Leistung aufgestiegen waren. Vom Staat verlangten sie, dass er für ihre Sicherheit und für den Schutz ihres Eigentums sorgen solle.

Vertrauen auf die freie Rede. Die aufgeklärten Bürger trafen sich in neu gegründeten Vereinen, zu Hause in ihren Salons oder in den neuen Kaffeehäusern beim braunen „Türkentrank", der einen wach hielt. Hier las man die neuesten Zeitungen und Bücher, diskutierte ihren Inhalt und bildete sich gegenseitig im Gespräch. Hier gab es keine geistliche Autorität, die über richtig oder falsch entschied, nur die Vernunft und das bessere Argument zählten. Wenn eine solche Diskussion zwischen gleichen Bürgern von Offenheit und Toleranz getragen war, dann schien die vernünftige Aufklärung aller Menschheitsfragen möglich zu sein. Die Anhänger dieser Denkrichtung waren überzeugt davon, dass man die Menschen durch Erziehung und das Leben durch Vernunft verbessern könne. Sie glaubten daran, Licht ins Dunkel der Vorurteile zu bringen; sie glaubten an Aufklärung in Freiheit.

M1 Das Experiment mit der Luftpumpe
(Gemälde von Joseph Wright, 1768)

M2 „Salon" von Madame Geoffrin

Auch in Adelskreisen wurden die Theorien der Philosophen diskutiert. Zu den berühmtesten Treffpunkten gehörte der „Salon" von Madame Geoffrin (Bild von Anicet Lemonnier, 1812, nach einer Salonszene aus dem Jahr 1775)

Rousseau

Büste von Voltaire

d'Alembert

Diderot

Turgot

Madame Geoffrin

M3 Die französische Enzyklopädie

Denis Diderot und Jean d'Alembert fassten das Wissen der Aufklärung in diesem Lexikon (1751–1780) zusammen. In seinem Vorwort heißt es:

Tatsächlich zielt eine Enzyklopädie darauf ab, die auf der Erdoberfläche verstreuten Kenntnisse zu sammeln, das allgemeine System dieser Kenntnisse den Menschen darzulegen, mit denen wir zusammenleben, und es den nach uns kom-
5 menden Menschen zu überliefern, damit die Arbeit der vergangenen Jahrhunderte nicht nutzlos für die kommenden Jahrhunderte gewesen sei, damit unsere Enkel nicht nur gebildeter, sondern gleichzeitig auch tugendhafter und glücklicher werden, und damit wir nicht sterben, ohne uns
10 um die Menschheit verdient gemacht zu haben.

Denis Diderot und Jean d'Alembert, Encyclopédie ou Dictionnaire raisonné des sciences, des arts et des métiers, 35 Bände, 1751–1780. Vom Verfasser übers.

M4 Grundsätze der Aufklärung

1770/71 zirkulierte eine im Ausland gedruckte und nach Paris geschmuggelte Flugschrift der Enzyklopädisten, worin geschrieben stand:

Wir glauben an die neuen Ziele der Menschheit: Erstens kann die Welt nur aus dem Ganzen der Natur verstanden werden ... Zweitens dürfen nur Autoritäten und Regierungen anerkannt werden, die der Vernunft entsprechen ... Drittens kann
5 keine Gesellschaft Bestand haben, die nicht die Toleranz zulässt und fördert ... Viertens ist jeder Mensch in der Lage, seinen Glauben und sein Leben frei zu gestalten.

Robert de Negroni, Lectures interdites. Le travail des censeurs au XVIIIème siècle, 1723–1774, Nachdruck Paris 1995, S. 190f. Vom Verfasser übers.

1 Stelle die „Schlüsselbegriffe" der Aufklärung zusammen.

2 Beschreibe das Bild M1 und erkläre, was es mit „Aufklärung" zu tun hat. Finde heraus, worum es in diesem Experiment ging und lege die Beweisführung dar.

3 Vergleiche das Bild M2 mit einer Szene bei Hof. Was unterscheidet die „bürgerliche" von der „höfischen" Gesellschaft?

4 Begründe als Bürger deinem Fürsten gegenüber, warum du in seinem Staat mitbestimmen willst.

5 Enzyklopädien waren bis ins späte 20. Jh. Hauptquelle für Informationen. Was hat sich seither gewandelt? Woher bezieht ihr euer Allgemeinwissen?

105

Galerie der Aufklärer

Wegbereiter der Revolution? Der aus Genf stammende französische Aufklärer Jean Jacques Rousseau (1712–1778) warnte rund drei Jahrzehnte vor der Revolution von 1789 die Franzosen mit den Worten: „Ihr vertraut der jetzigen (absolutistischen) Ordnung der Gesellschaft, ohne zu überlegen, dass diese Ordnung Gegenstand unvermeidlicher Revolutionen ist ... Wir nähern uns einem Zustand der Krise. Ich halte es für unwahrscheinlich, dass die Monarchien Europas noch für lange Zeit bestehen, sie haben geglänzt, und jede Staatsform, die glänzt, ist im Niedergang begriffen".

Nachdenken über den Staat. Besondere Bedeutung erlangte bei den Diskussionen und in den Büchern der Aufklärer die Frage, wie und ob Könige eine gerechte Herrschaft ausüben könnten. Die Aufklärer kritisierten die absolutistische Herrschaftsweise und traten für ▷ Gewaltenteilung ein. Ab Mitte des 18. Jh. breitete sich das Gedankengut der Aufklärung in großen Teilen Europas aus. Durch Lesegesellschaften und spezielle Abonnements für Publikationen der Aufklärer konnten interessierte Adlige und Bürger an den Diskussionen der Aufklärungsepoche teilhaben.

M1 John Locke über die Regierung (1690)

John Locke (1632–1704) war Begründer der Aufklärung in Großbritannien:

Folgende Grenzen muss die Regierung eines Landes beachten, die durch das Gesetz Gottes und die Natur vorgegeben sind: Erstens muss nach öffentlich be-
5 kannt gemachten und festen Regeln regiert werden, die für Arme und Reiche gleich sind. Zweitens sollen diese Gesetze nur dem Wohle des Volkes dienen. Drittens dürfen ohne Zustimmung des Volkes und seiner Vertreter keine neuen Steuern erhoben werden.

Zitiert nach: John Locke: Zwei Abhandlungen über die Regierung, Halle 1906. Übers. von Hilmar Wilmann.

M2 Voltaire über England *(1729)*

François Marie Arouet de Voltaire (1694–1778), französischer Philosoph und Schriftsteller, verbrachte die Jahre 1726–1729 in England. Er beschrieb in den „Briefen aus England" seinen französischen Landsleuten die dortigen sozialen Verhältnisse:

Ein Mensch ist hier in England als Priester oder Adliger keineswegs von der Zahlung bestimmter Steuern befreit wie in Frankreich. Hier zahlt man nicht nach seinem Rang in der Gesellschaft, sondern nach der Höhe des jeweiligen Einkom-
5 mens. Die Grundsteuer ist immer gleich, auch wenn der Ertrag steigt. So wird niemand bis aufs Blut ausgequetscht und niemand beklagt sich. Der Bauer hat keine wunden Füße in seinen Holzschuhen, er isst teures Weißbrot und ist gut gekleidet. Die englische Nation hat es als Einzige auf der Welt
10 geschafft, die Macht ihrer Könige durch Widerstand einzuschränken. Eine weise Regierung erlaubt dem König, alle Wohltaten für sein Volk begehen zu dürfen, bindet dem König aber die Hände, wenn er Böses im Schilde führt.

Zitiert nach: Voltaire: Lettres anglaises, Paris (Garnier) 1964, S. 43f. Übers. vom Verfasser.

M3 Diderot

Denis Diderot (1713–1784), französischer Schriftsteller und Philosoph, Herausgeber und Autor vieler Artikel der „Encyclopédie" über:

a) Gleichheit:

Die natürliche Gleichheit unter den Menschen ist ein Prinzip, das wir niemals aus den Augen verlieren dürfen ... Wenn es so aussieht, als gäbe es unter den
5 Menschen eine auf der gesellschaftlichen Stellung beruhende Ungleichheit, so ist diese nur eingeführt worden, um die Menschen in ihrem derzeitigen Entwicklungsstand besser an ihr gemeinsames Ziel gelangen zu lassen. Dieses Ziel besteht darin, so glücklich wie möglich zu werden, wie es im ver-
10 gänglichen Dasein möglich ist.

Wenn das Gemeinwohl es erfordert, dass die Untertanen gehorchen, dann verlangt das Gemeinwohl aber auch, dass die Oberen die Rechte ihrer Untertanen achten und ihre Herrschaft nur dazu ausüben, sie glücklicher zu machen …

b) politische Macht:

Kein Mensch hat von der Natur das Recht erhalten, über andere zu herrschen. Die Freiheit ist ein Geschenk des Himmels. Jedes Individuum hat das Recht, diese Freiheit zu genießen und sich seiner Vernunft zu bedienen. Wer Macht
5 durch Gewalt an sich reißt, tut dies gegen alle Gesetze und seine Macht wird nur so lange halten, wie seine Untergebenen es sich gefallen lassen … Der König erhält seine Macht von seinen Untertanen. Diese Macht wird durch die Gesetze der Natur und des Staates eingeschränkt. Daher kann ein Kö-
10 nig nie seine Macht ohne die Zustimmung der Nation (der Untertanen) ausüben …

Zitiert nach: Denis Diderot/Jean LeRond d'Alembert: Encyclopédie ou dictionnaire des sciences, des arts et des métiers, 35 Bde., Paris 1751–1780. Übers. vom Verfasser.

M4 Montesquieu über die Gewaltenteilung (1748)

Charles de Secondat, Baron de la Brède et de Montesquieu (1689–1755), französischer Schriftsteller und Staatsrechtler, war Begründer der Lehre der Gewaltenteilung:

In jedem Staat gibt es drei Arten von Gewalt: die gesetzgebende Gewalt (Legislative), die vollziehende Gewalt (Exekutive) und die vollziehende Gewalt hinsichtlich der Angelegenheiten, die vom bürgerlichen Recht abhängen (Judikative).
5 Mithilfe der ersten Gewalt erlässt ein Fürst befristete oder immerwährende Gesetze, verbessert sie oder hebt sie wieder auf. Mittels der zweiten Gewalt schließt er Frieden oder führt Krieg, schickt oder empfängt Gesandtschaften und sichert das Land vor Angriffen von außen. Mit der dritten Gewalt
10 straft er Verbrecher und spricht Urteile in Streitigkeiten zwischen Privatpersonen.

Wenn in ein und derselben Person gesetzgebende und vollziehende Gewalt vereint sind, dann gibt es keine Freiheit. Dann ist zu befürchten, dass der König wie ein Tyrann Ge-
15 setze macht und sie wie ein Tyrann ausführen lässt.

Es gibt auch keine Freiheit, wenn die richterliche Gewalt nicht von der gesetzgebenden und der vollziehenden Gewalt getrennt wird. Ist sie mit der gesetzgebenden Gewalt verbunden, wäre die Macht über Leben und Freiheit der Bürger reine
20 Willkür. Wäre die Judikative mit der vollziehenden Gewalt verknüpft, hätte jeder Richter die Macht eines Unterdrückers …

Zitiert nach: Montesquieu: De l'esprit des lois, Paris 1970 (Flammarion), S. 164f. Übers. vom Verfasser.

M5 Rousseau über Erziehung (1762)

Jean-Jacques Rousseau (1712–1778), Philosoph und Schriftsteller, schloss sich als in Genf geborener Calvinist den französischen Aufklärern an und schrieb zahlreiche Bücher über Staatsrecht und Erziehung:

Man soll Kinder auf die Erscheinungen der Natur aufmerksam machen und bald wird ihre Neugier geweckt. Damit man aber die kindliche Neugier erhält, darf man diese nicht direkt befriedigen. Das Kind weiß etwas nicht deshalb, weil man es
5 ihm vorsagt, sondern weil das Kind es selbst herausgefunden hat. Es lernt keine Wissenschaft, sondern findet sie heraus. Würde man die Autorität an die Stelle der Vernunft setzen, wäre das Kind nur ein Spielball fremder Meinungen.

Zitiert nach: Jean-Jacques Rousseau: Emile ou l'éducation, Paris (Garnier Flammarion) 1974, S. 178. Übers. vom Verfasser.

3 Für Rousseau, wie auch für viele andere aufklärerische Denker, waren Erziehung und Bildung sehr wichtig. Erkläre dies anhand von M5.

4 Bildet Kleingruppen und sammelt noch weitere Informationen (Lexikon, Internet) über die hier vorgestellten Personen, ihre Werke und ihre politischen Ansichten. Stellt eure Ergebnisse der Klasse vor und weist auf Unterschiede hin.

5 Was verstehen wir heute unter „Aufklärung"?

1 Nenne einige Kritikpunkte, die die hier genannten Aufklärer erwähnen (M1–M4). Lege dar, wie ihrer Meinung nach „Regierung" bzw. ein „Staat der Vernunft" aussehen sollte.

2 Gib mit eigenen Worten den Begriff „Gewaltenteilung" wieder (M4).

Frankreich in der Schuldenfalle

Die Monarchie braucht Geld – das Volk hungert. Ludwig XVI. bestieg 1774 den französischen Thron und übernahm von seinen Vorgängern eine erdrückende Schuldenlast aus früheren Kriegen und Kosten der Hofhaltung. Zwar war Frankreich durch den Merkantilismus eine bedeutende Exportnation geworden, doch Tagelöhner, Handwerker und Händler mussten fast ihr gesamtes Einkommen für Lebensmittel ausgeben. Noch elender sah der Alltag der meisten Bauernfamilien aus, da Steuern und Abgaben ihnen den größten Teil ihrer Erträge abnahmen. Die Bürger waren als Beamte, als Fabrikanten und Kaufleute, als Wissenschaftler und Ingenieure für den Staat unverzichtbar, trugen aber mit ihren Steuern die Lasten des Staates, in dem sie politisch nichts zu sagen hatten. Alle einflussreichen Stellen in Kirche, Justiz und Militär waren von Adligen besetzt. Auf viele Posten kam man nur durch adlige Geburt. Besonders erbost waren die Mitglieder des dritten Standes darüber, dass Adlige und Kleriker kein Steuern bezahlten. Alle Versuche des Königs, die „Privilegierten" auch zur Steuerzahlung zu bewegen, waren am Widerstand des Adels gescheitert. Der Adel besaß das meiste Land und bezog Abgaben und Dienste von den Bauern.

Das Vorbild der USA. Im Jahre 1776 erklärten sich die Siedler der nordamerikanischen Kolonien vom englischen König unabhängig. Im nachfolgenden Unabhängigkeitskrieg entstanden die Vereinigten Staaten als neue „Nation" gleicher Menschen, ohne König und Adel. Franzosen und Polen, die für die Freiheit der Amerikaner mitgekämpft hatten, brachten die Ideen nach Europa zurück, wo sie entstanden waren. Flugblätter warben für den ▸ dritten Stand als die eigentliche „Nation"; in Karikaturen verspottete man Adlige und Kleriker als Schmarotzer, die auf Kosten des dritten Standes lebten.

Die Einberufung der Generalstände. Für den König und seine Minister gab es nur einen Ausweg aus der Schuldenfalle: Der Staat musste mehr Steuern einnehmen und die Lasten gerechter verteilen. Dazu brauchte der König die Zustimmung der ▸ Generalstände. Konnte man dem dritten Stand noch mehr Steuern aufbürden? Oder konnten Adel und Klerus überzeugt werden, doch für den Staat Steuern zu zahlen? Es lag große Spannung in der Luft, als die Vertreter der Stände erstmals nach 175 Jahren 1788 in Versailles wieder zusammentraten.

▨ **M1 Ständegesellschaft und soziale Lage in Frankreich 1789**
Die Grafik zeigt links die Anteile der Stände an der Gesamtbevölkerung. Rechts werden die Vermögensunterschiede und die Steuerbelastung der einzelnen Stände dargestellt.

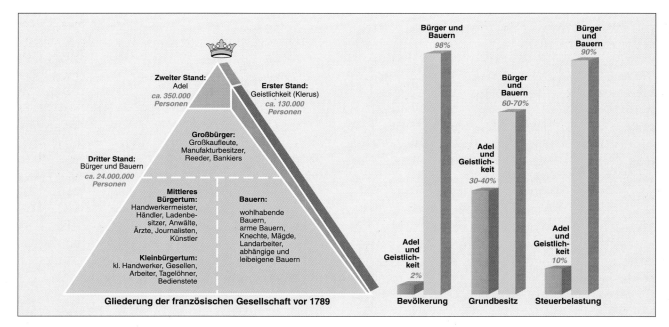

M2 Ludwig XVI. wird nie satt!
(kolorierte Radierung eines unbekannten Künstlers, 1791) Die Abbildung steht in der Tradition der Karikaturen, wie sie in den Jahren vor der Revolution in Massen auftauchten.

M3 Die Beschwerden von Französinnen und Franzosen 1789

Viele tausend Beschwerdehefte schildern die Sorgen und Nöte der Menschen am Vorabend der Revolution. Die Beschwerden wurden den gewählten Vertretern schriftlich nach Versailles mitgegeben, verknüpft mit der Hoffnung auf Gehör und dem Wunsch nach grundlegender Verbesserung der sozialen Lage.

a) Beschwerden der Bauern aus Colmare (Normandie):

1. Wenn Klerus und Adel wie wir zahlen würden, dann würde das den Staat erheblich stärken und dem unterdrückten Volk Erleichterung gewähren.

2. Wir erbitten die Abschaffung der indirekten Steuern und
5 der Salzsteuer ...

6. Über das adlige Vorrecht der Jagd: Es sollen Hasen und Kaninchen, die den Feldern der Bauern großen Schaden zufügen, von uns Bauern getötet werden dürfen ...

8. Zum Frondienst des Straßenbaus: Wir halten es für natür-
10 licher, dass diejenigen für den Unterhalt der Straßen aufkommen, die sie zerstören ...

13. Der Zwang, dass wir unser Getreide nur in einer bestimmten Mühle mahlen lassen dürfen, soll abgeschafft werden.

14. Es muss verboten werden, dass in den Dörfern Gaststät-
15 ten unterhalten werden, in denen die jungen Leute ihr Geld ausgeben.

Zitiert nach: Marc Bouloiseau: Cahiers de doléances du Tiers état du Baillage de Rouen, Paris (Bibliothèque Nationale) 1957, S. 240f. Übers. vom Verfasser.

b) Die Stimme der Frauen:

Ein Adliger kann keinen Mann aus dem Volk vertreten und dieser keinen Adligen. Also kann erst recht kein Mann eine Frau vertreten. Können Frauen also durch jemanden anders als durch Frauen vertreten werden? Sollte es denn möglich sein,
5 dass die Philosophie der Aufklärung in Bezug auf die Frauen schweigt und dass sich die Männer die Frauen weiterhin zu Opfern ihres Stolzes und ihrer Ungerechtigkeit machen?

Zitiert nach: Jean Pierre Bertaud: La vie quotidienne en France au temps de la Révolution 1789–1795, Paris (Garnier Flammarion) 1983, S. 183. Übers. vom Verfasser.

1 Erkläre den Aufbau der französischen Ständegesellschaft (M1). Wie müsste die Spitze der Pyramide aussehen, wenn sie die tatsächlichen Zahlenverhältnisse zwischen den Ständen widerspiegelte?

2 Beschreibe die Karikatur M2. Welche zeichnerischen Mittel unterstreichen die Maßlosigkeit des Königs? Welche Haltung nimmt der Karikaturist ein?

3 Schreibe in zwei Spalten aus M3 die deiner Meinung nach wichtigen und die weniger wichtigen Forderungen heraus. Begründe deine Auswahl.

Der dritte Stand erhebt sich zur Nationalversammlung

Die Generalstände treten zusammen. Mit einer prunkvollen Zeremonie eröffnete Ludwig XVI. am 5. Mai 1789 die Sitzung der Generalstände in Versailles. Der König hatte dem dritten Stand eine Verdopplung seiner Abgeordneten von 300 auf 600 zugebilligt – diesen standen 300 Vertreter des Adels und 300 Abgeordnete der Geistlichkeit gegenüber. Doch mit keinem Wort ging der König in seiner vom Zeremonienmeister verlesenen Eröffnungsrede auf die Nöte der Untertanen ein, wie sie in den vielen tausend Beschwerdeheften zum Ausdruck kamen.

Die privilegierten Stände forderten, weiterhin nach Ständen abzustimmen, was ihnen eine Zweidrittelmehrheit sicherte. Die Abgeordneten des dritten Standes hingegen verlangten eine namentliche Abstimmung, da sie erwarteten, dass so auch einfache Priester und Adlige sich den Forderungen des dritten Standes anschließen würden.

Der erste revolutionäre Akt: der Ballhausschwur. Nach Wochen erfolgloser Beratungen verloren die Abgeordneten des dritten Standes die Geduld und erklärten sich als Vertreter des Volkes (98 % der Bevölkerung) am 17. Juni zur ▶ „Nationalversammlung". Einige Sympathisanten aus dem ersten und zweiten Stand schlossen sich ihnen an. Allen gemeinsam war der Wunsch nach Einschränkung der absoluten Monarchie durch die Garantie von Rechtsgleichheit, Gewissens- und Pressefreiheit. Auf Druck des Adels ließ König Ludwig den Sitzungssaal sperren und hob den Beschluss des dritten Standes auf. Daraufhin zogen die Befürworter einer Verfassung ins benachbarte Ballhaus um. Dort legten sie den berühmt gewordenen Schwur ab, nicht eher auseinander zu gehen, bis Frankreich eine Verfassung erhalten habe. Bis dahin würden sie das Ballhaus nur „unter der Gewalt der Bajonette" verlassen. Am 27. Juni lenkte der König ein: Er verordnete die Vereinigung aller Abgeordneten der drei Stände zur Nationalversammlung und erkannte das Gremium damit an. Zugleich ließ er etwa 20 000 Soldaten der Nationalgarde um Versailles aufmarschieren.

M1 Die Eröffnungssitzung der Generalstände am 5. Mai 1789 *(Gravur von I. S. Helman nach einer Zeichnung von Charles Mounet)*

M2 Der Ballhausschwur vom 20. Juni 1789
Gemälde nach einer Federzeichnung von Jacques-Louis David, von einem seiner Schüler 1791 angefertigt (65 x 105 cm)

In der Mitte verliest der Abgeordnete Bailly die Erklärung ①. Abbé Sieyès sitzt im Vordergrund ②. Zwei wichtige Figuren für den Fortgang der Ereignisse sind der Anwalt Robespierre ③ aus dem dritten Stand und der Adlige Graf Mirabeau ④.

M3 Aus der Broschüre des Abbé Sieyès *(Januar 1789):*
Der Plan dieser Schrift ist ganz einfach. Wir haben uns drei Fragen vorzulegen:

1. Was ist der dritte Stand? ALLES

2. Was ist er bis jetzt in der politischen Ordnung gewesen?
5 NICHTS

3. Was verlangt er? ETWAS ZU WERDEN. Man wird sehen, ob diese Antworten richtig sind.

Wer wagte es also zu sagen, dass der dritte Stand nicht alles in sich besitzt, was nötig ist, um eine vollständige Nation zu
10 bilden? Er ist der starke und kraftvolle Mann, der an einem Arm noch angekettet ist. Wenn man den privilegierten Stand wegnähme, wäre die Nation nicht etwas weniger, sondern etwas mehr. Also, was ist der dritte Stand? Alles, aber ein gefesseltes und unterdrücktes Alles. Was wäre er ohne den pri-
15 vilegierten Stand? Alles, aber ein freies und blühendes Alles. Nichts kann ohne ihn gehen; alles ginge unendlich besser ohne die anderen ... Was ist eine Nation? Eine Körperschaft von verschiedenen Mitgliedern der Gesellschaft, die unter einem gemeinschaftlichen Gesetz leben und durch dieselbe ge-
20 setzgebende Verfassung repräsentiert werden. Der adlige Stand genießt Vorrechte und Befreiungen, die er sogar als sein Recht zu betrachten wagt. Doch damit stellen sich die Adligen außerhalb der gemeinschaftlichen Ordnung und des gemeinschaftlichen Gesetzes ... Der dritte Stand umfasst al-
25 les, was zur Nation gehört. Und alles, was nicht der dritte Stand ist, kann sich nicht als Bestandteil der Nation ansehen. Was ist also der dritte Stand? ALLES.

Zitiert nach: Emmanuel Sieyès: Qu'est-ce que le tiers état? Paris (Flammarion) 1988, S. 31f. und 37f. Übers. vom Verfasser.

1 Fasse die Forderungen des Abbé Sieyès zusammen (M3).

2 Sammelt Argumente für ein Streitgespräch zwischen Anhängern und Gegnern der Ansichten des Abbé Sieyès.

3 Beschreibe die Atmosphäre in M1 und in M2. Vergleiche dazu Sitzordnung und Kleidung.

4 Lege dar, mit welchen künstlerischen Mitteln der Maler in M2 die Bedeutung des Augenblicks unterstreicht. Welche Aussage ist in der Haltung der Dreiergruppe im Vordergrund verborgen?

5 Erläutere, worin der revolutionäre Akt des 17. Juni 1789 bestand.

Das Volk von Paris fordert Brot und Freiheit

Die soziale Lage der Bevölkerung. Nach Jahrzehnten des Wirtschaftswachstums setzte in Frankreich in den Jahren 1778–1780 ein wirtschaftlicher Niedergang ein. Die Forschungsergebnisse heutiger Wissenschaftler zeigen in Statistiken und Tabellen die Entwicklung der Löhne und Preise jener Zeit. Es verwundert nicht, dass die Hungeraufstände ihren Höhepunkt in Paris genau an dem Tag erreichten, an dem der Getreidepreis auf ein Rekordniveau kletterte. Die allgemeine Wirtschaftskrise wurde noch verstärkt durch eine Missernte 1788 und einen besonders kalten Winter 1788/89. Täglich strömten Tausende von arbeitslosen und verzweifelten Menschen nach Paris. Auf den Plätzen der Stadt wimmelte es von Nachrichten und Gerüchten: Würde die neue Nationalversammlung die privilegierten Stände zur Steuerzahlung verpflichten können? Würde dann der Brotpreis fallen? Kamen überhaupt noch genug Nahrungsmittel in die Stadt? Würde der König es wagen, die Nationalversammlung gewaltsam aufzulösen?

Der Sturm auf die Bastille. Ludwig XVI. entließ am 11. Juli 1789 den im Volk beliebten Finanzminister Necker. Diese Nachricht brachte in der Hauptstadt das Fass zum Überlaufen: Aufständische plünderten Zollstationen und andere Orte, an denen Lebensmittel lagerten. In Zeughäusern versorgten sich die wütenden Massen mit Waffen. An eilends errichteten Barrikaden lieferten sie sich Gefechte mit herbeigeeilten Truppen des Königs. Am 14. Juli richtete sich der Zorn gegen das Staatsgefängnis Bastille. Im 18. Jh. waren dort viele Menschen nach willkürlicher Verhaftung wegen „Beleidigung des Königs" ohne Gerichtsverfahren oft über Jahre eingesperrt worden. Deshalb galt die alte Burganlage den Aufständischen als Symbol des „Despotismus". Darunter verstand man die unrechtmäßige Gewaltherrschaft der absolutistischen Könige. Dieser Ort der Unterdrückung und Verweigerung von Mitspracherechten wurde nun zum Ziel von 7 000 Bewaffneten (s. S. 92). Nach der Erstürmung wurden die Wachsoldaten als „Verbrecher gegen Volk und Nation" auf der Stelle hingerichtet, ihre Köpfe aufgespießt und als Trophäen in die Innenstadt getragen. Zwei Tage später fasste die Zeitung „La Bouche de Fer" die welthistorische Bedeutung des heutigen französischen Nationalfeiertags zusammen: „Der 14. Juli hat die Nationen wachgerüttelt, der Fall der Bastille hat alle Throne ins Wanken gebracht". Mit der „Revolution der Straße" am 14. Juli rettete das Volk von Paris die Revolution der Abgeordneten vom 17. Juni (s. S. 110). Der König erkannte die neuen Machtverhältnisse an und kam zu Pferd von Versailles ins Pariser Rathaus, wo er sich eigenhändig die revolutionäre blau-weiß-rote Kokarde an seinen Rock heftete.

M1 Das wirtschaftliche Zentrum von Paris: der Grèveplatz *(Gemälde von J. Lespinasse, 1782)*

M2 Kokarde der Revolutionäre

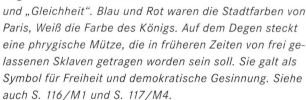

Das Abzeichen der französischen Revolutionäre trägt die Aufschrift „Freiheit" und „Gleichheit". Blau und Rot waren die Stadtfarben von Paris, Weiß die Farbe des Königs. Auf dem Degen steckt eine phrygische Mütze, die in früheren Zeiten von frei gelassenen Sklaven getragen worden sein soll. Sie galt als Symbol für Freiheit und demokratische Gesinnung. Siehe auch S. 116/M1 und S. 117/M4.

■ M3 Lebensverhältnisse in Frankreich *(18. Jh.)*

a) Lohn- und Preisentwicklungen:

Löhne 1726 – 1789 ▧▧▧ 22%
Preise 1726 – 1789 ▧▧▧▧▧▧▧ 62%

b) Preissteigerungen einiger Güter:

Weizen 1785 – 1789 ▧▧▧▧▧▧ 66%
Roggen 1785 – 1789 ▧▧▧▧▧▧ 71%
Fleisch 1785 – 1789 ▧▧▧▧▧▧ 67%
Brennholz 1785 – 1789 ▧▧▧▧▧▧▧ 91%

c) Einnahmen und Ausgaben eines Pariser Bauarbeiters:

Tageslohn	30,0 Sous
Realeinkommen (nach Abzug von Steuern)	18,0 Sous
Juni 1789	
4 Pfund Brot	14,5 Sous
Miete	3,0 Sous
Rest für Öl, Gemüse , Bekleidung	0,5 Sous
Juni 1791	
4 Pfund Brot	8,0 Sous
Miete	3,0 Sous
½ Liter Wein	4,0 Sous
1 ¼ Pfund Fleisch	2,5 Sous

d) Der Historiker Jean-Paul Bertaud:

Jeder Einwohner Frankreichs isst am Tag durchschnittlich zwischen 400 und 500 Gramm Brot ... auf dem Lande isst man gar bis zu einem Kilo Brot täglich. Abends bekommen die Bauern eine Suppe. Darin wird das Brot eingetaucht ...

5 Wie soll denn ein Tagelöhner, der 12 Sous am Tag nach Hause bringt, Frau und Kinder ernähren, wenn er seinen ganzen Lohn für die erforderlichen sechs Pfund Brot ausgibt? ... Tagelöhner verdienten gerade so viel, wie zum Erhalt ihrer Arbeitskraft nötig war. Sobald sie heirateten und Kinder hatten, 10 kamen sie nie mehr aus den Schulden heraus. Viele Arbeiter mussten verbittert auf eine Heirat verzichten, weil sie außerstande waren, Frau und Kinder zu ernähren.

Zitiert nach: Jean-Paul Bertaud: Alltagsleben während der Französischen Revolution, Darmstadt (Wissenschaftliche Buchgesellschaft) 1989, S. 34 und 17ff. Übers. von Christine Diefenbacher. © Ploetz-Verlag, Freiburg i. Br. und Würzburg 1989

■ M4 Wohnen in Paris

Im Erdgeschoss liegen die Werkstätten und Läden. Über den Läden sind die Wohnungen. Im ersten Stock wohnt gewöhnlich ein Händler oder ein wohlhabender Bürger. Seine Wohnung hat fünf bis sieben Zimmer, die von einer Magd in Ord-5 nung gehalten werden ...

Mit jedem Stockwerk, das man emporsteigt, werden die Wohnungen bescheidener. Unterm Dach wohnen die Armen. Mitten im Zimmer steht ein hölzernes Brettergestell mit einem Strohsack, daneben ein Bottich, der als Waschgelegenheit dient. 10 Dabei sind diese Menschen in der glücklichen Lage, ein Dach über dem Kopf zu haben. Seit Ludwig XIV. hat sich der Anteil der Miete an den Lebenshaltungskosten einer Arbeiterfamilie verdoppelt. Die Miete macht im Schnitt 26 % des Einkommens aus.

Zitiert nach: Bertaud: a. a. O., S. 17ff.

1 Auf dem Grèveplatz wurden die Lastkähne mit Wirtschaftsgütern und Lebensmitteln entladen. Der Platz galt als die größte Gerüchteküche der Stadt. Beschreibe das Alltagsleben (M1).

2 Deute die Aufschriften der Kokarde: „Freiheit" und „Gleichheit" mit dem Zusatz auf der Rückseite: „Das französische Volk ist unbesiegbar, würdevolle Standhaftigkeit ist seine Zier" (M2).

3 Wie sah die soziale Lage der Mehrheit der Pariser Bevölkerung 1789 aus? Erläutere dazu die Aussagen der Quellen M3–M4. Inwiefern förderten diese Umstände die revolutionäre Stimmung?

4 Der König und seine Minister beraten darüber, wie die Teuerungen eingedämmt und drohende Aufstände verhindert werden können. Sucht in Gruppen nach möglichen Lösungen.

Die Revolution auf dem Lande

Keine Antwort auf die Beschwerden. Mit großen Hoffnungen erwartete die Landbevölkerung eine Antwort auf die vielen tausend Beschwerden, die sie in schriftlicher Form ihren Abgeordneten zur Sitzung der Generalstände mitgegeben hatte. Doch waren seit deren Abreise schon viele Wochen vergangen. Die sommerliche Erntezeit hatte begonnen. Die Ernte entschied darüber, wie viel in den Wintermonaten zu essen vorhanden sein würde. Dazu wurden nach der Höhe des Ertrags die Steuern festgelegt. Auf dem Land lebten die Menschen abgeschieden von den Ereignissen in Paris und Versailles; nur längs der großen Fernstraßen mit ihren Poststationen konnte man einigermaßen verlässliche Informationen erhalten. Die Versorgung mit Lebensmitteln war in vielen Provinzen des Landes dramatisch schlecht. Etwa ein Fünftel der französischen Bevölkerung zog im Sommer 1789 als fahrendes Volk durch das Land und bettelte um Nahrung. Die öffentliche Ordnung zerfiel. Gerüchte über alle möglichen Gefahren, über Krieg und Einmischung des Auslands, verunsicherten die Menschen zunehmend. In dieser Situation entlud sich bei den Bauern und Tagelöhnern der in Jahrzehnten gegen die Grundherren aufgestaute Hass. Mit Stöcken, Dreschflegeln und Mistgabeln bewaffnet, stürmten Bauerngruppen die Sitze der Adligen. Grundbücher und Urkunden über die zu leistenden Zahlungen und Frondienste wurden dem Feuer übergeben. Vielen Adligen blieb nur die Flucht.

Die Abschaffung des Feudalismus. Dieser Flächenbrand von Bauernaufständen, „La Grande Peur" (= „die große Angst"), zwang die Nationalversammlung, eine rasche Entscheidung zu treffen. Sollte man mit Truppen gegen die Aufständischen vorgehen? Die Abgeordneten des dritten Standes sprachen sich mehrheitlich gegen eine militärische Lösung aus, da dies in ihren Augen einen Rückfall in die Zeit des Absolutismus bedeutet hätte. In der Nachtsitzung vom 4. auf den 5. August 1789 fiel die Entscheidung zugunsten der Bauern: Alle feudalen Rechte wurden abgeschafft. Augenzeugen der Nachtsitzung berichteten von einem richtigen Freudentaumel. Sogar adlige Abgeordnete traten für die Änderungen ein, um so ein Zeichen für eine wirkliche Erneuerung Frankreichs zu setzen. In Zukunft sollten die Steuern von allen je nach ihrem Einkommen bezahlt werden. Abgaben in Naturalien wurden durch Geldzahlungen ersetzt. Schuldzinsen blieben bestehen. Statt der Geburt sollte fortan die Leistung des Einzelnen über den Zugang zu einem Amt entscheiden. Nach der Verfassungsrevolution vom 17. Juni (s. S. 110) und der Hungerrevolte am 14. Juli bildete die Nachtsitzung vom 4. auf den 5. August den dritten Teil der Revolution von 1789 – der französische Absolutismus war damit abgeschafft.

Der König muss Versailles verlassen. Die Versorgungslage in der Hauptstadt blieb weiterhin angespannt. Am 5. Oktober zogen einige hundert Marktfrauen nach Versailles, um vor dem Königsschloss für eine bessere Versorgung der Hauptstadt mit Lebensmitteln zu demonstrieren. Der Zug der Frauen schwoll unterwegs auf über 5 000 Personen an. Eine Abordnung von Frauen wurde zum König und zur Nationalversammlung vorgelassen. Aufständische drangen am nächsten Tag ins Schloss ein. Ludwig XVI. gab der Forderung der Demonstranten nach und stimmte einem Umzug nach Paris zu. Ein langer Zug von Nationalgardisten und Aufständischen begleitete die königliche Familie auf ihrem Weg in die Hauptstadt. Die Nationalversammlung folgte wenige Tage später.

M1 Verbreitungsgebiete der „Grande Peur"

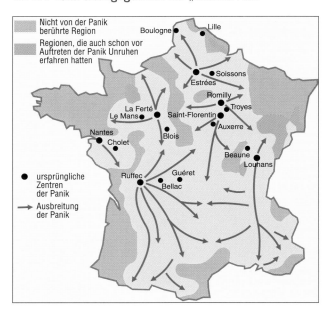

M2 Überstürzte Flucht von Adligen, deren Schloss angezündet wird *(Stich um 1800)*

M3 Karikatur zur Abschaffung der Privilegien

M4 Zug der Marktfrauen *(zeitgenössischer Kupferstich)*

M5 Die Beschlüsse des 4./5. August 1789

Graf Noailles machte folgende Vorschläge, die die Versammlung annahm:

Das Land hat geglaubt, sich gegen die Gewalt bewaffnen zu müssen, sodass diese Menschen heute keine Grenze mehr kennen. Aus dieser Lage folgt, dass in diesem Augenblick das Reich zwischen der Alternative einer Zerstörung der Gesell-
5 schaft oder einer von ganz Europa bewunderten und befolgten Regierung schwankt.

Aber wie kann man diese Regierung errichten? Nur durch öffentliche Ruhe … Um zu dieser notwendigen Ruhe zu gelangen, schlage ich vor, es möge erklärt werden, dass die Re-
10 präsentanten der Nation entschieden haben,

1. dass die Steuern von allen Personen des Reichs nach dem Verhältnis ihrer Einkünfte gezahlt werden.

2. dass in Zukunft alle öffentlichen Lasten gleichmäßig von allen getragen werden sollen.

15 3. dass alle Feudalrechte von den Gemeinden in Geld ausgelöst oder eingetauscht werden können nach einem gerecht geschätzten Preis, gemäß dem Einkommen eines durchschnittlichen Jahres, wobei man das Mittel der letzten zehn Jahre zu-
20 grunde legt.

4. dass Frondienste, Leibeigenschaft und andere persönliche Dienstleistungen ohne Entschädigung abgeschafft werden.

Zitiert nach: Ph.-J. B. Buchez und P. C. Roux-Lavergue (Hrsg.): Histoire parlementaire de la Révolution française, Bd. 2, Paris 1834, S. 224f. Übers. vom Verfasser.

1 In welchen Gebieten Frankreichs kam es zu Bauernaufständen (M1)?

2 Beschreibe die Personen in M3. Was geschieht mit einigen von ihnen und wie reagieren sie darauf?

3 Erläutere die Bedeutung der Beschlüsse (M5) für die Bauern. Beziehe die Aussage der Karikatur M3 mit ein. Erkläre, warum viele Historiker die Beschlüsse des 4./5. August als „Sterbeurkunde des Absolutismus" bezeichnen.

4 Fasse die Ereignisse des Sommers 1789 in einem kurzen Text unter den Überschriften „Verfassungsrevolution", „städtische Hungerrevolte" und „Bauernrevolution" zusammen (M1–M5 und Autorentext).

Die Erklärung der Menschen- und Bürgerrechte

Die Forderungen der Philosophen werden Gesetz. Nach der Abschaffung der Feudalrechte benannte sich die Nationalversammlung in „Verfassunggebende Nationalversammlung" um. Marquis de Lafayette, der im amerikanischen Unabhängigkeitskrieg für die Sache der Amerikaner gekämpft hatte, brachte den Antrag für die Erklärung der Menschen- und Bürgerrechte ein. Das Gesetz wurde am 26. August 1789 beschlossen und sicherte den Franzosen grundlegende Menschenrechte zu. Damit wurden viele Forderungen der Philosophen der Aufklärung zum Gesetz. Die Idee, dass jeder Mensch von Geburt an unveräußerliche Rechte besitzt, setzte sich im 19. und 20. Jh. in allen freiheitlichen Verfassungen der Welt durch. In vielen Teilen der Welt müssen die Menschen aber auch heute noch um ihre Rechte kämpfen.

Der Umgang mit Minderheiten. Auch die verbliebenen ca. 600 000 Protestanten Frankreichs genossen nun das volle Bürgerrecht. Im Jahre 1791 fand erstmals seit 1562 wieder ein öffentlicher protestantischer Gottesdienst statt. Von den 50 000 in Frankreich lebenden Juden erhielten zunächst die nach 1492 aus Spanien und Portugal geflohenen Juden (s. S. 24f.) Südfrankreichs das Bürgerrecht, etwas später auch die Juden im Elsass und in Nordfrankreich. Heftige Debatten gab es in der Frage, ob die Sklaverei in den Kolonien nun abgeschafft sei. Nachdem den Schwarzen die Menschenrechte zunächst zugestanden worden waren, wurden ihnen diese Rechte nach Aufständen in der Karibik auf Druck der weißen Siedler wieder entzogen.

M1 „Auch ich bin frei"
(Medaillon)

M2 Aus der amerikanischen Unabhängigkeitserklärung 1776

Wir halten diese Wahrheiten für in sich einleuchtend: dass alle Menschen gleich geschaffen sind; dass sie von ihrem Schöpfer mit gewissen unveräußerlichen Rechten ausgestattet sind, darunter Leben, Freiheit und Streben nach Glück;
5 dass zur Sicherung dieser Rechte Regierungen unter den Menschen eingesetzt sind, die ihre gerechten Vollmachten von der Einwilligung der Regierten herleiten; dass, wenn immer eine Regierungsform diesen Zielen zum Schaden gereicht, es das Recht des Volkes ist, sie zu ändern oder abzu-
10 schaffen und eine neue Regierung einzusetzen ...
In der Tat wird die Klugheit gebieten, dass seit langem bestehende Regierungsformen nicht aus geringfügigen und vorübergehenden Ursachen geändert werden sollten, und dementsprechend beweist alle Erfahrung, dass die Menschheit
15 eher geneigt ist zu dulden, so lange die Missstände ertragbar sind, als sich Recht zu verschaffen durch Abschaffung der Formen, an die sie gewöhnt ist ...
Zitiert nach: Propyläen-Weltgeschichte, hrsg. von Golo Mann, Bd. 6, Berlin (Ullstein Verlag) 1961, S. 464ff.

M3 Aus der „Erklärung der Rechte der Frau und Bürgerin" von Olympe de Gouges, 1791

Art. 1: Die Frau ist frei geboren und bleibt dem Manne ebenbürtig in allen Rechten ...
Art. 2: Ziel jedes politischen Zusammenschlusses ist die Wahrung der natürlichen und unveräußerlichen Rechte von Frau
5 und Mann, als da sind: Freiheit, Eigentum, Sicherheit und insbesondere das Recht auf Widerstand gegen Unterdrückung.
Art. 3: Jede Staatsgewalt wurzelt ihrem Wesen nach in der Nation, welche ihrerseits nichts anderes ist, als eine Verbindung von Frau und Mann ...
10 Art. 4: Freiheit und Gerechtigkeit beruhen darauf, dass dem anderen abgegolten wird, was ihm zusteht. So stößt die Frau bei der Wahrnehmung ihrer natürlichen Rechte nur an die ihr von der Tyrannei des Mannes gesetzten Grenzen. Diese müssen durch die von der Natur und Vernunft diktierten Gesetze
15 neu gezogen werden ...
Art. 10: Niemand darf wegen seiner Meinung ... Nachteile erleiden ...
Art. 16: Eine Verfassung, an deren Ausarbeitung die Mehrheit der Bevölkerung nicht mitgewirkt hat, wird null und nichtig.
Zitiert nach: Olympe de Gouges: Schriften, hrsg. von Monika Dillier u. a., aus dem Französischen von Vera Mostowlansky, Frankfurt/Basel (Stroemfeld Verlag/Roter Stern) ²1989, S. 41ff.

M4 Aus der Erklärung der ▶ Menschen- und Bürgerrechte 1789

1. Die Menschen sind und bleiben von Geburt an frei und gleich an Rechten. Soziale Unterschiede dürfen nur im Allgemeinnutzen begründet sein.

2. Das Ziel einer jeden politischen Vereinigung besteht in der
5 Erhaltung der natürlichen und unantastbaren Menschenrechte. Diese Rechte sind Freiheit, Sicherheit und Widerstand gegen Unterdrückung.

3. Die Nation bildet den hauptsächlichen Ursprung jeder Souveränität. Keine Körperschaft und kein Individuum können
10 eine Gewalt ausüben, die nicht ausdrücklich von der Nation ausgeht. ·

4. Die Freiheit besteht darin, alles tun zu können, was dem anderen nicht schadet …

5. Dem Gesetz allein obliegt es, die der Gesellschaft schäd-
15 lichen Handlungen zu verbieten …

6. Das Gesetz ist der Ausdruck des allgemeinen Willens. Alle Bürger sind berechtigt, persönlich oder durch ihre Vertreter an seiner Gestaltung mitzuwirken. Ob es schützt oder straft: Es muss für alle gleich sein …

20 7. Kein Mensch kann anders als in den gesetzlich verfügten Fällen und in den vorgeschriebenen Formen angeklagt, verhaftet und gefangen genommen werden …

10. Niemand darf wegen seiner Meinung, selbst religiöser Art, belangt werden, solange die Äußerungen nicht die ge-
25 setzlich festgelegte Ordnung stören.

11. Freie Gedanken- und Meinungsäußerung ist eines der kostbarsten Menschenrechte; jeder Bürger kann daher frei schreiben, reden und drucken …

14. Die Bürger haben das Recht, selbst oder durch ihre Ver-
30 treter die Notwendigkeit der öffentlichen Ausgaben festzustellen, diesen frei zuzustimmen, ihre Verwendung zu überprüfen und ihre Höhe, Veranlagung, Eintreibung und ihren Erhebungszeitraum zu bestimmen.

15. Die Gesellschaft hat das Recht, von jedem öffentlichen
35 Beamten Rechenschaft über seine Verwaltung zu fordern.

16. Jede Gesellschaft, in der die Garantie dieser Rechte erfolgt … hat eine Verfassung.

17. Da das Eigentum ein unverletzliches und heiliges Recht ist, kann es niemandem genommen werden, außer im Falle
40 öffentlicher Notwendigkeit unter der Bedingung einer gerechten und vorherigen Entschädigung.

Zitiert nach: Wilhelm Wachsmuth: Geschichte Frankreichs im Revolutionszeitalter, Bd. 1, Hamburg 1840–1844, S. 592ff. Bearbeitet von Wolfgang Lautemann und Joachim Cornelissen.

Der Text der „Erklärung der Menschen- und Bürgerrechte" wurde in eine Tafel eingemeißelt und in Bildern und Drucken tausendfach im Lande verbreitet. Das Bild zeigt ein Gemälde von Le Barbier aus dem Jahr 1790. Der Engel rechts deutet auf ein Dreieck und auf die Tafel. Die linke Figur stellt die Nation dar. Das Dreieck mit dem Strahlenkranz steht in der Tradition der Malerei für das Auge Gottes. Die Pike (Spieß) in der Mitte symbolisiert die Wehrhaftigkeit, die rote Mütze die Freiheit.

1 Menschenrechte für alle Franzosen? Prüfe, ob die Menschenrechte für alle Menschen in Frankreich galten (M1, M3–M4 und Autorentext).
2 Welche Forderungen erhob Olympe de Gouges (M3)? Informiere dich über ihr Leben.
3 Vergleiche M2 mit M4. Nenne Gemeinsamkeiten und Unterschiede.
4 Drucke die Erklärung der Rechte des Kindes der Vereinten Nationen vom 20. November 1959 aus (Internet) und vergleiche diese mit den hier wiedergegebenen Texten. Wie steht es um die Verwirklichung dieser Rechte?

Ein neuer Staat entsteht

Frankreich wird ▶ konstitutionelle Monarchie. Erst am 3. September 1791 trat die neue Verfassung in Kraft. Die Erklärung der Menschen- und Bürgerrechte wurde ihr vorangestellt. Am 1. Oktober 1791 tagte erstmals die neu gewählte „Gesetzgebende Versammlung". ▶ Parteien wie in heutigen Parlamenten kannte man noch nicht. Gleichgesinnte Abgeordnete trafen sich in politischen Klubs.

Frankreich wird Republik. Ludwig XVI. erkannte die neue Verfassung formal an, doch machte er bei Gesetzesentwürfen immer wieder von seinem Vetorecht (lat. veto = ich verbiete) Gebrauch. Ein Fluchtversuch der Königsfamilie endete im Juni 1791 in Ostfrankreich, wo Ludwig an einer Poststation erkannt und nach Paris zurückgebracht wurde. Die Flucht bestätigte die Gerüchte, der König wolle mithilfe ausländischer Truppen und königstreuer Emigranten die vorrevolutionären Verhältnisse wiederherstellen. Tatsächlich drohten die Herrscher Preußens und Österreichs mit einem Militärschlag. Daraufhin erklärte die „Gesetzgebende Versammlung" im April 1792 Preußen und Österreich den Krieg. Am 10. August 1792 stürmten aufgebrachte Bürger das Königsschloss in den Tuilerien und nahmen Ludwig XVI. gefangen. Er wurde abgesetzt und des Hochverrats angeklagt. An die Stelle der „Gesetzgebenden Versammlung" trat der Nationalkonvent. Frankreich wurde am 21. September 1792 Republik.

Wichtige innenpolitische Maßnahmen. Eine Verwaltungsreform schaffte die Provinzen ab und teilte das Land in 83 Départements ein. Alle Schulen wurden verstaatlicht, die Zivilehe und das Standesregister eingeführt. Ab September 1792 war die Ehescheidung erlaubt. Die Klosterorden wurden aufgelöst; Mönche und Nonnen mussten die Klöster verlassen. Priester und Bischöfe wurden zu Staatsbeamten, die einen Eid auf die Verfassung abzulegen hatten. In den ländlichen Gebieten des französischen Westens verweigerten aber viele Priester diesen Eid.

Welche Wirtschaftspolitik? Die alten Steuern waren abgeschafft und der Aufbau eines neuen und gerechten Steuersystems steckte erst in den Anfängen. Doch der Staat benötigte dringend Geld zur Finanzierung der laufenden Ausgaben. Daher beschloss die Nationalversammlung, den gesamten Besitz der Kirche in Frankreich zu enteignen. Ein Teil der beschlagnahmten Gebäude und Grundstücke stand sofort zum Verkauf. Die Käufer konnten gleich über die Neuerwerbungen verfügen oder sie erhielten übergangsweise Anteilsscheine, die zu einem späteren Zeitpunkt gegen Land oder Immobilien eingetauscht werden konnten.

Welches Wirtschaftssystem sollte den Merkantilismus ersetzen? Besondere Bedeutung erlangten die Theorien des schottischen Volkswirtschaftlers Adam Smith. Seine Forderung, dass Angebot und Nachfrage den Preis eines Produktes bestimmen sollten, setzte sich erstmals durch. Löhne und Preise würden sich unter dem Druck der Konkurrenz einpendeln. Zur Durchsetzung dieser Grundsätze wurden alle Zollschranken innerhalb Frankreichs beseitigt. Die Gewerbefreiheit erlaubte die freie Berufsausübung. Dadurch war jedoch die Mehrzahl der Handwerker dem Wettbewerb schutzlos ausgeliefert; die Wirtschaftskrise verschärfte sich. Zugleich entlud sich die Wut der kleinen Leute über die anhaltende Teuerung in Unruhen und Streiks.

M1 Zusammensetzung der Parlamente zwischen 1789 und 1795 *(siehe auch S. 120)*

M2 Die Verfassung von 1791

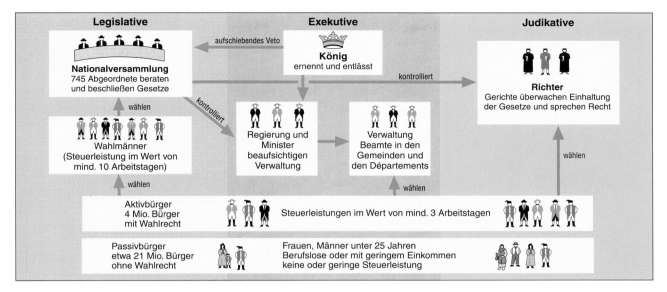

M3 Wer erwarb ehemaliges Kirchengut?

Infolge des Verkaufs von Kirchengut führte die Revolution zu einer Neuverteilung des Grundbesitzes. Die Verkaufsbedingungen entsprachen in keiner Weise den Hoffnungen der kleinen Bauern. Hier hätte man die Agrarfrage lösen können, indem man das Kirchenland in kleine Parzellen aufteilte und es den armen Bauern zu günstigen Kreditbedingungen angeboten hätte. Aber die Güter wurden nur als zusammenhängende Betriebe verkauft. In manchen Gebieten schlossen sich alle Bauern eines Dorfes zusammen, um Land zu erwerben. Trotzdem waren die Nutznießer die Großbauern und das vermögende Bürgertum.

Zitiert nach: Albert Soboul: Die große Französische Revolution, Darmstadt (Wissenschaftliche Buchgesellschaft) 1983, S. 181. Übers. von Joachim Heilmann und Dietfrid Krause-Vilmar. © Europ. Verl.-Anst., Ffm.

M4 Der Herzog von Braunschweig warnt die Franzosen im Juli 1792

Der Kaiser von Österreich und der König von Preußen haben mir den Oberbefehl über ihre vereinigten Heere übertragen ... Wir wollen der Gesetzlosigkeit im Innern Frankreichs und den Angriffen auf Thron und Altar ein Ende machen. Die gesetzliche Gewalt muss wiederhergestellt werden und der König seine Freiheit und Sicherheit zurückerlangen ...

Wir sind überzeugt, dass der gesunde Teil des französischen Volkes die verbrecherische Politik der Revolutionäre verabscheut und mit Ungeduld auf den Moment wartet, sich offen gegen diese Unterdrücker aufzulehnen.

Wir fordern, dass die Stadt Paris und alle ihre Bewohner sich unverzüglich ihrem König unterwerfen, ihm und seiner Familie die volle Freiheit und alle Rechte zurückgeben, die Fürsten von ihren Untertanen zustehen. Alle Mitglieder der Nationalversammlung und die Friedensrichter von Paris sind bei ihrem Leben für die Einhaltung dieser Bedingungen verantwortlich. Sollte der königlichen Familie Leid zugefügt werden, werden wir denkwürdige Rache nehmen und Paris dem Erdboden gleichmachen.

Zitiert nach: Archives parlementaires de 1787–1860, Paris 1879ff., 1 Serie, Bd. 17, S. 372ff. Übers. vom Verfasser.

1 Erkläre mithilfe von M1 und dem Autorentext die Unterschiede zwischen den drei Parlamenten. Welche Tendenz lässt sich ablesen?

2 Beschreibe die Verfassung von 1791. Welche Machtverteilung sah sie vor? Wer durfte wählen? Welche Rolle hatte der König in der konstitutionellen Monarchie? Wer konnte damit zufrieden sein, wer nicht (M2)?

3 Bewerte mithilfe von M3 den Verkauf des Kirchenbesitzes.

4 Zähle einige Forderungen auf, die der Herzog von Braunschweig erhob (M4). Stelle Vermutungen an, wie das Volk von Paris darauf reagierte.

Die Revolution frisst ihre Kinder

Die Revolution am Wendepunkt. Drei Jahre waren seit den revolutionären Vorgängen 1789 vergangen. Ludwig XVI. stand nach seiner Flucht unter Hausarrest. Der Krieg mit dem Ausland hatte kurzfristig von der katastrophalen wirtschaftlichen Lage abgelenkt. Die enttäuschten Bürger forderten radikale politische und wirtschaftliche Maßnahmen zugunsten der Besitzlosen. Am 21. September 1792 trat der Nationalkonvent zu seiner ersten Sitzung zusammen. Die Jakobiner setzten sich für die Gleichheit aller Bürger ein. Einer ihrer Wortführer war der Anwalt Maximilien Robespierre. In Paris hatten die Jakobiner starken Rückhalt bei den Sansculotten (sans culotte = ohne Kniebundhosen, im Gegensatz zu den Adligen trugen die Revolutionäre lange Hosen), die auch eine Republik anstrebten. Die Girondisten, benannt nach dem Département Gironde um Bordeaux, setzten sich für Wirtschaftsfreiheit, Schutz des Eigentums und mehr Entscheidungsrechte der regionalen Verwaltungen ein.

▨ **M1 Angriffe auf die Revolution von außen und von innen**

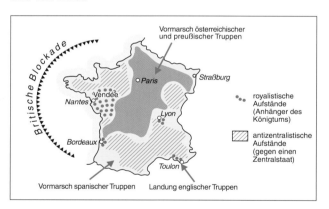

Die „belagerte Republik". Angesichts der Bedrohung von außen waren in aller Eile Truppen zur Verteidigung der Revolution aufgestellt worden. Trotz schlechter Ausrüstung gelang den französischen Soldaten am 20. September 1792 bei Valmy (Nordfrankreich) ein Sieg gegen die Armeen der Preußen und Österreicher. Zugleich schickten sich die Revolutionäre an, ihre Ideen über die Grenzen Frankreichs hinauszutragen. Auch innerhalb Frankreichs ging die Revolution weiter: Mitte 1793 brodelten antirevolutionäre Aufstände von Bauern, Priestern und Adligen.

Im Juni 1793 hatte die Partei der Jakobiner den Machtkampf im Nationalkonvent für sich entschieden und eine Diktatur errichtet. Im März 1794 ließen die Jakobiner führende Girondisten hinrichten und bildeten eine „Revolutionsregierung". Die neue republikanische Verfassung trat mit Hinweis auf die Bedrohungen der Revolution von innen und außen nicht in Kraft.

Die Diktatur der Jakobiner. Die Zeit vom Sommer 1793 bis Juli 1794 ist als die Zeit der Schreckensherrschaft („la Terreur") in die Geschichte eingegangen. Wichtigstes politisches Organ wurde der Wohlfahrtsausschuss unter Führung Robespierres, der damit die Vollmachten eines Diktators besaß. Unablässig tagten die Revolutionsgerichte. Nach heutigen Schätzungen wurden 30 000 Menschen ohne ordentliches Gerichtsverfahren Opfer der Schreckensherrschaft.

Gott wird abgeschafft. An die Stelle der Religion trat ein „Kult der Vernunft" mit einem „höchsten Wesen". Auch wurde das Jahr neu eingeteilt: Jeder der 12 Monate umfasste nun drei Wochen, die jeweils 10 Tage lang waren. Die Zeitrechnung begann nicht mehr mit Christi Geburt, sondern mit der Ausrufung der Republik. Ortschaften, Straßen und Plätze mit christlichen Namen wurden umbenannt. Republikanische Feiertage ersetzten die kirchlichen Festtage. Viele Kinder erhielten zu ihrem Vornamen einen revolutionären Beinamen, z. B. Jean-Républicain.

Das Ende der Schreckensherrschaft. In der Konventssitzung vom 27. Juli 1794 verbündeten sich die Gegner der Schreckenspolitik. Am 28. Juli richtete man Robespierre mit 90 Getreuen hin; die Jakobinerklubs wurden geschlossen. In den folgenden Jahren ging die Macht in die Hände des Besitzbürgertums über. Nach Jahren des Schreckens wünschte sich die Mehrheit der Franzosen Sicherheit im Alltag, Schutz des Eigentums und wirtschaftlichen Aufschwung. Doch die politischen Unruhen gingen weiter. Die Monarchisten witterten die Chance zur Wiederherstellung des Königtums und die radikalen Kleinbürger wollten die Vollendung der „Revolution der Gleichheit". Eine neue Verfassung machte schließlich das Wahlrecht von einer gewissen Höhe der Steuerzahlung abhängig.

M2 Vor dem Revolutionsgericht

M3 Auf der Guillotine *(Flugblatt, 1793)*

Robespierre köpft den Henker, den vorletzten Franzosen. Auf der Pyramide steht: Hier ruht ganz Frankreich. Die Blätter unten stehen für die Verfassungen von 1791 und 1793.

M4 Soll der König hingerichtet werden?

a) Robespierre am 3. Dezember 1792:

Ludwig war König, jetzt haben wir die Republik gegründet. Ludwig wurde wegen seiner Untaten entthront. Er hat das französische Volk der Rebellion bezichtigt. Er hat es strafen wollen und deshalb um militärische Hilfe bei den Tyrannen,
5 seinen Brüdern, nachgesucht. Es kann kein Urteil über Ludwig geben, denn er ist bereits verurteilt. Wer heute noch für einen fairen Prozess plädiert, der kehrt zur Willkür des Absolutismus zurück. Denn, wenn man Ludwig einen Prozess zubilligt, dann könnte er ja theoretisch auch freigesprochen
10 werden. Was wird dann aus der Revolution? Dann wird man die Verteidiger der Freiheit als Kriminelle bezeichnen und die Einmischung der ausländischen Könige als berechtigt ansehen ... Ludwig muss sterben, damit unser Land leben kann. Daher verlange ich, dass der Nationalkonvent Ludwig zum
15 Verräter an der französischen Nation und zum Verbrecher an der Menschheit erklärt.

Zitiert nach: Moniteur, Bd. 14, Paris 1854–1870, S. 646.

b) Der Verteidiger des Königs, Raymond de Sèze:

Ludwig ist angeklagt im Namen der Nation. Ihm werden verschiedene Verbrechen zur Last gelegt. Wenn diese Verbrechen in der Verfassungsurkunde stünden, müssten dort auch die Strafen aufgeführt werden. Da dies nicht der Fall ist, gibt
5 es auch keine Strafen, die man gegen ihn verhängen kann. Als die Verfassung angenommen wurde, war der König Gefangener der Nation. Warum habt ihr ihn nicht damals verurteilt? Ihr habt die Monarchie abgeschafft. Ich bestreite nicht, dass ihr das Recht dazu besitzt. Aber ihr könnt Ludwig nicht das
10 Recht nehmen, als Bürger wie jeder andere behandelt zu werden. Wo bleibt das geregelte Gerichtsverfahren? Wo sind die Geschworenen? Wo ist das Recht auf geheime Abstimmung? Ich suche nach Richtern, sehe aber nur Ankläger. Das letzte Wort wird die Geschichte sprechen. Bedenkt, dass sie eines
15 Tages auch über euch urteilen wird!

Zitiert nach: Moniteur, Bd. 14, S. 841ff. Beide Übers. vom Verfasser.

Ergebnis der Abstimmung: 387 Abgeordnete stimmen für die Todesstrafe, 334 dagegen, 28 ohne Stimmabgabe oder abwesend. Am 21. Januar 1793 wurde Ludwig hingerichtet.

1 Erkläre in einem Kurzvortrag die innenpolitischen und die außenpolitischen Bedrohungen des Jahres 1793 (M1 und Autorentext).

2 Beschreibe die Vorführung eines „Verdächtigen" vor dem Revolutionsgericht (M2).

3 Untersuche die Argumente von Anklage und Verteidigung im Prozess gegen Ludwig XVI. (M4).

4 Fasse die Herrschaft des Wohlfahrtsausschusses zusammen und erkläre den Ausspruch: „Die Revolution frisst ihre Kinder" (M3 und Autorentext).

Napoleons Aufstieg – Ende oder Vollendung der Revolution?

Eine einzigartige Karriere. So etwas hatte es noch nie zuvor gegeben: Der Sohn eines Rechtsanwalts, 1769 auf Korsika geboren, krönt sich 1804 im Beisein des Papstes zum Kaiser. Diese glanzvolle Zeremonie eines Mannes aus dem Volk wäre ohne die Revolution genauso wenig möglich gewesen wie Napoleons beispielloser Werdegang. Im revolutionären Paris zum Offizier ausgebildet, stieg Napoleon während der Revolutionskriege zum General auf – einer bis dahin nur für Adlige erreichbaren Position. Im Herbst 1795 rettete er als junger General mit seiner Armee die bürgerliche Regierung der fünf gewählten Direktoren vor einem Aufstand, bei dem Anhänger des Königtums mit eigenen Truppen eine Machtübernahme erzwingen wollten. Vier Jahre später setzte Napoleon mit einem Militärputsch eben diese Regierung ab, erklärte das Ende der Revolution und wurde zum „Ersten Konsul" ernannt. Eine im gleichen Jahr erlassene Verfassung sicherte seine Alleinherrschaft. Bereits vor der Kaiserkrönung ließ Napoleon sein Konsulat auf Lebenszeit verlängern. Als Kaiser gelangen ihm und seiner „Großen Armee" bis 1812 glanzvolle Siege, durch die sich seine Herrschaft über ganz Europa (s. S. 126f.) ausbreitete.

Ein Kaiser des Volkes. Die Franzosen, die wenige Jahre zuvor noch um Freiheit und Gleichheit gekämpft hatten, wehrten sich weder gegen Napoleons Vorgehensweise noch gegen seine Alleinherrschaft. Entscheidend war, dass er die seit den Revolutionskriegen bestehende außenpolitische Bedrohung Frankreichs durch die europäischen Mächte beseitigt hatte und eine geschickte, auf Ausgleich bedachte Innenpolitik betrieb. Er erreichte eine Aussöhnung mit der katholischen Kirche sowie die Rückkehr adliger Emigranten. Zugleich ließ er den Großbürgern den Gewinn, den sie mit dem Erwerb von Grundbesitz aus der Revolution gezogen hatten. Beschäftigungsprogramme belebten die französische Wirtschaft: Straßen, Kanäle und Häfen wurden gebaut. Die ruinierten Staatsfinanzen wurden durch rigorose Eintreibung inländischer Steuern und hohe Abgaben im besiegten Europa saniert. Die Geldentwertung konnte durch eine neue stabile Währung beendet werden. Gleichzeitig gab Napoleon der Bevölkerung das Gefühl, er sei „Kaiser der Franzosen". Wenngleich alle Entscheidungen von „oben" getroffen wurden, legte er bestimmte Fragen dem Volk zur Abstimmung vor (Plebiszit). So ließ er sich in seinen Ämtern als „Erster Konsul", als „Konsul auf Lebenszeit" und als Kaiser bestätigen. Zugleich aber herrschten Pressezensur und ein Spitzelsystem, das sämtliche Lebensbereiche überwachte.

M1 Krönungsfeierlichkeiten am 2. Dezember 1804 in der Kathedrale Notre-Dame in Paris *(Ausschnitt aus einem Gemälde Jacques-Louis Davids, 1808)*

Im gesamten Bild, es misst 610 x 930 cm, sind über 100 Personen dargestellt. Darunter Papst Pius VII. mit zwei Kardinälen im Hintergrund, Napoleons Frau Josephine, der Oberzeremonienmeister und die Marschälle mit den Ehrenzeichen der Königin (Kissen, Korb, Brett), sowie in einer Loge, flankiert von Ehrengästen, Napoleons Mutter, die an der Feier in Wirklichkeit nicht teilnahm.

**M3 Napoleons Kopf
1785** *(Kreidezeichnung
eines Mitschülers)*

M4 Napoleon 1799 ▶
*(Gemälde von Antoine-
Jean Gros)*

M2 Napoleon reitet 1800 über den St. Bernhard-Pass
*(Gemälde von Jacques-Louis David, 1805). Tatsächlich über-
querte er auf einem Maultier die Alpen, doch das passte
nicht zu seinem Ruf als zweiter unbesiegbarer Hannibal.*

1 Beschreibe das Bild M1. Welche Situation ist dargestellt? Identifiziere die genannten Personen. Woran
erkennst du sie?

2 Napoleon bezahlte seinem Hofmaler 100 000 Franc
und lobte das Bild (M1) bei der ersten Besichtigung:
„Das ist gut, David. Ihr habt vollkommen meine Vor-
stellungen erahnt." Warum war der Kaiser mit dieser
Inszenierung so zufrieden? Was sollte damit zum
Ausdruck gebracht werden?

3 Beschreibe die Abbildungen M2–M5. Deute die Symbole, Rang- und Herrschaftszeichen. Welche Schluss-
folgerungen kannst du hinsichtlich Napoleons Alter,
Beruf, Amt bzw. Rang ziehen? Ordne die Bilder Stationen von Napoleons Leben (Autorentext) zu.

4 Inwieweit war Napoleon eher Totengräber als Retter der Revolution? Sammelt Argumente aus dem
Text und diskutiert sie.

5 Beschreibe und deute M5 mithilfe der methodischen Schritte auf S. 97.

◀ **M5 Napoleon 1807** *(mit Herrscherstab, auf dem am Ende
ein Adler, Napoleons Wappenvogel, zu sehen ist, sowie
mit einem Reichsapfel und der „Hand der Gerechtigkeit",
auf dem Kissen liegend)
Zahlreiche offizielle Gemälde wurden in diesem Stil
angefertigt, hier von François Gérard.*

Deutschland – besiegt oder befreit?

Napoleons Kriege. Fast ununterbrochen befand sich Frankreich seit 1792 im Krieg. Erst ging es gegen die europäischen Monarchien, die die Ergebnisse der Revolution abschaffen wollten (Revolutionskriege). Später war es Napoleons Machtanspruch, der zu Kriegen führte. Der Kaiser meinte, Frankreich sei verpflichtet, ein einheitliches Europa im Geist des französischen Fortschritts zu schaffen (Napoleonische Kriege). Um dies zu erreichen, mussten die europäischen Staaten unterworfen und reformiert werden. Durch die vielen Siege wuchs Napoleons Popularität, insbesondere da er seine Truppen in den Feldzügen stets selbst anführte.

Das Ende des Heiligen Römischen Reichs 1806. Napoleons Eroberungen veränderten Deutschlands Landkarte. Die Gebiete links des Rheins wurden 1801 von Frankreich besetzt und gehörten bis 1813 zum französischen Kaiserreich. Unter Napoleons Druck verzichtete Franz II. 1806 auf die deutsche Kaiserkrone; dies bedeutete das Ende des Heiligen Römischen Reichs Deutscher Nation. Im gleichen Jahr besiegten Napoleons Soldaten die preußischen Heere bei Jena und Auerstedt. Als Folge davon verlor Preußen seine polnischen Besitzungen und alles Land westlich der Elbe – über ein Drittel seines Gebiets und die Hälfte seiner Bevölkerung. Außerdem musste es hohe Abgaben an Frankreich leisten.

Die große „Flurbereinigung". Nicht alle Fürsten in den deutschen Gebieten bekämpften Napoleon, da sie von der territorialen Umverteilung Deutschlands profitierten. Kleine Territorien, vor allem freie Städte, wurden den größeren Fürstentümern zugeschlagen oder zu Staaten mittlerer Größe zusammengelegt. Zur Entschädigung der deutschen Fürsten für ihre linksrheinischen Gebiete wurden Klosterbesitz und Kirchengüter enteignet, geistliche Gebiete aufgelöst (▷ Säkularisierung). Etwa drei Millionen Untertanen von Bischöfen waren nun weltlichen Fürsten unterstellt. Die Gebietsveränderungen nutzten auch den 16 deutschen Fürsten, die sich 1806 unter französischer Führung im „Rheinbund" zusammenschlossen. Hauptziel war dabei die gegenseitige militärische Hilfe vor allem gegen Österreich.

Das Vorbild Frankreich. Die modernen liberalen Ideen der Französischen Revolution, die auch in der deutschen Literatur und Philosophie aufgegriffen und verbreitet wurden, hatten viele Deutsche begeistert. Napoleon brachte nun neben seinen Truppen auch zahlreiche Neuerungen mit; dies betraf vor allem den wirtschaftlichen, gesellschaftlichen und rechtlichen Bereich. Die meisten Rheinbundstaaten übernahmen, wie auch die besetzten Gebiete, den ▷ „Code civil" – das im Namen Napoleons 1804 geschaffene Gesetzbuch. Die Verwaltung wurde dem französischen Vorbild angepasst; die Adligen verloren viele ihrer Privilegien. Kirche und Staat wurden strikt getrennt; kirchliche Aufgaben, wie Schulerziehung, Krankenpflege und Armenfürsorge, sollte der Staat übernehmen.

Das Beispiel Preußen. Die schwere militärische Niederlage von 1806 offenbarte Missstände in Preußen und bewegte auch König Friedrich Wilhelm III. (1797–1840) zu ▷ Reformen des Staates und der Gesellschaft. Adlige Politiker, wie Karl vom und zum Stein, Karl von Hardenberg und Wilhelm von Humboldt, gestalteten Regierung, Verwaltung, Wirtschaft, Finanz-, Steuer- und Bildungswesen neu; außerdem kam es zu Änderungen im Heer. An die Stelle persönlicher Berater des Königs traten verantwortliche Minister mit eigenem Fachbereich. Eine Städteordnung legte die Mitbestimmung der Bürger in den Gemeinden fest. Die Steuern wurden zwischen Stadt und Land sowie zwischen den einzelnen Ständen gerechter verteilt. Das Ende bäuerlicher Erbuntertänigkeit (Bauernbefreiung) sicherte 70 % der preußischen Bevölkerung persönliche Freiheitsrechte. Die Gewerbefreiheit beendete die Aufsicht des Staates über das Wirtschaftsleben und beseitigte das Monopol der Zünfte. Die Juden erlangten die rechtliche Gleichstellung als Bürger. Eine Bildungsreform verbesserte die Lehrerausbildung, modernisierte die Schulen und führte zur Gründung der Berliner Universität. Im Heereswesen wurde die allgemeine Wehrpflicht eingeführt und die Prügelstrafe abgeschafft.

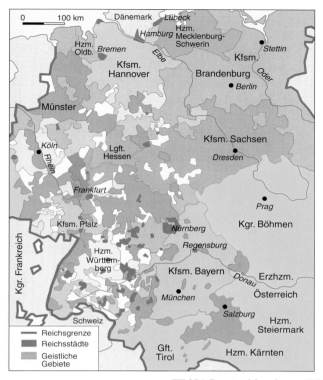 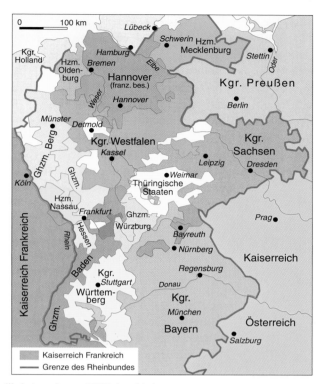

M1 Deutschland um 1789 *(links)* **und um 1807** *(rechts)*

M2 Aus dem Oktoberedikt vom 9. Oktober 1807

§ 1 Jeder Einwohner Unsrer Staaten ist, ohne alle Einschränkung in Beziehung auf den Staat, zum eigenthümlichen und Pfandbesitz unbeweglicher Grundstücke aller Art berechtigt; der Edelmann also zum Besitz auch bürgerlicher und bäuer-
5 licher Güter aller Art, und der Bürger und Bauer zum Besitz nicht blos bürgerlicher, bäuerlicher, sondern auch adelicher Grundstücke, ohne daß der eine oder der andere zu irgendeinem Güter-Erwerb einer besonderen Erlaubnis bedarf ...
Alle Vorzüge, welche bei Güter-Erbschaften der adeliche vor
10 dem bürgerlichen Erben hatte, und die bisher durch den persönlichen Stand des Besitzers begründete Einschränkung ... gewisser gutsherrlicher Rechte, fallen gänzlich weg. In Absicht der Erwerbsfähigkeit solcher Einwohner, welche den ganzen Umfang ihrer Bürgerpflichten zu erfüllen, durch Reli-
15 gionsbegriffe verhindert werden, hat es bei den besonderen Gesetzen sein Verbleiben.
§ 2 Jeder Edelmann ist, ohne allen Nachtheil seines Standes, befugt, bürgerliche Gewerbe zu treiben; und jeder Bürger oder Bauer ist berechtigt, aus dem Bauer- in den Bürger- und
20 aus dem Bürger- in den Bauerstand zu treten ...
§ 12 Mit dem Martini-Tage Eintausend Achthundert und Zehn (1810) hört alle Guts-Unterthänigkeit in Unseren sämmtlichen Staaten auf. Nach dem Martini-Tage 1810 giebt es nur freie Leute, so wie solches auf den Domänen in allen Unsern
25 Provinzen schon der Fall ist, bei denen aber, wie sich von selbst versteht, alle Verbindlichkeiten, die ihnen als freien Leuten vermöge des Besitzes eines Grundstücks, oder vermöge eines besonderen Vertrages obliegen, in Kraft bleiben.
Zitiert nach: Ernst Rudolf Huber (Hrsg): Dokumente zur deutschen Verfassungsgeschichte, Band 1, Stuttgart (Kohlhammer) 1961, S. 38ff.

1 Vergleiche die Karten von M1. Beschreibe die territorialen Veränderungen. Wie unterscheiden sich das alte Reich und die Staaten zur Zeit des Rheinbundes?
2 Welche „revolutionären" Neuerungen wurden durch M2 in Preußen eingeführt? Begründe, warum das Edikt historische Berühmtheit erlangt hat. Was fällt an der Rechtschreibung der damaligen Zeit auf?
3 Erkundige dich (Stadtarchiv, Bücherei), inwiefern deine Region von Napoleons Kriegen und seinen Folgen betroffen war.
4 Beantworte schriftlich die Titelfrage dieser Doppelseite.

Wie gewonnen, so zerronnen – Napoleons Pläne scheitern

Ganz Europa französisch? Im Jahre 1807 war Napoleon auf dem Höhepunkt seiner Macht. Seine Armeen hatten fast ganz Europa erobert. Neue Staaten entstanden, neue Grenzen wurden gezogen. Die besiegten Staaten Preußen und Österreich bestanden deutlich verkleinert weiter. Der 1795 aufgelöste polnische Staat wurde als Großherzogtum Warschau durch Napoleon wiedergegründet. Außerdem wurden neue Staaten, wie das Königreich Westfalen, gebildet, die Angehörige aus Napoleons Familie regierten. Als mächtige Rivalen im Kampf in Europa blieben nur England und Russland übrig.

Boykott Englands. Die englische Kriegsflotte war der französischen spätestens nach dem Sieg in der Seeschlacht von Trafalgar 1805 klar überlegen. Daher konnte Napoleon an eine Invasion der Britischen Inseln nicht denken. Stattdessen beabsichtigte er 1806, England durch eine Blockade der Seewege wirtschaftlich zu isolieren. An dieser „Kontinentalsperre" mussten alle unter französischer Vorherrschaft stehenden Länder teilnehmen; auch Russland machte mit. Waren vom Kontinent sollten nicht zu den Britischen Inseln gelangen und umgekehrt. Der Boykott traf England hart, aber auch der Kontinent war schwer betroffen, denn es gelangten neben den dringend benötigten Fertigwaren auch keine Rohstoffe mehr aus den Kolonien auf das Festland.

Widerstand regt sich. 1807 ließ Napoleon seine Truppen auch auf der Iberischen Halbinsel einmarschieren und besiegte die spanische Armee. Doch sein in Spanien als König eingesetzter Bruder Joseph war ein schwacher Herrscher. Die Spanier entwickelten eine neue Form von Widerstand – die Guerillataktik: Die Besatzer erlitten hohe Verluste, weil sie andauernd durch kleine Aktionen unvorbereitet attackiert wurden. Brutale Vergeltungsmaßnahmen der Franzosen provozierten weiteren spanischen Widerstand.

Russlandfeldzug 1812. Als sich das Zarenreich nicht mehr an die Kontinentalsperre hielt, erklärte Napoleon Russland den Krieg. Mit einem gut ausgerüsteten Heer von 600 000 Mann suchte er die schnelle Entscheidungsschlacht. Aber die unterlegene russische Armee zog sich zurück und zermürbte den Gegner durch viele kleine Überfälle. Zwar erreichten Napoleons geschwächte Truppen Moskau, doch die Stadt war verlassen und in Brand gesteckt. Sowohl der frühe Wintereinbruch als auch die „Politik der verbrannten Erde" seitens der Russen, nebst den Meldungen von einem Staatsstreich, zwangen Napoleon zum Rückzug. Dieser führte in die Katastrophe, da für Lebensmittel und einen Schutz gegen die Kälte kaum gesorgt war. Napoleons „Große Armee" kehrte mit nur etwa 5 000 Soldaten zurück.

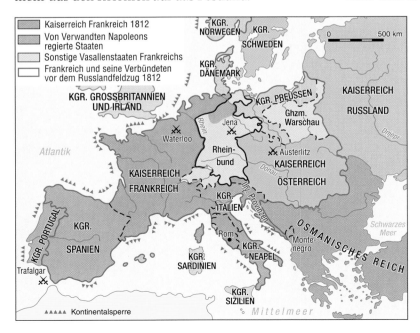

Napoleons Ende. Der gescheiterte Russlandfeldzug sorgte dafür, dass sich Europas Staaten verbündeten und Napoleons Truppen in der „Völkerschlacht" bei Leipzig 1813 besiegten. Napoleon wurde auf die Mittelmeerinsel Elba verbannt. Von dort kehrte er für 100 Tage nach Frankreich zurück. In der Schlacht bei Waterloo im heutigen Belgien wurde Napoleon 1815 von britischen und preußischen Heeren endgültig besiegt. Bis zu seinem Tode 1821 lebte er auf der Atlantikinsel St. Helena in Verbannung.

M1 Europa unter Napoleon 1804 bis 1812

M2 Die Erschießung der Aufständischen am 3. Mai 1808 *(Gemälde von Francisco de Goya, 1814. Der Maler war Augenzeuge.)*

M3 In der Gegend von Smogorny *(Aquarell von C. W. Faber du Faur, 1812. Der Stuttgarter Künstler nahm als junger Artillerieoffizier am Russlandfeldzug teil.)*

▨ M4 Napoleon im Widerstreit der Beurteilungen

● Er wird väterliche Autorität benutzen, um die verhängnisvollen Spuren der Revolution zu verwischen, die Republik mit einem weisen System von bürgerlichen Rechten auszustatten, ... und auf diesen Grundlagen den Wohlstand Frankreichs
5 gründen, die Interessen seines Landes mit jenen anderer Länder friedlich ausgleichend.

Nikolaj M. Karamsin, russischer Autor und Historiker, 1800

● Nun wird (Napoleon) auch alle Menschenrechte mit Füßen treten, nur seinem Ehrgeiz frönen; er wird sich nun höher als die anderen stellen, ein Tyrann werden.

Ludwig van Beethoven, deutscher Komponist, 1804

10 ● Es wird nicht verloren sein, was er getan und ausgerichtet hat. Es wäre eine Lästerung, zu sagen, Gott sei mit ihm; aber offenbar ist er ein Werkzeug des Allmächtigen Hand, um das Alte, welches kein Leben mehr hat, ... zu begraben.

Königin Luise von Preußen, 1808

● (Napoleon) hat die Menschen mehr verdorben, der menschlichen Gattung mehr Übel zugefügt im kurzen Zeitraum von
15 zehn Jahren als alle Tyrannen Roms zusammen.

François René de Chateaubriand, französischer Autor und Politiker, 1814

● Ein fremder Eroberer hat in Deutschland die alten Zwingburgen der Feudalherren und die Klöster der Ordensherren in Trümmer geschlagen und die Grundlagen des nationalen
20 Staates geschaffen.

Franz Mehring, deutscher Historiker und Politiker (SPD), 1903

● Sein Genie hat nur unter großen Unkosten eine Partie in die Länge gezogen, die von Anfang an verloren war.

Jacques Bainville, französischer Historiker, 1931

● Er wird der große Zerstörer. Eine überalterte Welt zerbricht unter seinen Schlägen. Aber der Urkraft gleich schaffte er aus
25 dem Chaos eine neue Welt, eine andere Daseinsordnung, alles auf seine Person ausrichtend, allem den Stempel seines Willens und Genies aufdrückend.

Martin Göhring, deutscher Historiker, 1965

● Man muss ihn unter die vier größten Heerführer aller Zeiten rechnen: Mit Alexander dem Großen, Hannibal und Dschingis
30 Khan teilt er sich die höchsten Ehren ...

David Chandler, britischer Historiker, 1974

Zitiert nach: Ulrich Baumgärtner: Napoleon – „Halbgott oder Ungeheuer?" In: „Napoleonische Ära" (= Praxis Geschichte 6/2004), S. 36f.

1 Stelle mithilfe der Karte M1 und des Autorentextes den französischen Machtgewinn dar. Inwieweit kann man Napoleon als Einiger Europas betrachten?

2 Beschreibe detailliert das Geschehen auf den Bildern M2 und M3. Beachte Gegenstände, Personen, Kleidung und Ausrüstung. Was haben die Künstler über die Kriegshandlungen gedacht? Begründe.

3 Halte in einer Tabelle Zeitpunkt und Herkunft jedes Urteils fest (M4). Füge hinzu, ob die Bewertung eine positive oder negative ist.

4 Wodurch lassen sich die unterschiedlichen Beurteilungen erklären? Untersuche, ob es sich um eine zeitgenössische oder rückblickende Auffassung handelt.

5 Wie beurteilst du selbst Napoleon? Gib dazu eine schriftliche Begründung ab.

Der Wiener Kongress: eine neue Ordnung für Europa?

Der Kongress tanzt und tagt. Nach 25 Jahren Revolution und Krieg sowie nach dem Sieg über Napoleon blickten die Menschen nach Wien. Dort trafen sich von Herbst 1814 bis in den Sommer 1815 die Staatsmänner der wichtigsten europäischen Staaten auf dem ▸ Wiener Kongress. Kaiser, Könige, fast 100 Fürsten – auch Vertreter des besiegten Frankreichs – feierten prachtvolle Feste und handelten zugleich eine Friedensordnung für Europa aus. Der führende Kopf der versammelten Diplomaten war Österreichs Außenminister Fürst Metternich. Seine Politik der ▸ Restauration wollte die Herrschaftsverhältnisse aus der Zeit vor der Französischen Revolution möglichst wiederherstellen. Dabei berief er sich auf drei Prinzipien:

● Legitimität: Als rechtmäßig galt nur die nicht durch Krieg oder Revolution begründete Herrschaft; Demokratie und Volkssouveränität würden dagegen die staatliche Ordnung bedrohen.

● Monarchische Autorität: Der Herrscher vereinigte die gesamte Staatsgewalt in seiner Person. Als freiwilliges Zugeständnis konnte der Monarch zu seiner Beratung eine Ständeversammlung einberufen.

● Stabilität: „Ruhe und Ordnung" waren oberstes Gebot für ein funktionierendes Staatswesen, Konflikte im Inneren und mit anderen Mächten sollten mit friedlichen Mitteln geregelt werden.

Europas Zukunft. Nach langen Verhandlungen kam man in Wien zu folgenden Ergebnissen: Frankreich erhielt mit Ludwig XVIII. wieder einen König. Eine erneute französische Vorherrschaft sollte durch Stärkung der Nachbarn an den Grenzen verhindert werden. Außerdem schlossen sich die Herrscher Russlands, Österreichs und Preußens zu einer ▸ „Heiligen Allianz" zusammen, um sich jederzeit brüderlich Hilfe und Beistand zu leisten. Großbritannien hatte die Aufgabe, über den Erhalt des europäischen Gleichgewichts zu wachen.

Der Deutsche Bund. Sehr schwierig war die Frage, was aus Deutschland werden sollte. Das alte Reich wurde nicht wiederhergestellt, noch eine neue deutsche Einheit geschaffen. Stattdessen bildete man einen lockeren Staatenbund, den ▸ Deutschen Bund. Es gab keine Verfassung, kein Staatsoberhaupt, kein gemeinsames Parlament. Das einzige gemeinsame Organ – die Bundesversammlung in Frankfurt, eine Art Botschafterkonferenz der insgesamt 42 selbstständigen deutschen Großmächte, Klein- und Kleinststaaten – konnte wichtige Beschlüsse nur mit Zweidrittelmehrheit fassen.

M1 Sitzung des Wiener Kongresses
Zeitgenössischer Stich von Jean Godefroy (1771–1839)

Die Chefdiplomaten Europas: ① *Herzog von Wellington (Großbritannien)* ② *Fürst von Hardenberg (Preußen)* ③ *Fürst von Metternich (Österreich)* ④ *Graf Rasoumoffsky (Russland)* ⑤ *Charles de Talleyrand (Frankreich)* ⑥ *Wilhelm von Humboldt (Preußen)*

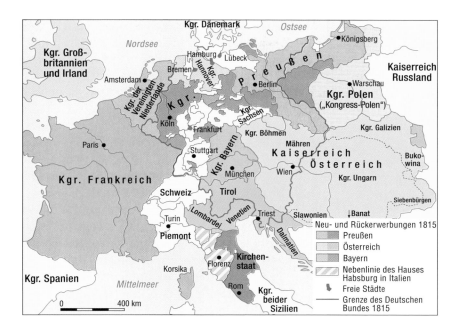

1 Betrachte M1 und versetze dich in einen preußischen oder österreichischen Diplomaten. Formuliere, inwieweit du mit dem Verlauf und den Ergebnissen des Wiener Kongresses zufrieden bist. Beziehe die Karte M2 mit ein.

2 Der Deutsche Bund war ein Staatenbund. Was versteht man darunter? Was ist ein Bundesstaat? Lies in einem Lexikon nach und stelle beide Staatsformen gegenüber.

3 Kläre folgende Fragen zum Deutschen Bund: Welche ausländischen Herrscher waren im Bund vertreten? Erkläre, weshalb dies so war. Welche Teile des preußischen und österreichischen Staatsgebietes gehörten nicht zum Bund? Was war der Grund?

4 Beschreibe das Bild M3 ausführlich und interpretiere es mithilfe des Autorentextes. Beantworte dabei auch folgende Fragen: Wie wird das Verhältnis zwischen den drei Personen dargestellt? Welche Grundidee eint sie? In welche Zeit versetzte der Künstler die Monarchen und was wollte er damit bezwecken? Wie sahen die Herrscher ihre Regierungsaufgabe?

M3 Die Heilige Allianz
(zeitgenössisches Gemälde von Friedrich Olivier)

Abgebildet sind der preußische König Friedrich Wilhelm III. (links), der österreichische Kaiser Franz I. (Mitte) und Zar Alexander I. (rechts).
Die Darstellung versinnbildlicht die Haltung der drei Monarchen.

Es gärt in Deutschland und Europa

Nationale und liberale Ideen. Viele Deutsche waren unzufrieden mit den Ergebnissen des Wiener Kongresses, denn Metternich hatte seinen Kurs der Wiederherstellung der alten Ordnung durchgesetzt. Vergessen schien die Zeit der napoleonischen Herrschaft über Europa, als manche deutsche Fürsten begannen, ihre Untertanen als Bürger mit Pflichten und Rechten anzuerkennen. Vergessen schien auch die Tatsache, dass in den Befreiungskriegen Männer aus den verschiedensten deutschen Ländern gemeinsam über die napoleonischen Armeen gesiegt hatten. Insbesondere an den Universitäten war die Enttäuschung spürbar, hatten doch zahlreiche Studenten in den Befreiungskriegen gekämpft. 1815 entstand in Jena die erste „Burschenschaft" als Zusammenschluss politisch fortschrittlich denkender Studenten. Drei Jahre später existierten an zahlreichen Universitäten Studentenverbindungen, deren Vertreter die Verfassung einer „Allgemeinen Deutschen Burschenschaft" unterzeichneten. Zwei das gesamte 19. Jh. prägende politische Ideen wurden von den Burschenschaftlern vertreten: der ▸ Nationalismus und der ▸ Liberalismus. Man wollte die deutschen Länder zu einer einzigen ▸ Nation vereinen, wobei die Gemeinsamkeit von Sprache, Kultur und Geschichte ausschlaggebend sein sollte. Zu diesem Wunschziel gesellte sich die Forderung der Aufklärer nach Befreiung der Menschen von staatlicher Bevormundung.

Die Karlsbader Beschlüsse fördern ein Klima der Angst. Zwei Ereignisse lieferten Metternich einen Vorwand, den „Unfug" an den Universitäten – gemeint waren die nationalen und liberalen Ideen – zu bekämpfen. Auf der Wartburg (Thüringen) hatten sich 1817 über 500 Burschenschaftler getroffen und an den dreihundertsten Jahrestag von Martin Luthers Thesenanschlag (s. S. 68) erinnert. Einige radikalere Studenten hatten dabei Symbole der alten Ordnung verbrannt. Zudem ermordete am 23. März 1819 der Theologiestudent Karl Ludwig Sand den bekannten Schriftsteller August von Kotzebue. Dieser war wegen seiner Kritik an den Zielen der Burschenschaften bei den Studenten verhasst. Die blutige Tat war nun Anlass genug für Metternich, um massiv zu reagieren. Vertreter der Bundesstaaten beschlossen auf einer Konferenz im böhmischen Karlsbad harte Gegenmaßnahmen, die das gesellschaftliche Leben grundsätzlich veränderten. Die Burschenschaften wurden verboten, die Universitäten bespitzelt, liberale Professoren aus ihren Ämtern entfernt, die Presse überwacht und zensiert. Die Menschen misstrauten einander, redeten nicht mehr über politische Themen und zogen sich aus der Öffentlichkeit zurück.

Frankreich – Polen – Deutschland. Seit dem Sturz Napoleons war Frankreich eine konstitutionelle Monarchie. Die verfassungsmäßig garantierte Meinungs-, Presse- und Religionsfreiheit galt ebenso wie die Gleichheit der Bürger vor dem Gericht und die Unverletzlichkeit des Eigentums. Seit seinem Regierungsantritt 1824 versuchte König Karl X. jedoch, die Rechte der Franzosen einzuschränken. Dies führte Ende Juli 1830 zu erbitterten Straßenkämpfen, in denen das aufgebrachte Volk siegte. Das eigentliche Ziel – die Gründung einer Republik – konnte zwar nicht verwirklicht werden, aber immerhin wurde mit dem „Bürgerkönig" Louis Philippe mehr Mitbestimmung durchgesetzt. Die revolutionäre Stimmung verbreitete sich auch in anderen Teilen Europas. So begann in Polen 1831 ein erbitterter, aber vergeblicher Kampf gegen die Fremdherrschaft des Zaren. Zahlreiche polnische Revolutionäre mussten ins Ausland flüchten. Und in Deutschland fand mit dem Hambacher Fest die erste demokratisch-republikanische Massenversammlung statt. Etwa 20 000 bis 30 000 Menschen waren dem Aufruf der Journalisten Johann Wirth und Philipp Jakob Siebenpfeiffer zur Schlossruine Hambach in der Pfalz gefolgt, um im Mai 1832 die Gründung des „Vaterlandsvereins" zu feiern.

M1 „Könige Europas, seid auf der Hut, der Monat Juli tut euch nicht gut!" *(Karikatur von Honoré Daumier, 1830)*

M2 Aus den Karlsbader Beschlüssen *(1819)*

Einstimmig von der Bundesversammlung in Frankfurt am Main beschlossen, galten sie bis 1848:

Bundes-Pressgesetz

§1 So lange als der gegenwärtige Beschluss in Kraft bleiben wird, dürfen Schriften, die in der Form täglicher Blätter oder heftweise erscheinen … in keinem Deutschen Bundesstaate ohne Vorwissen und vorherige Genehmigung der Landesbe-
5 hörden zum Druck befördert werden …

§7 Wenn eine Zeitung oder Zeitschrift durch einen Ausspruch der Bundesversammlung unterdrückt worden ist, so darf der Redakteur derselben binnen fünf Jahren in keinem Bundes-staat bei der Redaktion einer ähnlichen Schrift zugelassen
10 werden …

Bundes-Universitätsgesetz

§2 Die Bundesregierungen verpflichten sich gegeneinander, Universitäts- und andere öffentliche Lehrer, die durch … Ver-breitung verderblicher … Lehren ihre Unfähigkeit zur Verwal-
15 tung des ihnen anvertrauten wichtigen Amtes unverkennbar an den Tag gelegt haben, von den Universitäten und sonsti-gen Lehranstalten zu entfernen …

§3 Die seit langer Zeit bestehenden Gesetze gegen geheime oder nicht autorisierte Verbindungen auf den Universitäten
20 sollen … insbesondere auf den seit einigen Jahren gestifte-ten, unter dem Namen der allgemeinen Burschenschaft be-kannten Verein … ausgedehnt werden.

Zitiert nach: Ernst Rudolf Huber: Dokumente zur deut-schen Verfassungsgeschichte, Band 2, Stuttgart (Kohl-hammer) 1961ff., S. 90ff.

M3 Der Zug auf das Hambacher Schloss am 27. Mai 1832 *(zeitgenössische Federlithografie)*

M4 Das Hambacher Fest 1832

Auszug aus der Rede Philipp Jakob Siebenpfeiffers:

Vaterland – Freiheit – ja! Ein freies deutsches Vaterland – dies ist der Sinn des heutigen Festes. Die Fluren des Vater-landes stehen verlassen, Dörner und Disteln wuchern, Uhus herrschen als Adler, Büffel spielen die Löwen, und kriechen-
5 des Gewürm, Volk genannt, schleicht und windet sich auf der Erde. Und es wird kommen der Tag, der Tag des edelsten Siegstolzes, wo der Deutsche vom Alpengebirg und der Nord-see, vom Rhein, der Donau und Elbe den Bruder im Bruder umarmt, wo die Zollstöcke und die Schlagbäume, wo alle Ho-
10 heitszeichen der Trennung und Hemmung und Bedrückung verschwinden, samt den Constitütiönchen, die man etlichen mürrischen Kindern der großen Familie als Spielzeug verlieh. Es lebe das freie, das einige Deutschland! Hoch leben die Po-len, der Deutschen Verbündete! Hoch lebe jedes Volk, das
15 seine Ketten bricht und mit uns den Bund der Freiheit schwört!

Zitiert nach: Johann Wirth: Das Nationalfest der Deut-schen zu Hambach, Neustadt 1832, S. 33ff.

1 Beschreibe und interpretiere Daumiers Karikatur (M1) hinsichtlich der Auswirkungen der französi-schen Julirevolution auf Europa.

2 Fasse die Auszüge aus den Karlsbader Beschlüssen (M2) in eigenen Worten zusammen. Erläutere Sinn und Zweck der einzelnen Bestimmungen.

3 Versetzt euch als Professor, Journalist, preußischer Beamter oder Adliger in das Jahr 1820 und diskutiert die politische Lage in Deutschland nach den Karlsba-der Beschlüssen.

4 Inwiefern haltet ihr die damalige Pressezensur für gerechtfertigt? In welchen Fällen ist eurer Meinung nach eine Kontrolle der Medien angebracht?

5 Erkläre, weshalb nach dem Hambacher Fest das Tragen der Farben Schwarz-Rot-Gold (M3) sowohl in Fahnen als auch Kokarden verboten wurde (s. S. 113).

6 Neben der deutschen Trikolore wehte in Hambach auch die weiß-rote Fahne der Polen und mehrfach wurde die polnische Hymne „Noch ist Polen nicht verloren" angestimmt. Auch Jakob Siebenpfeifer lässt die Polen hochleben (M4). Finde die Gründe für die Polenbegeisterung heraus.

7 Formuliere mit eigenen Worten Siebenpfeiffers Kritik an der damaligen Situation in Deutschland und zeige auf, wie er sich ein zukünftiges Deutschland vorstellt (M4).

Märzrevolution in den deutschen Ländern

„Vormärz". Aufgeschreckt durch die zunehmende Politisierung des deutschen Bürgertums reagierte Metternich 1833 mit einer Verschärfung der Karlsbader Beschlüsse (s. S. 130f.), ohne jedoch sein Ziel zu erreichen. Dies wurde unter anderem in den Solidaritätsbekundungen der Bevölkerung für sieben Professoren der Universität Göttingen – unter ihnen Jacob und Wilhelm Grimm – deutlich. Die Gelehrten hatten 1837 gegen die Aufhebung der Verfassung durch König Ernst August II. protestiert und waren deshalb entlassen worden. Der Skandal um die sogenannten „Göttinger Sieben" zeigte, dass sich auch Deutschland auf dem Weg in eine Revolution befand. Da diese im März 1848 begann, hat sich für die Zeit zwischen 1830 und 1848 der Begriff ▶ „Vormärz" eingebürgert.

Ausbruch. Zu der Unzufriedenheit der Menschen über die politische Situation kamen in den 1840er Jahren noch wirtschaftliche und soziale Krisen, die sich z. B. in den Aufständen der schlesischen Weber oder in Hungerrevolten infolge von Missernten zeigten. Entscheidend für den Ausbruch der deutschen Märzrevolution waren jedoch die Ereignisse in Paris: Im Februar 1848 siegte hier – zum dritten Mal nach 1789 und 1830 – die Revolution. Der „Bürgerkönig" Louis Philippe musste abdanken, Frankreich wurde Republik. Kurz danach kam es in Mannheim zu einem größeren Volksauflauf. Die Menge forderte Presse- und Versammlungsfreiheit sowie die Berufung eines gesamtdeutschen Parlaments. In fast allen deutschen Staaten gab es nun ähnliche Demonstrationen, auf denen die Bürger ihre „Märzforderungen" verkündeten.

Revolution in Berlin. Seit dem 7. März fanden auch in Berlin Kundgebungen statt. Dabei kam es zu schweren Zusammenstößen zwischen den Demonstranten und den Regierungstruppen. Die Situation geriet gerade in dem Augenblick außer Kontrolle, als vor dem Berliner Schloss ein Erlass König Friedrich Wilhelms IV. verlesen wurde. Darin stand, dass der König auf die Märzforderungen eingehen wolle. Plötzlich lösten sich einige Schüsse und die versammelte Menge fühlte sich vom König und vom Militär verraten. In kürzester Zeit waren überall Barrikaden errichtet. Es begann ein blutiger Kampf in den Straßen Berlins, der 240 Tote unter der Zivilbevölkerung forderte. Entsetzt über die Geschehnisse jenes 18. März 1848 lenkte der König ein, ließ das Militär abziehen und ehrte die gefallenen Revolutionskämpfer.

Revolution in Wien und in München. In Österreich hatte es Mitte März erste Todesopfer bei Auseinandersetzungen zwischen revolutionären Kräften und dem Militär gegeben. Staatskanzler Metternich floh nach England. Sein Sturz förderte in allen Reichsteilen nationale Erhebungen, sodass Kaiser Franz Joseph I. einlenken musste, indem er die Aufhebung der Zensur und eine Verfassung versprach, die am 25. April 1848 in Kraft trat.

Auch in Bayern kam es zu Unruhen. König Ludwig I. sicherte sich seinen Thron, indem er auf die Märzforderungen einging. Dass der bayerische König trotzdem der einzige Fürst in Deutschland sein sollte, der in den Wirren der Revolution abdankte, lag vor allem an seiner Verbindung mit der Tänzerin Lola Montez. Als Ludwig sie zu einer Fürstin machen wollte, erzwang das Volk ihre Ausweisung. Tief verletzt verzichtete Ludwig I. auf den Thron mit der Einsicht, dass eine absolutistische Regierungsweise in Zukunft nicht mehr möglich wäre.

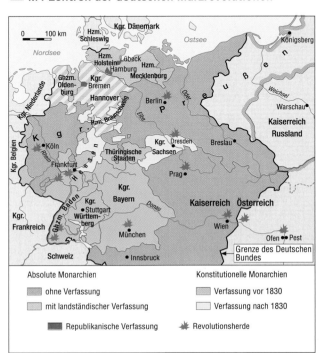

M1 Zentren der deutschen Märzrevolutionen

M2 Die Berliner Barrikadenkämpfe
(Lithografie, 1848)

M3 Die „Märzforderungen"
(Mannheimer Flugblatt, 1848)

Forderungen des deutschen Volkes.

Allgemeine Volksbewaffnung mit freier Wahl der Offiziere.

Ein deutsches Parlament, frei gewählt durch das Volk. Jeder deutsche Mann, sobald er das 21ste Jahr erreicht hat, ist wahlfähig als Urwähler und wählbar zum Wahlmann. Auf je 1 000 Seelen wird ein Wahlmann ernannt, auf je 100 000 Seelen ein Abgeordneter zum Parlament. Jeder Deutsche, ohne Rücksicht auf Rang, Stand, Vermögen und Religion kann Mitglied dieses Parlaments werden, sobald er das 25ste Lebensjahr zurückgelegt hat. Das Parlament wird seinen Sitz in Frankfurt haben und seine Geschäftsordnung selbst entwerfen.

Unbedingte Pressefreiheit.
Vollständige Religions-, Gewissens- und Lehrfreiheit.
Allgemeines deutsches Staatsbürgerrecht.
Gerechte Besteuerung nach dem Einkommen.
Wohlstand, Bildung und Unterricht für alle.
Schutz durch Gewährleistung der Arbeit.

Ausgleichung des Missverhältnisses zwischen Bildung und Arbeit.
Volkstümliche und billige Staatsverwaltung.
Verantwortlichkeit aller Minister und Staatsbeamten.
Abschaffung aller Vorrechte.

1 Informiert euch in Gruppen über die Ereignisse in Berlin und in München. Zieht dazu auch M1, M2 und den Autorentext heran. Gebt Einzelheiten des Bildes wieder.

2 Ordne die Programmpunkte in den Märzforderungen (M3) nach folgenden Oberbegriffen: Nationale Forderungen, Grundrechte und soziale Forderungen.

3 Im Gegensatz zu Frankreich, dessen Revolutionen letztlich in Paris entschieden wurden, gab es in den Territorien des Deutschen Bundes zahlreiche Zentren des Aufruhrs (M1). Begründe, weshalb dies einen erfolgreichen Verlauf der Märzrevolution erschwerte.

4 Verfasst einen revolutionären Aufruf in Form eines Flugblattes. Nehmt M3 zu Hilfe. Es muss ein Text sein, der möglichst viele Bürger mitreißt.

Das Parlament der Paulskirche

Wahlen oder Volksaufstand? Bereits am 5. März 1848 trafen sich 51 liberale Politiker in Heidelberg, um über den weiteren Fortgang der revolutionären Bewegung zu beraten. Auf ihre Initiative hin traten dann am 31. März über 500 Abgeordnete aus den deutschen Ländern in Frankfurt zu einem Vorparlament zusammen. Nach heftigen Debatten entschied sich die Mehrheit dafür, Deutschland nur in Übereinstimmung mit den Fürsten der Einzelstaaten neu zu ordnen und Wahlen zu einer Nationalversammlung durchzuführen. Radikale Kräfte, unter ihnen Friedrich Hecker und Gustav Struve, versuchten in dieser Situation, die Republik gewaltsam durchzusetzen. Ihr von Südbaden ausgehender Aprilaufstand wurde jedoch niedergeschlagen. Die versöhnliche Linie des Vorparlaments hatte sich durchgesetzt, sodass am 18. Mai 1848 die Verfassunggebende Nationalversammlung in der Frankfurter Paulskirche eröffnet werden konnte.

Der Beginn der deutschen Parteiengeschichte. „Wir wollen schaffen eine Verfassung für Deutschland, für das gesamte Reich" – mit diesen Worten umriss Heinrich von Gagern, der Präsident der Nationalversammlung, am 19. Mai 1848 das Ziel des Paulskirchenparlaments. Da jedoch die 586 Abgeordneten durchaus unterschiedliche Vorstellungen hatten, war dieses Vorhaben nicht leicht umzusetzen. Die einzelnen Politiker stimmten ihre Meinungen in verschiedenen Frankfurter Tagungslokalen ab. Bald bildeten sich Fraktionen (Zusammenschlüsse von Abgeordneten), aus denen sich in den folgenden beiden Jahrzehnten die ersten deutschen Parteien entwickeln sollten. Vom Blickwinkel der Rednertribüne aus saßen auf der Linken die radikalen Demokraten, deren Hauptziel eine republikanische Staatsform war. In der Mitte befanden sich die Liberalen, die zahlenmäßig stärkste Fraktion: Die meisten von ihnen wollten eine konstitutionelle Monarchie. Auf der rechten Seite schließlich saß die kleine Gruppe der Konservativen, die für den Erhalt der Monarchie ohne Parlament eintrat.

Der lange Weg zu einer Verfassung. Ungeübt in der parlamentarischen Arbeit, debattierten die Abgeordneten lange über wichtige Fragen, sodass die Verfassung erst im März 1849 vorlag:
1. Der Grundrechtskatalog orientierte sich am französischen Vorbild und enthielt die klassischen Freiheitsrechte (s. S. 116f.).
2. Die Staatsform des Deutschen Reichs sollten monarchische ebenso wie demokratische Elemente prägen.
3. Die Selbstständigkeit der deutschen Territorien wurde geschwächt; Außenpolitik, Heer und Gesetzgebung fielen an die gesamtdeutsche Zentralgewalt.
4. In einer äußerst knappen Abstimmung entschied man sich schließlich für die ▸ „kleindeutsche Lösung", einen vom preußischen König als Kaiser geführten ▸ Nationalstaat ohne Österreich mit seinen nicht deutschsprachigen Ländern.

M1 Das Paulskirchenparlament *(Lithografie, 1848)*
Nach dem Hambacher Fest 1832 war das Tragen der Farben Schwarz-Rot-Gold sowohl in Fahnen als auch Kokarden verboten worden. Die Paulskirche entschied sich für diese Farben als nationales Symbol eines geeinten Deutschlands.

M2 Auszug aus den Grundrechten des deutschen Volkes *(1849):*

§ 133 Jeder Deutsche hat das Recht, an jedem Ort des Reichsgebietes seinen Aufenthalt zu nehmen …

§ 137 Vor dem Gesetz gilt kein Unterschied der Stände: Der Adel als Stand ist aufgehoben.

5 § 138 Die Freiheit der Person ist unverletzlich …

§ 143 Jeder Deutsche hat das Recht, durch Wort, Schrift, Druck und bildliche Darstellung seine Meinung frei zu äußern.

§ 144 Jeder Deutsche hat volle Glaubens- und Gewissensfreiheit …

10 § 158 Es steht einem jeden frei, seinen Beruf zu wählen und sich für denselben auszubilden, wie und wo er will …

§ 161 Die Deutschen haben das Recht, sich friedlich und ohne Waffen zu versammeln; einer besonderen Erlaubnis dazu bedarf es nicht.

15 § 162 Die Deutschen haben das Recht, Vereine zu bilden …

§ 164 Das Eigentum ist unverletzlich …

M3 Berufliche Herkunft der Abgeordneten der Nationalversammlung

- Landwirte: 5,7 %
- Kaufleute, Industrielle, Gewerbetreibende: 6,9 %
- Staatsbeamte (außer Justiz und Lehrfach): 21,3 %
- Justizbeamte: 13,5 %
5 - Lehrer und Professoren: 18,9 %
- Geistliche: 4,8 %
- Rechtsanwälte: 13 %
- Ärzte und sonstige Akademiker: 7,1 %
- Schriftsteller und Journalisten: 2,5 %
10 - Handwerker, Arbeiter und Angestellte: 0,5 %
- Sonstige: 5,8 %

M4 Auszug aus dem Grundrechtskatalog des Grundgesetzes für die Bundesrepublik Deutschland *(1949):*

Art. 1 Die Würde des Menschen ist unantastbar …

Art. 2 Jeder hat das Recht auf die freie Entfaltung seiner Persönlichkeit … Die Freiheit der Person ist unverletzlich.

Art. 3 Alle Menschen sind vor dem Gesetz gleich …

5 Art. 4 Die Freiheit des Glaubens, des Gewissens und die Freiheit des religiösen und weltanschaulichen Bekenntnisses sind unverletzlich …

Art. 5 Jeder hat das Recht, seine Meinung in Wort, Schrift und Bild frei zu äußern und zu verbreiten … Die Pressefreiheit und 10 die Freiheit der Berichterstattung durch Rundfunk und Film werden gewährleistet. Eine Zensur findet nicht statt …

Art. 8 Alle Deutschen haben das Recht, sich ohne Anmeldung oder Erlaubnis friedlich und ohne Waffen zu versammeln …

Art. 9 Alle Deutschen haben das Recht, Vereine und Gesell- 15 schaften zu bilden …

Art. 11 Alle Deutschen genießen Freizügigkeit im ganzen Bundesgebiet …

Art. 12 Alle Deutschen haben das Recht, Beruf, Arbeitsplatz und Ausbildungsstätte frei zu wählen …

20 Art. 14 Das Eigentum und das Erbrecht werden gewährleistet …

1 Erkläre, weshalb die Verfassunggebende Nationalversammlung in Frankfurt häufig auch als „Professorenparlament" oder als „Beamten- und Juristenparlament" charakterisiert wird (M3). Welche Bezeichnung passt besser?

2 Monarchie oder Republik – diese Frage wurde in der Paulskirche heftig diskutiert. Sammelt Argumente, die die Abgeordneten der verschiedenen politischen Gruppierungen hinsichtlich der Staatsform des Deutschen Reichs vorgebracht haben könnten. Präsentiert eure Ergebnisse in Form eines Rollenspiels.

3 Vergleiche den Grundrechtskatalog von 1849 (M2) mit dem des Grundgesetzes der Bundesrepublik Deutschland (M4).

Warum scheitert die Revolution?

Friedrich Wilhelm IV. und die Kaiserkrone. Ende März 1849 war die Reichsverfassung verkündet worden und die Abgeordneten der Frankfurter Paulskirche hatten den preußischen König Friedrich Wilhelm IV. zum deutschen Kaiser gewählt. Eine Abordnung, die sogenannte Kaiserdeputation, machte sich nun auf den Weg nach Berlin und wurde auf den Stationen ihrer Reise fast überall mit großem Jubel begrüßt. Am 3. April empfing Friedrich Wilhelm IV. die Gäste aus Frankfurt, die in ihrer Ansprache der „ehrfurchtsvollen Zuversicht" Ausdruck verliehen, dass „Eure Majestät geruhen werden, die begeisterten Erwartungen des Vaterlandes ... durch einen gesegneten Entschluss zu glücklicher Erfüllung zu führen".

Friedrich Wilhelm IV. beabsichtigte aber nicht, jene „mit dem Ludergeruch der Revolution behaftete" Kaiserwürde, jene „aus Dreck und Letten (Lehm) gebackene" Kaiserkrone eines „Reichs der Deutschen" anzunehmen. An Ernst August von Hannover schrieb er noch am selben Tag: „Ich wollte eine derbe Antwort geben. Da aber die Sachen ... bis zu diesem Punkt gediehen waren, so hab ich dem Rat des Ministeriums nachgegeben und freundlich, ja verbindlich geantwortet und das Nein in flittergestickte Windeln gehüllt." Die offizielle Ablehnung der Kaiserwürde durch den preußischen König folgte schließlich am 28. April. Von diesem Rückschlag sollte sich die Paulskirchenversammlung nicht mehr erholen.

Das Scheitern der Märzrevolution. Die alten Machthaber bekamen die Situation zunehmend unter Kontrolle und holten ihrerseits zum Gegenschlag aus. Bereits Mitte April hatten Österreich, Preußen, Bayern, Sachsen und Hannover ihre Zustimmung zur Reichsverfassung verweigert. Die österreichischen und preußischen Abgeordneten wurden abberufen, was zur Auflösung der Nationalversammlung führte. Obwohl viele Abgeordnete resigniert hatten, trat am 6. Juni noch ein Rumpfparlament in Stuttgart zusammen, das aber bereits am 18. Juni durch württembergisches Militär wieder gesprengt wurde. Die Bevölkerung war inzwischen revolutionsmüde geworden. Es kam nur noch zu regional begrenzten Erhebungen am Rhein, in Berlin und Dresden, vor allem aber in der bayerischen Pfalz und in Baden, wo am 23. Juli die letzten Aufständischen vor preußischen Truppen kapitulieren mussten. Friedrich Wilhelm IV. hatte den Einsatz der Truppen mit dem Hinweis gerechtfertigt: „Gegen Demokraten helfen nur Soldaten!" Standgerichte und Massenerschießungen folgten. Wie zu Beginn der Revolution bewies das Militär seine Obrigkeitstreue auch an ihrem blutigen Ende.

M2 Abtransport

Der zeitgenössische Holzstich karikiert die überstürzte Übersiedlung der Paulskirchenversammlung nach Stuttgart.

M1 „Zwischen mir und meinem Volk soll sich kein Papier drängen."

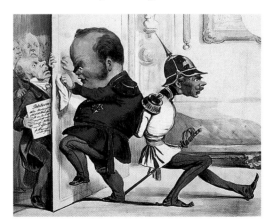

Friedrich Wilhelm IV. erhält dabei Hilfe von seinem Bruder Prinz Wilhelm, dem späteren deutschen Kaiser Wilhelm I.

M3 „Das Volk ist mir zum Kotzen!"

Karikatur auf König Friedrich Wilhelm IV. (1848)

M4 „Hurrjes – Schon wieder Generalmarsch!!!"

Der Text unter dieser Karikatur aus dem Jahre 1848 lautet: „Hurrjes – Schon wieder Generalmarsch!!! Na so eine Freiheit, die kann mir gestohlen werden! Wo keen Schlaf nich is, is ooch keene Gesundheit."

M5 Zur Bilanz der Märzrevolution

a) Der Abgeordnete Johann Jacoby im April 1849:

Meine Herren, wie erfolglos immerhin die Arbeit der jetzigen Volksvertretung, wie traurig auch die nächste Zukunft sich gestalten mag – der endliche Sieg ist der demokratischen Partei gewiss! ... Nicht auf den guten Willen der Krone ... ist
5 sie begründet, sondern einzig und allein auf Gerechtigkeit unserer Sache und auf die schuldbewusste Ohnmacht der Gegner ... Sie kennen ja das geistvolle Sprüchlein unseres eifrigsten Gegners: „Gegen Demokraten helfen nur Soldaten!" Ja wohl! Nur Soldaten helfen gegen Demokraten. Die demokra-
10 tischen Grundsätze sind so unerschütterliche Wahrheiten, dass sie nicht anders bekämpft werden können als durch die rohe Gewalt blind gehorchender Maschinen ...

Zitiert nach: Walter Grab (Hrsg.): Die Revolution von 1848 – eine Dokumentation, München (Nymphenburger) 1980, S. 67ff.

b) Der Historiker Hagen Schulze:

Oberflächlich betrachtet konnte es scheinen, als sei die Revolution von 1848/49 gescheitert. Doch hatte der Konflikt zwischen den Mächten des Beharrens und denen der Bewegung immerhin mit einem Kompromiss geendet. Überall in
5 Deutschland hatten sich jetzt die Herrschenden an geschriebene Konstitutionen gebunden und teilten ihre gesetzgebende Gewalt mit den Parlamenten. Andererseits war aber der Traum der Märzbewegung von 1848, der großdeutsche Nationalstaat auf der Grundlage von Volkssouveränität und
10 Menschenrechten, gescheitert ... Eins hatte sich aber jedenfalls geändert: Über die Alternativen einer künftigen Lösung der deutschen Frage herrschte nach der Revolution Klarheit. Die Anhänger der Idee eines deutschen Nationalstaats hatten sich unter zwei Fahnen gesammelt, hier Großdeutsch, da
15 Kleindeutsch.

Zitiert nach: Hagen Schulze: Kleine deutsche Geschichte, München (C. H. Beck) 1996, S. 109.

1 Fasse in eigenen Worten zusammen, wie König Friedrich Wilhelm IV. von Preußen zu den Ideen der Revolution stand (M1, M3 und Autorentext).
2 Beschreibe die Karikatur M2 genau. Zähle auf, was nach Stuttgart abtransportiert wurde.
3 Liste wesentliche Gründe für das Scheitern der Märzrevolution auf (M4 und Autorentext).
4 Diskutiert über mögliche positive Auswirkungen der gescheiterten Märzrevolution (M5 und Autorentext).

Revolution und nationale Symbole

1661–1715 ▷	Ludwig XIV. von Frankreich / Zeitalter des Absolutismus
14. Juli 1789 ▷	Beginn der Französischen Revolution
1799 ▷	Staatsstreich Napoleons
1803 ▷	Säkularisierung
1804 ▷	Kaiserkrönung Napoleons
1806 ▷	Ende des Heiligen Römischen Reichs Deutscher Nation
1815 ▷	Wiener Kongress/Deutscher Bund
1819 ▷	Karlsbader Beschlüsse
1832 ▷	Hambacher Fest
1848/49 ▷	Revolution in Deutschland
1849 ▷	Verfassung des Paulskirchenparlaments/ Ablehnung der Kaiserkrone durch den preußischen König

Sicherung wichtiger Kompetenzen

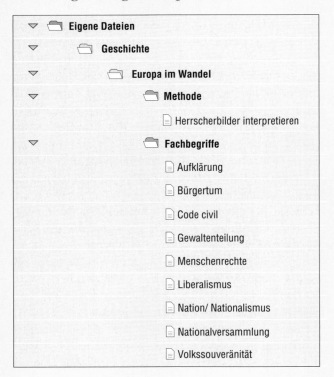

- ▽ 🗁 Eigene Dateien
  - ▽ 🗁 Geschichte
    - ▽ 🗁 Europa im Wandel
      - ▽ 🗁 Methode
        - 📄 Herrscherbilder interpretieren
      - ▽ 🗁 Fachbegriffe
        - 📄 Aufklärung
        - 📄 Bürgertum
        - 📄 Code civil
        - 📄 Gewaltenteilung
        - 📄 Menschenrechte
        - 📄 Liberalismus
        - 📄 Nation/ Nationalismus
        - 📄 Nationalversammlung
        - 📄 Volkssouveränität

M1 Nationale Symbole auf Münzen. *Auch die modernen Staaten haben nationale Symbole. Einige finden sich auf den aktuellen Euro-Münzen.*

Hymne und Nationalflagge. In bewusster Anknüpfung an die Tradition der Revolution von 1848 wurde das „Lied der Deutschen" 1922 zur Nationalhymne erklärt. Nach der Katastrophe des Nationalsozialismus in Deutschland (1933–1945) verzichtete man 1952 auf die „deutschtümelnden" ersten beiden Strophen. Seither wird die dritte Strophe als Nationallied der Bundesrepublik Deutschland gesungen. Die deutschen Nationalfarben gehen auf die Uniform der Lützowschen Freikorps im Befreiungskrieg von 1813/14 zurück: schwarze Zivilröcke mit roten Aufschlägen und goldenen Knöpfen. Die Jenaer Burschenschaft übernahm diese Farben und deutete Schwarz als Deutschlands Knechtschaft, Rot als Herzblut, das man einzusetzen bereit sei, Gold als Morgenröte der Freiheit. Seit dem Hambacher Fest 1832 (s. S. 130f.) waren diese Farben das Symbol der Freiheits- und Einheitsbewegung. Die Frankfurter Paulskirche bekannte sich 1848 zu diesen Farben. Nach der gescheiterten Revolution bekam die deutsche Nationalflagge erst mit der Weimarer Republik (1919–1933) und endgültig 1949 mit der Gründung der Bundesrepublik Deutschland die Farben Schwarz-Rot-Gold.

M2 „Deutschlands Wiedergeburt". *Mit dieser Fahne wurde der Zug zum Hambacher Fest (1832) eröffnet. Sie befindet sich heute im Museum von Neustadt.*

M3 Die Marseillaise

M4 Hoffmann von Fallersleben: „Das Lied der Deutschen" *(1841) – Melodie nach Joseph Haydens „Gott erhalte unseren Kaiser, unsern Kaiser Franz!"*

Die erste Strophe der „Marseillaise" auf Deutsch:

> Auf, Kinder des Vaterlandes,
> Der Tag des Ruhmes ist da!
> Gegen uns wurde der Tyrannei
> Blutiges Banner erhoben.
> Hört Ihr auf den Feldern
> Das Brüllen der grausamen Krieger?
> Sie kommen bis in eure Arme,
> Eure Söhne, eure Frauen zu köpfen!
>
> *(Refrain):*
> An die Waffen, Bürger!
> Schließt die Reihen,
> Vorwärts, marschieren wir!
> Damit unreines Blut
> unsere Äcker tränkt!

Französischer Text und Musik: Claude-Joseph Rouget de L'Isle, 1792

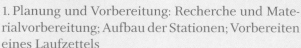

GESCHICHTE AKTIV/KREATIV
Projektidee: „Nationalsymbole an Stationen lernen"
1. Planung und Vorbereitung: Recherche und Materialvorbereitung; Aufbau der Stationen; Vorbereiten eines Laufzettels
2. Durchführung: eigenständige Erarbeitung an den Stationen; Sicherung der Ergebnisse auf Arbeitsblätter
3. Auswertung: Resultate vorstellen, vergleichen, bewerten; Rückfragen und Probleme klären; Einsichten austauschen

Übersicht über die Stationen
Hörstation: Marseillaise – Hörerlebnis / Worin besteht der revolutionäre Charakter des Liedes?
Arbeitstisch: Trikolore – Lückentext zur Entstehung und Bedeutung der französischen Flagge (s. S. 113)
Hörstation: Lied der Deutschen – Hörerlebnis / Warum sind die erste und zweite Strophe nicht mehr zeitgemäß?
Arbeitstisch: Deutsche Flaggen – Lückentext zur Geschichte der unterschiedlichen Flaggen der letzten 130 Jahre.
Rätseltisch: Nationalfeiertage – Wiederholung der deutschen und französischen Feiertage (s. S. 94f.)
Schreibwand: Wie soll der nächste 3. Oktober in Deutschland gefeiert werden?
Collagenwand: Suche und Erklärung anderer nationaler Symbole wie z. B. auf den Euro-Münzen

Wie modern wird das Deutsche Reich?

Kaiser Wilhelm   Kaiserin Augusta
die Mitglieder der Königlichen Familie
Reichskanzler Fürsten Bismarck
zum 1. April 1885.

Mit Volldampf voraus? – Industrialisierung und die Folgen

M1 Der „Adler" fährt von Nürnberg nach Fürth
(Gemälde von Bruno von Gold-schmitt und Erich Schilling, 1935)

Der Fortschritt kommt auf Gleisen. Wenn man sich vorstellt, das Gemälde von der ersten Eisenbahnfahrt in Deutschland (M1) wäre ein Standbild aus einem Film, dann würde der Film wie folgt ablaufen: Schwer keuchend fährt ein Ungetüm aus Stahl über eine frisch verlegte Gleisstrecke. Von überallher laufen Menschen zusammen, um das Spektakel zu bewundern. So etwas hat man im Jahr 1835 noch nicht gesehen, weder zwischen Nürnberg und Fürth noch irgendwo sonst in Deutschland. Dichter Rauch steigt aus dem „Adler" auf, stolz lenkt der Lokomotivführer den Zug an der staunenden Menge vorbei. Jeder kann die neue Eisenbahn ausgiebig bewundern, denn sie erreicht nur 25 Kilometer pro Stunde. Uns kommt dieses Tempo gemütlich vor, den Zeitgenossen von damals eher atemberaubend.

Die Eisenbahn – Motor der Industrialisierung. Erst durch die Erfindung der ▶ Dampfmaschine und ihre Weiterentwicklung wurde der Bau einer Eisenbahn möglich. Mithilfe der neuen Technik schaffte man es zuerst in England, Güter und Menschen in kürzerer Zeit über große Strecken zu transportieren. Wurden vorher Pferdegespanne oder Schiffe eingesetzt, so erschloss man das Land nun systematisch mit einem Gleisnetz. Das schuf viele Arbeitsplätze und kurbelte die Wirtschaft an. Zur Herstellung des neuen Transportmittels benötigte man neue Materialien: Stahl und Eisen. Die stetig ansteigende Nachfrage danach führte zu weiteren Fabrikgründungen. Der Blick in eine Montagehalle (s. S. 140), in der eine Lokomotive zusammengebaut wird, lässt die eindrucksvolle Leistung der Ingenieure und Techniker erkennen. Neben den positiven Seiten des Fortschritts brachte die Industrialisierung aber auch zahlreiche negative Folgen für die Umwelt und die Menschen mit sich.

Auswirkungen der Industrialisierung. Bis ins 19. Jh. arbeitete der Großteil der Bevölkerung in der Landwirtschaft und war von den Herrschern, den Grundbesitzern und der Kirche abhängig. Im Verlauf des 19. Jh. veränderte sich das Leben der Menschen. Die Bevölkerung wuchs beträchtlich, die hygienischen Verhältnisse besserten sich, Fabriken wurden gegründet, Erfindungen machten neue Produktionsweisen möglich. Die meisten Bauern konnten ihre Höfe nicht mehr wirtschaftlich führen. Viele Menschen zogen auf der Suche nach Arbeit vom Land in die Stadt. Reich wurden sie aber auch in den Fabriken nicht, denn die Arbeit, welche nicht nur die Männer, sondern auch Frauen und Kinder dort fanden, war hart und schlecht bezahlt. Die teils unwürdigen Arbeitsbedingungen führten oft zu gesundheitlichen Schädigungen. Viele Fabrikbesitzer waren auf ihren eigenen Vorteil aus und ließen die Arbeiter für wenig Lohn möglichst viel arbeiten. Es gab aber auch Ausnahmen. Weitsichtige Unternehmer sahen einen Zusammenhang zwischen der Zufriedenheit der Mitarbeiter und der Qualität der Produkte. Sie wollten deshalb die Situation der Arbeiter verbessern. Zusammen mit einigen wenigen Politikern, die von einer großen unzufriedenen Arbeiterschaft Streiks und Revolten befürchteten, suchten sie nach Wegen, um die soziale Ungerechtigkeit zu beseitigen. Während sich Deutschland wirtschaftlich und teilweise auch in sozialer Hinsicht fortschrittlich entwickelte, unterblieb eine gesellschaftliche und politische Modernisierung im Sinne einer wirklichen Demokratisierung. Trotz der Einführung von Verfassungen und Parlamenten blieben Monarchie, Adel und Militär in Preußen und nach 1871 auch im deutschen Kaiserreich tonangebend. Das zeigte sich auch bei der Kaiserproklamation im Schloss von Versailles (s. S. 141).

Was lernst du in diesem Kapitel? Am Ende dieser Einheit wirst du folgende Fragen beantworten können:

▶ Wie kam es zur ▶ industriellen Revolution? Wo war deren Ursprung?

▶ Welche wichtigen Erfindungen spielten dabei eine Rolle?

▶ Wie vollzog sich der Wandel von der Agrar- zur Industriegesellschaft in Deutschland?

▶ Welche Folgen hatten diese Entwicklungen für die Menschen?

▶ Wie reagierten der Staat und die Politik darauf?

▶ Inwieweit veränderte sich die Gesellschaft politisch? Konnte das Volk mitbestimmen?

▶ Wie kam es zur Gründung des ▶ Deutschen Reichs?

M2 „Das Eisenwalzwerk" *(Gemälde von Adolph Menzel, 1875)*

1 Beschreibe als Reporter die Reaktionen der Menschen auf die erste Eisenbahnfahrt (M1).

2 Stell dir vor, das Bild vom Bau der Lokomotive sei eine Arbeit auf Bestellung gewesen. Versetze dich in die Situation des Auftraggebers und formuliere in einem Brief an den Maler, welche Aussage das Gemälde haben soll. Hilfreich ist, wenn du dir vorstellst, wer du bist und wo du das Bild später aufhängen möchtest (s. S. 140).

3 Beschreibe ausgehend von dem Bild „Das Eisenwalzwerk" (M2) die Arbeitsbedingungen der Fabrikarbeiter. Achte auch auf Details.

4 Lege eine Tabelle an und trage ein, wie sich die Arbeit, das Arbeitsumfeld und die Anforderungen an den Menschen mit Beginn der industriellen Revolution verändert haben (s. S. 140 und 142f.).

5 Beschreibe und interpretiere das Bild auf S. 141. Inwieweit lassen sich die methodischen Schritte (s. S. 97) dabei anwenden? Welche Personen bzw. Gesellschaftsgruppen sind hier dargestellt? Welche fehlen?

Folgt der Bevölkerungsexplosion die Hungerkatastrophe?

Industrialisierung als eine Revolution? Für die unteren Bevölkerungsschichten änderte sich über viele Jahrhunderte nicht viel. Die meisten Menschen arbeiteten in der Landwirtschaft oder als Handwerker. Sie waren abhängig von den Adligen und hatten nur wenig Rechte, dafür aber umso mehr Pflichten. Dies änderte sich im ausgehenden 18. Jh. grundlegend. Viele Wissenschaftler sprechen deshalb von einer „Revolution". Sie wollen damit deutlich machen, dass die Menschen diese Veränderungen als einen ungeheuren Einschnitt in ihre Lebensweise empfanden.

Neue Lebensbedingungen. Fortschritte im Bereich der Medizin führten unter anderem zu einer immer höheren Lebenserwartung sowie zu einer Senkung der Säuglings- und Kindersterblichkeit und damit letztlich zu einem Anstieg der Bevölkerungszahl. Jetzt war es auch möglich, den Ehepartner frei zu wählen und früher zu heiraten, ohne auf die Vorschriften von Zünften achten oder auf die Genehmigung eines Grundherrn warten zu müssen. Mehr Menschen als zuvor waren jetzt verheiratet. Die hohe Zahl an Familiengründungen führte zu einer höheren Geburtenrate. Kritische Stimmen befürchteten, dass die derart schnell wachsende Bevölkerung auf lange Sicht nicht ausreichend mit Lebensmitteln versorgt werden könnte.

Mehr Menschen brauchen mehr Nahrungsmittel. Um die stetig wachsende Bevölkerung ausreichend zu ernähren, mussten die Bauern seit dem 18. Jh. mehr Erträge erwirtschaften. Sie veränderten ihre Anbauweise, indem sie die Fruchtwechselwirtschaft einführten. Sie bauten auf ihren Äckern nicht immer nur die gleichen Sorten Getreide an. Dadurch konnte sich der ausgelaugte Boden erholen, ohne dass der Acker brachliegen musste. Zur Ertragssteigerung trug ebenfalls die Einführung neuer widerstandsfähigerer Pflanzensorten wie Zuckerrübe, Raps und Kartoffel bei. Die bislang unbekannte, aus Südamerika eingeführte Kartoffel baute man in Deutschland in großen Mengen aber erst in Zeiten von Hungersnöten an. In Preußen wurde ihre Kultivierung seit der Mitte des 18. Jh. gefördert; außerhalb Preußens fand sie seit dem frühen 19. Jh. größere Verbreitung. Dennoch konnte nicht vermieden werden, dass die Menschen immer wieder Hunger litten. Die Bauern setzten neben neuen Pflanzen auch auf neue Anbaumethoden: Verstreut liegende Felder wurden, z. B. in England, zusammengelegt und durch Hecken eingegrenzt. Das hatte den Vorteil, dass die Bauern keine weiten Wege zwischen vielen kleinen Äckern zurücklegen mussten. Die schützende Hecke sorgte dafür, dass der Ackerboden weder vom Wind fortgetragen noch durch Regen davongespült werden konnte.

Neuerungen in der Landwirtschaft – ein Segen für alle? Durch den Einsatz von Kunstdünger, eine Erfindung des deutschen Chemikers Justus von Liebig, konnten der Ernteertrag gesteigert und die Preise gesenkt werden. Zahlreiche Erfindungen, z. B. leistungsfähigere Pflüge, erleichterten und beschleunigten die harte Feldarbeit, machten jedoch andererseits viele Bauern arbeitslos, weil sie sich teure Geräte und kostspieligen Dünger nicht leisten konnten. Da ihre Produkte mehr kosteten als die in großem Umfang angebauten Erzeugnisse, fanden sie keine Käufer mehr und waren nicht mehr konkurrenzfähig. Sie mussten ihre Höfe verkaufen und sich meist als ungelernte Arbeiter eine neue Beschäftigung suchen. Viele Menschen zogen in ihrer Verzweiflung in die immer größer werdenden Städte, um in den neuen

M1 Die Bevölkerungsentwicklung im 18. und 19. Jh. *(in Millionen)*

	England	Frankreich	Deutschland
1750	7,4	21,0	19,0
1800	10,5	27,3	23,0
1820	14,1	30,5	25,0
1830	16,3	32,6	28,2
1840	18,5	34,2	31,4
1850	20,8	35,8	34,0

M2 Städtewachstum in England *(in 1000 Einw.)*

	1801	1831	1851
London	1088	1778	2491
Liverpool	82	202	376
Manchester	75	102	303
Birmingham	71	144	233
Leeds	53	123	172
Bristol	51	104	137
Sheffield	45	92	136

Fabriken Arbeit zu finden. Dort war ihr Los kaum besser als das der Menschen, die auf dem Land blieben.

M3 Der Schriftsteller Ludwig Bechstein beschrieb 1838 die Lebensverhältnisse der Thüringer Landbevölkerung

Alles Wohl und alles Weh … findet sich auch hier; ein armes Volk, auf die Kartoffel als Nahrungsmittel fast einzig angewiesen, in Missjahren und harten Wintern oft bitterem Mangel preisgegeben, neben reichen und glücklichen Brotherren.
5 Hier arbeitet alles, Kinder von zartester Jugend an und Greise und Mütterchen sind noch mannigfalt tätig … Der mindere Wohlstand lässt uns Scharen von kleinen Kindern selbst bei rauer Temperatur in völliger Nacktheit wie junge Wilde erblicken, in der sie sich jedoch besser ausnehmen als (die) in
10 Lumpen. Dabei ist bei aller Armut des Volkes ein reicher Kindersegen bemerkbar …, denn je mehr Hände zur Arbeit, umso besser, es kommen doch in der Regel erst zwei Hände auf einen Mund. Aus diesem Hochlande … sind in der neuesten Zeit viele Leute nach Amerika ausgewandert …
Zitiert nach: Ludwig Bechstein: Wanderungen durch Thüringen, Leipzig 1838, S. 96f.

1 Fortschritte in der Medizin – Bevölkerungszunahme: Erläutere den Zusammenhang.

2 Setze die Tabelle M1 in ein Säulendiagramm um. Du kannst das Diagramm zeichnen oder am Computer erstellen.

3 Errechne den prozentualen Bevölkerungsanstieg in England zwischen 1750 und 1850 und vergleiche das Ergebnis mit den Daten für Frankreich und Deutschland (M1).

4 Stelle anhand einiger Städte das Bevölkerungswachstum in England (M2) als Kurvendiagramm dar.

5 Betrachte die Karte M4 genau und beziehe die Legende mit ein. Beantworte dann folgende Fragen: In welchen heutigen Ländern fanden sich besonders viele Großstädte? Was bedeuten die unterschiedlichen Farbflächen? Worauf lassen sie schließen?

6 Finde heraus, ob und wann in deiner Heimatregion die Bevölkerung stark zu- oder abnahm. Hing das mit der Industrialisierung zusammen?

7 Stelle in einer Tabelle die Vor- und Nachteile der Agrarrevolution und ihrer Folgen einander gegenüber (M1–M4 und Autorentext).

M4 Städtewachstum in Mitteleuropa 1850–1910

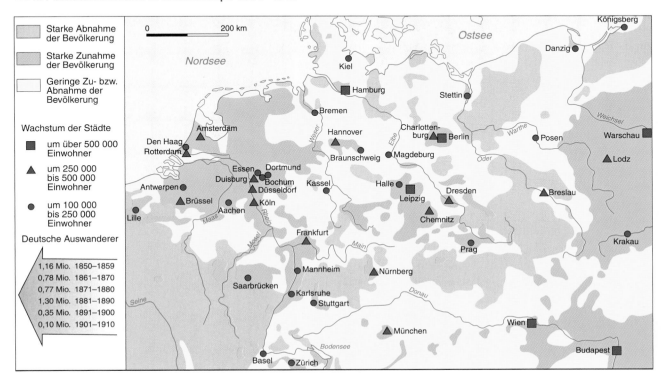

Warum beginnt die Industrialisierung in England?

Der eigene Nutzen zählt. Davon war Adam Smith (1723–1790), der als Professor für Logik und Moralphilosophie in Glasgow lehrte, fest überzeugt. Lange bevor die Industrialisierung einsetzte, vertrat er die Ansicht, dass kein Bürger – auch nicht durch ein Gesetz – davon abgehalten werden dürfe, sein Handeln nach dem eigenen wirtschaftlichen Nutzen auszurichten. Wenn jeder nach seinem Vorteil strebe, dann tue er auch Gutes für sein Land. Nach Smiths Theorie würden die Leute ihr Geld nämlich genau dort investieren, wo es auch für ihr Land und die Mitmenschen den meisten Nutzen bringe.

In England boten die gesellschaftlichen Bedingungen vielfältige Möglichkeiten, die Überlegungen Smiths in die Praxis umzusetzen: Nur ein freier Mensch, der weder in Abhängigkeit zu einem Grundherrn noch unter dem Einfluss der Kirche stand, die diese Ungleichheit noch förderte, konnte sein Handeln auf seinen Nutzen ausrichten. Die Menschen in England waren freier, weil sich die strenge mittelalterliche Gesellschaftsordnung viel früher als auf dem Kontinent auflöste. Die Abhängigkeitsverhältnisse zwischen Bauern und Grundherrn wandelten sich hin zu Pachtverträgen. Wer fleißig war, konnte Reichtum erwerben und auch sozial aufsteigen.

Kohle: Von der Natur begünstigt. Allein durch menschliches Wollen und Können kam die Industrialisierung aber nicht in Gang. Englands Natur bot mit reichen Eisenerz- und Steinkohlevorkommen die Grundvoraussetzung für deren Abbau und die Nutzung durch den Menschen. Einzigartig in England war zudem, dass die Bergwerke alle an schiffbaren Flüssen lagen und somit der Transport der geförderten Rohstoffe sichergestellt war. Auch große Gütermengen konnten verladen werden, was die Kosten verringerte. Zusätzlich zu den natürlich entstandenen Wasserstraßen legten die Menschen zahlreiche, auch heute noch sichtbare, Kanäle an, um den Rohstoff- und Warenverkehr noch effektiver betreiben zu können. Aber erst der Bau von Eisenbahnstrecken machte es möglich, Bodenschätze auch dort abzubauen, wo keine Anbindung an einen schiffbaren Fluss bestand.

Finanzierung: Fernhandel und Zollfreiheit. Der Handel mit den Kolonien wurde seit den frühen Entdeckungsfahrten zu einer wichtigen Grundlage für die Wirtschaft Englands, das viele überseeische Kolonien, darunter Kanada, Jamaika, Indien oder Neuseeland, besaß. Diese Absatzmärkte erhöhten die Nachfrage nach den neu produzierten industriellen Waren und ließen England zu einer führenden Wirtschaftsmacht werden. Der Handel war frei, jeder Kaufmann und Fabrikbesitzer konnte sich, ohne Zunft-, Zoll- und Handelsbeschränkungen fürchten zu müssen, an seinem eigenen Profit orientieren. Die Aussicht auf große Gewinne ließ sowohl Adlige als auch Bürgerliche reichlich in neue Projekte investieren.

M1 Die britische Industrie im 18. Jh.

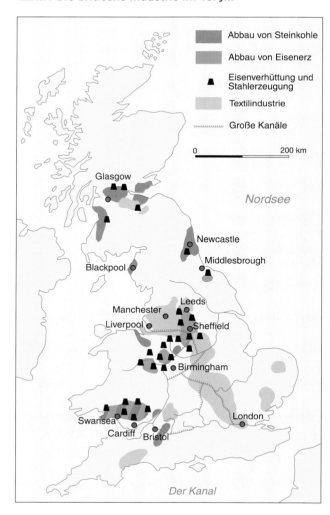

▨ M2 Die industrielle Produktion *(in Millionen Pfund)*

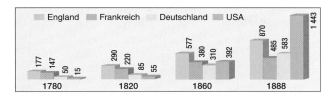

England ▪ Frankreich ▪ Deutschland ▪ USA

	England	Frankreich	Deutschland	USA
1780	177	147	50	15
1820	290	220	85	55
1860	577	380	310	392
1888	870	485	583	1443

M3 Bericht einer englischen Parlamentskommission von 1806 über das Wirtschaftswachstum

Wenn man nach den unmittelbaren Gründen für dieses Wachstum fragt, so scheint es, dass dieses, unter dem gnädigen Auge der Vorsehung, vor allem dem englischen Unternehmungsgeist und Gewerbefleiß in einem freien und aufge-
5 klärten Volk zuzuschreiben ist, das seine Fähigkeiten beim Einsatz großer Kapitalien ungehindert ausüben kann. Ferner ist das Prinzip der Arbeitsteilung bis zur äußersten Möglichkeit durchgeführt. Wissenschaftliche Forschung und technischer Erfindergeist werden, soweit es nur geht, zu Rate ge-
10 zogen. Schließlich haben die Engländer sich alle Vorteile verschafft, die aus dem Besuch fremder Länder hergeleitet werden können, nicht nur bei der Anknüpfung neuer und der verstärkten Pflege alter Handelsbeziehungen, sondern auch durch den Erwerb persönlicher Kenntnis der Wünsche, des
15 Geschmacks, der Gewohnheiten, der Entdeckungen und Verbesserungen und der Herstellungsverfahren anderer zivilisierter Völker.

Zitiert nach: Anton Egner u.a.: Revolutionen und Reformen, Hannover (Schroedel) 1984, S. 105.

M4 Vorbild England

Der englische Industrielle Matthew Boulton (1728–1809), Partner von James Watt und Produzent von Dampfmaschinen, beschreibt 1787 in einem „Statement of Facts" den Besuch des späteren preußischen Staatsmannes Freiherr vom Stein (1757–1831), der damals Direktor des Bergamtes in Wetter an der Ruhr war:

Am 25. des vergangenen Monats kam Richard Cartwright, einer der Beschäftigten in der Firma Boulton und Watt, zu seinen Arbeitgebern nach London und informierte sie darüber, dass am Morgen jenes Tages drei Personen die Brauerei Bar-
5 clay und Perkin besucht hätten. Dabei hätte ihnen ein Bürogehilfe erlaubt, das neue Maschinenhaus zu besichtigen. Das sei zu einer Zeit gewesen, als mit Ausnahme eines jungen Mannes, der von der Maschine keine Ahnung gehabt hätte, alle übrigen Arbeiter beim Mittagessen gewesen wären. Eine
10 der Personen hätte nach seinen Angaben den Namen Graf Vidi geführt, und sobald sie das Maschinenhaus betreten hätten, hätte ein anderer damit begonnen, die Maschine abzuzeichnen. Den Gehilfen hätten sie gebeten, die Maschine abzustellen, und der hätte ihnen diesen Wunsch erfüllt. Danach
15 hätten sie ihn ersucht, den Kühlbehälter zu leeren. Seine Antwort wäre jedoch gewesen, dass er sich nicht traue, da er die Maschine hinterher nicht wieder in Gang setzen könne. Zugleich aber hätte er darauf verwiesen, dass Cartwright es könne, da er die Maschine aufgestellt habe. Ihrer anschlie-
20 ßenden Bitte, er möge sie nach Cartwrights Wohnung führen, hätte er entsprochen. Dort hätten sie Cartwright gebeten, mit zu (ihrer) Wohnung zu gehen, wozu er bereit gewesen wäre, als man ihm (wie er sagt) mitgeteilt hätte, dass der Graf Freiherr vom Stein sei. Er führte aus, dass der Freiherr seine
25 Tüchtigkeit sehr herausgestellt und betont hätte, dass er ein hohes Einkommen beanspruchen könne, und als Entgelt für seinen Zeitverlust an jenem Tage hätte er ihm zwei Guineen (engl. Münze) gegeben. Dann hätte er Cartwright eingeladen, sie nach Cornwall und Staffordshire zu begleiten, um ihnen
30 sämtliche neuen Maschinen zu zeigen, die in den beiden Grafschaften aufgestellt worden wären. Er hätte sich sogar bemüht, wenn wir Cartwright Glauben schenken können, ihn zu überreden, mit ins Ausland zu gehen.

Zitiert nach: Karl Freiherr vom und zum Stein: Briefe und amtliche Schriften, Band 1, bearb. von Erich Botzenhart, hrsg. von Walter Hubatsch u. a., Stuttgart (Kohlhammer) 1957, S. 250f.

1 Erkläre die Aussage der Karte. Nenne die Orte der einzelnen Industrieansiedlungen. Achte darauf, dass du die Legende vollständig auswertest (M1).

2 Vergleiche die Informationen zur industriellen Produktion. Zeige die unterschiedlichen Entwicklungen auf (M2).

3 Zähle Gründe auf, die die Parlamentskommission dafür angibt, dass gerade in England die Industrialisierung begonnen hat (M3). Wie erklärt sie den wirtschaftlichen Erfolg der Engländer?

4 Lege dar, welchen Zweck der Besuch des Freiherrn vom Stein in England hatte. Was sagt das über die Entwicklung der englischen Industrie im Vergleich zur deutschen aus?

5 Erkläre, weshalb Freiherr vom Stein Cartwright nach Deutschland holen wollte.

6 Erstelle eine Mindmap zum Thema „Warum begann die Industrialisierung in England?" (Autorentext). Nimm dabei die Überschriften im Text zu Hilfe.

Erfindungen ermöglichen Fortschritt

Dampfmaschine: Motor der Industrialisierung. Experimente zur Nutzung des Wasserdampfs als Antrieb gab es schon seit der Antike. Die Nutzung neuer Antriebstechniken wurde aber lange nicht für nötig gehalten, da sowohl Tiere als auch Menschen schwere Arbeiten verrichteten. Erst als die Menschen Aufgaben bewältigen mussten, die ihre Kräfte überstiegen, änderte sich diese Einstellung. Mit Zunahme der Industrialisierung war Kohle in England als Brennmaterial immer wichtiger geworden, da Holz nicht mehr ausreichend zur Verfügung stand; es wurde vor allem für den Schiffsbau gebraucht. Um Kohle noch effektiver zu fördern, musste das Grundwasser maschinell aus den Schächten gepumpt werden.

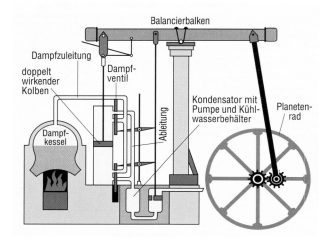

▨ M1 Schnitt durch eine Dampfmaschine
Der Kolben der von James Watt verbesserten Dampfmaschine konnte gleichmäßiger und ruhiger arbeiten, weil der Dampf abwechselnd durch das rechte und linke Einlassventil einströmte.

Erst die Erfindung von James Watt (1736–1819) machte das in großem Stil möglich. Er verbesserte die bereits genutzten Dampfmaschinen und erfand ein sparsameres Modell, das die Kraft des Dampfes in eine Drehbewegung übertrug. Jetzt war es möglich, Kohle schneller und preiswerter zu fördern.
Die Dampfmaschine veränderte auch außerhalb der Bergwerke die Prozesse des Arbeitslebens. Menschliche Muskelkraft, der Einsatz von Lasttieren oder witterungsabhängige Energiequellen, wie Wind- und Wasserräder, bestimmten nicht mehr länger den Er-

folg der Produktion. Jetzt konnte man eine Maschine jederzeit für sich arbeiten lassen. Die Dampfmaschine, das Herz der industriellen Revolution, hat in vielen Bereichen Veränderungen bewirkt; sie wird daher auch als eine Schlüsselerfindung angesehen.

Textilindustrie im Aufschwung. Die Herstellung von Garnen und Tuchen war traditionell in Handarbeit vorgenommen worden. Seit viele Bauern ihre Höfe aufgeben mussten, weil sie mit der Modernisierung nicht mehr Schritt halten konnten, verdienten sie ihr karges Auskommen mit Heimarbeit. Sie stellten unter anderem Garn her, das später zu Stoffen verwoben wurde.
Da die Bevölkerung stetig zunahm, wurde auch eine größere Menge an Tuchen und somit an Garn benötigt. Die Weber mussten produktiver arbeiten, wenn sie die Nachfrage nach ihren Produkten decken wollten. Auch hier half eine Erfindung weiter: Die langsame, herkömmliche Webtechnik wurde zunächst in England durch den Einsatz des „fliegenden Weberschiffchens" verbessert. Der Weber musste nun den Faden nicht mehr wie bisher üblich mühsam mit der Hand zwischen den Längsfäden hindurchweben, sondern konnte ihn mit dem neuen rollenbesetzten Garn-Schiffchen schnell hindurchgleiten lassen.
Die englischen Tuche fanden nicht nur in der stetig wachsenden Bevölkerung Abnehmer, sondern erzielten auch im Ausland einen guten Absatz. Der Bedarf stieg weiter an und konnte selbst mit der verbesserten Webtechnik nicht mehr befriedigt werden. Dem Erfindergeist des Webers James Hargreaves (1740–1778) verdankte die Textilindustrie die „Spinning Jenny", eine mit mehreren Spindeln arbeitende Spinnmaschine. Die Baumwollspinnereien betrieben ihre neuen Maschinen nun auch mithilfe von Dampfmaschinen. Einem einzelnen Arbeiter war es jetzt möglich, eine Menge an Garn herzustellen, für die man vor diesen Erfindungen zweihundert Arbeiter benötigt hatte. Die in der Textilindustrie eingesetzte Technik verbesserte sich weiter bis hin zur Erfindung der automatischen Feinspinnmaschine 1825. Die Folgen dieses Fortschritts waren eine schnellere und gewinnbringende Produktion, aber auch die Verelendung der Bauern, deren in Heimarbeit erstellte Erzeugnisse mit den Fabrikprodukten nicht mehr konkurrieren konnten.

M2 Bauern bei der Heimarbeit
(Gemälde von Max Liebermann, 1882)

M3 „Spinning Jenny"
(Spinnmaschine von James Hargreaves, 1764)

M4 Englische Baumwollspinnerei
(Stahlstich, um 1830)

▲ *Mithilfe dieser Erfindung konnte die Arbeit von 16 Spinnerinnen von einer Maschine übernommen werden. Gut zu sehen sind die 16 Spulen Garn, die von der „Spinning Jenny" erzeugt werden konnten.*

1 Beschreibe die Funktion und die Bedeutung der Dampfmaschine (M1 und Autorentext). Nenne eine Schlüsselerfindung neueren Datums, die du mit der Bedeutung der Dampfmaschine gleichsetzen würdest.

2 Beschreibe die Veränderungen in der Textilindustrie, die in M2–M4 zum Ausdruck kommen.

3 Zähle einige Vor- und Nachteile des Einsatzes von Maschinen auf (M2–M4 und Autorentext).

4 Begründe, welchen Arbeitsplatz du bevorzugen würdest (M2–M4).

5 Auch Edmund Cartwright hat eine Erfindung gemacht, die für die Textilindustrie von Vorteil war. Lies in einem Lexikon nach und berichte.

GESCHICHTE AKTIV / KREATIV
Projektidee: „Erfinder gesucht!"
Beschreibe oder skizziere eine Erfindung, die es noch nicht gibt. Diese Neuerung kann aus dem Bereich Haushalt, Schule, Wissenschaft und Technik oder Umweltschutz kommen. Verfasse eine Gebrauchsanweisung für deine Erfindung oder schreibe einen Antrag für die Patentstelle, in dem du die Nützlichkeit deiner Erfindung darlegst. Veranstaltet in der Klasse eine Ausstellung der neuen Ideen und bestimmt den Sieger des Erfinderwettbewerbs.

Deutschland – ein „Entwicklungsland"?

Überall Grenzen! Wenn du heute mit deiner Familie nach Frankreich in den Urlaub fährst, gibt es keine Pass- oder Zollkontrolle. Auch um den Geldumtausch macht man sich keine Gedanken mehr, da der Euro auf beiden Seiten des Rheins gilt. Von solchen Freiheiten konnten die Menschen in Deutschland noch um 1820 nur träumen: An allen Grenzen mussten teure Zölle entrichtet werden. Und weil Deutschland im Gegensatz zu Frankreich oder England keine Einheit bildete, sondern in 39 Einzelstaaten zerfiel, galt dies auch für die innerdeutschen Grenzen. Wer zum Beispiel Waren von Stuttgart nach Berlin transportierte, musste sechs Zollschranken passieren und Gebühren in unterschiedlichen Geldwährungen zahlen. Verschiedenartige Gewichte und Maße erschwerten den Handel zusätzlich.

Deutschland ist rückständig. Auch in anderen Bereichen waren die Voraussetzungen für Industrie und Handel ungünstig. Bis etwa 1850 galt die Hälfte aller Deutschen als arm. Scharen von Bettlern bevölkerten die Städte. Fortschritte im medizinischen Bereich hatten – wie in vielen anderen Ländern – zu einem Bevölkerungsüberschuss geführt. Dazu kamen noch Veränderungen in der Landwirtschaft, die unzähligen Bauern jegliche Lebensgrundlage entzogen (s. S. 144f.). Arbeit war schwer zu finden, weil der Adel, der das nötige Kapital besaß, dieses lieber in seinen Grundbesitz steckte, was als „standesgemäß" galt, anstatt – wie in England – in Industriebetriebe zu investieren und so Arbeitsplätze zu schaffen.

Reformen bringen den Umschwung. Diese Probleme waren den staatlichen Behörden aber nicht verborgen geblieben. Um dem Kapitalmangel abzuhelfen, wurden Staatsbanken gegründet, die den Unternehmen Kredite zu garantierten Zinsen gewährten. Unternehmer konnten so leichter investieren. Auch wurde die Gründung von Aktiengesellschaften durch staatliche Genehmigungsverfahren erleichtert. In den Aktiengesellschaften verteilte sich das finanzielle Risiko auf viele Inhaber von Anteilsscheinen (= Aktien). Um den Transport der Waren zu erleichtern, wurden Flüsse schiffbar gemacht und begradigt sowie das Eisenbahnnetz erweitert (s. S. 152).

M1 Dividendenschein Bergisch-Märkische Eisenbahn (1862). *Im Zuge der Industrialisierung kam es auch zur Gründung von Großbanken auf Aktienbasis. So entstanden die Commerzbank und die Deutsche Bank 1870 sowie die Dresdner Bank 1872.*

Die Gründung des Deutschen Zollvereins. Ein entscheidender Durchbruch auf dem Weg Deutschlands zum Industriestaat war der Zusammenschluss Preußens und einiger süd- und mitteldeutscher Staaten, zwischen denen die Zollschranken aufgehoben wurden und die somit ein einheitliches Wirtschaftsgebiet bildeten. Am 1. Januar 1834 entstand so der Deutsche Zollverein (s. S. 168). Fast alle deutschen Staaten traten ihm bis 1854 bei. Die Folge war, dass industrielle Erzeugnisse jetzt viel schneller und billiger innerhalb Deutschlands transportiert werden konnten.

Neue Ausbildungsstätten. Viele technische Erfindungen und Entwicklungen entstanden zunächst durch Ausprobieren oder in Kombination mit bereits bekannten Technologien. Dies reichte im 19. Jh. aber nicht mehr aus, und so wurden „Technische Hochschulen" eingerichtet, die Ingenieure und Chemiker ausbildeten. 1825 kam es zur Gründung einer derartigen Hochschule in Karlsruhe, 1870 auch in Aachen im Königreich Preußen. Da es auch einen immer größeren Bedarf an Facharbeitern gab, entstanden in vielen deutschen Staaten Gewerbeschulen und Realgymnasien. Dort wurde im Gegensatz zur klassischen Bildung am Gymnasium kein Wert auf alte Sprachen, wie Griechisch und Latein, sondern auf berufsbezogene technische und wirtschaftliche Kenntnisse gelegt.

M2 Friedrich List, Professor für Staatswissenschaft, schrieb 1819:

Dem einen Land hat die Natur Salzquellen gegeben, dem anderen Wein, dem dritten Flachs und Korn, einem vierten Wolle, Eisen usw. Sie alle sind nur wohlhabend durch eigenen Fleiß und durch Fleiß und Wohlhabenheit ihrer Nachbarn. In
5 Bayern verschafft man sich Wein, Fabrikate usw. für das überflüssige Salz, Getreide und Vieh … Das Rheintal und das Neckartal beziehen ihr nötiges Holz aus den Gebirgen und bezahlen mit Wein und Früchten ihres üppigeren Bodens. Es wäre ein törichtes Beginnen, wenn eine Gegend auf Kosten
10 der anderen sich bereichern wollte, denn sie würde sich dadurch außer Stande setzen, den Überfluss ihrer Produkte und ihres Kunstfleißes gegen die Erzeugnisse des Bodens und des Fleißes jener Gegenden umzutauschen … Gott hat die Weine Frankreichs nicht nur den Franzosen, Zucker und Kaffee nicht
15 bloß den Amerikanern, und die Gewürze nicht bloß den Indiern gegeben. Ich bin innig überzeugt, dass die Menschheit den höchsten Gipfel des Wohlbefindens nur dadurch zu erreichen vermag, wenn auf der ganzen Oberfläche der Erde zivilisierte Völker ihre Schätze im freien Verkehr gegenseitig
20 austauschen.

Friedrich List: Briefe über den ökonomischen Zustand Deutschlands. Zitiert nach: ders.: Schriften, Reden, Briefe, hrsg. von Erwin von Beckerath u. a., Band 1, Berlin 1929, S. 571.

M3 „Gränzverlegenheit" *(Karikatur aus den „Fliegenden Blättern" von 1848)*

„Sie sehen, Herr Gränzwächter, daß ich nix zu verzollen hab', denn was hinte auf'm Wagen ist, hat die Lippi'sche Gränz noch nit überschritten, in der Mitt' ist nix, und was vorn drauf is, ist schon wieder über der Lippischen Gränze drüben."

1 Vergleiche anhand des Autorentextes die Situation in Deutschland um 1820 mit der in England (s. S. 146ff.).
2 Schlage in einem Lexikon den Begriff „Entwicklungsland" nach und überlege, ob er auf das damalige Deutschland zutrifft.
3 Informiere dich bei einer Bank oder im Internet, wie eine Aktiengesellschaft funktioniert. Berichte darüber in der Klasse.

4 Erkläre, welche Forderungen Friedrich List in M2 stellte und wie er diese begründete. Waren für ihn mit dem Deutschen Zollverein 1834 alle Erwartungen erfüllt?
5 Begründe, weshalb der Kutscher in M3 keinen Zoll entrichten möchte.

Die Eisenbahn als Schrittmacher

Eine englische Erfindung wird importiert. 1814 baute der Engländer Louis Stephenson die erste brauchbare Lokomotive. Zur Personenbeförderung wurde sie allerdings erst 1825 eingesetzt. Schnell erkannte man die Überlegenheit der Eisenbahn gegenüber der Pferdekutsche, was sowohl ihre Geschwindigkeit als auch ihre Transportleistung betraf. Am 7. Dezember 1835 war es dann auch in Deutschland soweit: Zwischen Nürnberg und Fürth verkehrte die erste deutsche Eisenbahn (s. S. 142). Von Anfang an zog sie die Menschen in ihren Bann. Zwischen 1837 und 1840 wurde der Lokomotivenbau vorangetrieben und das Schienennetz innerhalb von zwanzig Jahren beträchtlich erweitert. Nach 1840 nahm man auch überregionale Strecken in Betrieb. Brauchte die Postkutsche für die Fahrt von Hamburg nach Berlin noch 50 Stunden, und das ohne die fälligen Übernachtungen oder das Füttern und Austauschen der Pferde, benötigte die Eisenbahn dafür um 1850 nur noch sieben Stunden. Die Reisezeit von Köln nach Berlin verringerte sich sogar von 82 auf 11 Stunden. Schließlich wurden vorhandene Strecken verknüpft und weiter ausgebaut.

M1 Eisenbahnbrücke über das Göltzschtal / Vogtland
(um 1850 gebaut)

Das Göltzschtalviadukt war damals die größte Eisenbahnbrücke der Welt mit einer Länge von 574 m und einer Höhe von 78 m. Für die Errichtung der Baugerüste mussten an die 20 000 Baumstämme geschlagen werden. Über 1 700 Arbeiter waren an dem Bau beteiligt.

▨ M2 Das Eisenbahnnetz in Deutschland

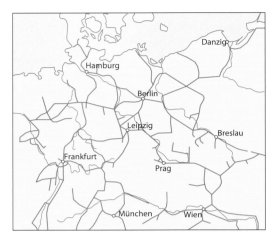

Ende 1860

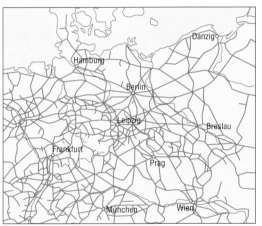

Ende 1880

Die Eisenbahn bringt die Industrie in Schwung. Gab in England die Textilindustrie den Anstoß für den Durchbruch der Industrialisierung, so war es in Deutschland die Eisenbahn. Der Bau von Eisenbahnen und Gleisanlagen führte zur Entstehung von zahlreichen Stahlwerken, die wiederum eine große Anzahl an Arbeitern einstellten. Zum Antrieb brauchten die Lokomotiven Kohle, die in gewaltigen Gruben im Ruhrgebiet oder in Sachsen abgebaut wurde. Wo aber sollten die Arbeiter wohnen, die aus allen Landesteilen zu ihren Arbeitsstätten strömten? Überall baute man deshalb um die neuen Fabriken und Kohlegruben herum Arbeitersiedlungen, was wiederum das Baugewerbe ankurbelte. So wurde die Eisenbahn zum Motor der Industrialisierung in Deutschland. Deshalb zählt dieser Bereich auch zu den „Schrittmacherindustrien".

▦ M3 Der Eisenbahnbau belebt die Wirtschaft

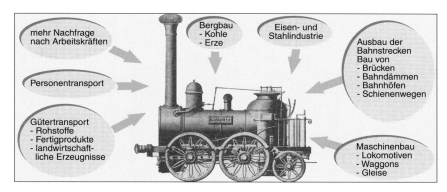

▦ M4 Die Entwicklung des Eisenbahnnetzes im Vergleich *(in km)* ▼

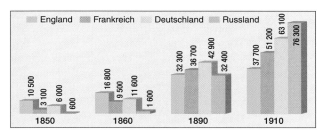

M5 Ängste ...

Aus einem Ärztegutachten 1835:

Ortsveränderungen mittels irgendeiner Art von Dampfmaschinen sollten im Interesse der öffentlichen Gesundheit verboten sein. Die raschen Bewegungen können nicht verfehlen, bei den Passagieren die geistige Unruhe, „Delirium furiosum"

5 genannt, hervorzurufen. Selbst zugegeben, dass Reisende sich freiwillig der Gefahr aussetzen, muss der Staat wenigstens die Zuschauer beschützen, denn der Anblick einer Lokomotive, die in voller Schnelligkeit dahinrast, genügt, diese schreckliche Krankheit zu erzeugen. Es ist daher unumgäng-

10 lich nötig, dass eine Schranke auf beiden Seiten der Bahn errichtet werde.

... und hohe Erwartungen

Die nachfolgenden Gedanken sprach Friedrich List vor der Eröffnung der ersten deutschen Eisenbahnlinie aus:

Was die Dampfschifffahrt für den See- und Flussverkehr, ist die Eisenbahn-Dampfwagenfahrt für den Landverkehr, ein Herkules in der Wiege, der die Völker erlösen wird von der

15 Plage des Kriegs, der Theuerung und der Hungersnoth, des Nationalhasses und der Arbeitslosigkeit und der Unwissenheit ... und auch den Niedrigsten Kraft verleihen wird, sich durch den Besuch fremder Länder zu bilden, in entfernten Gegenden Arbeit und an fremden Heilquellen und Seegestaden

20 Wiederherstellung und Gesundheit zu suchen.

Zitiert nach: Carl von Rotteck und Carl Welcker: Staatslexikon, Band IV, Altona 1835, S. 650ff.

M6 Friedrich List über die politischen Folgen der Zollunion

Der Zollverein soll die Deutschen wirtschaftlich zu einer Nation verbinden und durch die Bewahrung seiner auswärtigen Gesamtinteressen wie durch die Beschützung seiner inneren Produktivität die materielle Kraft der Nation stärken. Er soll

5 durch Verschmelzung der einzelnen Provinzialinteressen das Nationalgefühl wecken und heben.

Zitiert nach: Friedrich List: Werke, Band VII, Berlin 1930, S. 444.

1 Vergleiche das Datum der ersten deutschen Eisenbahnstrecke mit dem der Gründung des Deutschen Zollvereins und überlege, welcher Zusammenhang zwischen beiden besteht.

2 Das Eisenbahnnetz wurde innerhalb einer relativ kurzen Zeitspanne beträchtlich erweitert. Weise diese Aussage anhand von M2 und M4 nach.

3 Begründe mithilfe von M4 die Bedeutung der Eisenbahn für Deutschland im Vergleich zu anderen europäischen Staaten.

4 Zähle auf, welche Industriezweige außer dem im Autorentext genannten durch den Eisenbahnbau ebenfalls gefördert wurden (M1, M3 und Autorentext). Verwende dabei auch den Begriff „Schrittmacherindustrie".

5 Stelle Ängste und Erwartungen, die in M5 geäußert werden, tabellarisch einander gegenüber. Diskutiert, warum weder die Befürchtungen noch die Hoffnungen in dieser Form eingetroffen sind.

6 Erkläre, welche politischen Auswirkungen sich List vom Deutschen Zollverein erhoffte (M6).

„Take-off" – der Durchbruch der Industrialisierung in Deutschland

Deutschland hebt ab. Bis 1840 wurden zwar die Voraussetzungen dafür geschaffen, dass Deutschland zum Industrieland werden konnte, insgesamt aber hielt die Produktion mit der englischen Industrie noch nicht Schritt. Dies änderte sich seit der Mitte des 19. Jh. Die Industrialisierung nahm jetzt, auf Eisenbahn und Schwerindustrie gestützt, regelrecht Fahrt auf. Man spricht deshalb für die Zeit nach 1840 von der „Take–off–Phase". Es begann eine Zeit starken wirtschaftlichen Aufschwungs, die – von wenigen kürzeren Unterbrechungen abgesehen – bis zum Ausbruch des Ersten Weltkriegs 1914 anhielt.

Eine Revolution ganz ohne Waffen. Die Veränderungen, die nun über die Menschen hereinbrachen, waren umwälzender Natur. Schon ein Blick auf die Anzahl der Beschäftigten in den jeweiligen industriellen Bereichen verdeutlicht dies. Die Landwirtschaft benötigte infolge besserer Anbaumethoden und neuer Düngemittel immer weniger Arbeitskräfte, während die boomende Industrie die Menschen wie ein Magnet in die rasant anwachsenden Städte und ihre neuen Gewerbegebiete und Vorstadtgürtel zog (s. S. 144f.). Diese Veränderungen hatten aber nicht nur für den Arbeitsplatz und die Arbeitszeit jedes Einzelnen Konsequenzen, sondern für die gesamte Lebensweise. Die Familie und der Alltag der Menschen erfuhren einen tief greifenden Wandel. Dies wird auf den folgenden Seiten dargelegt.

M1 Krupp-Stahlfabrik 1912
Im Hintergrund ist die Stadt Essen zu erkennen.

M2 Produktion von Roheisen *(in tausend Tonnen)*

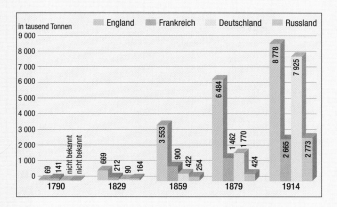

M3 Die Bevölkerung Deutschlands nach Gemeindegrößen *(in Mio. Einwohner)*

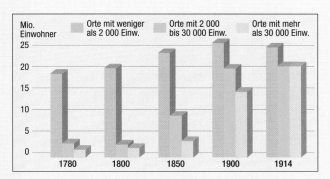

M4 Anteil der Beschäftigten innerhalb verschiedener Bereiche in Deutschland 1780–1914 *(in Prozent)*

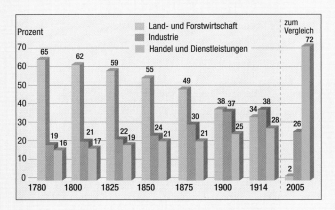

1 Betrachte M1 und erläutere, inwiefern sich das Leben für die Bewohner der Stadt Essen durch die Ansiedlung der Krupp-Werke änderte. Zähle Vor- und Nachteile auf.

Methode: Statistiken auswerten

Statistiken und grafische Darstellungen helfen uns, komplizierte Sachverhalte anschaulich und übersichtlich darzustellen. Allerdings müssen wichtige Fragen gestellt werden, um die gewünschten Informationen zu erhalten:

Schritt 1: Welche Frage versucht die Statistik zu beantworten?

Schritt 2: Welche (Maß-)Einheiten werden grafisch dargestellt (z. B. Jahre, Anzahl der Einwohner, prozentuale Anteile, Kilogramm usw.)?

Schritt 3: In welche Richtung verändern sich die Zahlenwerte oder die Grafik? Werden die Werte größer, kleiner oder ist keine einheitliche Tendenz zu erkennen?

Schritt 4: An welchen Stellen lässt sich ein auffällig großer oder der größte „Sprung" feststellen? Kann dieser „Sprung" begründet werden?

Schritt 5: Welches zusammenfassende Ergebnis kann man formulieren?

Vorsicht! Man muss überprüfen, ob in der Statistik sinnvolle bzw. korrekte Aussagen gemacht werden:

• Wie zielführend ist der Vergleich von einzelnen Werten, die die Statistik anführt, überhaupt? So macht es z. B. wenig Sinn, die Stahlproduktion der USA mit der eines afrikanischen Staates zu vergleichen, wenn die Produktionsbedingungen völlig unterschiedlich sind.

• Inwieweit verzerrt die grafische Darstellung das Bild? Wenn z. B. die beiden letzten blauen Balken in M3 erst beim Wert „10 Millionen" beginnen würden, sähe der Anstieg noch gewaltiger aus, als er wirklich war.

• Bei Prozentangaben ist – wenn möglich – nachzuprüfen, ob die absolute Menge auch wirklich mindestens 100 beträgt.

• Und schließlich: Wer ist der Urheber der Statistik? Hat er ein Interesse an objektiver Darstellung oder an einem bestimmten Ergebnis?

2 Wende die methodischen Schritte auf eine der Statistiken (M2–M4) an.

3 Erkläre anhand der Ergebnisse aus der vorhergehenden Aufgabe, weshalb die Industrialisierung in Deutschland ab etwa 1850 eine industrielle Revolution auslöste.

Das Ruhrgebiet – von giftigen Rauchgasen zur Erholungslandschaft

Die größte Industrielandschaft Europas. Erst um die Mitte des 19. Jh. trat das Ruhrgebiet in Konkurrenz zu den Gebieten, die bis dahin Eisen produzierten – also zu Oberschlesien, Sachsen, zum Sieger- und Saarland. Wichtig für den Aufstieg des Ruhrgebiets war die verkehrsgünstige Lage und die Nähe zu Eisenerz- und Steinkohlevorkommen. Hier setzten sich moderne Verfahren der Eisenverhüttung durch: Koks trat an die Stelle von Holzkohle. Kohle und Stahl veränderten das Ruhrgebiet von einer landwirtschaftlich geprägten Region zu einem der mächtigsten Wirtschaftsräume Europas. Jede Zeche, jede Kokerei, jedes Stahlwerk brauchte Arbeitskräfte, die vor allem in den Kohlenrevieren Oberschlesiens angeworben wurden. Billig verfügbare Wohnungen, ohne regionale Planung aus dem Boden gestampft, lockten die Familien an die Ruhr und banden sie zugleich an ihre Arbeitsstätten. Mit über 5 Millionen Einwohnern gehört das Ruhrgebiet bis heute immer noch zu den größten Ballungszentren Europas.

Wachstum um jeden Preis? Der Abbau von Steinkohle und Erzen zerstörte die Naturlandschaft. Industriebetriebe und Siedlungen leiteten ihre Abwässer ungeklärt in die Bäche und Flüsse; Seuchen und Überschwemmungen waren die Folge. Als erste Notmaßnahme wurde 1899 die „Emschergenossenschaft" gegründet. Sie stellte die Abwasserentsorgung sicher und verbesserte die Verhältnisse im abflussschwachen Flusssystem der Emscher. Eine erste gesetzliche Regelung zur Reinhaltung der Gewässer und des Grundwassers erfolgte in Deutschland 1912. Doch weiterhin belasteten Rauchgase die Luft immer stärker. Auch höhere Schornsteine konnten die Luftverschmutzung nicht verhindern; die giftigen Gase wurden dadurch nur weiträumiger verteilt. Viele Menschen im Ruhrgebiet klagten über Atembeschwerden und andere gesundheitliche Beeinträchtigungen. Das Bewusstsein, wie sehr der Mensch der Umwelt und sich selbst schadete, entstand nur allmählich.

Wandel zur Erholungslandschaft. Erst seit den 1970er Jahren entfaltete sich eine rege politische Tätigkeit der ökologischen Bewegung. Zu diesem Zeitpunkt wurde auch klar, dass Kohle und Stahl ihre ökonomische Bedeutung für das Ruhrgebiet verlieren würden. Es kam mittelfristig zu einem Strukturwandel vom Umwelt vergifteten Revier der „Malocher" zu einer Kulturlandschaft, in der sich neue Technologien und Dienstleistungsbetriebe ansiedelten. Dabei spielten in den alten Industriezentren auch Freizeit, Naherholung und Tourismus eine zunehmende Rolle. Das reichhaltige Angebot wendet sich heute an die Einheimischen wie an Touristen. Es reicht von technischen Baudenkmälern und Museen über künstlich geschaffene Bade- und Wassersportseen bis hin zu Parklandschaften und Zoos. Manches davon mag es auch in anderen Regionen geben, aber Klettern in alten Erzbunkern, Mountainbiking auf Bergehalden oder Tauchen in einem gefluteten Gasometer sind ein einzigartiges Angebot des neuen Ruhrgebiets.

M1 Zeche Zollverein in Essen *(Die einstmals größte Zeche der Welt bietet heute Führungen, die ein Erlebnis des früheren Zechenbetriebs vermitteln.)*

M2 Wohnen in der Siedlung Ebel bei Bottrop *(1920):*

Eine Kanalisation fehlte, Abwässer leitete oder schüttete man in die Straßengräben, aus denen sie wegen der zahlreichen Bodensenkungen (die aufgrund des Bergbaus entstanden) nicht immer sofort abflossen. Die Bodensenkungen führten

5 auch dazu, dass Bäche, kleinere Kanäle und Flüsse häufig ihren Lauf änderten, Felder und Wiesen überschwemmten, Tümpel und andere stehende Gewässer bildeten, in denen sich Schmutz und Unrat ansammelte, sodass in der Nähe von Zechen quadratkilometergroße stinkende Sümpfe zu sehen

10 und riechen waren.

Zitiert nach: Franz-Josef Brüggemeier und Michael Toyka-Seid (Hrsg.): Industrie-Natur. Lesebuch zur Geschichte der Umwelt im 19. Jahrhundert, Frankfurt/M. u.a. (Campus) 1995, S. 52.

M3 Fortschritt oder Flussfischerei?

Viele der Fabriken leiteten ihre Abwässer häufig in die Flüsse ein und gefährdeten dadurch unter anderem auch die Flussfischerei. Der Chemiker Konrad Jurisch verfasste hierzu das folgende Gutachten (1890):

... wo ein Landstrich vor dem Entstehen der Industrie nur eine spärliche und ärmliche Bevölkerung trug, welche zwar ungehinderten und reichlichen Fischfang trieb, aber nur geringen Absatz und Verdienst fand, und, an die Scholle gebunden, an

5 den Fortschritten der Zivilisation nur geringen Anteil nehmen konnte – da verdichtet sich die Bevölkerung durch das Aufblühen der Industrie, Arbeiterscharen strömen herbei; Verkehrswege werden geschaffen ... Es liegt daher im wohlverstandenen Interesse eines jeden armen Landstrichs, das Aufblühen

10 der Industrie zu fördern, selbst auf Kosten der Fischerei.

K. W. Jurisch: Die Verunreinigung der Gewässer, Berlin 1890, S. 103. Zitiert nach: Brüggemeier: a. a. O., S. 145.

M4 Über die Folgen der französischen Besatzung *(1923)*

Mit der Besetzung des Ruhrgebiets wollte sich Frankreich die dortige Kohleproduktion als „Pfand" für die Erfüllung der Wiedergutmachungszahlungen nach dem Ersten Weltkrieg sichern. Dagegen protestierten die Arbeiter mit passivem Widerstand:

Mit der Einstellung der Kohle-, Koks- und Stahlgewinnung trat augenblicklich eine deutliche, selbst von den Menschen wahrnehmbare Verbesserung der Luftverhältnisse im Ruhrgebiet ein ... Kartoffeln zeigten überall eine so große Blühwil-

5 ligkeit, wie man sie lange nicht mehr kannte, und selbst die Jahresringe an den Bäumen fielen dicker aus.

Zitiert nach: Funkkolleg Jahrhundertwende, Bd. 1, S. 133.

M5 „Hüttenfest" im Landschaftspark Duisburg Nord

Hier kann der Besucher auf einen Hochofen steigen oder industriegeschichtliche Führungen mitmachen.

1 Gib in einer Mindmap wieder, wie der Mensch die Natur veränderte (M1–M5 und Autorentext). Was bewertest du positiv, was negativ?

2 Lege dar, auf welche Weise die Giftstoffe Mensch und Natur schädigen (M2).

3 Wirtschaftliches Wachstum um jeden Preis? Diskutiert das Für und Wider (M2, M3 und Autorentext).

GESCHICHTE AKTIV/KREATIV
**Projektidee: „Kurzvorträge zur
‚Route der Industriekultur'
per Internetrecherche"**

Erkunde die heutige Touristiklandschaft des Ruhrgebiets mithilfe der Internetadresse www.route-industriekultur.de.

• Verschaffe dir einen Überblick über die 52 herausragenden Zeugnisse der industriellen Vergangenheit des Reviers. Kläre dazu: Aus welchen unterschiedlichen Standorten besteht die Route? Was reizt dich besonders? Mit welchen Verkehrsmitteln lässt sich die Route erschließen?

• Entscheide dich für eine der 25 Themenrouten und arbeite einen Kurzvortrag (max. 7 Min.) aus, den du mit Stichwortzetteln vor der Klasse halten kannst.

Arbeitsplatz Fabrik

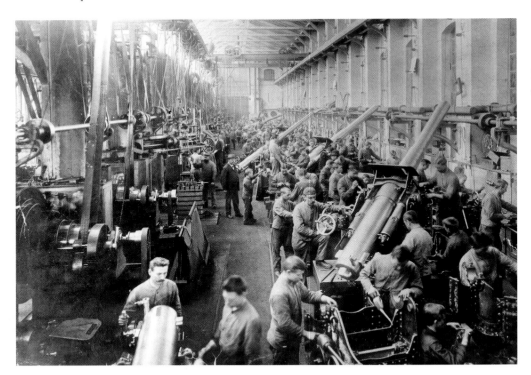

M1 Kanonenwerkstatt von Krupp *(um 1910)*

Merkmale einer Fabrik. Neue industrielle Produkte erforderten neue Produktionsweisen. Zum Bau von Lokomotiven oder zur Gewinnung von Stahl waren riesige Fabriken mit Hunderten von Arbeitern notwendig. Alfred Krupp (1812–1887) gründete in Essen eine Gussstahlfabrik, die zum größten Industriebetrieb der Welt wurde (s. S. 154/ M1). Fabriken waren von Anfang an darauf angelegt, Massenprodukte herzustellen. Die Arbeitsabläufe und die Koordinierung der Arbeiter mussten sorgfältig geplant werden. Jedem Arbeiter wurde ein bestimmter Arbeitsschritt zugewiesen. ▶ Fabrikordnungen regelten die Arbeitszeiten und enthielten Vorschriften, welche die Arbeiter in den Fabriken genau einhalten mussten. Ähnlich wie beim Militär und beim Staat wurden Befehle und Anordnungen von oben nach unten erteilt. Eine Mitsprache der Arbeiter war nicht vorgesehen.

Der Unternehmer. Zunächst waren die Fabriken Familienbetriebe, die vom Vater auf den Sohn vererbt wurden. Aus manch einem Familienbetrieb entstand im Laufe der Zeit ein großes Unternehmen. Um dieses führen zu können, brauchte man auch eine gute Ausbildung. Auf Fachhochschulen wurden die dazu notwendigen kaufmännischen und verwaltungstechnischen Kenntnisse erworben. Die Unternehmer kamen zumeist aus dem ▶ Bürgertum, weil die Adligen lange Zeit den Gelderwerb aus der Industrie nicht für standesgemäß hielten. Die Bürgerlichen entwickelten ein eigenes Selbstbewusstsein, indem sie sich – wie der Adel – von den unteren Ständen abgrenzten. Den Reichtum, den sie durch ihre Unternehmen erlangt hatten, stellten sie offen zur Schau. So ließ sich Alfred Krupp die Essener „Villa Hügel" errichten. Einen Adelstitel lehnte er aber ab. Er betonte, er sei lieber „der Erste unter den Industriellen als der letzte Ritter".

Die Fabrikarbeiter. So erfolgreich die Fabriken auch wirtschafteten und Gewinne für die Unternehmer erzielten – die Arbeiter verdienten kaum mehr, als sie für ihren Lebensunterhalt unbedingt benötigten, und das, obwohl sie sechs Tage in der Woche oft vierzehn bis sechzehn Stunden arbeiten mussten. Gebraucht wurden zwar auch viele Ingenieure und Facharbeiter, denen es besser erging; die Masse der Beschäftigten bestand jedoch aus ungelernten Arbeitern, die zwar einfach zu erlernende, körperlich aber oft sehr anstrengende Tätigkeiten auszuführen hatten.

M2 Aus einer Fabrikordnung *(1840):*

§ 1 Die Arbeiter verpflichten sich bei ihrer Aufnahme zum Gehorsam gegen die Fabrikherren, zur genauen Beobachtung der erteilten Vorschriften und zur sorgfältigen und fleißigen Ausführung der erteilten Arbeiten.

5 § 2 Die festgesetzten Arbeitsstunden sind von 6 bis 12 Uhr vormittags und von 1 bis 6½ Uhr nachmittags. Von 8 bis 8½ Uhr früh wird eine halbe Stunde zum Frühstück freigegeben … Wer sich außer dieser Zeit Bier oder geistige Getränke verschafft, verfällt in eine Strafe von einem halben Tag Abzug.

10 § 4 Sämtliche Arbeiter müssen sich pünktlich zur bestimmten Arbeitszeit in der Fabrik einfinden; 10 Minuten nach Glockenschlag 6 Uhr morgens wird die Türe geschlossen und kein Arbeiter mehr eingelassen; wer öfter als zweimal fehlt, wird mit Abzug nach § 5 bestraft.

15 § 5 Wer ¼, ½ oder 1 Tag fehlt, verliert nicht nur den verhältnismäßigen Lohn, sondern wird auch noch um ebenso viel gestraft.

§ 13 Alle jene Arbeiter, welche während der Arbeitszeit herumlaufen … schwätzen oder nichts tuend beieinander stehen,
20 verfallen in eine Strafe von ¼ Abzug. Streitereien, Raufereien oder unanständiges Betragen sind mit ½ Abzug belegt.

Zitiert nach: Wolfgang Ruppert: Die Fabrik. Geschichte von Arbeit und Industrialisierung in Deutschland, München (C. H. Beck) ⁶1993, S. 54f.

M3 Arbeiter beim „Stempeln"

1 Zeige, in welcher Weise sich das Leben der Menschen durch ihre Tätigkeit in der Fabrik veränderte (M1–M5).

M4 Der österreichische Journalist Max Winter schildert seinen Besuch in einer Flachsspinnerei *(1899):*

Im Maschinenraum … beginnt unser Rundgang. Ein 400 Pferde kräftiger Dynamo, ein Maschinenkoloss, geht hier in majestätischer Ruhe seinen Gang. Er und drei … Turbinen, die je 100 Pferdekräfte präsentieren, treiben die 8 000 Spindeln
5 in den fünf bis sechs Sälen an.

Als wir, aus der frischen Luft kommend, in den Saal traten, verschlug es mir den Atem, und Hustenreiz stellte sich ein, so dick ist die Luft in diesem Saale mit den unendlich feinen Stäubchen erfüllt. Wenn man eintritt, ist es, als ob der Saal
10 von dichtem Nebel erfüllt wäre … Ein Genosse, der an der Straße wohnt und alle Arbeiter kennt, sagte mir: „Wenn ein Dienstbote vom Land frisch und gesund in die Fabrik kommt, in vierzehn Tagen merkt man den Unterschied. Es geht rapide abwärts mit dem Menschen."

Zitiert nach: Ernst Abbé: Gesammelte Abhandlungen, Bd. 3: Sozialpolitische Schriften, Jena (G. Fischer) 1920.

M5 Fabrikherren und Kinderarbeit

In seinen „Briefen aus Wuppertal" vom März und April 1839 schreibt der Fabrikantensohn Friedrich Engels:

… in Elberfeld allein werden von 2 500 schulpflichtigen Kindern 1 200 dem Unterricht entzogen und wachsen in den Fabriken auf, bloß damit der Fabrikherr nicht einem Erwachsenen, dessen Stelle sie vertreten, das doppelte des Lohnes zu
5 geben nötig hat, das er einem Kinde gibt. Die reichen Fabrikanten aber haben eine weites Gewissen, und ein Kind mehr oder weniger verkommen zu lassen, bringt keine Seele in die Hölle, besonders wenn sie alle Sonntage zweimal in die Kirche geht.

Zitiert nach: Auguste Cornu: Karl Marx und Friedrich Engels. Leben und Werk, Band 1, Berlin (Aufbau-Verlag) 1954, S. 185f.

2 Erstelle eine Tabelle, in der du die Vor- und Nachteile der Arbeit in den Fabriken gegenüberstellst (M1–M5 und Autorentext). Beziehe auch die Bilder auf den Seiten 143 und 154 mit ein.

3 Die Fabrikarbeiter wurden streng diszipliniert. Erläutere, was damit gemeint ist (M1–M3).

4 Recherchiere die Biografien von Emil Rathenau und Werner von Siemens – zwei weiteren bekannten deutschen Fabrikanten. Ermittle Gemeinsamkeiten und Unterschiede in ihrer Lebensauffassung und Unternehmensführung.

Migration als Schicksal von Millionen

Binnenwanderung und Auswanderung. Im Jahre 1912 schrieb der deutsche Wirtschaftswissenschaftler Werner Sombart: „Im 19. Jh. hat Deutschland eine Bevölkerungswanderung erlebt, mit der verglichen die Verschiebungen vergangener Jahrhunderte zu winzigen Ereignissen zusammenschrumpfen. Wahrhaftig, aus der Rückschau gesehen, gleicht das Deutsche Reich einem Ameisenhaufen, in den ein Wanderer seinen Stock gesteckt hat." Die von Sombart beschriebenen Wanderungen innerhalb eines Landes (Binnenwanderung) und nach Übersee (Auswanderung) trafen fast alle Länder Europas, allerdings unterschiedlich stark. Lebten um 1800 in Europa einschließlich Russlands ca. 190 Millionen Menschen, waren es 100 Jahre später bereits 420 Millionen. Hauptgrund für dieses anhaltende Bevölkerungswachstum waren die Fortschritte in Medizin, Hygiene und Ernährung (s. S. 144f.).

Wer wandert? Nicht alle Regionen profitierten gleichermaßen von der Verbesserung der Lebensverhältnisse. Wer dem Elend entfliehen wollte, der wanderte in die Industrieregionen aus, wo es Arbeit gab. Die Suche nach dem Glück hieß Gewerbefreiheit, Bewegungsfreiheit, Heiratsfreiheit oder Freiheit zum Lernen. Dafür nahmen die Menschen elende Wohnquartiere, lange Wege zur Fabrik, Fahrten in der 4. Wagenklasse „für Passagiere mit Traglasten" und strenge Disziplinierung am Arbeitsplatz in Kauf. Doch diese Binnenwanderung nahm sich wie ein Rinnsal gegenüber der Auswanderung nach Übersee aus. Besonders nach der gescheiterten Revolution 1848 und in den wirtschaftlich schwierigen Jahren nach der Krise von 1873 wanderten sehr viele Menschen nach Amerika aus. Ihren Wunsch nach eigenem Land konnten die Europäer nur noch in den Prärien Kanadas und der Vereinigten Staaten erfüllen, wo die „freie Landnahme" bis Ende des 19. Jh. möglich war. Erst gegen 1900 wurden die Sozialchancen in Deutschland besser als im „Land der unbegrenzten Möglichkeiten". In der langen Wachstumsphase der deutschen Wirtschaft im späten 19. Jh. kamen erstmals ausländische Arbeiter in großer Zahl nach Deutschland, etwa eine halbe Million Polen und als zweitgrößte Gruppe Italiener.

M1 Weltweite Auswanderung 1820–1910

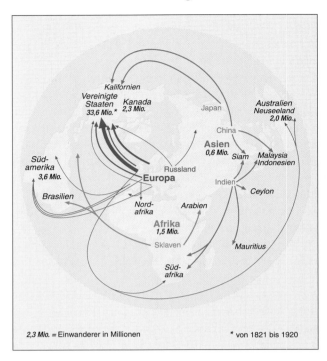

2,3 Mio. = Einwanderer in Millionen   * von 1821 bis 1920

M 2 Auswandererschiff in Bremerhaven *(Holzstich, 1906)*

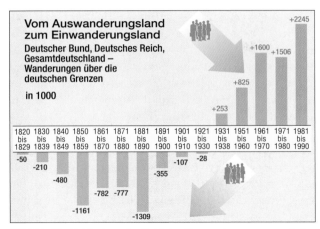

Vom Auswanderungsland zum Einwanderungsland
Deutscher Bund, Deutsches Reich, Gesamtdeutschland – Wanderungen über die deutschen Grenzen

in 1000

1820 bis 1829	1830 bis 1839	1840 bis 1849	1850 bis 1859	1861 bis 1870	1871 bis 1880	1881 bis 1890	1891 bis 1900	1901 bis 1910	1921 bis 1930	1931 bis 1938	1951 bis 1960	1961 bis 1970	1971 bis 1980	1981 bis 1990
-50	-210	-480	-1161	-782	-777	-355	-1309	-107	-28	+253	+825	+1600	+1506	+2245

M3 *Ab 1990 ging die Zahl der Zuwanderungen zurück; die der Auswanderungen nahm zu.*

M4 Anwerbung von Bergarbeitern

Aufrufe der Zeche „Victor" in Rauxel (1908):
Masuren!

In rein ländlicher Gegend, umgeben von Feldern, Wiesen und Wäldern ... liegt, ganz wie ein masurisches (ostpreußisches) Dorf, abseits vom großen Getriebe des westfälischen Industriebezirkes, eine reizende, ganz neu erbaute Kolonie der Ze-
5 che „Victor" bei Rauxel. Diese Kolonie besteht vorläufig aus über 40 Häusern. In jedem Hause sind nur vier Wohnungen, zwei oben, zwei unten. In jede Wohnung gehören etwa drei bis vier Zimmer. Jedes Zimmer, sowohl oben als auch unten, ist also schön groß, hoch und luftig, wie man sie in den Städ-
10 ten des Industriebezirkes kaum findet. Zu jeder Wohnung ge-
hört ein sehr guter, hoher und trockener Keller, sodass sich die eingelagerten Früchte, Kartoffeln etc. sehr gut erhalten werden. Ferner gehört dazu ein geräumiger Stall, wo sich jeder sein Schwein, seine Ziege oder seine Hühner halten kann
15 ... Die ganze Kolonie ist von schönen breiten Straßen durch-
zogen, Wasserleitung und Kanalisation sind vorhanden. Abends werden die Straßen elektrisch erleuchtet. In der Kolonie wird sich in nächster Zeit auch ein Konsum befinden, wo

allerlei Kaufmannswaren wie Salz, Kaffee usw. zu einem sehr
20 billigen Preise von der Zeche geliefert werden, auch wird dort ein Fleischkonsum eingerichtet werden ... Für die Kinder sind dort zwei Schulen erbaut worden ...
Wer sparsam ist, kann noch Geld auf die Sparkasse bringen. Es haben in Westfalen viele Ostpreußen mehrere tausend
25 Mark gespart. Das Geld ist dann wieder in die Heimat ge-
kommen, und so hat die Heimat auch etwas davon gehabt. Überhaupt zahlt diese Zeche wohl die höchsten Löhne.
Zitiert nach: Franz-Josef Brüggemeier: Leben vor Ort. Ruhrbergleute und Ruhrbergbau 1889–1919, München (C. H. Beck) 1983, S. 25ff.

M5 Arbeiter aus Polen – eine Gefahr?

*Polen war im 18. Jh. aufgeteilt worden und als Staat nicht mehr existent. Alle Polen, die innerhalb der Reichsgrenze lebten, waren deutsche Staatsbürger und konnten ungehin-
dert reisen, während Polen aus dem österreichischen und russischen Teil nur befristete Arbeitserlaubnis erhielten.*
Aus einer Denkschrift des preußischen Oberpräsidenten von Westfalen, 1896:

Die Anhäufung großer Arbeitermassen slawischer Abkunft im rheinisch-westfälischen Industriegebiet bringt, da es sich um Elemente handelt, welche dem Deutschtum feindlich gegenüberstehen, sich auf einer niedrigeren Stufe der Bildung und
5 Gesittung befinden und zu Ausschreitungen geneigt sind, in ruhigen Zeiten zahlreiche Schwierigkeiten mit sich. In Zeiten innerer oder äußerer Unruhe und Verwicklungen bedeutet sie eine ernste Gefahr ... Scharfe Überwachung der Agitation (Propaganda) und Vereinstätigkeit, Fernhaltung national ge-
10 sinnter polnischer katholischer Priester, Beschränkung des Gebrauchs der polnischen Sprache in öffentlichen Versamm-
lungen, ausschließlich deutsche Schulbildung, das werden die Mittel sein, mit denen das Polentum im Westen der Monarchie der deutschfeindlichen Agitation entzogen und der
15 Germanisierung (Eindeutschung) zugeführt wird.
Zitiert nach: Christoph Kleßmann: Der Anteil der Polen an der Entwicklung des Ruhrgebiets. In: Paul Leidinger (Hrsg): Deutsche und Polen im Kaiserreich und in der Industrialisierung, Paderborn (Schöningh), 1982, S. 69f.

1 Erstelle eine Tabelle der Auswanderungsziele der Europäer nach Anzahl der Auswanderer (M1). Welche weiteren Wanderungsbewegungen vermerkt die Karte?
2 Wähle eine der Personen aus M2 aus und beschrei-
be ihre Gedanken vor dem Aufbruch in eine unge-
wisse Zukunft. Denke auch an die Angehörigen.
3 Beschreibe anhand der Grafik auf Seite 144/M4, welche Gebiete besonders hohe Ein- und Auswande-
rungsquoten verzeichneten.

4 Mit welchen Argumenten will die Zechenleitung Arbeiter aus Masuren überzeugen? Nimm kritisch Stellung dazu.
5 Welche Politik des Deutschen Reichs wird in M5 deutlich? Was könnte ein Mitglied eines polnischen Vereins im Ruhrgebiet antworten?

161

Veränderungen in Familie und Familienbild

Die Trennung von Familienleben und Beruf. Die Industrialisierung und die damit einhergehende Verstädterung großer Teile der Bevölkerung veränderten auch das Zusammenleben der Menschen. Die neuen Arbeitsplätze in den Fabriken oder in den Villen reicher Bürgerlicher, z. B. als Dienstboten, führten zur Trennung von Wohnung und Arbeitsstätte. Zumindest der Familienvater war jetzt oft mehr als 12 Stunden außer Haus beschäftigt. In den meisten Arbeiterhaushalten waren die Frauen jedoch gezwungen, durch eigene Arbeit das Familieneinkommen zu sichern. Daher waren die Frauen doppelt belastet, da zusätzlich noch der Haushalt und die Erziehung der Kinder zu ihren Aufgaben zählten. Diese neuen Formen des Zusammenlebens und die daraus entstandenen Geschlechterrollen zeigen sich bis heute im Zusammenleben vieler Familien.

Typisch männlich – typisch weiblich. Für das männliche Selbstbild wurde der Bereich der Arbeit immer wichtiger. Männer aller gesellschaftlichen Schichten sahen sich in der Rolle des Ernährers der Familie. Frauen, die dennoch arbeiten mussten, wurden wiederum von den Unternehmern gnadenlos ausgenutzt, indem ihre Arbeit deutlich geringer entlohnt wurde. Der Haushalt dagegen war Frauensache. Hausarbeit war wenig angesehen, da sie als unproduktiv galt und nicht dem Lohnerwerb diente. Zudem geschah die Hausarbeit im Privaten, was ihr öffentliches Ansehen weiter schmälerte. Die Lebensbereiche von Frauen und Männern unterschieden sich immer stärker voneinander.

Wohnen: Arbeiterschaft – Bürgertum. Mit der Auslagerung der Berufsarbeit veränderten sich auch die Wohnverhältnisse. Wohnungen dienten nur noch privaten Zwecken. Durch den starken Zuzug von Arbeitskräften in die Städte entstand eine enorme Wohnungsnot. Die bäuerliche Wohnform mit einem Haus pro Familie wurde abgelöst durch „Mietskasernen", in denen zahlreiche Familien in wenigen Zimmern auf mehreren Etagen verteilt wohnten und sich meist Wasseranschluss und Toilette teilten. Unter derart beengten Verhältnissen waren sowohl gesundheitliche Gefährdungen als auch fehlende Privatsphäre vorgezeichnet. Getrennte Schlafzimmer für Eltern und Kinder waren undenkbar, und oft hielten sich noch sogenannte „Schlafburschen" zusätzlich in der engen Wohnung auf, die sich gegen ein geringes Entgelt tagsüber von ihrer Nachtschicht erholten. Neidvoll schaute man auf den bürgerlichen Lebensstil, der, soweit man es sich leisten konnte, kopiert wurde, zum Beispiel durch das Anschaffen eines Sofas in der Arbeiterküche.

Im Unterschied zu den Arbeiterfamilien waren im Bürgertum die Frauen in der Regel von der Erwerbsarbeit freigestellt. Ihre Hauptaufgabe war es, als Gattin und Mutter ihrem Mann und den Kindern ein behagliches und repräsentatives Zuhause zu schaffen. Hausarbeit wurde zum Teil von Angestellten abgenommen, sodass Zeit für die Erziehung der Kinder blieb. Darüber hinaus wurden gesellschaftliche Beziehungen gepflegt und soziale Ehrendienste geleistet. Wer genug Geld hatte, verließ die meist großzügigen Etagenwohnungen und zog in Villen mit entsprechenden Gärten.

M1 Familie um 1900

M2 Wohnverhältnisse um 1900

Wohnhaus wohlhabender Familien (Gemälde um 1870)

Mietshaus in einem Hamburger Viertel

Bürgerliche Wohnung

Küche einer Arbeiterfamilie

1 Beschreibe das Familienfoto (M1). Überlege, zu welchem Anlass es gemacht wurde. Welcher Schicht könnte die Familie angehört haben?

2 Vergleiche die Arbeiter- und Bürgerwohnungen (M2), z. B. nach anwesenden Personen, nach Ausstattung (Möbel und andere Einrichtungsgegenstände) und nach Größe. Fasse deine Beobachtungen in einer Tabelle zusammen.

3 Untersuche die Abbildungen M2 hinsichtlich der Tätigkeiten, die Frauen übernehmen.

4 Recherchiere, wie der Großindustrielle Alfred Krupp gewohnt hat (www.villahuegel.de).

5 Erforsche deine eigene Familiengeschichte nach verschiedenen Gesichtspunkten, wie Mitglieder, Größe, Geschlechterrolle, Ausbildung und Berufstätigkeit, Zeitpunkt der Eheschließung bzw. Scheidung.

Wer lindert die Not der Arbeiter?

Die Verelendung der Arbeiter. In der Hoffnung auf günstigere Arbeits- und Verdienstmöglichkeiten strömten ununterbrochen Arbeitssuchende vom Land in die industriellen Zentren. Solange die Nachfrage nach Arbeit hoch blieb, konnten die Fabrikherren niedrigste Löhne diktieren und ihren eigenen Gewinn hoch halten. Denn bei Erkrankung oder Unfall standen genügend Ersatzleute für die Übernahme der Arbeit bereit. Versicherungen gegen Krankheit und Arbeitslosigkeit gab es noch nicht: ▶ Gewerkschaften als Schutzvereinigungen der Arbeiterschaft entstanden erst allmählich gegen viele politische Widerstände. Besonders Frauen und Kinder arbeiteten 14–16 Stunden täglich zu noch niedrigeren Löhnen als die Männer. Ohne Ersparnisse machen zu könne, lebten daher die meisten Familien von der Hand in den Mund. Diese Zustände stießen auf zunehmende Kritik in der Öffentlichkeit. Unternehmer. Kirche und Staat suchten nach Lösungen der ▶ sozialen Frage.

Von den Kirchen wandten sich die meisten Arbeiter enttäuscht ab, weil sie von ihnen keine Hilfe erwarteten und in ihnen nur den verlängerten Arm der Politiker oder Unternehmer sahen. Der katholische Geistliche Adolph Kolping gründete 1846 in Wuppertal-Elberfeld einen Verein, in dem umherziehende Gesellen eine Art „Ersatzfamilie" fanden und zudem die Möglichkeit zur Weiterbildung hatten. Der evangelische Hamburger Pfarrer Johann Hinrich Wichern gründete die „Innere Mission" gegen Armut und Not der Arbeiter.

Leo XIII.

Eine staatliche ▶ Sozialgesetzgebung entwickelte sich erst allmählich. Zwischen 1883 und 1889 wurden nach heftigen parlamentarische Debatten unter Reichskanzler Bismarck Pflichtversicherungen der Arbeiter gegen Krankheit und Invalidität sowie die Einrichtung einer Rentenversicherung beschlossen.

M1 Arbeiterbaracken in Berlin
(Stich aus der „Leipziger Illustrierten Zeitung", 1872)

Initiativen von Unternehmern, Kirche und Staat. Einige Fabrikbesitzer kümmerten sich um die soziale Absicherung der Arbeiterfamilien, stellten ihnen billige Werkswohnungen zur Verfügung und richteten Schulen für die Kinder ein. Ein Teil des Lohnes floss in „Hilfskassen", mit denen die schlimmsten Auswirkungen von Krankheit oder Arbeitsunfällen gelindert werden konnten.

M2 Die Kruppsche Arbeitersiedlung Cronenberg in Essen

Der Essener Unternehmer Alfred Krupp (1812–1887) ließ ab 1850 ausgedehnte Arbeiterkolonien mit Krankenhaus neben seinen Fabriken errichten. In einem „Konsumladen" konnten Krupps Arbeiterinnen und Arbeiter billiger einkaufen. Von der betriebseigenen Sozialversicherung profitierten nur diejenigen, die mindestens 20 Jahre ununterbrochen im Dienste der Firma gearbeitet hatten – das erreichten angesichts der Schwerstarbeit an den Hochöfen nur die wenigsten.

M3 „Ein Wort an meine Angehörigen"

Der Großindustrielle Alfred Krupp ließ 1877 an seine Arbeiter eine Schrift mit dem oben genannten Titel verteilen:

Ich habe den Mut gehabt, für die Verbesserung der Lage der Arbeiter Wohnungen zu bauen, worin bereits 20 000 Seelen untergebracht sind, ihnen Schulen zu gründen und Einrichtungen zu treffen zur billigen Beschaffung von allem Bedarf.
5 Ich habe mich dadurch in eine Schuldenlast gesetzt, die abgetragen werden muss. Damit dies geschehen kann, muss jeder seine Schuldigkeit tun in Friede und Eintracht und in Übereinstimmung mit unsern Vorschriften ...
Genießet, was Euch beschieden ist. Nach getaner Arbeit ver-
10 bleibt im Kreise der Eurigen, bei den Eltern, der Frau und den Kindern und sinnt über Haushalt und Erziehung. Das sei Eure Politik, dabei werdet Ihr frohe Stunden erleben. Aber für die große Landespolitik erspart Euch die Aufregung. Höhere Politik treiben erfordert mehr freie Zeit und Einblick in die Ver-
15 hältnisse, als dem Arbeiter verliehen ist. Ihr tut Eure Schuldigkeit, wenn Ihr durch Vertrauenspersonen empfohlene Leute wählt.
Ihr erreicht aber nichts als Schaden, wenn Ihr eingreifen wollt in das Ruder der gesetzlichen Ordnung. Das Politisieren in der
20 Kneipe ist nebenbei sehr teuer, dafür kann man im Hause Besseres haben ...

Zitiert nach: Klaus Peter Wallraven: Die soziale Frage (= Arbeitshefte zur Gemeinschaftskunde, Band XI: Gesellschaft, Staat, Wirtschaft, Heft 6), Schwalbach b. Frankfurt/M. (Wochenschau Verlag) 1969, S. 107f.

M4 Der Großindustrielle Werner von Siemens (1816–1892) schrieb in seinen Lebenserinnerungen:

Es war mir früh klar geworden, dass eine befriedigende Weiterentwicklung der stetig wachsenden Firma nur herbeizuführen sei, wenn ein freudiges, selbstständiges Zusammenwirken aller Mitarbeiter zur Förderung ihrer Interes-
5 sen erwirkt werden könnte. Um diese zu erreichen, schien es mir erforderlich, alle Angehörigen der Firma nach Maßgabe ihrer Leistungen am Gewinn zu beteiligen. Ferner schenkten wir sämtlichen Mitarbeitern der Firma ein Kapital von 60 000 Talern als Grundstock für eine Alters- und Invaliditäts-Pen-
10 sionskasse. Freilich, die Freiheit zu streiken wird dem Arbeiter durch die Pensionsbestimmungen wesentlich beschränkt, denn bei seinem freiwilligen Austritte verfallen seine Altersrechte.

Zitiert nach: Werner von Siemens: Lebenserinnerungen, München (Prestel) [17]1966.

M5 Karikatur zur sozialen Frage

„Ihr sollet wieder arbeiten, denn es steht geschrieben: ‚Im Schweiße deines Angesichts sollst du dein Brot essen.'" –„Ja, Hochwürden, aber die Zechenbesitzer tun das doch auch nicht." – „Die sind nicht gemeint. Denn nicht mal der liebe Gott würde sich getrauen, Herrn Stinnes oder Herrn Krupp mit Du anzureden." („Simplicissimus", 1905)

1 Was wird der Bewohner von der Barackensiedlung über die Kruppsche Siedlung erzählen und umgekehrt (M1 und M2)?

2 Welche Ziele verfolgten die Unternehmer mit ihren sozialen Einrichtungen (M2–M4)?

3 Verfasse je einen Antwortbrief an Alfred Krupp und an Werner von Siemens aus der Sicht eines einfachen Arbeiters.

4 Schreibe Kurzbiografien zu Adolph Kolping und Johann Hinrich Wichern.

5 Erarbeite aus der Karikatur M5, welche Grundeinstellung der Karikaturist den Kirchenvertretern in der sozialen Frage zuschrieb.

„Alle Räder stehen still ...“ – die Arbeiter wehren sich

Arbeiter schließen sich zusammen. Mit der zunehmenden Industrialisierung wuchs die Zahl der Arbeiter und vergrößerte sich das Elend. Da vom Staat und von den meisten Unternehmern nur wenig Unterstützung zu erwarten war, erkannten die Arbeiter rasch, dass sie sich selbst helfen mussten. So entstanden um die Mitte des 19. Jh. örtliche Arbeiterzusammenschlüsse. Dies war der Beginn der ▸ Arbeiterbewegung. Die Arbeiter spürten in diesen Vereinen Zusammenhalt, besprachen Verbesserungsmöglichkeiten und erkannten den Wert ihrer Arbeit und vor allem die Schlagkraft gemeinschaftlichen Handelns. Ihr erstarktes Selbstbewusstsein und ihre Forderungen spiegelten sich in zahlreichen Arbeiterliedern wider.

Politische Arbeiterparteien. 1863 gründete der Rechtsanwalt Ferdinand Lassalle den „Allgemeinen Deutschen Arbeiterverein“. Im Gegensatz zu dem Journalisten und Philosophen Karl Marx strebte er nicht den revolutionären Umsturz an, sondern eine schrittweise Umgestaltung der bestehenden Ordnung in Zusammenarbeit zwischen Arbeiterschaft und Staat. 1869 gründeten in Eisenach August Bebel und Wilhelm Liebknecht die „Sozialdemokratische Arbeiterpartei“ (SDAP), die noch eng an die marxistischen Vorstellungen vom Klassenkampf gebunden war. Sie strebte daher den politischen Umsturz an und lehnte eine Zusammenarbeit mit staatlichen Organen zunächst ab. Der ▸ Sozialismus verband jedoch die beiden Gruppen; sie vereinigten sich 1875 in Gotha zur „Sozialistischen Arbeiterpartei Deutschlands“ (SAPD), die 1890 in „Sozialdemokratische Partei Deutschlands“ (SPD) umbenannt wurde. Die SPD wurde für viele Arbeiter zur politischen Heimat und wuchs trotz zeitweiser staatlicher Verfolgung (s. S. 178f.) bis 1914 zur stärksten politischen Partei in Deutschland an.

Aufkommen der Gewerkschaften. Neben den politischen Parteien entwickelten sich aus den örtlichen Handwerks- und Arbeitervereinen Gewerkschaften, in denen sich Arbeiter bestimmter Berufszweige zusammenschlossen. Sie kämpften gemeinsam vor allem für bessere Löhne, soziale Absicherung bei Unfällen oder im Krankheitsfall und kürzere Arbeitszeiten. Wenn die Arbeiter ihre Forderungen nicht auf dem Verhandlungswege durchsetzen konnten, legten sie so lange die Arbeit nieder und gingen auf die Straße, bis sie ihre Ziele erreichten. Das gewaltlose Kampfmittel des Streiks traf die Unternehmer empfindlich und wurde daher mit allen Möglichkeiten bekämpft. Oft griff die Polizei bei Arbeiterdemonstrationen mit der Begründung ein, die öffentliche Ordnung werde gestört. Anerkannte und, wenn es um Fragen des Lohns ging, gleichberechtigte Partner der Arbeitgeber wurden die Gewerkschaften erst 1918.

M1 Der Streik
(Ölgemälde von Robert Koehler, 1886)

M2 Auszug aus dem „Manifest der Kommunistischen Partei"

Ein Gespenst geht um in Europa – das Gespenst des ▶ Kommunismus ... Die Geschichte aller bisherigen Gesellschaft ist die Geschichte von Klassenkämpfen. Freier und Sklave, Patrizier und Plebejer, Baron und Leibeigener, Zunftbürger und
5 Gesell, kurz, Unterdrücker und Unterdrückte standen in stetem Gegensatz zueinander, führten einen ununterbrochenen, bald versteckten, bald offenen Kampf, einen Kampf, der jedes Mal mit einer revolutionären Umgestaltung der ganzen Gesellschaft endete oder mit dem gemeinsamen Untergang der
10 kämpfenden Klassen ...

Die aus dem Untergang der feudalen Gesellschaft hervorgegangene moderne bürgerliche Gesellschaft hat die Klassengegensätze nicht aufgehoben. Sie hat nur neue Klassen, neue Bedingungen der Unterdrückung, neue Gestaltungen des
15 Kampfes an die Stelle der alten gesetzt.

Unsere Epoche, die Epoche der Bourgeoisie, zeichnet sich jedoch dadurch aus, dass sie die Klassengegensätze vereinfacht hat. Die ganze Gesellschaft spaltet sich mehr und mehr in zwei große feindliche Lager, in zwei große, einander direkt
20 gegenüberstehende Klassen: Bourgeoisie und Proletariat ...

In demselben Maße, worin sich die Bourgeoisie, d. h. das Kapital, entwickelt, in demselben Maße entwickelt sich das Proletariat, die Klasse der modernen Arbeiter, die nur solange leben, als sie Arbeit finden, und die nur so lange Arbeit finden,
25 als ihre Arbeit das Kapital vermehrt. Diese Arbeiter, die sich stückweise verkaufen müssen, sind eine Ware wie jeder andere Handelsartikel und daher gleichmäßig allen Wechselfällen der Konkurrenz, allen Schwankungen des Marktes ausgesetzt ...

30 Von allen Klassen, welche heutzutage der Bourgeoisie gegenüberstehen, ist nur das Proletariat eine wirklich revolutionäre Klasse ... Das Proletariat, die unterste Schicht der jetzigen Gesellschaft, kann sich nicht erheben, nicht aufrichten, ohne dass der ganze Überbau der Schichten, die die offizielle Ge-
35 sellschaft bilden, in die Luft gesprengt wird ...

Die Kommunisten erklären es offen, dass ihre Zwecke nur erreicht werden können durch einen gewaltsamen Umsturz aller bisherigen Gesellschaftsordnungen. Mögen die herrschenden Klassen vor einer kommunistischen Revolution zittern.
40 Die Proletarier haben nichts in ihr zu verlieren als ihre Ketten. Sie haben eine Welt zu gewinnen. Proletarier aller Länder, vereinigt euch!

Zitiert nach: Karl Marx/Friedrich Engels: Manifest
der Kommunistischen Partei, Berlin (Dietz Verlag) 1984,
S. 43ff.

M1 Denkmal für Karl Marx und Friedrich Engels
(Berlin, 1986)

Karl Marx (1818 – 1883), wird in Trier als Sohn eines
Rechtsanwalts geboren. Es geht nach seinem Studium
der Philosophie als Redakteur nach Köln. Wegen sozial-
kritischer Artikel gerät er in Konflikt mit der Zensur. Er
verlässt Deutschland und zieht nach Paris. In Brüssel
lernte er den reichen Fabrikantensohn Friedrich Engels
(1820 – 1895) kennen, der ihn lebenslang unterstützt.
Für beide war der ▶ Kapitalismus am Elend der Arbeiter
schuld.

1 Beschreibe die Abbildung M1. Versetze dich in die Rolle verschiedener Beteiligter und formuliere ihre Gedanken. Überlege, was als Nächstes passieren könnte, und schreibe eine Fortsetzung auf.
2 Erarbeite eine einfache Grafik, die die Entwicklung der SPD darstellt (Autorentext).
3 Erkläre den ersten und letzten Satz des „Kommunistischen Manifest" (M2). Stelle die Marxschen Überlegungen zum Geschichtsverlauf in einem Schaubild dar.
4 Verfasse einen Leserbrief aus der Sicht eines Unternehmers zum „Kommunistischen Manifest" (M2).
5 Finde heraus, warum Marx und Engels in Berlin 1986 ein Denkmal bekommen haben (M1).

Preußen nach 1850: modern und autoritär zugleich

Wirtschaftliche Vormacht. Nach dem Scheitern der Revolution 1849 wandte sich das Bürgertum ernüchtert von der Politik ab und konzentrierte sich mehr auf wirtschaftliche Belange. Im Ruhrgebiet und in Oberschlesien, im Saarland, in Sachsen und im Rhein-Neckar-Raum entstanden zahlreiche Fabriken, das deutsche Eisenbahnnetz wurde zügig erweitert (s. S. 152f.). Die Mehrzahl der Industriegebiete lag in Preußen. Dieser Staat hatte schon 1834 den Deutschen Zollverein gegründet. Fast alle Bundesstaaten traten dieser Wirtschaftsgemeinschaft in den folgenden 20 Jahren bei – aber Österreich, das für seine noch schwache Industrie Schutzzölle brauchte, wurde ferngehalten. In der zweiten Hälfte des 19. Jh. zeigte sich immer deutlicher, dass Preußen zur wirtschaftlichen Führungsmacht im Deutschen Bund geworden war.

Der Heereskonflikt. In der preußischen Politik und Gesellschaft blieben König und Adel tonangebend. Immerhin gab es seit der Revolution auch in Preußen eine Verfassung und eine Volksvertretung, das Abgeordnetenhaus (oder „Zweite Kammer" des Landtags), das die Gesetze beschließen und auch die Gelder für den Staatshaushalt bewilligen durfte. In diesem errang 1861 das liberale Bürgertum die Mehrheit.

1860 wollte König Wilhelm I. (1858–1888) die Größe des Heeres an die stark angewachsene Einwohnerzahl Preußens anpassen. Zugleich sollte die Dienstzeit von zwei auf drei Jahre angehoben werden. Auf diese Weise wäre das Heer ein noch stärkeres Machtinstrument in der Hand des Herrschers geworden. Daher lehnten die Abgeordneten eine Heeresverstärkung ab.

Als Wilhelm I. an Abdankung dachte, riet man ihm, Otto von Bismarck, einen überzeugten Anhänger des Königs, zum Ministerpräsidenten zu ernennen. Bismarck gelang es, die Heeresvermehrung 1862–1866 durchzusetzen, ohne dass das Abgeordnetenhaus die Ausgaben genehmigt hatte. Für ihn stand fest, dass bei Uneinigkeit zwischen König und Abgeordneten der Monarch die Entscheidung zu treffen habe.

Militärmonarchie oder Parlamentarismus? Auf diese Weise war der Heereskonflikt zu einem Verfassungskonflikt geworden: Durfte nur der König aufgrund seines Oberbefehls über das Militär entscheiden oder auch das Parlament aufgrund des Haushaltsrechts? Bismarcks Berufung bedeutete, dass König und Ministerium ihre Machtbefugnis gegen die gewählte Volksvertetung und ihre Rechte durchsetzen wollten. Hierin liegt die grundsätzliche Bedeutung des Konflikts zwischen König und Abgeordnetenhaus. Für die nächsten Jahrzehnte wurden die Weichen der preußischen und dann auch der deutschen Geschichte in Richtung auf ein System gestellt, in dem sich Krone und Heer der Kontrolle durch das Parlament weitgehend entzogen.

M1 Der Deutsche Zollverein *(1828–1868)*

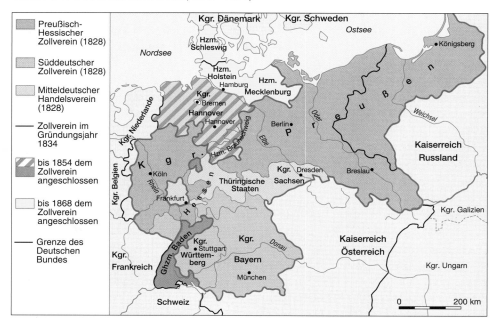

Preußisch-Hessischer Zollverein (1828)

Süddeutscher Zollverein (1828)

Mitteldeutscher Handelsverein (1828)

Zollverein im Gründungsjahr 1834

bis 1854 dem Zollverein angeschlossen

bis 1868 dem Zollverein angeschlossen

Grenze des Deutschen Bundes

M2 Preußen oder Österreich folgen?

Württembergische Kaufleute und Industrielle schrieben 1851 an das Finanzministerium in Stuttgart:

Die natürlichen Seehäfen des Zollvereins liegen an der Nord- und Ostsee, die Handelsplätze Österreichs aber an dem Adriatischen Meere. Die Ströme des Zollvereins und sein Eisenbahnnetz leiten den Zug seines Handels wesentlich nach
5 dem Norden und Westen.

Hiermit sind wir an einem wichtigen Punkt angelangt, wo die Alternative sich aufdrängt, ob es für Württemberg geraten sei, den Zollverein mit Preußen zu verlängern oder eine Zoll-Einigung mit Österreich anzustreben. Eine Trennung vom Zoll-
10 verbande mit Preußen, welches den Rhein beherrscht, würde die nachteiligsten Störungen im Handel herbeibringen.

Zitiert nach: Helmut Böhme: Vor 1866, Frankfurt a. Main (Europäische Verlagsanstalt) 1966, S. 18ff.

■ M3 Die Wirtschaftskraft Österreichs und Preußens 1865

	Österreich	Preußen
Bevölkerung (Mio.)	37,5	19,3
davon in der Landwirtschaft tätig (%)	70	45
Getreideernte (t)	700 000	800 000
ortsfeste Dampfmaschinen	3 400	15 000
Steinkohleförderung (Mio. t)	5,7	12
Roheisenerzeugung (t)	460 000	850 000
Staatseinnahmen (Mio. Taler)	292	240
Staatsschuld (Mio. Taler)	1 670	290
Militärausgaben (Mio. Taler)	51	45

M4 Bismarck wird Ministerpräsident *(1862)*:

In Paris erhält Bismarck ein Telegramm des Kriegsministers Albrecht von Roon: „Periculum in mora. Dépêchez-vous" (= „Gefahr im Verzug. Beeilen Sie sich."). Wenige Tage später geht er mit dem König durch
5 den Park des Schlosses Babelsberg bei Potsdam. Wilhelm fragt Bismarck, ob er bereit sei, die Neuorganisation des Heeres durchzusetzen und gegen die Mehrheit
10 des Landtags und deren Beschlüsse zu regieren.

Der preußische König Wilhelm I.

Bismarck: „In dieser Lage werde ich lieber mit dem Könige untergehen als Eure Majestät im Kampfe mit der Parlaments-
15 herrschaft im Stich zu lassen."

Wilhelm bleibt skeptisch: „Ich sehe ganz genau voraus, wie das alles enden wird. Auf dem Opernplatz, vor meinen Fenstern, wird man Ihnen den Kopf abschlagen, und etwas später mir."
20 Bismarck: „Ja, dann sind wir tot. Aber sterben müssen wir früher oder später doch, und können wir anständiger umkommen? Ich selbst für die Sache meines Königs, und Eure Majestät, indem Sie Ihre Königlichen Rechte von Gottes Gnaden mit dem eignen Blute besiegeln."

Zitiert nach: Otto von Bismarck: Gedanken und Erinnerungen, Stuttgart (Cotta) 1928, S. 245ff. und S. 260.

M5 Die Zukunft: „Eisen und Blut"?

Aus Bismarcks erster Rede im Abgeordnetenhaus als neuer Ministerpräsident:

Nicht auf Preußens Liberalismus sieht Deutschland, sondern auf seine Macht; Bayern, Württemberg, Baden mögen dem Liberalismus indulgieren (nachgeben), darum wird ihnen doch keiner Preußens Rolle anweisen; Preußen muss seine Kraft
5 zusammenfassen und zusammenhalten auf den günstigen Augenblick, der schon einige Male verpasst ist; Preußens Grenzen nach den Wiener Verträgen sind zu einem gesunden Staatsleben nicht günstig; nicht durch Reden und Majoritätsbeschlüsse werden die großen Fragen der Zeit entschieden –
10 das ist der große Fehler von 1848 und 1849 gewesen –, sondern durch Eisen und Blut.

Zitiert nach: Otto von Bismarck: Die gesammelten Werke, Bd. 10, Berlin (Stollberg) 1928, S. 140.

1 Nenne die Gründe, warum die württembergischen Gewerbetreibenden den Zollverein mit Preußen befürworteten (M1 und M2).

2 Zähle weitere Vorteile einer Mitgliedschaft im Zollverein auf (M1 und Autorentext). Siehe auch Seite 150f.

3 Vergleiche die Wirtschaftsdaten für Österreich und Preußen (z. B. in Form von Säulendiagrammen). Welches Bild ergibt sich, wenn man die Zahlen pro Kopf der Bevölkerung umrechnet (M3)?

4 Erläutere, wie sich durch die Industrialisierung Preußens die Machtverhältnisse im Deutschen Bund veränderten (M2 und M3).

5 Arbeite aus M4 und M5 Bismarcks politische Einstellung und Zielsetzung heraus.

Drei Kriege für die deutsche Einheit

Bismarcks Ziele. Der neue Ministerpräsident wollte den österreichischen Einfluss im Deutschen Bund zurückdrängen und Preußens Machtstellung in Deutschland stärken. Dazu erschien es zweckmäßig, mit der neu erwachten nationalen Bewegung zusammenzuarbeiten und Deutschland von Norden her zu einigen. Auf diesem Weg hoffte Bismarck, zugleich die liberale Opposition im Abgeordnetenhaus auf die Seite der Regierung zu ziehen.

Schleswig-Holstein wird preußisch. 1864 kam die Gelegenheit, diese Ziele umzusetzen. Der dänische König, zugleich Herzog von Schleswig und Holstein, wollte Schleswig mit Dänemark vereinen. Mit diesem Schritt hätte er alte Verträge gebrochen und die deutsche Mehrheit in Schleswig verärgert. Bismarck organisierte nun einen gemeinsamen Krieg Preußens und Österreichs gegen Dänemark. Preußen besetzte Schleswig, Österreich Holstein. Aber es war Bismarcks Absicht, beide Herzogtümer für Preußen zu gewinnen. Ihm war bewusst, dass er dadurch den schwelenden Gegensatz zu Österreich verschärfen würde.

M1 Nach der Schlacht von Düppel *(Jütland, 1864)*
Preußische Soldaten sammeln die Gefallenen der Schlacht in Massengräbern.

Österreich muss aus dem Deutschen Bund ausscheiden. Als preußische Truppen auch in Holstein einrückten, brach der Konflikt aus. Österreich erwirkte einen Krieg des Deutschen Bundes gegen Preußen. Er wurde durch den Sieg der Preußen in der Schlacht bei Königgrätz in Böhmen am 3. Juli 1866 entschieden. Österreich musste der Auflösung des Deutschen Bundes zustimmen. Die Gebiete seiner Verbündeten in Norddeutschland – Hannover, Nassau, Kurhessen und die Stadt Frankfurt – wurden Preußen einverleibt, die dort regierenden Fürsten abgesetzt. Mit den übrig gebliebenen Staaten nördlich des Mains bildete Preußen den Norddeutschen Bund. Die süddeutschen Staaten Bayern, Baden und Württemberg wurden souverän. Preußen war nun die unbestrittene Vormacht in Deutschland.

Der Deutsch-Französische Krieg. Preußen-Deutschland endete vorerst an der Mainlinie, weil Frankreich der Machtzusammenballung an seiner Ostgrenze heftigen Widerstand entgegensetzte. Deshalb hielt Bismarck einen Krieg mit Frankreich für unvermeidlich, wenn die kleindeutsche Einigung (ohne Österreich) vollendet werden sollte. Für diesen Fall hatte er mit Baden, Württemberg und Bayern geheime Militärbündnisse abgeschlossen.

1870 wollten die Spanier den Prinzen von Hohenzollern-Sigmaringen, einen Verwandten Wilhelms I., zu ihrem König machen. Dagegen protestierte Frankreich unter König Napoleon III. auf das Schärfste, denn es wollte auf keinen Fall einen aus Deutschland stammenden König auf dem spanischen Thron sehen. Dann könnten die Könige aus dem Haus Hohenzollern ja gemeinsame Sache machen und Frankreich „in die Zange nehmen". Bismarck ließ französische Forderungen an Wilhelm I. in der Presse so verkürzt darstellen, dass Frankreich sich in seiner nationalen Ehre gekränkt fühlte und Preußen am 18. Juli 1870 den Krieg erklärte.

Der Krieg löste in ganz Deutschland eine Welle nationaler Gefühle aus. Die süddeutschen Armeen kämpften Seite an Seite mit den Preußen. Die Begeisterung über den raschen Siegeszug überlagerte, ähnlich wie 1866, bei vielen Liberalen die Skepsis gegenüber Bismarcks Politik. Dieser nutzte die Stimmung, um mit den süddeutschen Fürsten und Regierungen ihren Beitritt zum Norddeutschen Bund auszuhandeln. Am 1. Januar 1871 trat die Verfassung des Deutschen Reichs in Kraft, am 18. Januar riefen Fürsten und Militärs Wilhelm I. im Schloss von Versailles zum „Deutschen Kaiser" aus (s. S. 141).

Das besiegte Frankreich musste das Elsass und einen Teil von Lothringen an Deutschland abtreten und fünf Milliarden Goldfrancs Entschädigung zahlen.

M2 Die „Emser Depesche"

Obgleich der Thronverzicht schon erfolgt war, stellte Napoleon III. noch weitere Forderungen, die Wilhelm I., der zu diesem Zeitpunkt in Bad Ems bei Koblenz weilte, energisch zurückwies.

a) Der Begleiter König Wilhelms I. telegrafierte an Bismarck:

„S. M. der König schreibt mir:

‚Graf Benedetti fing mich auf der Promenade ab, um auf zuletzt sehr zudringliche Art zu verlangen, ich sollte ihn autorisieren, sofort zu telegrafieren, dass ich für alle Zukunft mich

5 verpflichtete, niemals wieder meine Zustimmung zu geben, wenn die Hohenzollern auf ihre Kandidatur zurückkämen. Ich wies ihn, zuletzt etwas ernst, zurück, da man à tout jamais (für alle Zukunft) dergleichen Engagement nicht nehmen dürfte noch könne. Natürlich sagte ich ihm, dass ich noch

10 nichts erhalten hätte und, da er über Paris und Madrid früher benachrichtigt sei als ich, er wohl einsähe, dass mein Gouvernement wiederum außer Spiel sei.'

S. M. hat seitdem ein Schreiben des Fürsten (von Hohenzollern-Sigmaringen) bekommen. Da S. M. dem Grafen Bene-

15 detti gesagt, dass er Nachricht vom Fürsten erwarte, hat Allerhöchstderselbe, mit Rücksicht auf die obige Zumutung ... beschlossen, den Grafen Benedetti nicht mehr zu empfangen, sondern ihm nur durch seinen Adjudanten sagen zu lassen, dass S. M. jetzt vom Fürsten die Bestätigung der Nachricht

20 erhalten, die Benedetti aus Paris schon gehabt, und dem Botschafter nichts weiter zu sagen habe."

S. M. stellt Ew. Exzellenz anheim, ob nicht die neue Forderung Benedettis und ihre Zurückweisung sogleich sowohl unseren Gesandten als in der Presse mitgeteilt werden sollte."

b) Den Inhalt dieser sogenannten „Emser Depesche" ließ Bismarck verkürzt veröffentlichen:

(13. Juli 1870): ... ich (machte) von der mir übermittelten königlichen Ermächtigung Gebrauch, den Inhalt des Telegramms zu veröffentlichen, und reduzierte das Telegramm durch Streichungen, ohne ein Wort hinzuzusetzen oder zu än-

5 dern, auf die nachstehende Fassung:

„Nachdem die Nachrichten von der Entsagung des Erbprinzen von Hohenzollern der Kaiserlich französischen Regierung von der Königlich spanischen amtlich mitgeteilt worden sind, hat der französische Botschafter in Ems an Seine Majestät

10 den König noch die Forderung gestellt, ihn zu autorisieren, dass er nach Paris telegrafiere, dass Seine Majestät der König sich für alle Zukunft verpflichte, niemals wieder seine Zustimmung zu geben, wenn die Hohenzollern auf ihre Kandidatur wieder zurückkommen sollten. Seine Majestät der Kö-

15 nig hat es darauf abgelehnt, den französischen Botschafter nochmals zu empfangen, und demselben durch den Adjutanten vom Dienst sagen lassen, dass Seine Majestät dem Botschafter nichts weiter mitzuteilen habe."

Zitiert nach: Otto Fürst von Bismarck: Gedanken und Erinnerungen, Band 2, Stuttgart (Cotta) 1898, S. 37f.

1 Lege für die Kriege von 1864, 1866 und 1870 eine Übersichtstabelle mit den Spalten „Anlass", „Verlauf" und „Ergebnisse" an (M2–M3 und Autorentext).

2 Warum wäre Österreich in einem deutschen Nationalstaat ein Problem gewesen (M3)?

3 Vergleiche M2 a) und b). Fasse mit eigenen Worten den Inhalt des verkürzten Telegramms zusammen.

4 Erkläre, welche Absichten Bismarck mit der „Emser Depesche" verfolgte.

5 Spielt die Begegnung zwischen König Wilhelm I. und Graf Benedetti auf der Promenade von Bad Ems nach. Notiere, dir vorher Argumente und Forderungen der beiden Gesprächspartner und versuche, dich in ihre Situation/ihren Gemütszustand hineinzuversetzen.

M3 Vom Deutschen Bund zum Deutschen Reich *(1815–1871)*

171

Nationalstolz in Erz und Stein

Neue Denkmäler. Nach der Reichsgründung 1871 entstanden überall in Deutschland Denkmäler. Die meisten finden sich noch heute an zentralen Plätzen, in Parkanlagen, bei den Kirchen und Friedhöfen von Städten und Dörfern. Aus heutiger Sicht sind sie Quellen, die Aufschluss darüber geben, wie das offizielle Kaiserreich sich selber sah und gesehen werden wollte.

Typen und Formen. Die meisten dieser Denkmäler lassen sich auf die drei Grundtypen zurückführen: Siegesdenkmal, Gefallenendenkmal und Personendenkmal. Die Siegesdenkmäler sind häufig als große Säulen ausgeführt – schon die Römer errichteten Triumphsäulen als Siegeszeichen. Auf der Spitze steht häufig die Göttin Victoria. Das bekannteste Denkmal dieses Typs ist die Siegessäule auf dem „Großen Stern" in Berlin. Die Gefallenendenkmäler haben meist die Form eines Obelisken, der auf einem breiten Sockel steht. Obelisken stammen aus dem ägyptischen Totenkult und waren im 19. Jh. sehr beliebt.

M1 Denkmal für Kaiser Wilhelm I. in Dortmund-Hohensyburg

Personendenkmäler waren meist dem Kaiser oder einem Landesfürsten gewidmet. So wird Kaiser Wilhelm I. meist hoch zu Ross als „Reichsgründer" verherrlicht. Entsprechend dem römischen Vorbild war das Reiterdenkmal dem Kaiser vorbehalten. Zu den bekanntesten Reiterdenkmälern gehört das Standbild am „Deutschen Eck" an der Mündung der Mosel in den Rhein bei Koblenz, das Kaiser-Wilhelm-Denkmal an der Porta Westfalica und die Reiterstandbilder an der Hohenzollernbrücke in Köln. An den Reichskanzler erinnern rund 1000 Statuen, Säulen, Brunnen und „Bismarcktürme". Eines seiner größten Denkmäler steht in Hamburg.

Das Niederwalddenkmal. Einen besonderen Typus stellen die großen Nationaldenkmäler wie das Denkmal für Herrmann den Cherusker auf den Höhen des Teutoburger Waldes, das Kyffhäuserdenkmal in Thüringen und das Völkerschlachtdenkmal in Leipzig dar.

M2 Das Niederwalddenkmal
Die Sockelinschrift lautet: „Zum Andenken an die einmuethige siegreiche Erhebung des deutschen Volkes und an die Wiederaufrichtung des Deutschen Reichs 1870–1871".

Das Niederwalddenkmal über dem Ort Rüdesheim am Rhein zählt mit seinen 38 Metern zu den größten Denkmälern des 19. Jh. 1883 wurde es im Beisein Kaiser Wilhelms I. eingeweiht. Bekrönt wird das Denkmal von einer 12 Meter hohen Statue der Germania, eine Krone empor haltend. Dass sein Schöpfer, der Dresdner Bildhauer Professor Johannes Schilling, es als Friedensdenkmal verstanden wissen wollte, lässt er neben schriftlichen Hinweisen unter anderem an einem Detail erkennen: Bewusst wurde bei dem im Sockel eingelassenen Liedtext „Die Wacht am Rhein" auf die vierte Strophe verzichtet, in der Frankreich als Gegner besungen wird. Bei den ca. 190 Personen im Frontrelief sind jedoch nur Monarchen und Militärs zu erkennen; Zivilpersonen fehlen. Errichtet wurde das Denkmal hoch über dem Rhein, gegenüber der Mündung des Flusses Nahe, dem Grenzfluss zwischen der preußischen Rheinprovinz und der bayerischen Pfalz.

Methode: Ein Denkmal erschließen

1. Schritt: Beschreibung
An welche Persönlichkeit oder welches Ereignis (Jahr, Ort) will das Denkmal erinnern? Wann ist das Denkmal entstanden? Wer hat es in Auftrag gegeben? Woher kam das Geld, wie lange wurde gebaut? Aus welchen Bestandteilen setzt sich das Denkmal zusammen? Welche Inschriften sind angebracht? Welche Materialien wurden verwendet, welche künstlerischen Mittel eingesetzt?

2. Schritt: Deutung
Was bedeuten die verwendeten künstlerischen Mittel (z. B. Säule, Obelisk, Reiterstatue, Löwen, Adler, Eisernes Kreuz, Girlanden, usw.)? Welche inhaltlichen Akzente setzen die Inschriften? Zu welchem Typus gehört das Denkmal? Wie lässt sich seine Aussageabsicht zusammenfassen?

3. Schritt: Kritik
Werden durch das Denkmal die Leistungen aller Beteiligten (z. B. Soldaten, Volk, Politiker, Fürsten) angemessen gewürdigt? Wer wird herausgehoben, wer in den Hintergrund gerückt? Wer hätte Einwände gegen das Denkmal erheben können?

M3 Bismarckturm in Aachen
Der Bau wurde 1903/1904 von der Studentenschaft der Technischen Hochschule Aachen angeregt. Die Stadtverordnetenversammlung beschloss 1904 die Errichtung „des nationalen Gedankens wegen wie auch zur Festigung und Erhaltung der Eintracht unserer Stadt". Am 22. Juni 1907 wurde das Bauwerk eingeweiht.

1 Interpretiere M1–M3 in den angegebenen Schritten. Nimm dabei auch den Autorentext zu Hilfe.
2 Sammle Informationen aus dem Internet, Stadtführern, Kunstbüchern oder Lexika zu einem der im Text genannten Denkmäler und stelle das Denkmal kurz der Klasse vor. Gehe bei der Analyse gleichfalls in den angegebenen Schritten vor. Ein Bild von dem Denkmal sollte natürlich nicht fehlen
3 Suche im Internet unter http://www.bismarcktuerme.de/website/ebene3/laender/kartenrw.html den nächstgelegenen Bismarckturm. Dokumentiere, wann und auf wessen Initiative er errichtet wurde und wo es gleichartige Denkmäler gibt. Vergleiche mit M3.

Das Deutsche Reich – eine Monarchie mit Parlament

Die Reichsverfassung. Anders als 1848 (s. S. 134f.) wurde 1870 keine Nationalversammlung gewählt, die über die Verfassung beriet. Die neue Reichsverfassung wurde nur von den Fürsten und den Regierungen der Stadtstaaten beschlossen; sie trat am 1. Januar 1871 in Kraft.

So wie bisher schon in den Einzelstaaten gab es nun auch in Gesamtdeutschland die Staatsform der konstitutionellen Monarchie. An der Spitze stand der preußische König, Wilhelm I., als Kaiser. Seine Stellung war vor allem deshalb so stark, weil er den Oberbefehl über das Heer innehatte und den Reichskanzler ernannte.

M1 Das Reichstagsgebäude
(Farblithografie von Albrecht Kurz, um 1900)

Erbaut 1884–1894 nach Plänen von Paul Wallot und aus der französischen Kriegsentschädigung von 1871 bezahlt. Die Inschrift „Dem deutschen Volke" über dem Haupteingang wurde erst 1916 angebracht. Heute ist der Reichstag in baulich veränderter Form Tagungsort des Deutschen Bundestags.

Dieser Regierungsmacht stand als Volksvertretung der ▸ Reichstag gegenüber. Er wurde nach dem allgemeinen, gleichen und geheimen Wahlrecht gewählt – damals das modernste in ganz Europa. Bismarck, der Reichskanzler geworden war, rechnete sich aus, dass auf diese Weise die königstreue Landbevölkerung für eine solide konservative Mehrheit sorgen würde. Der Reichstag verabschiedete Gesetze und entschied über die Staatsausgaben; daher war jede kaiserliche Regierung darauf angewiesen, für ihre Politik eine Mehrheit im Parlament zu finden. Einen Einfluss darauf, wer Reichskanzler wurde, hatte der Reichstag aber nicht.

Passte eine solche Verfassung zu einem Land mit leistungsfähigen Fabriken und moderner Technik? In Großbritannien und Frankreich hatte das Parlament zur gleichen Zeit eine stärkere Stellung: Der Regierungschef war auf das Vertrauen der Volksvertretung angewiesen, die Parlamente waren Mittelpunkt des politischen Lebens. In Deutschland dagegen hatte der preußische Heereskonflikt (s. S. 168) die Weichen hin zu einer starken Königsgewalt gestellt. Es sollte noch fast 50 Jahre dauern, bis sich auch hier das parlamentarische System durchsetzte.

Die Parteien. Die politischen Kräfte im Reichstag lassen sich in vier Hauptströmungen einteilen:

• Die Konservativen setzten sich dafür ein, dass die Monarchie stark blieb und der Adel in Armee und Verwaltung vorherrschte. Der Einfluss des Reichstags sollte begrenzt bleiben.

• Die Liberalen (Vertreter des gebildeten und wirtschaftlich führenden Bürgertums) waren gespalten: Der „Fortschritt" stand in Opposition zu Bismarck, solange das Parlament nicht das Recht erhielt, über die Heeresausgaben zu entscheiden. Die „Nationalliberalen" erkannten an, dass Bismarck eines ihrer Ziele, die deutsche Einheit, verwirklicht hatte. In Zusammenarbeit mit ihm hofften sie, nach und nach mehr Rechte für das Parlament herauszuholen.

• Die Katholiken waren durch Österreichs Ausscheiden aus Deutschland in die Minderheit geraten. Um in dem eher protestantisch geprägten neuen Reich ihre Interessen zu vertreten, wurde 1870 die Zentrumspartei gegründet. Sie wurde von Katholiken aus allen Schichten gewählt.

• Die Arbeiter hatten mit Wilhelm Liebknecht und August Bebel erstmals zwei Vertreter im Norddeutschen Reichstag. Die beiden wurden zu den führenden Köpfen der „Sozialdemokratischen Arbeiterpartei Deutschlands" (s. S. 166). Ihre Abgeordneten hofften auf die proletarische Revolution, kämpften aber konkret dafür, dass sich die Lage der Arbeiter in den bestehenden Verhältnissen verbesserte.

M2 Kaiser oder Reichstag – wer hat mehr Macht?

Der Aufbau des Bismarckschen Reiches zeigt zwei ganz getrennte Seiten, eine zivile, demokratische und eine militärische, autokratische (= absolutistische). Die erste Seite hatte ihre stärkste Verkörperung in dem aufgrund des allgemeinen,
5 gleichen und geheimen Wahlrechts gewählten Reichstage. Die zweite bestand aus der Krone und dem Heer. Die Verbindung zwischen Krone und Heer bildete die kaiserliche Kommandogewalt. Mit ihr war der Kaiser, der die Verfassung ja nicht beschworen hatte, jederzeit imstande, natürlich nur
10 im Notfall, durch einfachen Befehl an die Armee die Staatsordnung wiederherzustellen.
(In einer großen gegen die kaiserliche Kommandogewalt gerichteten Rede war der freisinnige (= liberale) Abgeordnete Müller-Meiningen) geschickt genug, seinen Angriff gegen die
15 kaiserliche Kommandogewalt in einen Angriff gegen das Offizierkorps überhaupt einzuhüllen. Zur Verteidigung dieses Offizierkorps sagte ich damals in der vollen Öffentlichkeit einer Reichstagssitzung: „Wie ist es jetzt? Wenn ein Leutnant an einer Ecke laut hustet, hat er die Besorgnis, dass es im Reichs-
20 tag zur Sprache kommt. Aber wir wollen doch dafür sorgen, dass er nicht die Besorgnis haben muss, dass nun auf das Urteil des Reichstags ein Gewicht gelegt wird, was früher nicht der Fall war. Meine Herren, der Offiziersstand (ist) ein Stand, der persönlich mit dem allerhöchsten Kriegsherrn zu-
25 sammenhält, und den im Übrigen die Öffentlichkeit nichts angeht! Der König von Preußen und der deutsche Kaiser muss jeden Moment imstande sein, zu einem Leutnant zu sagen: „Nehmen Sie zehn Mann und schließen Sie den Reichstag!" Das Wort vom Leutnant und den 10 Mann erregte großes Auf-
30 sehen, auch bei der Masse. Denn als wenige Tage später eine neue Reichstagssitzung stattfand, war der Platz vor dem Wallotbau schwarz vor Menschen. Es gelang mir aber, ohne erkannt zu werden, in den Reichstag hineinzukommen. Drinnen hörte ich dann von den Fraktionsgenossen, man habe irgend-
35 einen Unbekannten für mich gehalten und verdroschen.
Zitiert nach: Gerhard A. Ritter (Hrsg.): Aus den Erinnerungen des Reichstagsabgeordneten Elard von Oldenburg-Januschau: Das Deutsche Kaiserreich 1871–1914. Ein historisches Lesebuch, Göttingen (Vandenhoeck & Ruprecht) [5]1992.

M3 Eröffnung des Reichstags im Berliner Schloss, 1888

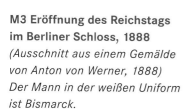

(Ausschnitt aus einem Gemälde von Anton von Werner, 1888) Der Mann in der weißen Uniform ist Bismarck.

1 Beschaffe Bilder und Hintergrundinformationen über den Zustand des Reichstagsgebäudes (M1) in den Jahren 1933, 1945 und 1995.
2 Ordne den Abgeordneten Oldenburg-Januschau in das Parteienspektrum des Kaiserreichs ein (M2 und Autorentext).
3 Entwirf anhand von M2 und M3 eine Strukturskizze der Reichsverfassung. Nimm auch den Autorentext zu Hilfe.

4 Vergleiche die Verfassungen des Deutschen Reichs und Frankreichs (M2–M3 und Autorentext). Lies nach auf Seite 119.
5 Zähle auf, welche Persönlichkeiten und Personengruppen an der Reichstagseröffnung beteiligt sind, und erläutere ihre Anordnung (M3). Vergleiche mit der Beschreibung im ersten Abschnitt von M2.

Das Militär prägt die Gesellschaft

Die Überbetonung des Militärischen. Schon in Preußen hatte das Militär eine bevorzugte Rolle gespielt. Im Kaiserreich stieg sein Ansehen noch mehr. Ein wichtiger Grund hierfür war, dass die Reichsgründung 1871 aufgrund des Sieges der deutschen Armee über das französische Heer zustande gekommen war. Ihre Vorrangstellung in der Gesellschaft erhielt die Armee aber erst durch Kaiser Wilhelm II. Nach dem Tod Wilhelms I. 1888 hatte dessen Sohn Friedrich III. todkrank den Thron bestiegen. Als auch er 1888 starb, war der Weg frei für den erst 29-jährigen Kronprinzen Wilhelm. Dessen Vorliebe für Uniformen, militärischen Prunk und einen soldatischen Umgangston teilten breite Schichten der Bevölkerung. Die erhebliche Überschätzung des Soldatentums bezeichnet man als ▸ Militarismus.

M1 Karikatur von Olaf Gulbransson *(1910)*

„... und dann müsst ihr bedenken, als Zivilisten seid ihr hergekommen und als Menschen geht ihr fort!"

Militärisches Denken auch im Alltag. Viele Eltern zogen ihren Kindern Matrosenanzüge und -kleider an, die an die Uniform der Marinesoldaten erinnerten. In dieser Mode spiegelte sich nicht zuletzt die Begeisterung für die Hochseeflotte, die unter Wilhelm II. massiv ausgebaut wurde (s. S. 188f.). Wer eine Uniform trug, genoss besonderen Respekt: Höchstes Ansehen besaß der aktive Offizier. War man zumindest Reserveoffizier, so konnte das

M2 „Herr Leutnant tragen das Monokel im Bad?"

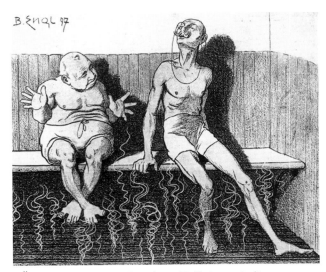

„Äh, befürchte sonst für einen Zivilisten gehalten zu werden." (Karikatur von Josef Engl, 1897)

für die Karriere im zivilen Leben große Vorteile haben. Wer immer auch eine Uniform trug, durfte erwarten, dass seine Anweisungen befolgt wurden. Dabei war es egal, ob es sich bei ihm um den Dorfpolizisten oder einen kleinen Bahnbeamten handelte und ob man seinen Anweisungen zustimmte oder nicht. Denn der Uniformträger vertrat die Obrigkeit, der die Bürger Gehorsam schuldeten. Deshalb bezeichnet man das Kaiserreich auch als einen ▸ Obrigkeitsstaat. Der meist kritiklose Glaube an Vorgesetzte war ausgeprägt; der Bürger wurde vor allem als Untertan wahrgenommen.

Standesunterschiede. Verglichen mit der heutigen Zeit hatten Standesunterschiede im Kaiserreich große Bedeutung. Dabei war nicht nur wichtig, ob man eine Uniform trug oder nicht. Eine scharfe Trennung bestand auch zwischen Arm und Reich, Herrn und Knecht oder Bedienstetem. Adel, Bürgertum und Arbeiterschaft lebten streng voneinander getrennt und hatten in der Regel nicht viel gemeinsam. Insofern war die kaiserzeitliche Gesellschaft in mehrfacher Hinsicht tief gespalten. Das zeigt auch der Umgang des Staates mit ihm missliebigen sozialen Gruppen wie den Katholiken und den Sozialisten; das belegt aber auch der im Kaiserreich um sich greifende ▸ Antisemitismus (s. S. 178f.).

M3 Anweisungen eines Schulrats für Lehrer *(1903):*

Damit jede Störung des Unterrichts unmöglich gemacht werde, hat der Lehrer ... darauf zu halten: a) dass alle Schüler gerade und in Reihen hintereinander sitzen b) dass jedes Kind seine Hände geschlossen auf die Schultafel legt c) dass
5 die Füße parallel nebeneinander auf den Boden gestellt werden ... (Zur Heraufnahme von Büchern gilt Folgendes): Die Kinder haben die betreffenden Lernmittel in drei Zeichen heraufzunehmen ... Gibt der Lehrer ... das Zeichen „1", dann erfassen die Kinder das unter der Schultafel liegende Buch; bei
10 „2" erheben sie das Buch über die Schultafel; bei „3" legen sie es geräuschlos auf die Schultafel nieder, schließen die Hände und blicken den Lehrer an ... Alle breiten Auseinandersetzungen und Reden müssen wegfallen; hier muss ein Wink des Auges ... oder der einzige ... Ausruf: „Klasse – Ach-
15 tung!" genügen, um die gesamte Schulordnung herzustellen.
Zitiert nach: C. Kehr: Wegweiser zur Führung einer geregelten Schuldisziplin. In: Praxis der Volksschule, Gotha (E. F. Thienemann Verlag) 1903, S. 65ff.

M4 Schule im Kaiserreich *(um 1900)*

M5 Foto einer 11. Klasse *(1895)*

M6 Herrschaft und Dienerschaft

a) Tagebuchaufzeichnung der Baronin Hildegard von Spitzemberg (1890):
Ein lustiger Beitrag zu den Zeitläufen ist folgendes Inserat aus der „Post": „Perfekte Köchin wünscht zum 1. Oktober Stellung in feinem Haushalt. Familienanschluss sehr erwünscht."
Die setzt sich wohl nach dem Abspülen mit in den Salon!!
Zitiert nach: Rudolf Vierhaus (Hrsg.): Das Tagebuch der Baronin Spitzemberg vom 10. August 1890, Göttingen (Vandenhoeck & Ruprecht) 1960.

b) Lehren für das Verhalten von Dienstmädchen (1888):
Die Dienstboten müssen stets ehrerbietig (sein) gegen ihre Herrschaft und alle Standespersonen werden ... meistens in der dritten Person angeredet und immer der Titel dabei ... Wenn ein Auftrag gegeben wird, so sagen sie „zu Befehl" (nicht „Jawohl" oder „Ja!"), und werden sie gerufen oder haben sie etwas nicht verstanden „Wie befehlen?" (nicht „Was gefällig?" oder gar „Was?").
Zitiert nach: Walter Speemann: Schatzkästlein des guten Rates, Stuttgart/Berlin [7]1888.

1 Erläutere den Begriff „Militarismus" (M1–M5).
2 Erarbeite anhand von M1 das Selbstbildnis, das viele Offiziere im Kaiserreich hatten.
3 Spielt die Anweisungen des Schulrats nach (M3). Beschreibt, wie ihr euch dabei gefühlt habt.
4 Zeige, inwieweit militärisches Denken auch die Schule beeinflusst hat (M3-M5).
5 Stelle Vermutungen an, aus welchen Gründen die Baronin das Zeitschriften-Inserat lustig fand (M5).

6 Schreibt einen Dialog zwischen Herrin und Bediensteter und berücksichtigt dabei die Formulierungen, die in M6 genannt werden. Spielt den Dialog eurer Klasse vor.

Sind Katholiken, Juden, Sozialisten und Polen „Reichsfeinde"?

Gesetze gegen die Katholiken. Vielen Deutschen galt die Reichsgründung von 1871 auch als Sieg eines modernen „deutschen" Protestantismus über einen „altmodischen" von Rom gesteuerten Katholizismus. Die scharfe Ablehnung des Liberalismus durch den Papst und der Beschluss des ersten Vatikanischen Konzils über die Unfehlbarkeit des Papstes in Glaubens- und Sittenlehren forderte Liberale und Protestanten in Deutschland heraus. Eine Reihe von Gesetzen drängte den Einfluss der Katholiken im Reich zurück (▶ „Kulturkampf"): Die kirchliche Schulaufsicht ging in die Hände des Staates über. Katholische Pfarrer durften in ihren Predigten keine Kritik am Staat äußern. Die Zivilehe wurde 1874 verbindlich eingeführt; die kirchliche Trauung war erst nach der standesamtlichen möglich, was vor allem in Süddeutschland auf Ablehnung stieß. Die meisten antikatholischen Maßnahmen wurden nach und nach aufgehoben; Zivilehe und Schulaufsicht verblieben in der Hand des Staates.

Gesetze gegen die Sozialisten. Das 1878 verabschiedete „Gesetz gegen die gemeingefährlichen Bestrebungen der Sozialdemokratie" verbot alle sozialistischen Vereine und Versammlungen. Dabei nutzte Bismarck die in großen Teilen des Bürgertums verbreitete Furcht vor einer internationalen sozialistischen Revolution. Zwar durften die SPD-Abgeordneten im Reichstag weiterhin reden und Politik machen, doch die Partei war verboten und tauchte wie die Gewerkschaften in die Illegalität ab. Parteitage wurden in der Schweiz abgehalten. Trotz der Verfolgung lebte die deutsche Arbeiterbewegung weiter und wurde nach 1890 stärker als zuvor.

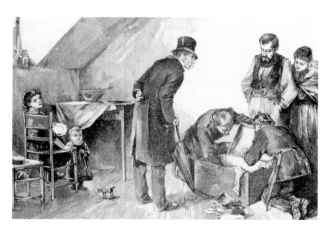

M1 Suche nach verbotenen sozialistischen Schriften (zeitgenössischer Stahlstich)

Antisemitismus im Kaiserreich. Mit dem Edikt über die Judenemanzipation hatten 1812 die Juden in Preußen die bürgerliche Gleichberechtigung erhalten. Im Kaiserreich lebten etwa 500 000 Juden, weniger als 1 % der Gesamtbevölkerung. Nach der Wirtschaftskrise der späten 1870er Jahre und dem Niedergang liberaler Wertvorstellungen zugunsten nationalistischer Ideale, entstand in Deutschland eine neue Judenfeindschaft (▶ Antisemitismus), die sich durch alle Schichten der Gesellschaft zog. Juden sollten nicht mehr Richter oder Lehrer sein dürfen und aus hohen Verwaltungsposten verdrängt werden. Eine biologisch, rassistisch oder sozial „begründete" Judenfeindschaft gab es zu jener Zeit auch in Frankreich, Österreich und Russland. In Deutschland war der Antisemitismus besonders stark in den Verbänden ausgeprägt; der Bund der Landwirte und der Handlungsgehilfenverband verboten Juden die Mitgliedschaft. Nach 1914 schwächte sich der Antisemitismus in Deutschland zunächst spürbar ab.

Polen im Kaiserreich. Preußen brachte 1871 rund drei Millionen Polen aus den Provinzen Westpreußen und Polen ins Deutsche Reich ein; diese Provinzen waren nach den polnischen Teilungen im 18. Jh. an Preußen gefallen. Im neuen Nationalstaat wurden die katholischen Polen als „Fremdkörper" betrachtet und einer radikalen Germanisierungspolitik unterworfen. Die polnische Sprache, Kultur und sogar der Religionsunterricht auf Polnisch wurden verboten; heftige Schulstreiks waren die Folge. Von rassistischen Tönen begleitet, wurden meist protestantische deutsche Bauern in Westpreußen und Posen angesiedelt und verdrängten die polnischen Bauern. Die rücksichtslose und provozierende Behandlung der Polen vergiftete nachhaltig das Verhältnis zwischen Deutschen und Polen. Die ca. 15 polnischen Abgeordneten im Reichstag befanden sich in ständiger Opposition zur Reichsregierung.

M2 Medaille auf Otto von Bismarck und den „Kulturkampf"

Auf der Vorderseite erkennt man ein Bismarck-Porträt und die Inschrift „Der Kaiser ist Herr im Reich und muss es bleiben." Auf der Rückseite kämpft Germania mit Schwert und Bibel gegen den Papst, sie will den deutschen Adler vor der gefährlichen Schlange schützen. Der Papst hält eine Bannbulle in der Hand. Inschrift „Nicht nach Canossa." (Bismarck hatte in einer Rede am 14. Mai 1872 gesagt: „Nach Canossa gehen wir nicht!")

(Münze aus Bronze, 1872, Durchmesser: 4,25 cm)

M3 Die Auswirkungen des „Sozialistengesetzes"

August Bebel (1840–1913), einer der Gründer und Führer der deutschen Sozialdemokraten in seinen Memoiren, 1910:
Kaum war es einem Ausgewiesenen (einem Sozialdemokraten) geglückt, eine Stelle zu erhalten, flugs erschien die Polizei und machte den armen Teufel bei seinem Arbeitgeber schlecht, der oft widerwillig den eben erst angekommenen
5 Arbeiter entließ. Der musste jetzt sein Ränzel aufs Neue schnüren und zum Wanderstab greifen ... Durch die Verfolgung aufs Äußerste verbittert, zogen sie von Stadt zu Stadt, suchten überall die Parteigenossen auf, die sie mit offenen Armen aufnahmen und sie zum Zusammenschluss und zum
10 Handeln anfeuerten. Dadurch wurde eine Menge örtlich geheimer Verbindungen geschaffen, die ohne das Betreiben der Ausgewiesenen kaum entstanden wären.
Zitiert nach: August Bebel: Aus meinem Leben, Teil III, Stuttgart (Europäische Verlagsanstalt) 1964, S. 20ff.

▓▓ M4 Geschichte erzählt: „Drzymałas Karavan"

Der Kleinbauer Michał Drzymała (1857–1937; sprich: Dschümawa) schaffte es, den Behörden ein Schnippchen zu schlagen. Drzymała kaufte im Herbst 1904 von einem Deutschen ein größeres Stück Acker. Laut Ansiedlungsgesetz durfte er
5 als Pole auf seinem Land weder ein Haus bauen, noch in der Scheune, die er mit seiner Familie bewohnte, eine Feuerstätte einrichten. Dazu hatte Preußen ein „Feuerstättengesetz" gemacht, das feste Feuerstellen in Häusern verbot. Drzymała borgte sich von seinem deutschen Nachbarn Geld

10 und kaufte sich für 350 Mark einen „Zirkuswagen". Diesen stellte er auf sein Land und wohnte darin mit Frau und Kindern. Somit lebte Drzymała weder in einem Haus noch hatte er eine feste Feuerstelle. Jeden Tag bewegte er den Wohnwagen ein bisschen hin und her, mal mit den Pferden, mal mit
15 Hilfe der Nachbarn. Ebenso regelmäßig kontrollierte der Dorfpolizist, ja sogar eine ganze Kommission den jeweiligen Standort des Wagens. Die Behörden, die sich gut preußisch an ihre Gesetze hielten, waren überlistet und ratlos. Die Landsleute veranstalteten regelrechte „Pilgerreisen" zu ih-
20 rem „polnischen Eulenspiegel". Drzymałas Karavan wurde für sie ein kleines nationales Heiligtum. Einem einfachen Bauern war es gelungen, die Politik der „Germanisierung" lächerlich zu machen. Drzymała-Postkarten wurden beliebt und in Lemberg feierte ein Theaterstück über den Wohnwagen Erfolge.
Verfassertext

1 Erläutere die Aussage der Medaille M2. Erkläre die Anspielung auf Canossa.
2 Welche Folgen hatte das „Sozialistengesetz" für die SPD (M1, M3 und Autorentext)?
3 Welche Ziele hatte die „Germanisierungspolitik" in Westpreußen und Posen? Wie wurde diese Politik von den Betroffenen empfunden (s. auch S. 161)? Auf welche Weise schaffte es der Bauer Drzymała, die offizielle Reichspolitik lächerlich zu machen (M4)?
4 Begründe, warum unter Bismarck die hier genannten Gruppen als mögliche „Reichsfeinde" galten.

Das Deutsche Reich – ein moderner Staat?

Die industrielle Revolution

um 1764 ▷	*Spinnmaschine von James Hargreaves („Spinning Jenny")*
1769 ▷	*Die von James Watt verbesserte Dampfmaschine wird patentiert*
Ende 18. Jh. ▷	*Beginn der industriellen Revolution in England*
1835 ▷	*Erste Eisenbahn in Deutschland Eisenbahn wird Motor der Industrialisierung in Deutschland*
1848 ▷	*Karl Marx veröffentlicht das „Kommunistische Manifest"*
1863 ▷	*Ferdinand Lasalle gründet den „Allgemeinen Deutschen Arbeiterverein"*

M1 Bismarck als „Der Schmied der deutschen Einheit"
(Ausschnitt aus einem Stich nach einem Gemälde von Guido Schmitt, um 1880)

M2 Wilhelm I.
seit 1861 König von Preußen, 1871–1888 deutscher Kaiser

Sicherung wichtiger Kompetenzen

▽ 🗀 **Eigene Dateien**
▽ 🗀 **Geschichte**
▽ 🗀 **Wie modern wird das Deutsche Reich?**
▽ 🗀 **Methode**
　　📄 ein Denkmal erschließen
　　📄 Statistiken auswerten
▽ 🗀 **Fachbegriffe**

📄 Arbeiter-bewegung	📄 Kommunismus
📄 Deutscher Bund	📄 Sozial-gesetzgebung
📄 Deutsches Reich	📄 Soziale Frage
📄 Industrielle Revolution	📄 Sozialismus
📄 Kapitalismus	📄 Sozialisten-gesetz

1 Bismarck war nicht nur „Schmied der deutschen Einheit" (M1), als Reichskanzler führte er zahlreiche politische Veränderungen durch. Zähle einige auf (s. S. 168ff.).
2 Das Deutsche Reich zwischen Tradition und Moderne. Gib Beispiele dafür anhand dieses Kapitels.
3 In welchen Bereichen war das Deutsche Reich eher fortschrittlich, in welchen eher altmodisch? Informiere dich über deutsche Nobelpreisträger um die Jahrhundertwende.
4 „Kein Jahrhundert hat die Welt so sehr verändert wie das 19. Jahrhundert." Nimm zu dieser These Stellung.

M3 Persönlichkeiten im deutschen Kaiserreich

Johann Hinrich Wichern

Helene Lange

Robert Bosch

Theodor Mommsen

Das deutsche Kaiserreich

1866 ▶	Preußisch–Österreichischer Krieg Ende des Deutschen Bundes
1870/71 ▶	Deutsch–Französischer Krieg
18. Jan. 1871 ▶	Gründung des deutschen Kaiserreichs
1871–1890 ▶	Reichskanzler Bismarck
1871–1878 ▶	„Kulturkampf"
1878 ▶	Sozialistengesetz
ab 1883 ▶	Sozialgesetzgebung
ab 1888 ▶	Kaiser Wilhelm II.

Alfred Krupp

Rudolf Virchow

GESCHICHTE AKTIV/KREATIV
Projekt: „Wir recherchieren Biografien des 19. Jh. und erstellen Interviews/ Kurzporträts."

• Überlegt euch mit der gesamten Klasse Fragen für ein Interview, die man an die auf dieser Doppelseite abgebildeten oder in der Zeittafel erwähnten Personen stellen könnte. Bildet Kleingruppen und entscheidet euch für eine der Personen.

• Wiederholt die Seiten dieses Kapitels, die die von euch gewählte Persönlichkeit betreffen. Beantwortet, die Fragen aus der Sicht eurer gewählten Person.

• Lest eure Interviews in der Klasse vor. Diskutiert die Unterschiede in den Antworten und findet heraus, wer aus heutiger Sicht modern erscheint.

• Ihr könnt auch schriftliche Lebensläufe entwerfen und sie in der Klasse aushängen. Darin sollte neben einem Bild der Person in wenigen Sätzen geschildert werden, was diese in der Geschichte erlebt oder bewirkt hat. Vergesst nicht, den Namen und die Lebensdaten der gewählten Persönlichkeit sowie eure Informationsquelle zu nennen.

Nützliche Informationen zu den Biografien sind zu finden in Lexika oder im Internet unter der Adresse: www.dhm.de/lemo. (Stichwort „Biografien").

EN CHINE
Le gâteau des Rois et... des Empereurs

Imperialismus und Erster Weltkrieg

Imperialismus – das Streben der europäischen Mächte nach Weltmacht

Scramble for Africa. Ab den 1870er Jahren begann ein neuer Abschnitt europäischer Kolonialpolitik. Der konservative britische Politiker Benjamin Disraeli brachte die neue Anschauung auf den Punkt: Wer Weltmacht sein wolle, der müsse für sein nationales Prestige möglichst viele Kolonien besitzen. So traten innerhalb weniger Jahre zahlreiche Länder in den Wettlauf („scramble") um die Besetzung der „freien Gebiete" der Erde ein. Besonders auf dem afrikanischen Kontinent wetteiferten die europäischen Mächte, darunter das Deutsche Reich, um die Ausdehnung der Macht des eigenen Staates. Mit einer solchen imperialistischen Politik (▶ Imperialismus von lat. Imperium = Herrschaft, Reich) wollte jede europäische Macht zur Weltmacht aufsteigen.

M1 Fassadenmaler
(Karikatur aus dem „Kladderadatsch", 1884)

„Wenn das gute Wetter sich hält, soll nächstens die Fassade unseres Erdballs frisch gestrichen werden, da an manchen Stellen die alte Farbe schlecht gehalten hat."

Sozialdarwinismus, Nationalismus, Rassismus. In der zweiten Hälfte des 19. Jh. verbreitete sich die Vorstellung, dass sich Staaten untereinander wie wilde Tiere in einem stetigen Kampf befänden. In diesem Kampf könnten sich nur die Starken behaupten, während die Schwachen zum Untergang verurteilt seien. Für das Tierreich hat diese Vorstellung der Biologe Charles Darwin (1809–1882) formuliert. Übertragen auf das Zusammenleben von Menschen und Staaten bezeichnet man sie als ▶ Sozialdarwinismus. Die Initiative zum Erwerb von ▶ Kolonien ging von Politikern, aber auch von Kaufleuten und Handelsgesellschaften aus. Dies hatte nicht nur wirtschaftliche

und politische Gründe. Ein weiteres Motiv, Kolonien zu erwerben, lag im Nationalismus. Das ist die maßlose Verehrung und Überhöhung des eigenen Landes, seiner Menschen und ihrer Lebensart. Mit nationalistischem Denken ist häufig ein Überlegenheitsgefühl verbunden, aus dem das Bedürfnis erwächst, die eigene Kultur weltweit zu verbreiten; mit ihren Segnungen die Menschheit zu beglücken, fühlte man sich geradezu verpflichtet. Das Überlegenheitsgefühl konnte sich aber auch derart steigern, dass man überzeugt war, das eigene Volk sei von Natur aus besser und wertvoller, fähiger oder moralisch höher stehend als andere. Ein solches Denken, das keinerlei wissenschaftliche Grundlage hat, bezeichnet man als ▶ Rassismus.

„Die Urkatastrophe des 20. Jahrhunderts". Als der Erste Weltkrieg im August 1914 ausbrach, sahen nicht wenige Zeitgenossen in ihm das lange erwartete „reinigende Gewitter". Viele junge Menschen in Europa zogen im Bewusstsein in den Krieg, für eine „heilige Sache" zu kämpfen und bis Weihnachten wieder zu Hause zu sein (s. S. 182). Doch in diesem Krieg, der schließlich vier Jahre dauern sollte, wurde alles anders. Der Bewegungskrieg wurde zum Stellungskrieg: Die Soldaten lebten in schlammigen Grabensystemen, die sie nur noch zu mörderischen Sturmangriffen verließen. Viele Historiker sehen im Ersten Weltkrieg die „Urkatastrophe des 20. Jahrhunderts".

Was lernst du in diesem Kapitel? Am Ende dieser Einheit wirst du folgende Fragen beantworten können:
▶ Was veranlasste die europäischen Mächte, Kolonien zu erwerben? Wie gingen sie dabei vor?
▶ Welche Folgen hatte das Streben nach Kolonialbesitz für das Verhältnis zwischen den europäischen Staaten einerseits und zwischen Kolonialherren und Kolonialvölkern andererseits?
▶ Wie kam es zum Ausbruch des Ersten Weltkriegs?
▶ Welchen Verlauf nahm der Krieg und was für Folgen hatte er für die Zivilbevölkerung in Deutschland? Welche Friedensbedingungen musste das Deutsche Reich 1919 akzeptieren?
▶ Wie sahen die Friedensverträge aus, die nach dem Ersten Weltkrieg eine neue staatliche Ordnung in Europa begründen sollten?

M2 Kolonialreiche um 1914

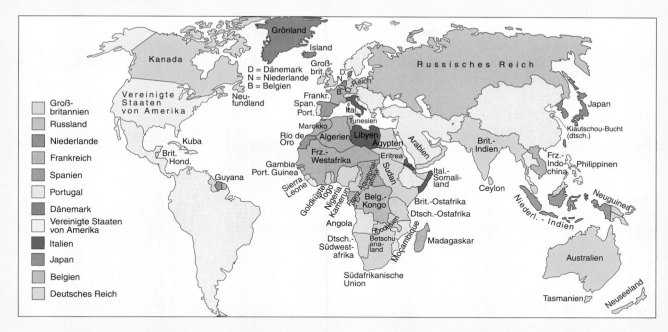

M3 Weltweiter Kolonialbesitz ausgewählter Staaten

Fläche in 1000 km² Bevölkerung in 1000	1876		1890		1939	
	Fläche	Bevölkerung	Fläche	Bevölkerung	Fläche	Bevölkerung
Großbritannien	22 476	251 861	32 713	367 605	14 098	446 381
Niederlande	2 045	24 520	2 046	37 874	2 146	67 672
Frankreich	975	5 997	10 985	50 107	11 903	68 666
Portugal	1 822	6 749	2 093	7 678	2 082	10 258
Deutsches Reich	–	–	2 597	11 998	–	
Russland	17 011	15 958	17 287	25 045	(in der UdSSR aufgegangen)	
USA	1 552	60	1 876	8 818	313	16 431

1 Beschreibe die Personen auf S. 182 oben. Abgebildet sind, neben dem Chinesen im Hintergrund, die britische Königin Victoria, der deutsche Kaiser Wilhelm II., der russische Zar Nikolaus II., die Frankreich symbolisierende „Marianne" sowie ein Samurai, der für Japan steht. Gib jeder dieser Personen einen Sprechblasentext.

2 Welche Haltung der „europäischen Maler" nehmen Karikatur und Begleittext aufs Korn (M1)?

3 Nenne die Gebiete, die zum britischen, französischen und deutschen Kolonialbesitz gehörten (M2).

4 Vergleiche anhand der Statistik M3, wie sich der britische, französische und deutsche Kolonialbesitz entwickelte. Zeige, weshalb das Deutsche Reich in diesem Zusammenhang eine Sonderrolle einnimmt.

5 Das Bild auf S. 182 unten zeigt junge Männer zu Beginn des Ersten Weltkriegs 1914. Stelle Vermutungen an, was sie zu ihrem Verhalten veranlasst haben könnte.

6 Gib dem Bild auf S. 183 eine passende Überschrift.

Wozu Kolonien?

Die Motive der Kolonialmächte. Bis zum 19. Jh. waren Kolonien für die Mutterländer in erster Linie Lieferanten für billige Rohstoffe. Der gewaltige wirtschaftliche Aufschwung durch die Industrialisierung bewirkte eine massive technische und militärische Überlegenheit der Industriestaaten gegenüber nicht industrialisierten Ländern. Zwischen 1880 und 1914 dehnten nicht nur die europäischen Kolonialmächte, sondern auch Japan (in Korea und China), die USA (Kuba, pazifischer Raum) und das noch wenig industrialisierte Russland (Zentralasien, Sibirien) ihre Herrschaftsgebiete und wirtschaftlichen Einflusszonen aus. Nun sollten die Kolonien nicht nur Lieferanten preiswerter Rohstoffe sein, sondern auch Absatzmärkte für die Industrieprodukte der Mutterländer und Auswanderungsziel für eine stark angewachsene Bevölkerung. Konservative Politiker in allen europäischen Ländern waren der Ansicht, man könne innenpolitische soziale Probleme durch nationale Begeisterung für die eigene Kolonialpolitik nach außen ableiten. Dabei sahen es die Europäer als vollkommen natürlich an, den „unterentwickelten Völkern" europäische Lebensarten und die christliche Religion nahe zu bringen. Mit dieser Einstellung zerstörten die Europäer uralte einheimische Traditionen und missachteten Hochkulturen wie in China und Indien.

Verwaltung und Erschließung der Kolonien. In der ersten Phase des Imperialismus gründeten Privatpersonen oder Handelsgesellschaften Stützpunkte an den Küsten. Erst dann wurde das Landesinnere erschlossen. Kam es zu Konflikten mit der einheimischen Bevölkerung, verlangten Siedler und Händler Schutz durch Soldaten aus dem Heimatland.
Wichtig für die Beherrschung einer Kolonie war der Aufbau einer funktionierenden Verwaltung. Frankreich setzte in seinen afrikanischen Kolonien vor allem auf die „direkte Herrschaft": Bestehende einheimische Verwaltungen wurden durch französische ersetzt. Das war aufwändig und kostspielig. Die Briten hingegen setzten auf die „indirect rule": Ihre indirekte Herrschaft zielte darauf ab, bestehende Verwaltungen zu erhalten und nur die eigenen Leute an die Spitze zu stellen. So gelang z. B. die Beherrschung ganz Indiens mit nur wenigen Tausend britischen Beamten und 300 britischen Polizisten.

M1 „Frankreich wird Marokko Kultur, Wohlstand und Frieden bringen können."

Titelseite der französischen Zeitschrift „Le Petit Journal", 1911

M2 Ein Ausstellungsplakat
(Lithografie von Josef Steiner, 1913)

M3 Der britische Kolonialpolitiker Cecil Rhodes, 1877
Ich behaupte, dass wir die erste Rasse der Welt sind und dass
es für die Menschheit umso besser ist, je größere Teile der
Welt wir bewohnen … Da Gott sich die Englisch sprechende
Rasse offensichtlich zu seinem auserwählten Werkzeug ge-
5 formt hat, durch welches er einen auf Gerechtigkeit, Freiheit
und Frieden gegründeten Zustand der Gesellschaft hervor-
bringen will, muss es auch seinem Wunsche entsprechen,
dass ich alles in meiner Macht stehende tue, um der englischen Rasse so viel Spielraum und Macht wie möglich zu ver-
10 schaffen … Wenn es einen Gott gibt, will er sicherlich, dass
ich eines tue, nämlich so viel von der Karte Afrikas britisch rot
zu malen wie möglich und zu tun, was ich kann, um die Einheit der Englisch sprechenden Rasse zu fördern und ihren
Einflussbereich auszudehnen.
Zitiert nach: Wolfgang J. Mommsen, Imperialismus,
Hamburg (Hoffmann und Campe), Hamburg 1977, S. 48f.

M4 Der französische Politiker Gabriel Hanotaux, 1901
In weniger als einem halben Jahrhundert wird die Welt aufgeteilt sein; die noch freien Gebiete werden besetzt und die
neuen Grenzen endgültig gezogen sein … Man möge mich
recht verstehen: Es geht darum, in unserer Nachbarschaft
5 wie in weiter Ferne so viele neue Frankreichs wie möglich zu
schaffen. Es geht darum, in Konkurrenz zu anderen Völkern
unsere Sprache, unsere Sitten, unser Ideal und den Ruf
Frankreichs zu verbreiten.
Zitiert nach: Gabriel Hanotaux: L'énergie française,
Paris 1902, S. 361f. Übers. vom Verfasser.

M5 Der deutsche Kolonialpolitiker Carl Peters, 1884
Die deutsche Nation ist bei der Verteilung der Erde leer aus-
gegangen. Alle übrigen Kulturvölker Europas besitzen außerhalb unseres Erdteils Stätten, wo ihre Sprache und Art feste
Wurzeln fassen und sich entfalten kann. Der deutsche Aus-
5 wanderer ist ein Fremdling auf ausländischem Grund und Boden, seine Söhne müssen sich überall Nationen einfügen,
welche der unsrigen gleichgültig oder feindlich gegenüber-

stehen. Das Deutschtum außerhalb Europas verfällt fortdau-
ernd nationalem Untergang. Alljährlich geht die Kraft von
10 200 000 Deutschen unserem Vaterland verloren! Diese Kraft-
masse vermehrt die Stärke unserer Gegner …
Zitiert nach: Hermann Krätschell: Carl Peters, Berlin-
Dahlem 1959, S. 16f. (Dissertation, FU-Berlin)

M6 Der russische Finanzminister Sergej Witte, 1893
Wenn Russland im Besitz der Länder zwischen den Ufern des
Pazifik und des Himalaja ist, wird es nicht nur die Geschichte
Asiens, sondern auch Europas bestimmen. Russland steht
am Rande dieser beiden so verschiedenen Welten und ver-
5 körpert daher eine Welt an sich … Diese Entwicklung ist das
Ergebnis der gegenseitigen Beeinflussung und der harmoni-
schen Verbindung von drei Elementen, die ihre volle schöpferische Kraft nur in Russland entfaltet haben. Diese Elemente
sind: erstens die Rechtgläubigkeit (der orthodoxen Kirche),
10 die den wahren Geist des Christentums rein erhält und die
Grundlage aller Erziehung ist, zweitens die absolute Herrschaft des Zaren (Kaisers) über Kirche und Staat und drittens
das russische Nationalgefühl als Grundlage des inneren Zu-
sammenhalts des Staates.
Zitiert nach: Peter Alter: Der Imperialismus. Grundlagen –
Probleme – Theorien, Stuttgart (Klett) 1979, S. 43.

M7 „Die zivilisatorische Mission Europas"

(Abbildung aus
J. G. Woods:
The Uncivilized
Races of Men,
1876)

1 Nenne die Gründe für den Erwerb von Kolonien.
Unterscheide dabei zwischen innen- und außenpolitischen sowie wirtschaftlichen Motiven (M3–M7 und
Autorentext). Welche Ziele werden in den Quellen jeweils formuliert?
2 Wie sah sich Frankreich als Kolonialmacht (M1)?
Vergleiche mit M7.

3 Witte war Förderer des Baus der Transsibirischen
Eisenbahn. Informiere dich über den Bau und ordne
ihn in das Thema „Imperialismus" ein.
4 Welche Haltung gegenüber „Eingeborenen" kommt
in M2 zum Ausdruck?

187

Deutschlands Außenpolitik im Wandel: von Bismarck bis Wilhelm II.

Das Reich ist „saturiert". Zunächst hatte Reichskanzler Otto von Bismarck kein Interesse am Erwerb von Kolonien. Nach dem Sieg über Frankreich und der Reichsgründung 1871 hielt er es für seine vordringliche Aufgabe, das Erreichte zu sichern. Denn die Nachbarn des Deutschen Reichs hatten die Entstehung einer neuen politischen und wirtschaftlichen Großmacht in Mitteleuropa mit großer Sorge betrachtet. Großbritannien war überzeugt, dass das Gleichgewicht der Kräfte in Europa nun gestört sei. Um die europäischen Staaten zu beruhigen, betonte Bismarck daher, das Reich sei „saturiert", das heißt „gesättigt": Das Deutsche Reich beabsichtige nicht, sich weiter auszudehnen.

Bismarcks Außenpolitik. Nach dem Krieg von 1870/71 rechnete Bismarck mit einer andauernden Feindschaft zwischen dem Deutschen Reich und Frankreich. Da er sich nicht noch weitere Gegner schaffen wollte, war Bismarck an guten Beziehungen zu Russland wie auch zu Österreich-Ungarn interessiert. Gleichzeitig versuchte er, eine Verbindung zwischen Frankreich und Großbritannien zu verhindern. Die Grundlage für die Verwirklichung dieser Politik war aber, dass Deutschland Vertrauen gewann. Dies erzielte Bismarck vor allem auf dem Berliner Kongress (1878): Hier gelang es ihm, aufgrund von zahlreichen Konflikten entstandene Spannungen zwischen den europäischen Staaten abzubauen. So war der Friede in Europa für die nächsten Jahre gesichert und Bismarck befand sich dank seines Verhandlungsgeschicks auf dem Höhepunkt seines internationalen Ansehens.

Das Bündnissystem. In den nächsten Jahren knüpfte Bismarck ein Netz aus verschiedenen Bündnissen, um die Position des Deutschen Reichs in Europa abzusichern:
- Mit Österreich wurde 1879 der Zweibund vereinbart: Im Falle eines russischen Angriffs würde das Deutsche Reich die Donaumonarchie unterstützen. Demgegenüber sicherte Österreich seine Neutralität zu, sollte Frankreich das Deutsche Reich angreifen.
- Dieses Bündnis wurde 1882 durch die Aufnahme Italiens zum sogenannten Dreibund erweitert.
- Schließlich wurde 1887 mit Russland der Rückversicherungsvertrag geschlossen. In ihm verpflichteten sich die Vertragspartner zur Neutralität, sollte einer von ihnen von einer anderen Macht angegriffen werden. Damit wollte Bismarck einen Zweifrontenkrieg mit Russland und Frankreich verhindern.

Der „Neue Kurs" unter Wilhelm II. Nach seiner Thronbesteigung 1888 war Wilhelm II. nicht bereit, eine starke Persönlichkeit wie Bismarck neben sich zu dulden. Vielmehr verlangte er, selbst die innen- wie außenpolitische Richtung vorzugeben, in die das Reich zukünftig gesteuert werden sollte. Dabei genügte es dem Kaiser nicht, nur in Europa eine politische Rolle zu spielen. Vielmehr sollte das Deutsche Reich nach seinem Willen weltweit aktiv werden und sich zu einer Weltmacht entwickeln. Um dies zu erreichen, setzte Wilhelm II. auf die militärische Stärkung des Reichs. Diese Politik, „Neuer Kurs" genannt, konnte Wilhelm aber nur ohne Bismarck verfolgen. Deshalb veranlasste er den Reichskanzler 1890 zum Rücktritt.

M1 Bismarck und andere europäische Staatsmänner auf dem Berliner Kongress 1878
Gemälde von Anton von Werner (1881)

M2 Postkarte zum Regierungsjubiläum Wilhelms II. *(1913)*

M3 Karikatur in der britischen Zeitschrift „Punch" *(1890)*

Die Bildunterschrift lautet: „Schreckliches Kind!"
Chor im Heck: „Mach das nicht – oder du wirst alle verärgern!"

M4 „Einen Platz an der Sonne"

a) Bismarck äußerte sich zum Rückversiche-
rungsvertrag:
Wir stehen für die nächsten drei Jahre, auf welche
unser russischer Vertrag abgeschlossen ist, in
dem Verhältnis, dass wir Österreich beistehen,
falls es von Russland angegriffen wird; dass wir
5 aber neutral bleiben, wenn Russland von Österreich angegriffen würde. In dieser Stellung liegt
eine starke Nötigung für die beiden anderen Kai-
sermächte, untereinander Frieden zu halten. Der
Haupteffekt unseres deutsch-russischen Vertra-
10 ges bleibt für uns immer der, dass wir drei Jahre
hindurch die Zusicherung haben, dass Russland
neutral bleibt, wenn wir von Frankreich angegriffen werden.
Zitiert nach: Walter Bußmann: Die auswärtige
Politik des Deutschen Reichs unter Bismarck
1871–1890 (= Quellen- und Arbeitshefte zur
Geschichte und Politik), Stuttgart (Klett) 1975,
S. 61 ff.

b) Bernhard von Bülow, Staatssekretär im Aus-
wärtigen Amt, 1897 vor dem Reichstag:
Die Zeiten, wo der Deutsche dem einen seiner
Nachbarn die Erde überließ, dem anderen das
Meer und sich selbst den Himmel reservierte ...
sind vorüber ... Wir müssen verlangen, dass der
5 deutsche Missionar und der deutsche Unternehmer, die deutschen Waren, die deutsche Flagge
und das deutsche Schiff in China geradeso ge-
achtet werden wie diejenigen anderer Mächte.
Mit einem Worte: Wir wollen niemand in den
10 Schatten stellen, aber wir verlangen auch unseren Platz an der Sonne.
Zitiert nach: Verhandlungen des Reichstages,
IX. Legislaturperiode, V. Sektion, Band 1, Ber-
lin 1898, S. 60.

1 Vergleiche die Abbildungen M1 und M2. Arbeite heraus, was
die Abbildungen über die Mittel aussagen, die Bismarck und
Wilhelm II. anwandten, um das Deutsche Reich zu sichern.
2 Beschreibe die Personen im Boot (M3). Erläutere die Aussage
der Karikatur.
3 Stelle Bismarcks Bündnissystem in Form eines Schaubildes
dar (Autorentext).

4 Vergleiche Bismarcks politische Zielsetzung mit derjenigen Bernhard von Bülows
(M4a und b).

Das Deutsche Reich als Kolonialmacht

Kaufleute ergreifen die Initiative. 1883 kaufte der Bremer Tabakhändler Adolf Lüderitz in Südwest-Afrika für 100 Pfund und 200 Gewehre von einem einheimischen Stammes-Chef eine Bucht samt ihrem Hinterland. Innerhalb kurzer Zeit gelang es Lüderitz im heutigen Namibia, ein Gebiet von 580 000 km², auf dem 200 000 Menschen lebten, zu erwerben. Um britischen Besitzansprüchen entgegenzutreten, veranlasste Lüderitz 1884 die Reichsregierung, das von ihm erworbene Gebiet unter ihren Schutz zu stellen. So entstand die Kolonie Deutsch-Südwestafrika, die auf eine Größe von 835 100 km² anwuchs und damit eineinhalb Mal so groß war wie das Deutsche Reich. Ähnlich wie Deutsch-Südwest wurden 1884 Togo und Kamerun deutsche Kolonien. Im Jahr darauf folgten Deutsch-Ostafrika und das Kaiser-Wilhelm-Land (Nordost-Neuguinea). Später kamen noch einzelne Inseln im Pazifischen Ozean sowie die chinesische Kiautschou-Bucht hinzu (s. S. 185/M2). Reichskanzler Otto von Bismarck hatte kein Interesse an Kolonialbesitz. Erst auf Druck der öffentlichen Meinung sah er sich veranlasst, seinen kolonialpolitischen Standpunkt zu ändern. So wurde das Deutsche Reich, wenn auch wesentlich später als andere europäische Nationen, zu einer Kolonialmacht.

Enttäuschte Hoffnungen. Als Siedlungskolonien spielten die vom Deutschen Reich erworbenen Gebiete nur eine untergeordnete Rolle. So lebten im Jahre 1913 lediglich 24 000 Deutsche in den afrikanischen Besitzungen. In Deutsch-Ostafrika betrieben sie Plantagen, auf denen beispielsweise Kaffee angebaut wurde, in Deutsch-Südwest gab es vor allem Viehwirtschaft. Daneben wurden Diamanten in beträchtlichem Umfang abgebaut. Dennoch blieben die USA, Kanada und Australien die Hauptziele deutscher Auswanderer. Insgesamt erfüllten sich die wirtschaftlichen Hoffnungen nicht, die man auf die Kolonien gesetzt hatte: In sie gingen nur 0,5 Prozent aller deutschen Exporte.

Das deutsche Kolonialreich blieb nicht lange bestehen. Im Ersten Weltkrieg zeigte sich rasch, dass die Kolonien nicht dauerhaft verteidigt werden konnten. In dem Friedensvertrag, der den Weltkrieg beendete, wurde 1919 festgelegt, dass das Deutsche Reich seinen gesamten Kolonialbesitz abtreten musste.

M1 Kolonialbeamte im Dienst *(Fotografie, 1913)*
Bei dieser in Lomé (Togo) aufgenommenen Szene geht es um die Anwerbung von Einheimischen für eine Polizeitruppe. Der Häuptling (in der Mitte) stellt den deutschen Kolonialbeamten zwei Krieger vor.

M2 Ein afrikanisches Dorf wird deutsch

Der Kaufmann Carl Peters (1856–1918) berichtete, wie er 1884 in den Besitz ostafrikanischer Ländereien kam:

Zogen wir in einen Kral (dorfähnliche Siedlung) ein, so begaben wir uns zu seiner Hoheit und fragten, … ob er uns gestatte, dass auch wir unser Lager aufschlügen. (Wir knüpften) sofort ein recht (herzliches) Verhältnis an … Wir tranken dann
5 einen Trunk guten Grogs und brachten seine Hoheit von vornherein in die vergnüglichste Stimmung … Alsdann begannen auch die diplomatischen Verhandlungen, und aufgrund derselben wurde der (Vertrag) geschlossen. Als dies geschehen war, wurden die Fahnen … in die Höhe gehisst, der Vertrag in
10 deutschem Text … verlesen, ich hielt eine kurze Ansprache, wodurch ich die Besitzergreifung als solche vornahm, die mit einem Hoch auf Seine Majestät, den Deutschen Kaiser endete, und drei Salven, von uns und den Dienern abgegeben, demonstrierten den Schwarzen, was sie im Falle eines Ver-
15 tragsbruchs zu erwarten hätten.

Zitiert nach: Carl Peters, Gesammelte Schriften, Band 1, München 1943, S. 302.

M3 Schulklasse in Daressalam *(Deutsch-Ostafrika, heute Tansania, 1903)*

M4 Der SPD-Vorsitzende August Bebel im Reichstag, 1889

Wer ist denn diese Ostafrikanische Gesellschaft? Ein kleiner Kreis von Großkapitalisten, Bankiers, Kaufleuten und Fabrikanten, d. h. ein kleiner Kreis von sehr reichen Leuten, deren Interessen mit den Interessen des deutschen Volkes gar
5 nichts zu tun haben und die bei dieser Kolonialpolitik nichts anderes als ihr persönliches Interesse im Auge haben … Sie wollen sich nur aufgrund größerer Mittel gegenüber einer schwächeren Bevölkerung auf alle möglichen Weisen bereichern. Einer solchen Kolonialpolitik werden wir nie unsere Zu-
10 stimmung geben. Im Grunde genommen ist das Wesen jeder Kolonialpolitik die Ausbeutung einer fremden Bevölkerung in der höchsten Potenz (im höchsten Grade). Wo immer wir die Geschichte der Kolonialpolitik in den letzten drei Jahrhunderten aufschlagen, überall begegnen wir Gewalttätigkeiten und
15 der Unterdrückung der betreffenden Völkerschaften, die nicht selten schließlich mit deren vollständiger Ausrottung endet. Und das treibende Motiv ist immer nur Gold, Gold, und wieder nur Gold zu erwerben. Um die Ausbeutung der afrikanischen Bevölkerung im vollen Umfange und möglichst unge-
20 stört betreiben zu können, sollen aus den Taschen des Reichs und aus den Taschen des Steuerzahlers Millionen verwendet werden, soll die Ostafrikanische Gesellschaft mit den Mitteln des Reichs unterstützt werden, damit ihr das Ausbeutegeschäft gesichert wird. Dass wir von unserem Standpunkt aus
25 als Gegner jeder Unterdrückung nicht die Hand dazu bieten, werden Sie begreifen.

Zitiert nach: Stenografische Berichte über die Verhandlungen des Reichstages VII, Legislaturperiode IV, Session 1888/89, Berlin 1889, S. 628.

M5 Der Abgeordnete der Deutschen Reichspartei, Wilhelm von Kardorff

(Der) Abgeordnete Bebel … hat uns zunächst ausgeführt, jede Kolonisation sei eigentlich zu verwerfen, denn sie beruhe immer nur auf selbstsüchtigen Interessen und auf der Ausbeutung schwächerer Nationen. Er übersieht doch dabei,
5 welche ungeheuren Fortschritte die Zivilisation über den ganzen Erdball gerade durch Kolonien gemacht hat … Ich bitte (Bebel) einen Blick auf die Geschichte zu richten: Sind diejenigen Länder ärmer geworden, welche Kolonien hatten, oder sind sie reich geworden? Und ich glaube, er wird durch-
10 schnittlich sagen müssen: Alle Kolonialstaaten sind reich geworden.

Zitiert nach: Eberhard Jäckel u. a. (Hrsg.): Deutsche Parlamentsdebatten Band 1; Frankfurt (Fischer) 1970, S. 171.

1 Fasse die abgebildeten Personen in Gruppen zusammen und bestimmte die Rangunterschiede zwischen ihnen (M1).

2 Gib mit eigenen Worten wieder, mit welchen Methoden Carl Peters Gebiete in Besitz nahm (M2), und beurteile sein Vorgehen.

3 Stelle August Bebels und Wilhelm von Kardorffs kolonialpolitische Standpunkte einander gegenüber (M4 und M5).

4 Beschreibe die Schulszene (M3) und stelle Vermutungen an, wozu das Foto dienen sollte.

Führen Rivalitäten um Kolonien zum Krieg?

Die Faschoda-Krise. Ein Jahrzehnt nach dem Beginn des Wettlaufs um Afrika war der Kontinent weitgehend aufgeteilt. Auf der Kongokonferenz in Berlin von 1884/85 erkannten die Vertreter der europäischen Kolonialmächte – ohne Beteiligung von Afrikanern – die bestehende Aufteilung an. Zu einem ernsten Konflikt kam es 1898 anlässlich des Aufeinandertreffens französischer und britischer Expeditionskommandos bei dem Ort Faschoda im Sudan. Die Stadt selbst war für beide Mächte wirtschaftlich uninteressant, doch beide Länder benötigten die Vorherrschaft im Sudan für ihre langfristigen Ziele. Großbritannien strebte ein geschlossenes Kolonialreich von Kairo bis zum Kap der Guten Hoffnung an; die französische Politik zielte nach Ausbau und Verbindung der Besitzungen zwischen Westafrika und dem Roten Meer. Als die Briten den weiteren Vormarsch der Franzosen im Sudan stoppten, kochte auf beiden Seiten des Kanals die nationalistische Presse über und überbot sich in gegenseitigen Beleidigungen. Die öffentliche Meinung verlangte nach Krieg. Erst ein Einlenken Frankreichs verhinderte einen Waffengang. In der Folgezeit kam es zu weitergehenden Verständigungen zwischen Großbritannien und Frankreich, die 1904 in ein Bündnis des „herzlichen Einvernehmens" (franz. „Entente cordiale") mündete.

M1 Französische Karikatur *(1898)*

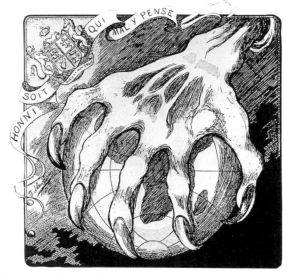

Die Beschriftung auf dem Band lautet:
„Ein Schelm, der Böses dabei denkt." Es handelt sich dabei um den Wappenspruch des höchsten englischen Ordens.

M2 Britische Karikatur *(Punch, 1898)*

„Nun Herr Professor, Sie hatten einen interessanten Ausflug ... Ich empfehle Ihnen, Ihre Fahne wieder einzupacken und nach Hause zu gehen."

Das Deutsche Reich macht sich Feinde. Ungewollt wurde dieses Bündnis auch von der deutschen Regierung begünstigt. 1890 hatten das Deutsche Reich und Großbritannien noch einen Ausgleich ihrer kolonialen Interessen erreicht: Das Deutsche Reich tauschte seine Ansprüche auf das ostafrikanische Sansibar gegen die Nordseeinsel Helgoland ein. Als die Briten jedoch fünf Jahre später im südlichen Afrika die selbstständigen Burenrepubliken Transvaal und Oranje angriffen, stellte sich das Deutsche Reich gegen Großbritannien und ergriff Partei für die Buren. Hart an den Rand eines Kriegs gerieten das Deutsche Reich und Frankreich, als die Deutschen begannen, sich in Nordafrika kolonialpolitisch zu betätigen. In Marokko, das Frankreichs Einflusszone zugerechnet wurde, versuchte die Reichsregierung, den französischen Einfluss einzudämmen. Sie sah nicht nur die deutschen Handelsinteressen in Nordafrika gefährdet, sondern wollte auch ihren Kolonialbesitz vergrößern. Doch auch der „Panther-Sprung", die Entsendung des Kanonenbootes „Panther", konnte 1911 nicht verhindern, dass Marokko seine Unabhängigkeit verlor und von französischen Truppen besetzt wurde.

Als Ausgleich erhielt das Deutsche Reich einen Teil von Französisch-Äquatorialafrika, der dem Schutzgebiet Kamerun zugeschlagen wurde. Dennoch hatte die Reichsregierung mit ihrer forschen Politik nur wenig erreicht. Sie hatte vielmehr dazu beigetragen, das britisch-französische Bündnis zu festigen und das Deutsche Reich international weitgehend zu isolieren.

M3 Afrika 1914

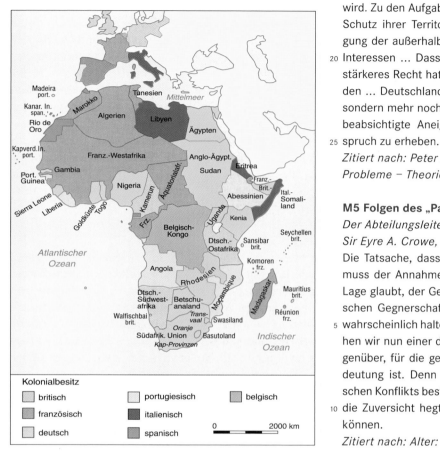

über deutsche Interessen ohne deutsche Mitwirkung verfügt wird. Zu den Aufgaben einer Großmacht gehört nicht nur der Schutz ihrer Territorialgrenzen, sondern auch die Verteidigung der außerhalb dieser Grenzen gelegenen berechtigten
20 Interessen … Dass Frankreich als Nachbar in Marokko ein stärkeres Recht hat als wir, kann keinesfalls zugegeben werden … Deutschland hat nicht nur aus materiellen Gründen, sondern mehr noch zur Wahrung seines Prestiges gegen die beabsichtigte Aneignung Marokkos durch Frankreich Ein
25 spruch zu erheben.
Zitiert nach: Peter Alter: Der Imperialismus. Grundlagen – Probleme – Theorien, Stuttgart (Klett) 1979, S. 78f.

M5 Folgen des „Panther-Sprungs"

Der Abteilungsleiter im britischen Außenministerium, Sir Eyre A. Crowe, im Juli 1911:
Die Tatsache, dass Deutschland den Sprung gemacht hat, muss der Annahme Raum geben, dass es sich jetzt in der Lage glaubt, der Gefahr einer bewaffneten französisch-britischen Gegnerschaft zu trotzen. Wenn sich, wie ich es für
5 wahrscheinlich halte, erweisen sollte, dass dem so ist, so stehen wir nun einer dringenden und unmittelbaren Gefahr gegenüber, für die gerüstet zu sein von (lebenswichtiger) Bedeutung ist. Denn die einzige Gefahr eines englisch-deutschen Konflikts besteht in der Möglichkeit, dass Deutschland
10 die Zuversicht hegt, erfolgreich Krieg gegen uns führen zu können.
Zitiert nach: Alter: a. a. O., S. 80.

M4 Die deutsche Marokko-Politik

Friedrich von Holstein, ein hoher Beamter im Auswärtigen Amt, über die französische Marokko-Politik (1904):
(Es) steht unleugbar fest, dass die Einbußen, welche dritte Mächte infolge der allmählichen Aufsaugung von Marokko durch Frankreich erleiden (werden), unendlich viel größer sind als die durch die (von Großbritannien vorgenommene) Neugestaltung Ägyptens … Insbesondere würden in Marokko
5 … bei Eisenbahn- und Minenkonzessionen sowie bei allen amtlichen Ausschreibungen lediglich Franzosen Berücksichtigung finden. Marokko ist heute noch eines der wenigen Länder, wo Deutschland für seinen Verkehr freie Konkurrenz hat … Da Marokko jetzt im Begriff ist, mit den Anfängen seines
10 Eisenbahnnetzes vorzugehen, so ist die Schädigung, welche Deutschland durch das französische Monopol erleiden würde, eine recht erhebliche. Noch bedenklicher wäre jedoch die Schädigung, welche das Ansehen Deutschlands erleiden
15 würde, wenn wir uns stillschweigend gefallen ließen, dass

1 Beschreibe die Karikaturen und interpretiere ihre Aussage in Bezug auf den Faschodakonflikt.
2 Zähle die Gründe für ein Eingreifen des Deutschen Reichs in Marokko auf, die Holstein anführt (M4).
3 Gib mit eigenen Worten wieder, wie Crowe den „Panther-Sprung" deutete (M5).
4 Fasse zusammen, wie koloniale Konflikte in Afrika die Beziehungen zwischen dem Deutschen Reich und seinen Nachbarn belasteten (M3 und Autorentext).

Herrscher und Beherrschte – Konflikte in den Kolonien

Der Boxer-Aufstand in China. In den Kolonien nahmen die Einheimischen die Herrschaft der Europäer nicht immer widerstandslos hin. Wiederholt erhoben sie sich gegen ihre neuen Herren. So setzte das Deutsche Reich Truppen ein, um sich in China an der Unterdrückung des Aufstandes der sogenannten „Boxer" zu beteiligen: Diese waren aus Dorfmilizen hervorgegangen, die zum Schutz gegen Räuberbanden gebildet worden waren. Als der Einfluss der Europäer in China immer mehr zunahm, entwickelten sich die „Boxer" zu einer antieuropäischen Abwehrbewegung. In den Jahren 1898 bis 1900 unterbrachen sie Bahnlinien, kappten Telegrafenleitungen und bedrohten Europäer mit dem Tode. Nach der Ermordung des deutschen Gesandten in Peking schlugen die europäischen Mächte den Aufstand in einer gemeinsamen Aktion nieder. In der Folge bauten die Kolonialherren ihre Macht im Reich der Mitte noch aus, während China Wiedergutmachungszahlungen leisten musste und viele „Boxer" zum Tode verurteilt wurden.

M1 Postkarte zum Boxer-Aufstand *(1900)*

Der Herero-Aufstand in Deutsch-Südwestafrika. Konflikte mit weißen Siedlern, Rechtsunsicherheit, Diskriminierung und der voranschreitende Verlust ihrer Siedlungsgebiete veranlassten 1904–1907 die Völker der Herero und Nama, sich gegen die deutschen Kolonialherren zu erheben. Dieser größte Aufstand in der deutschen Kolonialgeschichte wurde grausam unterdrückt. Etwa 75–80 % aller Herero und Nama kamen ums Leben. Sie starben im Kampf, aufgrund schlechter Behandlung in Kriegsgefangenenlagern und weil sie planmäßig in die Wüste getrieben wurden und verdursteten.

Folgen bis zur Gegenwart. Für die kolonisierten Völker brachte die Herrschaft der Europäer einen tief greifenden Wandel mit sich. Einerseits konnten sie von Krankenhäusern, Schulen und modernen Verkehrswegen profitieren, die die Kolonialherren eingerichtet hatten. Andererseits wurden traditionelle Lebens- und Wirtschaftsformen verändert, meist aber zerstört: So nahmen die Kolonialherren beispielsweise auf die hergebrachten Siedlungsgebiete der afrikanischen Völker keine Rücksicht, als sie ihren Kolonialbesitz absteckten: Verfeindete Völker wurden gezwungen, miteinander zu leben. Bis heute erwachsen aus diesem Umstand immer wieder blutige Konflikte.

Auch die wirtschaftlichen Folgen der Kolonialherrschaft sind bis heute erkennbar. Die Europäer betrachteten ihre Kolonien vor allem als Lieferanten von Rohstoffen und Agrarprodukten wie Kaffee oder Kautschuk, welche die Wirtschaft einer Kolonie einseitig prägen konnten. Eine verarbeitende Industrie bauten sie nicht auf. Obwohl die meisten afrikanischen Staaten seit über vierzig Jahren unabhängig sind, leiden viele Volkswirtschaften unter der einseitigen Ausrichtung seit der Kolonialzeit.

M2 Einwohner der deutschen Kolonien huldigen Kaiser Wilhelm II. *(Zeitschriftenbild, 1913)*

194

M3 Hereros mit Bewachung

M4 Ursachen des Herero-Aufstandes

Ein überlebender Herero berichtet:
Einmal waren es die Kaufleute mit ihrem schrecklichen Wucher. Für 1 Pfund (wollten sie) nach 12 Monaten 5 Pfund Zinsen haben. Dann ist es der Branntwein gewesen, der die Leute schlecht und gewissenlos gemacht hat. Aber das
5 schlimmste Übel ist ... die Vergewaltigung unserer Frauen durch Weiße. Manche Männer sind totgeschossen (worden) wie Hunde, wenn sie sich weigerten, ihre Frauen und Töchter preiszugeben und drohten, sie mit der Waffe in der Hand zu verteidigen. Wären solche Dinge nicht gewesen, dann wäre
10 kein Krieg gekommen.
Zitiert nach: Horst Gründer: Geschichte der deutschen Kolonien, Paderborn (Schöningh) ⁵2004, S. 119.

M5 Einschätzung der Niederschlagung des Herero-Aufstandes durch den deutschen Generalstab

Diese kühne Unternehmung zeigt die rücksichtslose Energie der deutschen Führung bei der Verfolgung des geschlagenen Feindes in glänzendem Lichte. Keine Mühen, keine Entbehrungen wurden gescheut, um dem Feinde den letzten Rest
5 seiner Widerstandskraft zu rauben; wie ein halb zu Tode gehetztes Wild war er von Wasserstelle zu Wasserstelle gescheucht, bis er schließlich willenlos ein Opfer der Natur seines eigenen Landes wurde. Die wasserlose Omaheke (-Wüste) sollte vollenden, was die deutschen Waffen begon-
10 nen hatten: Die Vernichtung des Hererovolkes.
Zitiert nach: Gründer: a. a. O., S. 120.

M6 Zum 100. Jahrestag des Herero-Aufstandes

Aus der Rede der Bundesentwicklungsministerin Heidemarie Wieczorek-Zeul am 14. August 2004:
Wir würdigen die mutigen Männer und Frauen ... der Herero und Nama, die gekämpft und gelitten haben, damit ihre Kinder und Kindeskinder in Freiheit leben ... Vor hundert Jahren wurden die Unterdrücker – verblendet von kolonialem Wahn – in deutschem Namen zu Sendboten von Gewalt, Diskrimi-
5 nierung, Rassismus und Vernichtung. Die damaligen Gräueltaten waren das, was heute als Völkermord bezeichnet würde ... Wir Deutschen bekennen uns zu unserer historisch-politischen ... Verantwortung und zu der Schuld, die Deutsche damals auf sich geladen haben. Ich bitte Sie im Sinne unseres
10 gemeinsamen Vaterunsers um Vergebung unserer Schuld.
Zitiert nach: www.bmz.de/de/presse/reden/ ministerin/rede20040814.html

M7 Die Insel Bukerewe

Der in Tansania geborene Schriftsteller Aniceti Kitereza (1896-1981) erzählt, wie die im Victoriasee gelegene Insel Ukerewe ihren Namen erhielt:
1896 kamen die ersten deutschen Militärs mit einem Motorboot von Mwanza. Die Schwarzen von Ukerewe liefen neugierig zusammen. Der Offizier fragte: Wo sind wir hier? Ein Schwarzer antwortete: Auf der Insel Bukerewe. Der Deutsche fragte zurück: Ukerewe? Nein, korrigierte der Schwarze, auf
5 Bukerewe! Der deutsche Offizier: Einem Deutschen widerspricht man nicht, also zwanzig Stockschläge!
Zitiert nach: Afrikanissimo. Afrikas Literatur im Dialog mit Europa, Frankfurt (Gesellschaft zur Förderung der Literatur aus Afrika, Asien und Lateinamerika e.V.) 1997/98, S. 2. Landesinstitut für Schule und Weiterbildung, Soest. Red. Ruth Kumpmann.

1 Arbeite die Einstellung heraus, die seitens der europäischen Mächte den kolonisierten Völkern gegenüber herrschte (M1–M5 und M7).
2 Beschreibe M1. Nimm zu der Frage Stellung, ob die Einigkeit, die das Bild den Kolonialmächten zuspricht, die kolonialpolitische Wirklichkeit widerspiegelt. Beziehe auch die Karikatur auf S. 182 mit ein.
3 Zeige am Beispiel von M6, in welcher Weise sich die Einstellung zum Kolonialismus gewandelt hat.
4 Nenne die Gründe, die in M4 für den Ausbruch des Herero-Aufstandes genannt werden. Stelle M2 gegenüber.

Die Flottenrüstung isoliert das Deutsche Reich

Bruch mit Bismarcks Außenpolitik. Mit der Thronbesteigung Wilhelms II. 1888 veränderte sich der außenpolitische Kurs des Deutschen Reichs: Bismarcks Bündnispolitik wurde nicht fortgeführt. Vielmehr setzte der Kaiser auf die militärische Stärke seines Reichs und kündigte 1890 den Rückversicherungsvertrag mit Russland (s. S. 188). So war der Weg frei für ein Bündnis zwischen Russland und Frankreich. Da zwischen Frankreich und Großbritannien koloniale Streitigkeiten bestanden, war die britische Regierung an einem engeren Verhältnis zum Deutschen Reich interessiert. Verständigungsversuche scheiterten jedoch an der erheblichen Vergrößerung der deutschen Flotte, von der sich Großbritannien bedroht fühlte. Tatsächlich war die Nordsee, die zum Teil auch zu den britischen Heimatgewässern zählte, das Operationsgebiet der deutschen Panzerschiffe. So wurde Großbritannien geradezu an die Seite Frankreichs gedrängt: Beide Staaten beendeten 1904 ihre kolonialen Konflikte in einem Vertrag, der „Entente cordiale" (s. S. 192). Als es dann noch zu einer Verständigung zwischen Großbritannien und Russland kam, wurde das Lager der möglichen Kriegsgegner des Deutschen Reichs durch das Zarenreich verstärkt.

Braucht das Deutsche Reich eine Flotte? Der Bau der Hochseeflotte wurde von Teilen der deutschen Bevölkerung begeistert unterstützt. Insbesondere der nationalistische Alldeutsche Verband und der Flottenverein, der kurz vor dem Ersten Weltkrieg mehr als eine Million Mitglieder hatte, warben nachdrücklich für die deutsche Aufrüstung zur See. Die Ziele, die damit verbunden waren, bestanden im Schutz der bestehenden sowie dem Erwerb weiterer Kolonien. Zudem sollte das Deutsche Reich es mit jedem äußeren Gegner aufnehmen können. Als Zeichen der Macht diente die Flotte dazu, den deutschen Anspruch auf Weltgeltung zu untermauern. Und nicht zuletzt wurde von ihren Befürwortern der wirtschaftliche Nutzen der Aufrüstung betont. Der Flottenbau sollte Arbeitsplätze schaffen, der Industrie neue Aufträge bescheren und die Aktienkurse sowie die Gewinne der Unternehmen ansteigen lassen. Auch ermöglichte es die Flotte vielen Bürgerlichen, eine Offiziersstelle einzunehmen und damit sozial aufzusteigen.

M1 Wilhelm II. *(Gemälde von Max Koner, 1890)*

Der Kaiser trägt die Uniform der Kürassiere (schwere Reiter) mit ordengeschmücktem Brustpanzer. Seine rechte Hand hält einen Marschallstab, die von Geburt kraftlose, weil behinderte Linke umfasst einen Degen. Ein französischer General soll dieses Bild so kommentiert haben: „Dies ist kein Porträt, sondern eine Kriegserklärung."

M2 „Deutschland zur See"
(Schmuckblatt einer Sammelmappe)

Einige Schlachtschiffe der Marine hatten eine Länge von 200 m; das stärkste Kaliber einer Kanone maß über 30 cm. Über 1000 Matrosen waren auf solch einem Schlachtschiff im Dienst.

M3 „Wie sollen wir uns da die Hand geben?"
(Karikatur, 1912)

M4 „Was wird uns diese Flottenvorlage nützen?"
Der Abgeordnete Wilhelm Liebknecht (SPD) im Reichstag über ein neues Flottenbauprogramm (1900):
Die Herren Alldeutschen ... glauben, wir werden in die Lage kommen, das böse England zu vernichten. Meine Herren, das böse England werden wir zur See niemals überwinden. Ich glaube ..., mein Freund (August) Bebel (hat), wenn er sagte,
5 England könne für jedes deutsche Schiff zwei oder drei bauen, die Wahrheit noch nicht einmal erreicht ... Wozu denn diese gewaltigen Rüstungen? Welche Nation bedroht uns? (England und wir) haben nirgends und auf keinem Gebiet feindliche Interessen ... Wir wissen wohl, welche Ziele die
10 Flottenvorlage hat: die Stärkung des Militarismus und des Kapitalismus ... (Man sagt): Wir mussten die Flotte haben, damit unser Handel sich ausdehnen könne. Wohlan, wir haben unseren Handel ausgedehnt und unsere (wirtschaftliche) Weltstellung bekommen ohne die Flotte.
Zitiert nach: Axel Kuhn (Hrsg.): Deutsche Parlamentsdebatten, Band 1, Frankfurt a. M. (Fischer) 1970, S. 193ff.

M5 Bau von Großkampfschiffen

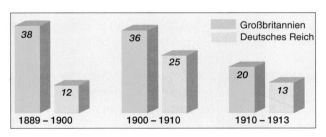

M6 Wettrüsten in Europa: Rüstungsausgaben europäischer Großmächte *(in Mio. Reichsmark)*

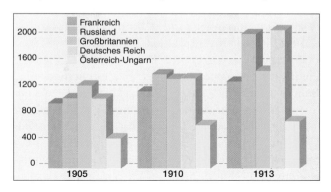

M7 Heinrich Claß, Vorsitzender des Alldeutschen Verbandes, erläutert die Funktion des Militärs *(1913):*
Heer und Flotte sind auch Waffen des Angriffs, wenn die Sicherung unseres Daseins es verlangt ... (Wenn wir bemerken), dass nicht nur im Inland der wirtschaftliche Kampf ums Dasein sich täglich verschärft ..., (müssen wir) Land erwer-
5 ben ... Jede Ausdehnung in Europa ist ... nur durch siegreiche Kriege herbeizuführen. (Als Verteidigungskrieg gilt auch ein Angriffskrieg, um dem Gegner zuvorzukommen.)
Daniel Frymann (= Heinrich Claß): Wenn ich Kaiser wär': politische Wahrheiten und Notwendigkeiten, Leipzig (Dieterich) ⁴1913.

1 Gib mit eigenen Worten wieder, wie es zur französisch-britischen Verständigung 1904 kam (Autorentext).
2 Fasse die Gründe zusammen, die im Deutschen Reich für bzw. gegen den Flottenbau genannt wurden (M4, M7 und Autorentext).
3 Erarbeite die Aussagen der Abbildungen M2 und M3. Vergleiche die Einstellung, welche die Künstler zum Flottenbau vermutlich vertraten.
4 Lege die Entwicklung der Flottenrüstung in Großbritannien und im Deutschen Reich dar (M5). Vergleiche die statistischen Angaben mit Wilhelm Liebknechts Einschätzung der deutschen Rüstungsmöglichkeiten (M4).
5 Beschreibe, in welcher Weise sich die Entwicklung der deutschen Rüstungsausgaben von der anderer europäischer Staaten unterschied (M6).
6 Erläutere, was den französischen General zu seinem Kommentar über das Porträt Wilhelms II. veranlasst haben könnte (M1).

197

Julikrise und Kriegsausbruch 1914

Nationalbewegungen auf dem Balkan. Der gesamte Balkan war im späten Mittelalter unter türkische Herrschaft gekommen (s. S. 34f.). Die osmanischen Herrscher sorgten für den Fortbestand der einzigartigen Vielzahl von Völkern, Sprachen und Religionen in diesem Teil Europas. Der aufkommende Nationalismus des 19. Jh. machten den Balkan zu einem wahren „Pulverfass": Nationalstaaten zu bilden war schwierig, denn die Völker lebten verstreut über große Gebiete hinweg. In zwei Balkankriegen (1912–1913) entluden sich nationale Spannungen auf grausame Weise. Die zunehmende Schwäche des „kranken Mannes am Bosporus", wie das Osmanische Reich genannt wurde, veranlasste Österreich-Ungarn und Russland, ihre Rolle als Schutzmächte der Balkanvölker anzumelden. Die Griechen hatten die fehlende Stärke des Osmanischen Reichs bereits 1822 zur Bildung eines eigenen griechischen Staates genutzt. Im Jahre 1878 wurde Serbien unabhängig. Die serbische Nationalbewegung forderte ein „Großserbien" und wurde von Russland unterstützt, das sich als Schutzmacht aller slawischen Völker auf dem Balkan betrachtete („Panslawismus"). Als Österreich 1908 die ehemals türkischen Provinzen Bosnien und Herzegowina annektierte, protestierte Serbien scharf, weil es diese Provinzen als serbisches Territorium ansah.

Die Reise des österreichischen Thronfolgers Prinz Franz Ferdinand mitten ins Krisengebiet in die bosnische Hauptstadt Sarajewo war als Machtdemonstration der Österreicher geplant; die Serben empfanden die Reise als Provokation. Ein serbischer Attentäter erschoss Prinz Franz Ferdinand und seine Frau am 28. Juni 1914.

Die Julikrise. In Österreich vermutete man, dass hinter den Attentätern die serbische Regierung stünde. Daher stellte Wien am 23. Juli 1914 Serbien ein Ultimatum: Innerhalb einer Frist von zwei Tagen sollte Serbien Bedingungen erfüllen, welche die österreichische Regierung bewusst so formuliert hatte, dass mit einer Annahme kaum zu rechnen war: Österreichische Beamte sollten nämlich in Serbien an der Ermittlung der Hintergründe des Mordanschlags beteiligt werden. Dies hätte aber die serbische Unabhängigkeit verletzt. Im Falle einer Ablehnung des Ultimatums wollte Österreich-Ungarn Serbien den Krieg

M1 „**Endlich!**" *(französische Karikatur, 1914)*

erklären. Das Deutsche Reich sicherte der österreichischen Regierung zu, ihre Politik gegenüber Serbien auf jeden Fall zu unterstützen. So hatte Österreich ausreichend Rückendeckung, um forsch auftreten zu können.

Mobilmachungen und Kriegserklärungen. Serbien erfüllte die Bedingungen des Ultimatums am 25. Juli und Kaiser Wilhelm II. meinte, nun gebe es keinen Kriegsgrund mehr. In Wien aber reagierte man anders. Denn gleichzeitig mit der weitgehenden Annahme des Ultimatums mobilisierte Serbien seine Truppen und bereitete sich so auf den Ausbruch eines Kriegs vor. Daraufhin erklärte Österreich am 28. Juli Serbien den Krieg. Was nun folgte, war eine Kettenreaktion von Mobilmachungen und Kriegserklärungen: Russland unterstützte Serbien und mobilisierte seine Armee, wovon sich Deutschland bedroht fühlte. Als entgegen einer entsprechenden Forderung die russische Mobilmachung nicht zurückgenommen wurde, erklärte das Deutsche Reich Russland am 1. August den Krieg. Von Frankreich verlangte Deutschland daraufhin, in einem kommenden Konflikt neutral zu bleiben. Als man dies in Paris ablehnte, erklärte Deutschland am 3. August auch Frankreich den Krieg und marschierte am gleichen Tag in das neutrale Belgien ein, um über sein Gebiet nach Frankreich vorzurücken. Dies wiederum veranlasste Großbritannien, das den Belgiern ihre Neutralität garantiert hatte, am nächsten Tag zum Kriegseintritt. So war innerhalb weniger Wochen aus einem regionalen Konflikt ein europäischer Krieg geworden.

M2 Europäische Bündnisse zur Zeit Bismarcks
(oben) und 1914 (unten)

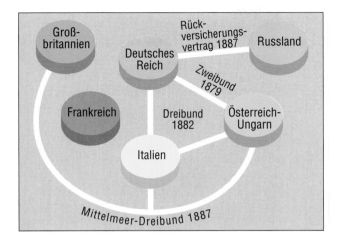

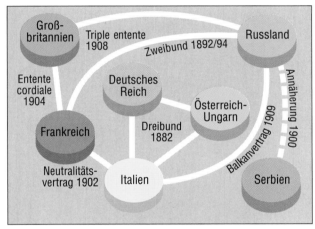

M3 Die Hauptkriegsziele Deutschlands und Frankreichs

Deutschland:
- weitere Gebietsabtretungen Frankreichs
- das neutrale Belgien soll „Vasallenstaat" werden
- Kriegsentschädigungen

Frankreich:
- Elsass-Lothringen zurückerobern
- Deutschlands Vorherrschaft brechen
- Schaffung eines polnischen Staates mit Territorien Deutschlands
- Kriegsentschädigungen

Vom Verfasser zusammengestellt.

M4 Erinnerungsbild aus dem Jahre 1914

Nach dem Kriegsausbruch hörten die innenpolitischen Kämpfe zwischen links und rechts sowie arm und reich auf. In Deutschland nannten man dies den „Burgfrieden", in Frankreich die „Union sacrée". Die Bildunterschrift lautete: „Von dieser Karte sind nur 200 Exemplare hergestellt worden, da es nach Beendigung des Feldzuges ja doch wieder losgeht."

Schwarz-Weiss-Rot in selt'ner Harmonie
Erinnerungsbild a. d. Jahr 1914.

Am 1. August 1914 sagte Wilhelm II. in einer Rede: „Kommt es zum Kampf, so hören alle Parteien auf! ... Ich kenne keine Parteien und auch keine Konfessionen mehr; wir sind heute alle deutsche Brüder und nur noch deutsche Brüder." Tatsächlich ließen die im Reichstag vertretenen Parteien ihre Streitigkeiten ruhen und stimmten den Krediten zu, die für die Finanzierung des Kriegs notwendig waren. Zitiert nach: Zweite Balkonrede: Kriegs-Rundschau, Bd. 1, S. 43.

1 Stelle dar, wie sich die außenpolitische Lage des Deutschen Reichs zwischen 1890 und 1914 verändert hatte (M2).

2 Interpretiere die Aussage Wilhelms II. (M4). Wie hatte sich in seinen Augen die innenpolitische Landschaft verändert? Vergleiche diese Veränderung mit dem Vorkriegszustand (s. S. 178f.). Zeige, wie der Verfasser der Bildunterschrift die Entwicklung einschätzte.

3 Erläutere, welchen Grund Frankreich der Zeichnung M1 zufolge für einen Krieg hatte. Beziehe auch die Kriegsziele (M3) in deine Überlegungen mit ein.

Der Verlauf des Kriegs bis 1917

Vom Bewegungs- zum Stellungskrieg. In vielen europäischen Städten gab es Menschen, die den Krieg freudig begrüßten (s. S. 182). Sie betrachteten ihn als ein „reinigendes Gewitter", mit dem man schon lange gerechnet hatte und zu dem es nun endlich gekommen war. Andere sahen das Elend und die Gefahren, die mit einem Krieg verbunden sind. Sie alle unterschätzten jedoch die Dauer des Kriegs.

Im Westen gelang den deutschen Truppen ein rascher Vormarsch. Die Armee stieß, durch das neutrale Belgien ziehend, nach Frankreich vor. Erst an der Marne, gleichsam vor den Toren von Paris, gelang es den Franzosen Anfang September 1914, den deutschen Angriff zu stoppen. In den folgenden Monaten und Jahren erstarrten dann die Fronten; keine Seite konnte mehr größere Geländegewinne erzielen. Der Krieg war zum Stellungskrieg geworden.

Im Osten dagegen mussten die deutschen Truppen vor den angreifenden russischen Armeen, die Ostpreußen besetzten, zunächst zurückweichen. Erst nach dem Zusammenbruch der russischen Truppen 1917 konnten weite Teile Russlands erobert werden.

Neue Technik zum Töten. Um im Westen doch noch zu einem Erfolg zu kommen, nutzten die Armeen modernste Waffentechniken: Flugzeuge, Flammenwerfer, Panzer und Giftgas kamen zum Einsatz. In der Schlacht um die Festung Verdun versuchte die deutsche Armee 1916, die feindlichen Truppen mithilfe von stundenlangem Artilleriebeschuss, so genanntem Trommelfeuer, zu zermürben, um dann die Stellungen des Gegners zu stürmen. Doch erwies sich diese Strategie, die monatelang durchgehalten wurde, als erfolglos. Ebenfalls ergebnislos verliefen ähnliche Unternehmungen der Franzosen und Briten Ende des Jahres 1916 an der Somme. Auch der extreme Einsatz von Menschen und Waffen in diesen „Materialschlachten" konnte keine Kriegswende bewirken.

Das Schlachten geht weiter. Obwohl die Kriegsparteien keine nennenswerten Erfolge verbuchen konnten, setzten sie weiterhin auf den Sieg. Unbedingt wollten sie die Ziele erreichen, für die sie in den Kampf gezogen waren: Während es Österreich darum ging, Rache an Serbien zu nehmen, strebte Frankreich danach, Elsass-Lothringen wiederzugewinnen und sich das Saarland und das linke Rheinufer einzuverleiben. Großbritannien forderte die Zerstörung der deutschen Flotte und die Verteilung der deutschen Kolonien. Das Deutsche Reich schließlich trachtete nach dem Anschluss Belgiens sowie eines Abschnitts der französischen Kanalküste. Weitere geplante Gebietserweiterungen betrafen Lothringen sowie Gebiete östlich der Reichsgrenze, auf deren Kosten sich Deutschland nach Osten ausdehnen wollte.

M1 Soldaten mit Gasmaske am Maschinengewehr
Im Ersten Weltkrieg wurde Giftgas systematisch als Kriegswaffe eingesetzt. Tausenden bereitete es einen qualvollen Tod.

M2 Ein Soldatenfriedhof bei Verdun

1916 fielen bei Verdun innerhalb von zehn Monaten 360 000 französische und 335 000 deutsche Soldaten. 1 350 000 t Munition wurden verschossen. Dabei verschob sich die Front nur um acht Kilometer.

M3 Kriegserlebnisse

a) Der Pilot Oswald Boelcke berichtete am 16. März 1916:
Es war sehr schönes Flugwetter, da gab es tüchtig zu tun. Ich startete um 11 Uhr, um zwei französische Doppeldecker zu vertreiben ... Nun entspann sich ein lustiges Geschieße, es war das reine Katz-und-Maus-Spiel. Ich kriegte den einen schön von hinten zu fassen ... Den anderen habe ich verjagt,
5 es war eine reine Pracht.
Zitiert nach: Christine Beil u. a.: Der Erste Weltkrieg, Berlin (Rowohlt) 2004, S. 152f.

b) Der Soldat Karl Aldag schrieb am 3. Januar 1915:
Ganz eigenartig war Silvester hier. Es kam ein englischer Offizier mit weißer Fahne herüber und bat um Waffenruhe von 11 bis 3 Uhr zur Beerdigung der Toten. Sie wurde gewährt. Es ist schön, dass man nicht mehr die Leichen vor sich liegen
5 sieht. Die Engländer kamen, ... tauschten Zigaretten und Fleischkonserven mit den Unsern, sagten, sie wollten nicht mehr schießen ... Sie hatten keine Lust mehr ... Wir schossen

natürlich (auch) nicht ... Eines Tages kam ein englischer Offizier und bestellte, ihre Oberleitung hätte die Beschießung un-
10 serer Gräben befohlen, wir möchten Deckung nehmen ... dann schoss die (französische) Artillerie.
Zitiert nach: Ernst Johann (Hrsg.): Innenansicht eines Krieges. Deutsche Dokumente 1914–1918 (dtv, Nr. 893), München 1973, S. 91. © Scheffler Verlag, Frankfurt 1968

c) Aus dem Brief eines Soldaten (19. Januar 1915):
Vieles Grausige ... vermag ich euch nicht zu erzählen. Der Ekel steigt mir hoch, wenn ich daran denke ... Da lagen an einer Stelle, von einer Mine zerrissen, etwa acht (Soldaten) ..., ein hoher, blutiger Haufen völlig zerschmetterter Menschenlei-
5 ber, ... oben ein Leichnam ohne Kopf und Oberkörper, darunter Lebende mit abgerissenen und zerschmetterten Gliedmaßen. Das Wimmern und Jammern dieser armen, dem Tode geweihten feindlichen Soldaten ging uns ans Herz.
Zitiert nach: Philipp Witkop (Hrsg.): Kriegsbriefe gefallener Studenten, München (Georg Müller Verlag) 1928, S. 150.

M4 Europa während des Ersten Weltkriegs

„Mittelmächte" = Deutschland und Verbündete
Gegner der „Mittelmächte"
Neutrale Staaten
Frontlinie Ende 1916
Front in Russland Frühjahr 1918
Brit. Blockade (Minensperren)

1 Fasse den Autorentext in Form einer Mindmap zusammen. Orientiere dich dabei an den Überschriften im Text.

2 Zeige anhand des Autorentextes, M1 und M2, was gemeint ist, wenn von der „Technisierung des Kriegs" gesprochen wird.

3 Vergleiche und erkläre die Einstellung der einzelnen Soldaten zum Krieg (M3).

4 Nenne die Länder, in denen die Kämpfe des Ersten Weltkriegs stattfanden (M4).

5 Erläutere mithilfe von M4 die Begriffe „Bewegungskrieg" und „Stellungskrieg".

Propaganda-Postkarten im Ersten Weltkrieg

M1 Russische Propaganda-Postkarte *(ca. 1915)*

Die Drachenköpfe sollen den deutschen Kaiser Wilhelm II., den Kaiser von Österreich Franz Joseph I. sowie den türkischen Kriegsminister Enver Pascha darstellen. Die Bildüberschrift lautet: „Großer europäischer Krieg".

M2 Propaganda-Postkarte *(1917)*

Methode: Propaganda-Bilder deuten

Kriege werden nicht nur auf dem Schlachtfeld, in Schützengräben oder Städten geführt; Krieg bedeutet nicht nur, mit Waffen zu kämpfen. In ihm werden Truppen mobilisiert – und auch die Köpfe und Herzen der Zivilisten in den Heimatländern der kämpfenden Soldaten. Sie vor allem spricht die Propaganda an; so nennt man die Werbung, die eine Regierung in Krieg oder Frieden für oder gegen eine Sache macht.

Propaganda kann auf unterschiedliche Weise betrieben werden: mithilfe von Zeitungsartikeln, öffentlichen Reden, Plakaten, Flugblättern, Filmen oder auch Postkarten. Allein in Österreich und im Deutschen Reich wurden während des Ersten Weltkriegs mehr als 50 000 verschiedene Kriegspostkarten veröffentlicht. Sie wandten sich an das eigene Volk, an die Bündnispartner, aber auch an nicht am Krieg beteiligte Staaten, in denen man vor allem die Presse zu beeinflussen versuchte.

Im eigenen Land wollte die Propaganda den Krieg als gerecht, notwendig und gottgewollt darstellen, den Kampfgeist beflügeln und den Durchhaltewillen stärken. Meist ging man dabei recht simpel vor. Die Sprüche, die das Bild auf den Postkarten häufig ergänzten, vermittelten meist leicht verständliche Botschaften: Der jeweilige Kriegsgegner wurde als lächerlich, grausam oder erfolglos, auf jeden Fall aber negativ dargestellt, die eigenen Soldaten dagegen als gerecht, heldenhaft und überlegen.

Möchte man Propaganda-Bilder verstehen, sollten folgende Arbeitsschritte beachtet werden:

1. Schritt: Das Bild beschreiben
Betrachtet das Bild genau und beschreibt die Handlungsabläufe, die es zeigt: Was tun die abgebildeten Personen und wie werden sie dabei dargestellt?

2. Schritt: Den Text einbeziehen
Bezieht anschließend den Text auf der Postkarte in die Bildbeschreibung mit ein: Inwiefern ergänzt oder beschreibt er das Bild?

3. Schritt: Die Quelle befragen

Den Informationsgehalt einer Quelle kann man nur dann voll ausschöpfen, wenn man Fragen an sie richtet. Das gilt auch für die Propaganda-Postkarten. Fragen, die an sie gestellt werden könnten, sind zum Beispiel: Welches Bild wird vom Krieg gezeichnet? Wie wird der Gegner dargestellt, wie die eigene Armee?

4. Schritt: Die Bildaussage formulieren

Wenn ihr die einzelnen Arbeitsschritte vollzogen habt, könnt ihr das Ergebnis eurer Beschäftigung mit einer Propaganda-Postkarte auswerten. Ihr müsst dazu die Antworten auf eure Fragen zusammenfassen und auf der Grundlage dieser Zusammenfassung die Aussage formulieren, die der Produzent der Postkarte vermutlich vermitteln wollte.

Die Schlacht von Tannenberg.

Während die deutschen Truppen zu Beginn des Kriegs im Westen Erfolge feiern konnten, bot sich im Osten des Reichs ein ganz anderes Bild (s. S. 200f.). Noch im August 1914 waren zwei russische Armeen in Ostpreußen eingedrungen und hatten weite Teile des Landes besetzt. Die zahlenmäßig unterlegenen deutschen Einheiten hatten den Angreifern nur wenig entgegensetzen können.

Schließlich sah sich die Armeespitze veranlasst, den deutschen Oberbefehlshaber in Ostpreußen abzulösen und durch die Generäle Hindenburg und Ludendorff zu ersetzen. Tatsächlich gelang es ihnen, zunächst eine russische Armee unter dem Oberbefehl des Generals Samsonow einzukreisen und weitgehend zu vernichten: In der Schlacht von Tannenberg fielen 5 000 deutsche und 50 000 russische Soldaten; 92 000 Russen ergaben sich und gingen in Gefangenschaft. General Samsonow nahm sich angesichts der katastrophalen Niederlage seiner Truppen das Leben.

Damit waren die einzigen Kampfhandlungen beendet, die im Ersten Weltkrieg auf deutschem Boden ausgetragen worden waren.

M3 Feldpostkarte *(1914)*

M4 Nach der Schlacht

Der Kriegsberichterstatter Rolf Brandt schreibt:

Die Russen lagen da in den Stellungen ..., oft so dicht, dass sie den Straßengraben bedeckten: Die Hände krampften sich in den Boden ... Der graue Straßenstaub lag gleichmäßig über allem, über den Gefallenen, über Mänteln, Uniformen, Ge-
5 wehren, Tornistern, toten Pferden, die von der Hitze seltsam aufgetrieben waren ... Hohenstein mag ein hübsches Städtchen gewesen sein. Jetzt war die Hauptstraße ein Trümmerhaufen, in dem noch die halb verbrannten Russenleichen lagen – es muss hier ein erbitterter Kampf getobt haben, bis
10 die Russen aus den Straßen geworfen wurden – unsere Toten hat man mit Tüchern bedeckt.

Zitiert nach: Christine Beil u. a.: Der Erste Weltkrieg, Berlin (Rowohlt) 2004, S. 68.

1 Interpretiere die Postkarte M3 unter Berücksichtigung der genannten Arbeitsschritte. Beschreibe, welche Wirkung mit dieser Karte im Deutschen Reich erzielt werden sollte.

2 Vergleiche das Bild, das die Postkarte M3 von den Kämpfen in Ostpreußen zeichnet, mit dem Kriegsbericht M4.

3 Tannenberg wurde bereits einmal im Geschichtsbuch erwähnt (s. S. 32). Berichte.

4 Beschreibe und vergleiche M1 und M2 unter der Fragestellung, was für ein Bild sie vom Krieg vermitteln.

„Gehungert haben wir oft ..." – die Heimat im Krieg

Elend und Ernüchterung. Auf die Siegesgewissheit der ersten Kriegswochen folgte bald Ernüchterung. Der sich in die Länge ziehende Krieg verschlechterte die Lebensverhältnisse im Reich und zermürbte viele Menschen. Mit Kriegsschiffen blockierte Großbritannien die Nachschubwege zur See. Die Versorgung des Deutschen Reichs mit Rohstoffen und Lebensmitteln aus dem Ausland war damit weitgehend unterbunden. Zusätzlich verschärft wurde die Versorgung der Menschen mit Nahrung durch das Fehlen von Arbeitskräften und Zugtieren in der heimischen Landwirtschaft. Zu viele Männer – und als Transporttiere auch Pferde – waren an der Front und konnten von Frauen und Kindern nicht vollständig ersetzt werden. So litt die Bevölkerung bald großen Hunger. Etwa 750 000 Menschen sind im Ersten Weltkrieg in Deutschland verhungert oder an den Folgen der Unterernährung gestorben.

M1 Straßenbahnschaffnerinnen

M2 Feldarbeit

M3 Frauenarbeit in einer Munitionsfabrik

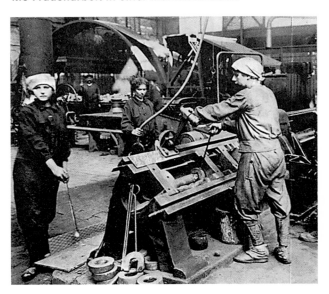

Die Diktatur der OHL. Ab 1916 bildeten Generalfeldmarschall Paul von Hindenburg und seine rechte Hand, der General Erich Ludendorff, die Oberste Heeresleitung (OHL). Vor allem Ludendorff nahm immer mehr Einfluss auf die deutsche Innenpolitik. So erzwang er zum Beispiel den Sturz des Reichskanzlers Theobald von Bethmann-Hollweg, als es zwischen beiden zum Streit über militärische Fragen kam: Ludendorff wollte alle Schiffe (auch die neutraler Staaten), die Großbritannien anliefen, von U-Booten versenken lassen; der Reichskanzler lehnte dieses Vorgehen ab (s. S. 206f.).

Währenddessen verschlang der Krieg immer größere Geldsummen. Zu seiner Finanzierung trug auch die Bevölkerung bei, indem sie Kriegsanleihen zeichnete: Aus Patriotismus liehen die Menschen dem Staat Geld, aber in der Hoffnung, es im Frieden hoch verzinst zurückzuerhalten. Dies funktionierte nur, wenn der Krieg siegreich endete und der Feind hohe Kriegsentschädigungen leisten würde. Ein Sieg war jedoch nicht abzusehen. Um das Schlachten an den Fronten zu beenden, verlangte daher 1917 eine Mehrheit im Reichstag – bestehend aus der Sozialdemokratischen Partei, dem Zentrum und der liberalen Fortschrittspartei – einen Frieden ohne Sieger und Besiegte zu schließen. Der Reichstag konnte sich jedoch nicht durchsetzen, da die OHL, wie auch Deutschlands Gegner, den Sieg wollten.

M4 Öffentliche Speisung

Zu Beginn des Kriegs waren Kartoffeln das Hauptnahrungsmittel der deutschen Bevölkerung. Auch infolge schlechter Ernten war der Bedarf ab 1916 aber nicht mehr zu decken. So wurden Kohl- und Steckrüben, die eigentlich nur als Viehfutter vorgesehen waren, zum wichtigsten Nahrungsmittel im Krieg. Öffentliche Speisungen konnten den Hunger der Bevölkerung nur notdürftig lindern.

M5 Die Herrschaft der Obersten Heeresleitung

Der Politikwissenschaftler Theodor Eschenburg (1904–1999) in seinen Erinnerungen über ein Gespräch als Zwölfjähriger mit seinem Vater:

„Was ist denn Politik?" fragte ich meinen Vater. Das sei die Gesetzgebung, die innere, die auswärtige Politik, erklärte er mir. „Haben da die Militärs nichts zu sagen?" Im Frieden nicht, erwiderte er, aber im Kriege gehe nichts ohne sie. Da-
5 rüber stünde nur der Kaiser. Aber merkwürdig: Wer sprach eigentlich noch ernstlich vom Kaiser? Sein Name wurde selten genannt. Was man dagegen immer wieder hören konnte, war: „Das erlaubt Ludendorff nicht ..." oder „das verlangt Ludendorff ..." Er war die wirkliche Obrigkeit. Gegenüber beiden war
10 der Kaiser machtlos. Er hätte es nicht wagen können, einen

von beiden (Ludendorff oder Hindenburg) abzusetzen. Im Gegenteil, diese drohten mit ihrem Rücktritt, wenn ihren politischen Forderungen nicht entsprochen wurde.
Zitiert nach: Theodor Eschenburg: Also hören Sie mal zu. Geschichte und Geschichten 1904–1933, Berlin (BVT) 2001, S. 96f. © Siedler Verlag, Berlin

M6 Der Krieg veränderte das Alltagsleben

Johann Baptist Gradl (1904–1988) berichtete:
Mein Vater war an der Westfront. Je länger der Krieg dauerte, umso mehr wuchs die Angst. Am schlimmsten waren die großen Postpausen ... Lebte der Vater überhaupt noch? Meine Mutter hatte oft verweinte Augen ...
5 Seit Februar 1915 gab es Lebensmittelkarten. Die Zuteilungen waren nicht nur gering, sondern ... auch unregelmäßig und fielen zuweilen aus. Die Folge war, dass man „Schlange stehen" musste, stundenlang. Meine Mutter schickte mich als den Älteren oft zum „Anstehen" ... Nicht selten ... pas-
10 sierte es, dass ich mit leerer Tasche nach Hause kam, weil die Ware, zumal Butter, nicht gereicht hatte ... Gehungert haben wir oft, und den Geruch erfrorener Kohlrüben im Kochtopf aus dem berüchtigten Kohlrübenwinter 1916/17 habe ich heute noch in der Nase ... Aber trotz Hunger und Kälte – auch
15 Kohle war knapp – zeigte sich bis zum Streik im Januar 1918 kein offenes Aufbegehren ... In der Schule wurden wir schon im zweiten Kriegsjahr angehalten zu Aktivitäten für die „Kriegswirtschaft". Die Lehrer hielten Sammelstunden ab, zu denen wir brachten, was wir auftragsgemäß gesammelt hat-
20 ten. Das gewünschte Material wechselte: Mal waren es Konservendosen aus Weißblech, mal Altgummiteile, mal ausländisches Geld, mal anderes ... So verging ein Kriegsjahr nach dem anderen. Alle Jahre einmal kam mein Vater ... für zwei Wochen auf Urlaub. Wenn er kam, war die Freude groß, wenn
25 er fuhr, flossen die Tränen.
Zitiert nach: Rudolf Pörtner: Kindheit im Kaiserreich. Erinnerungen an vergangene Zeiten, München (= dtv, Nr. 11084) 1989, S. 242f. © Econ-Verlag, Düsseldorf 1987; jetzt: Ullstein Buchverlage GmbH, Berlin

1 Untersuche, wie sich die Stimmung der Bevölkerung im Verlauf des Kriegs veränderte. Nenne Gründe dafür (Autorentext, M4 und M6).
2 Zeichne ein Schaubild, auf dem zu erkennen ist, wie sich das Machtgefüge im Staat während des Kriegs wandelte. Berücksichtige dabei die Stellung des Kaisers, der OHL und des Reichstags (Autorentext und M5). Siehe auch S. 174f.

3 Ein kritischer Beobachter seiner Zeit urteilte über Erich Ludendorff, dieser habe „Deutschland in den Abgrund gestürzt" und dabei keinerlei Rücksichten genommen. Erläutere, was ihn zu diesem Urteil veranlasst haben könnte (Autorentext, M5 und M6).
4 Zeige, wie der Krieg das Leben von Kindern und Frauen veränderte (M1–M4 und M6).

Der Kriegseintritt der USA bringt die Wende

Der uneingeschränkte U-Boot-Krieg. Da die Briten auf dem Schlachtfeld nicht geschlagen wurden, wollte die OHL Großbritannien schwächen, indem sie seine Nachschubwege blockierte: Deutsche U-Boote versuchten jedes Schiff zu versenken, das einen britischen Hafen anlief. Auch Schiffe neutraler Staaten gerieten so in die Schusslinie. In diesem Sinne wurde der U-Boot-Krieg „unbeschränkt" geführt. Weil bei den Angriffen deutscher U-Boote wiederholt amerikanische Staatsbürger starben, wurde die öffentliche Meinung in den USA immer deutschfeindlicher. Bereits 1915 hatte die Versenkung des britischen Passagierdampfers „Lusitania", bei der auch 127 Amerikaner ums Leben gekommen waren, das deutsch-amerikanische Verhältnis schwer belastet. Im April 1917 trat die amerikanische Regierung schließlich aufseiten der Alliierten in den Krieg ein. Damit war die deutsche Niederlage besiegelt: Die USA, die wirtschaftlich stärkste Nation der Welt, unterstützten die Gegner des Deutschen Reichs nicht nur mit Waffen, Munition und anderer kriegswichtiger Ausrüstung; bis zum Ende des Jahres 1918 griffen auch etwa zwei Millionen amerikanische Soldaten in die Kämpfe auf dem europäischen Festland ein: Frische Truppen verstärkten die alliierten Armeen, die – ebenso wie die deutschen – bereits deutlich geschwächt waren.

M1 Torpedoangriff

M2 Angriff britischer Panzer auf deutsche Stellungen

Der Krieg ist verloren. Angesichts des neuen Gegners USA gerieten die deutschen Truppen immer mehr in die Defensive. Der OHL erschien die militärische Lage schließlich aussichtslos: Im September 1918 verlangte sie von der Regierung, einen Waffenstillstand zu schließen. Um die Vermittlung des Waffenstillstands wurde der amerikanische Präsident Woodrow Wilson gebeten. Er erklärte sich aber nur bereit, mit einer Regierung und einem Reichskanzler zu verhandeln, die sowohl dem Kaiser, als auch dem Parlament verantwortlich waren. Eben das forderte auch die OHL, welche die Schuld an der Niederlage der Regierung zuschieben wollte, anstatt selbst die Verantwortung dafür zu übernehmen. So kam es zu einer bedeutenden Verfassungsreform: Künftig musste das Parlament die Entscheidung über Krieg und Frieden treffen und ein Reichskanzler das Vertrauen der Parlamentsmehrheit besitzen.

Die Alliierten knüpften Bedingungen an den Waffenstillstand: So musste das Deutsche Reich sein gesamtes Kriegsmaterial abliefern und alle Kriegsgefangenen entlassen, während deutsche Soldaten weiterhin in alliierter Gefangenschaft blieben. Auch die Seeblockade wurde nicht aufgehoben; an der Not der Bevölkerung im Reich änderte sich zunächst nichts. Der endgültige Waffenstillstand wurde am 11. November 1918 geschlossen, zwei Tage, nachdem in Berlin die Monarchie abgeschafft und die Republik ausgerufen worden war. Die Bilanz des Kriegs war schrecklich: 8,5 Millionen Soldaten waren gefallen, 21 Millionen verwundet worden und häufig für den Rest ihres Lebens verkrüppelt.

M3 Alliiertes Flugblatt zur deutschen Kriegsführung

M4 Werbeplakat *(1917)*

M5 Die militärische Lage des Reichs 1917

a) Der Schriftsteller Carl Zuckmayer erinnerte sich:

Wir waren in der Luft bereits um achtzig Prozent unterlegen. Stieg auf deutscher Seite eine Staffel von vier bis sechs Jagdfliegern auf, so kamen von drüben zwanzig bis dreißig, mit neuen Maschinen und besserer Ausrüstung … Ähnlich waren
5 die Verhältnisse der Artillerien und des Munitionsnachschubs … Der Krieg war verloren, und wir wussten es. Aber wir hatten ihn noch über ein Jahr, in hoffnungsloser Lage, fortzuführen.

Zitiert nach: Carl Zuckmayer: Als wär's ein Stück von mir. Horen der Freundschaft, Frankfurt (S. Fischer) 1997, S. 290.

b) Generalfeldmarschall von Hindenburg schrieb am 3. Oktober 1918 an Reichskanzler Max von Baden:

… infolge der Unmöglichkeit, die in den Schlachten der letzten Tage eingetretenen … Verluste zu ergänzen, besteht nach menschlichem Ermessen keine Aussicht mehr (zu siegen). Der Gegner seinerseits führt ständig neue frische Reserven
5 in die Schlacht … Die Lage verschärft sich … täglich … Unter diesen Umständen ist es geboten, den Kampf abzubrechen …

Zitiert nach: Herbert Michaelis/Ernst Schraepler: Ursachen und Folgen. Vom deutschen Zusammenbruch 1918 und 1945 bis zur staatlichen Neuordnung Deutschlands in der Gegenwart, Band II, Berlin (Dokumentenverlag) 1959, S. 331.

1 Nenne Folgen des unbeschränkten U-Boot-Kriegs (Autorentext und M1).

2 Vergleiche Zuckmayers und Hindenburgs Beurteilung der militärischen Lage (M5a und b).

3 Hindenburg behauptete im November 1919, die deutsche Armee sei „ … von der Zivilbevölkerung von hinten erdolcht worden". Stelle dieser Behauptung M5b gegenüber. Beziehe dabei auch die Seiten 200– 206 mit ein. Was könnte Hindenburg zu dieser Erklärung veranlasst haben?

4 Interpretiere das Plakat M4. Wie stellt es die militärische Lage dar, in der sich die deutsche Armee befand?

5 Beschreibe M3 und erörtere mithilfe von M5a sowie des Autorentextes, inwieweit die Aussage des Flugblatts berechtigt war.

Der Versailler Vertrag

Milder Friede oder harte Bestrafung? Als im Januar 1919 Vertreter von insgesamt 27 Staaten in Paris Friedensverhandlungen aufnahmen, war sich der „Rat der Vier" (England, Frankreich, USA und Italien), die eigentliche Entscheidungsinstanz, über die Behandlung Deutschlands keineswegs einig. England wollte das europäische Gleichgewicht aufrechterhalten und eine französische Vormachtstellung verhindern. Deutschland sollte ein Partner im europäischen Staatensystem bleiben und lediglich auf seine Flotte und seine Kolonien verzichten. Frankreich sprach sich jedoch für eine harte Bestrafung aus und verwies dabei auf den Friedensvertrag von Brest-Litowsk, den das Deutsche Reich dem geschlagenen Russland diktiert hatte. Der amerikanische Präsident Wilson wollte einen Frieden ohne Sieger und Besiegte, um keinen Anlass für zukünftige kriegerische Auseinandersetzungen zu schaffen. Sein Streben nach einer friedlichen Weltordnung wirkte sich zwar nur unwesentlich auf die Bestimmungen des Friedensvertrags aus, führte jedoch zur Gründung des ▸ Völkerbundes, einer internationalen Organisation mit Sitz in Genf, die Konflikte von nun an auf diplomatischem Wege lösen sollte.

Empörung in Deutschland. Der Entwurf des Friedensvertrags sah umfangreiche Gebietsabtretungen, den Verlust der Kolonien, Reparationszahlungen und Sachlieferungen sowie einschneidender Reduzierungen im Heer und bei der Flotte vor. Der Artikel 231 stellte die alleinige Kriegsschuld Deutschlands fest und begründete so den Anspruch auf eine uneingeschränkte Wiedergutmachung aller Schäden und Verluste der Alliierten. Deutschland hatte als Verlierer nicht an den Verhandlungen teilnehmen dürfen. Die harten Friedensbedingungen des ▸ Versailler Vertrags riefen große Entrüstung und Verbitterung in der Bevölkerung wie in der Regierung hervor. Erst als die Alliierten mit dem Einmarsch und der Besetzung Deutschlands drohten, falls der Vertrag nicht binnen sieben Tagen angenommen würde, gab die deutsche Regierung nach. Das Ende des Ersten Weltkriegs markierte gleichzeitig das Ende des deutschen Kaiserreichs. Am 9. November 1918 war in Berlin die Republik ausgerufen worden; der Kaiser musste abdanken. Für die junge Republik sollte der Versailler Vertrag zu einer der schwersten Belastungen werden.

■■ **M1 Die Bestimmungen des Versailler Vertrags**

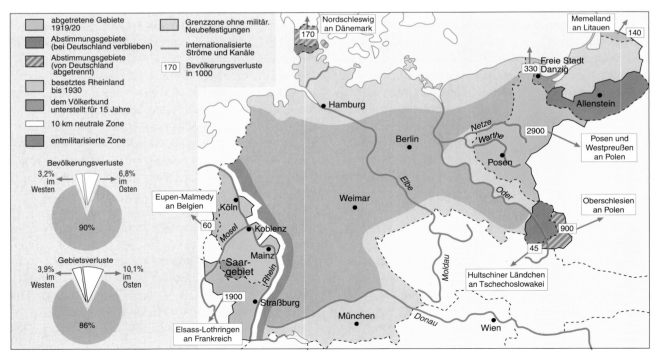

M2 „Der Friedenskuss"

Karikatur aus dem „Simplicissimus"
von Th. Th. Heine, Juli 1919

M3 Diskussionen um die Annahme des „Diktatfriedens"

Am 22. Juni 1919 setzten sich die Abgeordneten der
Nationalversammlung in einer heftigen Debatte mit dem
Friedensvertrag von Versailles auseinander:
Abgeordneter Bauer (SPD): „... Die auferlegten Bedingungen
übersteigen das Maß dessen, was Deutschland leisten kann.
Wir legen den größten Nachdruck auf die Erklärung, dass wir
den Artikel 231 des Friedensvertrags ... nicht annehmen kön-
5 nen und durch die Unterschrift nicht decken."
Abgeordneter Wilhelm Kahl (DVP): „Wir lehnen ab, weil bei
Annahme des Friedens der deutsche Staat als solcher vernichtet ist ... Wir lehnen ab, weil wir nicht unser eigenes fal-
sches Schuldbekenntnis unterschreiben können ... Wir leh-
10 nen endlich ab, weil wir uns sonst ehrlos machen würden."
Abgeordneter Dr. Graf von Posadowsky-Wehner (DNVP):
„Wir haben in unserer Partei die schweren Folgen, welche
eine Ablehnung des Friedensvertrags für unser Land herbei-
führen, vollkommen klargemacht. Aber die Übel, die daraus
15 entstehen können, können nur vorübergehend sein, während, wenn wir diesen Vertrag annehmen, wir für ungezählte
Geschlechter unser Volk dem Elend preisgeben ..."
Zitiert nach: Deutsche Parlamentsdebatten, Bd. II, hrsg.
und eingeleitet von Eberhard Jäckel, Frankfurt/Main
(S. Fischer) 1971, S.67ff.

M4 Versailles – eine Schmach für Deutschland?
Ein Historiker schrieb 1993:
Das Reich und damit die deutsche Einheit blieben bestehen,
das war tatsächlich fast ein „Wunder". Die territorialen
Abtretungen waren gewiss schmerzlich, sie gingen aber nicht
an die Substanz des Deutschen Reichs. Bei der Gestaltung
5 ihrer inneren Angelegenheiten blieben die Deutschen – anders als 1945 – souverän. Es blieben die Reparationen. Dass
die Siegermächte die Endsumme offen ließen und dann später mit untauglichen Mitteln versuchten, Deutschland wie eine
Zitrone auszupressen, hat das Verhältnis zwischen Siegern
10 und Besiegten von Anfang an vergiftet – aber inzwischen weiß
man, dass selbst dieses Problem eher nebensächlicher Natur
hätte sein können. Deutschland hielt eine Reparationssum-
me von 100 Milliarden Goldmark für denkbar – eben diese Zif-
fer kam schon ganz nahe an die alliierten Vorstellungen heran.
15 Der Vertrag war also objektiv betrachtet besser als sein Ruf.
Er war – verglichen mit Brest-Litowsk – kein ungewöhnlich
harter Vertrag, vor allem, wenn man den Hintergrund des
Kriegs in Betracht zog. Ostfrankreich war zur Mondland-
schaft geworden, die Blüte der französischen Jugend deckte
20 die Erde Lothringens und Flanderns. Deutschland war zwar
momentan geschlagen und geschwächt, potenziell aber immer noch mächtiger als Frankreich.
Zitiert nach: Michael Salewski: Das Trauma von Versailles.
In: Heinrich August Winkler und Alexander Cammann
(Hrsg.): Weimar. Ein Lesebuch zur deutschen Geschichte
1918–1933, München (C.H. Beck) 1997, S. 88f.

1 Stelle die Verpflichtungen, die Deutschland nach
dem Versailler Vertrag auferlegt wurden, zusammen
(M1 und Autorentext).
2 In Frankreich beherrschte der Satz „L'Allemagne
paiera!" („Deutschland wird bezahlen!") die innenpolitische Debatte. Wurde Frankreichs Wunsch nach
Sicherheit und Wiedergutmachung ausreichend erfüllt? Begründe deine Meinung (M1).
3 Beschreibe, wie die Karikatur M2 den Friedensvertrag von Versailles beurteilt.
4 Zähle die von den Rednern genannten Gründe auf,
die gegen eine Annahme des Versailler Vertrags
sprachen (M3).
5 Beurteile, was der Versailler Vertrag für die Zukunft Deutschlands bedeutete (M3–M4).

Die territoriale Neuordnung Europas

Wie werden neue Staaten „gebaut"? Nach dem Krieg drängte vor allem die amerikanische Politik auf Verträge, die ein „nation building" nach dem ▸ Selbstbestimmungsprinzip ermöglichte und Europas Grenzen neu bestimmen sollte. Doch wie sah ein Nationalstaat aus? Reichte eine gemeinsame Sprache, eine gemeinsame Religion oder ein Gefühl kultureller Zusammengehörigkeit? Da in Ostmitteleuropa und auf dem Balkan seit Jahrhunderten ethnische Gruppen gemischt lebten, stellte sich allerorten die Frage, wie mit den Minderheiten in einem Nationalstaat umzugehen sei. Nehmen wir das Beispiel Ungarn: Bis in die 30er Jahre des 20. Jh. sprachen ungarische Schüler und Schülerinnen jeden Morgen folgende Sätze: „Ich glaube an einen Gott, ich glaube an ein Reich, ich glaube an die unendliche göttliche Wahrheit, ich glaube an die Wiedergeburt Ungarns". Mit Fahnen auf Halbmast wurde so täglich an die Empörung und die Trauer über die Friedensbedingungen erinnert, die Ungarn nach dem Ersten Weltkrieg akzeptieren musste. Als ehemaliger Verbündeter des Deutschen Reichs und damit als Kriegsverlierer musste Ungarn im Friedensvertrag von Trianon im Mai 1920 Gebiete an die neuen Staaten Tschechoslowakei, Jugoslawien, Rumänien und Österreich abtreten, Wiedergutmachungen leisten und abrüsten. Dadurch lebten nun über eine Million Ungarn außerhalb des neuen ungarischen Nationalstaats.

Weitere „Pariser Vorortverträge". Unter den gleichen Voraussetzungen wurden in verschiedenen Pariser Vororten auch für Österreich, Bulgarien und das Osmanische Reich Friedensverträge ausgearbeitet. Als Maßstab galten den Alliierten die „Vierzehn Punkte" des amerikanischen Präsidenten Wilson, der das Selbstbestimmungsrecht für alle Völker forderte und das Prinzip des Nationalstaats zur allein gültigen Basis der Neuordnung in Ost- und Südosteuropa erklärte. Dies schloss das Bestehen oder die Bildung von Staaten wie Österreich-Ungarn, in denen mehrere Nationalitäten vereint waren, von vornherein aus.

Der Friede von St.-Germain vom 10. September 1919 löste infolgedessen den österreichischen Vielvölkerstaat auf und ließ an seiner Stelle fünf selbstständige Staaten entstehen: Die Grenzen des von Wilson proklamierten Selbstbestimmungsrechts erfuhr Österreich auch, als es auf den Namen „Deutsch-Österreich" und den erwünschten Anschluss an das Deutsche Reich verzichten musste.

Bulgarien büßte durch den zwei Monate später geschlossenen Frieden von Neuilly den Zugang zur Ägäis ein, da Südmazedonien an Griechenland fiel.

Das Osmanischen Reich löste sich auf; durch den Frieden von Sèvres im August 1920 entstand die Türkei als Nachfolgestaat. Etwa zehn Prozent des ursprünglichen Staatsgebietes gingen verloren, die Meerengen wurden dem Schutz einer internationalen Kommission unterstellt.

Die Alliierten hatten mit der Neuordnung der politischen Verhältnisse die nationalen Gegensätze in Ost- und Südosteuropa lösen wollen. Doch die Verträge enthielten bereits den Keim für neue Konflikte. In einigen Regionen kam es schon während der Pariser Verhandlungen zu blutigen Auseinandersetzungen.

M1 Die Türkei nach dem Ersten Weltkrieg

M2 Südost- und Ostmitteleuropa vor Kriegsbeginn 1914 und nach den Pariser Vorortverträgen 1919/1920

M3 Ein Programm der Völkerverständigung:
Wilsons „Vierzehn Punkte"

1. Öffentliche Friedensverträge und Abschaffung der Geheimdiplomatie
2. Freiheit der Seeschifffahrt
3. Aufhebung sämtlicher wirtschaftlicher Schranken
4. Garantierte Rüstungsbegrenzung
5. Unparteiische Ordnung aller Kolonialfragen
6. Räumung des ganzen russischen Gebiets
7. Wiederherstellung der belgischen Souveränität
8. Räumung Frankreichs, Rückgabe von Elsass-Lothringen und Wiederherstellung der zerstörten Teile
9. Grenzziehung Italiens nach Nationalitätenprinzip
10. Autonomie (Selbstständigkeit) der Völker Österreich-Ungarns
11. Wiederherstellung Serbiens, Rumäniens und Montenegros
12. Autonomie der Völker des Osmanischen Reichs und ungehinderte Durchfahrt durch die Dardanellen und den Bosporus
13. Errichtung eines unabhängigen polnischen Staates
14. Gründung eines Völkerbundes zur Garantie der Unversehrtheit aller Staaten

1 Nenne die Staaten, die nach dem Ersten Weltkrieg entstanden (M2). Zähle Gebietsabtretungen auf.

2 Erkläre und begründe anhand der Karten, welche Staaten zu den Verlierern der Pariser Vorortverträge gehören und wo neue Krisenherde entstehen könnten (M2).

3 Ziehe eine aktuelle Landkarte heran und vergleiche die politischen Verhältnisse im Jahr 1923 mit heute. Was ist gleich geblieben, wo stellst du Veränderungen fest (M2)?

4 Lege anhand der Karten dar, aus welchen Gebieten sich das neue Polen zusammensetzte.

5 Stelle gegenüber, welche Forderungen des amerikanischen Präsidenten durch den Versailler Vertrag und die Pariser Vorortverträge erfüllt bzw. nicht umgesetzt worden sind.

6 Beschreibe die Grenzziehung des neuen Staates Türkei. Den Armeniern wurde in den Verhandlungen zunächst ein eigener Staat zugebilligt, den Kurden jedoch nicht. Finde die Gründe heraus.

Europa und die Welt 1900 – 1918

1880–1914	▶	*Zeitalter des Imperialismus*
1884/85	▶	*Deutsches Reich erwirbt Kolonien*
ab 1888	▶	*„Neuer Kurs" unter Kaiser Wilhelm II.*
28. Juni 1914	▶	*Attentat von Sarajewo*
1914–1918	▶	*Erster Weltkrieg*
11. November 1918	▶	*Waffenstillstand*
1919	▶	*Neuordnung Europas in den Pariser Vorortverträgen* *Versailler Friedensvertrag mit Deutschland*
1920	▶	*Gründung des Völkerbundes*

„Braucht Deutschland einen Platz an der Sonne?"

„Vorwärts!"
 Der „Neue Kurs" unter Wilhelm II.

Der österreichische Thronfolger und seine Gattin in Sarajewo ermordet!

Sicherung der Grundbegriffe

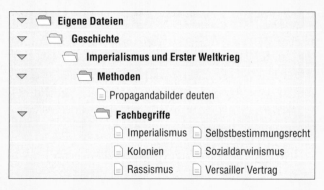

▽ 📁 **Eigene Dateien**
▽ 📁 **Geschichte**
▽ 📁 **Imperialismus und Erster Weltkrieg**
▽ 📁 **Methoden**
  📄 Propagandabilder deuten
▽ 📁 **Fachbegriffe**
  📄 Imperialismus 📄 Selbstbestimmungsrecht
  📄 Kolonien 📄 Sozialdarwinismus
  📄 Rassismus 📄 Versailler Vertrag

**Wo sind die Männer?
Der Krieg bestimmt auch
den Alltag in der Heimat**

Gefallen!

**Fällt die
Westfront?
Amerikaner
greifen
massiv ein.**

1 Schreibt zu jeder Überschrift und dem passenden Bild einen kurzen Zeitungsbericht.

2 Klebt eure Berichte auf eine Tapetenrolle und vergleicht. Findet Unterschiede und Gemeinsamkeiten.

3 Verfasst nun eigene Überschriften zu weiteren wichtigen Ereignissen in der Zeit des Imperialismus und während des Ersten Weltkriegs. Fügt sie in eure Wandzeitung mit ein.

213

Ablass/-handel: Nachlass der Sündenstrafen gegen Geldleistungen

Absolutismus (lat. solutus = gelöst): im 17. Jh. ausgeprägte Regierungsform, bei der der König absolut entschied; er regierte mithilfe von Beamten, die von ihm abhängig waren, lenkte die Wirtschaft und verfügte über ein stehendes Heer; der Monarch leitete seine Herrschaftsrechte direkt von Gott ab.

Antisemitismus: um 1879 entstandener Begriff; er bezeichnet eine biologisch, religiös und sozial „begründete" Judenfeindschaft und wendet sich gegen die politische und soziale Gleichstellung der jüdischen Bevölkerung. ▶ Rassismus

Arbeiterbewegung: die Gesamtheit der Organisationen der Industriearbeiterschaft zur Durchsetzung besserer Arbeits- und Lebensbedingungen; in der ersten Hälfte des 19. Jh. entstanden zunächst Selbsthilfeorganisationen, ehe die ▶ Gewerkschaften den Zusammenschluss der Arbeiter organisierten; ▶ Sozialismus und ▶ Kommunismus lieferten um die Jahrhundertmitte die theoretischen Grundlagen für die politische Arbeiterbewegung; 1863 gründete Ferdinand Lassalle den „Allgemeinen Deutschen Arbeiterverein"; 1869 entstand die „Sozialdemokratische Arbeiterpartei"; beide schlossen sich 1875 zur „Sozialistischen Arbeiterpartei Deutschlands" zusammen (seit 1890 „Sozialdemokratische Partei Deutschlands"/SPD); mit ihr wurde die Arbeiterbewegung in Deutschland im 20. Jh. zur politischen Massenbewegung.

Aufklärung: geistige Strömung, die sich um 1750 in ganz Europa ausbreitete; sie bezog sich auf viele Lebensbereiche; die Vernunft sollte das Denken und Handeln der Menschen bestimmen, nicht mehr der Glaube und die Überlieferung; Beobachtung und Experimente wurden zur Grundlage jeglicher wissenschaftlicher Arbeit; die Aufklärer forderten Freiheit und Gleichheit der Menschen vor dem Gesetz, in Religionsfragen Toleranz, im wirtschaftlichen Bereich größeren Freiraum; politisch bestimmend wurde u. a. auch die Lehre von der ▶ Gewaltenteilung; diese Gedanken griff der ▶ Liberalismus auf; in den ▶ Revolutionen des 18. und 19. Jh. wurden sie politisch wirksam.

Augsburger Religionsfrieden: Reichsgesetz (1555), das die protestantische Konfession als gleichberechtigt mit der katholischen anerkannte; die Landesherren bekamen die Kirchenhoheit zugesprochen, d. h. sie entschieden über den Glauben ihrer Untertanen.

Bann: s. Kirchenbann

Bauernkrieg: Bezeichnung für Aufstände von Bauernschaften in Süd- und Mitteldeutschland in den Jahren 1524/25; von der Idee der Reformation angeregt und zur Verbesserung ihrer wirtschaftlichen Lage forderten die Bauern u. a. Verringerung ihrer Abgaben und freie Pfarrerwahl; Luther lehnte es scharf ab, religiöse mit weltlichen Forderungen zu verbinden, und forderte die Fürsten zur Ausrottung der Bewegung auf; der Kampf endete mit einer vollständigen Niederlage der Bauern.

Buchdruck: Johann Gutenberg ermöglichte mit dieser Erfindung (um 1450) die schnelle Vervielfältigung von Texten aus einfachen, aber beweglichen Druckbuchstaben, die noch einzeln gegossen und zu Texten zusammengesetzt werden mussten.

Bürgerrechte: siehe ▶ Menschenrechte

Bürgertum: eine Gesellschaftsschicht, die sich einerseits von Adel und Klerus, andererseits von den Bauern und den Arbeitern unterschied; im Mittelalter und in der frühen ▶ Neuzeit v. a. die städtischen Handwerker und Kaufleute; im 19. und 20. Jh. grenzten sich die Bürger durch ihre Bildung, ihren Besitz und besondere Tugenden wie Fleiß, Leistung und Sparsamkeit von den anderen Schichten ab; man kann unterscheiden zwischen: Besitzbürgern (z. B. Unternehmer), Bildungsbürgern (Beamte und Angestellte mit akademischer Bildung) und Kleinbürgern (z. B. Handwerker); die Bürger erkämpften sich seit der Französischen Revolution immer mehr Rechte. ▶ Bürgerrechte

Calvinisten/Calvinismus: eine von Jean Calvin (1509–1563) begründete Richtung der ▶ Reformation, gekennzeichnet durch eine demokratische Kirchenverfassung, ein bestimmtes Verständnis des Abendmahls, die Ablehnung von Prunk sowie durch die Lehre von der Vorbestimmung des Menschen durch Gott (Prädestination); der Calvinismus bildete keine einheitliche Kirche, sondern umfasste mehrere Richtungen (Frankreich: Hugenotten; Großbritannien: Puritaner).

Code civil: bedeutendstes Gesetzeswerk der ▶ Neuzeit zum Zivilrecht; wurde 1804 von Napoleon eingeführt und blieb in Frankreich bis heute in wesentlichen Teilen gültig; er hatte Vorbildfunktion für viele europäische Gesetzgebungen; das Gedankengut der Französischen Revolution zeigte sich vor allem im Grundsatz der Gleichheit aller vor dem Gesetz, dem Schutz und der Freiheit des Individuums und des Eigentums und der strikten Trennung von Kirche und Staat.

Dampfmaschine: eine Schlüsselerfindung der ▶ industriellen Revolution; sie wandelt Wärmeenergie teilweise in mechanische Arbeit um; wurde in den verschiedensten Bereichen eingesetzt.

Deutscher Bund (1815 bis 1866): auf dem ▶ Wiener Kongress gebildeter loser Staatenbund von 35 Fürstentümern und vier freien Städten mit Sitz in Frankfurt/Main.

Deutsches Reich (1871–1918): amtliche Bezeichnung für das durch Bismarck begründete zweite deutsche (Kaiser)Reich, das einen deutschen ▶ Nationalstaat unter der Vorherrschaft Preußens schuf.

Dreißigjähriger Krieg: von 1618 bis 1648 dauernder Krieg; begann als Religionskrieg und als Krieg um das Verhältnis von Landesherr und Ständen, zuerst in Böhmen, dann im Heiligen Römischen Reich; entwickelte sich später zum europäischen Machtkampf, der vorwiegend auf deutschem Boden ausgetragen wurde; hinterließ große Zerstörungen; endete mit dem ▶ Westfälischen Frieden.

Dritter Stand (frz. tiers état): Sammelbezeichnung für alle Personen, die nicht zu den beiden privilegierten Ständen (Geistlichkeit und Adel) gehörten; alle drei Stände waren in der französischen Monarchie in den ▶ Generalständen und später auch in der ▶ Nationalversammlung vertreten.

Fabrikordnungen: regelten die Pflichten der Arbeiter und dienten der Disziplinierung; das komplizierte Ineinandergreifen von Arbeitsgängen erforderte Pünktlichkeit und eine strenge Kontrolle der Abläufe; Strafen auch für geringste Vergehen sollten verhindern, dass die Arbeiter sich gegen die Arbeitsbedingungen wehrten.

Frühkapitalismus: Kennzeichen des Kapitalismus sind Gewinnstreben, Privateigentum an Produktionsmitteln und Wettbewerb zwischen den Unternehmen; begann als Frühkapitalismus im 16. Jh.; die Wurzeln dieser Wirtschaftsreform liegen in der Verbreitung von Geldverkehr und Bankenwesen, im Gebrauch der Buchführung und in der Rechenhaftigkeit des kaufmännischen Handelns; typische Vertreter war die Kaufmannsfamilie der Fugger.

Gegenreformation: Reaktion der katholischen Kirche auf die ▶ Reformation; auf dem Konzil von Trient (1545–1563) wurden Reformen beschlossen; die katholische Kirche beauftragte den neu gegründeten Jesuitenorden mit der Verbreitung des katholischen Bekenntnisses.

Generalstände: Ständeversammlung Frankreichs, bestehend aus den drei Ständen Klerus, Adel, Bürger; ihre Hauptaufgabe war die Bewilligung von Steuern und neuen Gesetzen.

Gewaltenteilung: Forderung des französischen Philosophen Charles de Montesquieu, die Staatsgewalt in Exekutive (ausführende Gewalt), Legislative (gesetzgebende Gewalt) und Judikative (Rechtssprechung) aufzuteilen; durch Beschränkung der Macht des Herrschers bzw. eines Einzelnen sollten die Rechte der Bürger geschützt werden.

Gewerkschaften: Zusammenschluss von Arbeitnehmern zur Wahrung ihrer wirtschaftlichen Interessen. Seit dem 19. Jh. nationale Zusammenschlüsse von Berufsgruppen, die sich in Verhandlungen und Kampfmaßnahmen, wie Streiks, gegenüber den Arbeitgebern für höhere Löhne und bessere Arbeitsbedingungen einsetzen.

Heilige Allianz (1815): Bündnis der Herrscher Russlands, Preußens und Österreichs, um ihre Monarchien gegen liberale und nationale Bestrebungen zu sichern; später traten fast alle europäischen Herrscherhäuser diesem Bündnis bei.

Humanismus (lat. humanus = menschlich): geistige Bewegung des 15. und 16. Jh.; Gelehrte beschäftigten sich mit antiken Werken, suchten nach den unverfälschten Quellen der antiken Bildung, die nun für alle Bereiche des menschlichen Lebens als vorbildlich galten, und machten den Menschen zum Ausgangspunkt und Maß des Denkens und Handelns.

Imperialismus (lat. imperium = Herrschaftsgebiet): Epochenbegriff für die Zeit des Wettlaufs europäischer Staaten um Kolonien zwischen ca. 1880 und 1918; der Begriff bezeichnet die Herrschaft eines Industriestaates über weniger entwickelte Gebiete und Länder; diese konnte mit politischen, militärischen, wirtschaftlichen und kulturellen Mitteln errungen und gesichert werden; die Großmachtstellung des eigenen Landes wurde so zum Ausdruck gebracht.

Industrielle Revolution: umwälzende Veränderungen der Arbeitswelt, ausgelöst durch technische

Erfindungen (v. a. ▸ Dampfmaschine) und den Einsatz von Maschinen; Folgen waren Massenproduktion und Fabrikarbeit; die industrielle Revolution hatte tiefgreifende Auswirkungen auch auf die Lebens- und Arbeitsbedingungen der Menschen. ▸ Soziale Frage

Islam (arab. = Ergebung in Gottes Willen): Bezeichnung für die Anfang des 7. Jh. von Mohammed auf der Grundlage von Juden- und Christentum gegründete Religion; Hingabe an den einzigen Gott, „Allah", zeichnet einen Muslim aus; Glaubenslehren sind im „Koran" festgehalten; neben dem Christentum und dem Judentum ist der Islam die dritte große monotheistische Religion.

Kalif/-al (arab. khalifa = Stellvertreter): wurde nach dem Tode des Propheten Mohammed die Bezeichnung für denjenigen, der der Gemeinde der Muslime in religiösen wie auch politischen Dingen vorstand.

Kapitalismus: Bezeichnung für eine Wirtschaftsform, die vom frei entscheidenden Unternehmer ausgeht, der im Wettbewerb mit anderen nach den Regeln von Angebot und Nachfrage Güter produziert; er setzt sein Geld (Kapital) so ein, dass er mit möglichst niedrigen Kosten einen möglichst hohen Ertrag erzielt.

Ketzer/ei (griech. katharos = rein): Begriff für religiöse Gruppen, die sich von der Kirche trennten oder wegen abweichender Lehren ausgeschlossen wurden.

Kirchenbann: höchste Strafe im religiösen Bereich; schloss den Betroffenen von allen Sakramenten der Kirche aus; der Gebannte konnte kein weltliches Amt ausüben, da er nicht zur christlichen Gemeinschaft gehörte; der Kirchenbann hatte seine Entsprechung auf weltlicher Ebene in der ▸ Reichsacht.

Kleindeutsche Lösung: sie sah eine Vereinigung der deutschen Länder unter Preußens Führung vor; die Anhänger der großdeutschen Lösung wollten auch Österreich – aber ohne dessen nicht deutschsprachige Landesteile – in einen deutschen ▸ Nationalstaat aufnehmen; dazu hätte allerdings der österreichische Vielvölkerstaat aufgelöst werden müssen; Außerdem stand der preußisch-österreichische Gegensatz einer großdeutschen Lösung im Wege.

Kolonien: ein auswärtiges abhängiges Gebiet eines Staates ohne eigene politische und wirtschaftliche Macht; im Zeitalter des ▸ Imperialismus war die Gründung von Kolonien ein wesentliches Instrument zur Machtausdehnung der europäischen Staaten.

Kommunismus (von lat. communis = gemeinsam): um 1840 in Frankreich entstandene Bezeichnung für eine zukünftige Gesellschaftsordnung, in der das Privateigentum abgeschafft ist, alle Menschen gleiche Rechte haben und die Gemeinschaft dafür sorgt, dass jeder nach seinen Fähigkeiten arbeitet und nach seinen Bedürfnissen versorgt wird; der Begriff wurde 1848 mit dem „Kommunistischen Manifest" von Karl Marx und Friedrich Engels zum politischen Schlagwort; der Kommunismus sollte über die Diktatur des Proletariats auf revolutionärem Wege herbeigeführt werden; als Parteiname trat der Kommunismus erst zu Anfang des 20. Jh. in Abgrenzung zum Sozialismus auf.

Konfession (lat. confessio = Bekenntnis): ursprünglich eine Schrift, in der die grundlegenden Glaubenssätze festgelegt wurden; später Bezeichnung für christliche Glaubensgemeinschaften.

Konstitutionelle Monarchie: die Macht des Monarchen ist nicht mehr absolut, sondern wird von einer Verfassung geregelt; der Monarch ernennt weiterhin die Regierung und nicht die Volksvertretung.

Konzil: Versammlung kirchlicher Würdenträger, die die Kirche als Ganzes repräsentieren, um verbindliche Lehrmeinungen festzulegen und Kirchengesetze zu beschließen.

Kreuzzüge: Kriegszüge der abendländischen Christenheit zur Befreiung der Heiligen Stätten, insbesondere Jerusalem, von der Herrschaft des ▸ Islam; im weiteren Sinn von der Kirche unterstützte Kriege gegen Ungläubige und ▸ Ketzer.

Kulturkampf: aus der Frage, wer in Deutschland die kulturellen Grundlagen der Gesellschaft bestimme, entwickelte sich ein Konflikt zwischen Staat und katholischer Kirche; Bismarck versuchte, den Einfluss der katholischen Kirche durch verschiedene Gesetzesbeschlüsse entscheidend zu verringern; von diesen gesetzlichen Regelungen blieben die staatliche Schulaufsicht und die Zivilehe bestehen.

Liberalismus (lat. liber = frei): Vorstellung von einem Staat, einer Gesellschaft und einer Wirtschaft, die die freie Entfaltung des Menschen mit möglichst wenigen staatlichen Eingriffen erstrebt (z. B. Recht auf freie Meinungsäußerung, Schutz vor rechtlicher Willkür, politische Mitbestimmung und Gewerbefreiheit); diese Gedanken wurden im 19. Jh. vom aufstrebenden Bürgertum getragen; liberale Parteien des 19. Jh. traten u. a. für ▶ Menschenrechte, den Verfassungsstaat, für Gewerbefreiheit und Freihandel ein.

Manufaktur (lat. manus = Hand, facere = gemacht): eine Betriebsform zur Herstellung von Gütern im Zeitalter des ▶ Merkantilismus (17./18. Jh.); Betrieb mit Arbeitsteilung und vorwiegend Handarbeit; produziert wurden Luxuswaren wie Spiegel, Uhren, Porzellan, Teppiche, aber auch Massenwaren wie Uniformen und Waffen; oft im Auftrag des Herrschers.

Menschen- und Bürgerrechte: sind – laut den Philosophen der ▶ Aufklärung – Rechte, mit denen die Menschen „von Natur aus" ausgestattet sind und in die der Staat nicht eingreifen darf; dazu gehören u. a. das Recht auf Leben, Gleichheit vor dem Gesetz, Glaubens- und Meinungsfreiheit, persönliche Sicherheit; die Menschenrechte gelten für alle in einem Staat lebenden Bürger, während die ▶ Bürgerrechte, z. B. das Wahlrecht, an die Staatsbürgerschaft gebunden sind.

Merkantilismus (lat. mercator = Kaufmann): Wirtschaftsform des 17./18. Jh.; die Wirtschaft wird in den Dienst des Staates gestellt und staatlich zu lenken versucht; Export spielt eine zentrale Rolle für den Reichtum des Staates; Herstellung von wertvollen Fertigwaren aus billigen Rohstoffen, die im Ausland mit Gewinn verkauft werden konnten; Strafzölle auf Importe von Luxuswaren; der Staat förderte die Einrichtung von ▶ Manufakturen, sorgte für den Ausbau von Handelswegen und die Anwerbung von Facharbeitern aus dem Ausland.

Militarismus: bedeutet, dass militärische Grundsätze und Wertvorstellungen das öffentliche und private Leben beherrschen.

Nation (lat. nasci = geboren werden, entstehen): größere Gruppe von Menschen mit einer gemeinsamen Staats- und Rechtsordnung, Kultur, Sprache, Religion und Geschichte; um von einer Nation zu sprechen, müssen nicht alle diese Merkmale erfüllt sein; entscheidend ist, dass die Gemeinschaft sich dieser Gemeinsamkeiten bewusst ist (Nationalbewusstsein) und sich damit von anderen Gemeinschaften absetzt; seit dem 19. Jh. ist die Idee der Nation die Grundlage der Staatenbildung in Europa.

Nationalismus: ursprünglich politische Strömung mit dem Ziel, ein Volk als ▶ Nation in einem Staat zusammenzufassen; heute negativ gesehen als übersteigertes Nationalbewusstsein, wobei die Betonung der Macht der eigenen Nation zu Intoleranz gegenüber anderen Nationen führt.

Nationalstaat: politisches Gemeinwesen, dessen Bevölkerung ganz oder überwiegend einem Volk (einer ▶ Nation) angehört im Gegensatz zum Vielvölkerstaat (z. B. das ehemalige Österreich-Ungarn).

Nationalversammlung: eine gewählte, verfassunggebende Versammlung von Abgeordneten, die die ganze ▶ Nation repräsentiert; sie schuf die ▶ Verfassung von 1791; in Deutschland trat 1848/49 eine Nationalversammlung in der Paulskirche zusammen, um über einen zukünftigen deutschen Staat zu beraten und eine Verfassung zu verabschieden.

Neuzeit: zur Abgrenzung des Mittelalters von der Neuzeit werden spezielle Ereignisse und Daten um 1500 herangezogen, z. B. die Entdeckung Amerikas, die Blütezeit des ▶ Humanismus um die Wende vom 15. zum 16. Jh., die ▶ Reformation oder die Erfindung des ▶ Buchdrucks.

Obrigkeitsstaat: Bezeichnung für einen Staat, in dem der kritiklose Glaube an Vorgesetzte besonders ausgeprägt ist und in dem der Bürger vor allem als Untertan wahrgenommen wird.

Ostkolonisation/-siedlung: eine vom 12. bis zum 14. Jh. während abendländische Siedlungs- und Kolonisationsbewegung im ostmittel- und osteuropäischen Raum.

Partei: Zusammenschluss von Bürgern, die gemeinsame politische Ziele verwirklichen wollen; die Anfänge der deutschen Parteien gehen auf die politischen Klubs und Wahlvereinigungen seit dem ▶ Vormärz zurück; Parteien möchten ihre politischen Vorstellungen durchsetzen, indem sie die Mehrheit bei Parlamentswahlen gewinnen und die Regierungsverantwortung übernehmen wollen.

Pax Mongolica: ein von westlichen Autoren geprägter Begriff für die Zeit relativer Ruhe im Innern des Mongolischen Reichs, das im 13. und 14. Jh. große Teile Asiens und Osteuropa umfasste; durch die Stabilität des Reichs konnte sich auch der Handel intensiv entfalten, insbesondere entlang der Seidenstraße.

Rassismus: Abstammung als wertendes Unterscheidungsmerkmal zwischen verschiedenen Menschen; Rassisten versuchen u. a. die Überlegenheit der eigenen „Rasse" gegenüber anderen, angeblich minderwertigen „Rassen", hervorzuheben; dazu bedient man sich oft als „wissenschaftlich" ausgegebener Untersuchungen, deren Inhalte jedoch nie haltbar waren; der Rassismus verstößt gegen die ▶ Menschenrechte.

Reform: bedeutet im Gegensatz zur ▶ Revolution Umgestaltung und Verbesserung der politischen, wirtschaftlichen und sozialen Verhältnisse innerhalb der bestehenden Gesellschaftsordnung.

Reformation (lat. reformatio = Wiederherstellung eines früheren Zustandes): eine von Martin Luther 1517 in Gang gesetzte religiöse Bewegung, die die Kirche erneuern wollte, letztlich aber zur Spaltung des Christentums in verschiedene ▶ Konfessionen führte; Anlass für die Reformation gab der ▶ Ablasshandel; den Reformatoren ging es um die reine Lehre des Evangeliums; allein Glaube, göttliche Gnade und Kenntnis der Heiligen Schrift führten nach ihrer Meinung zum Seelenheil, nicht die Leistungen der Menschen und die Vermittlung durch die Kirche, die damit ihre weltliche Machtstellung verlor; der Begriff „Reformation" wurde seit dem 18. Jh. auf die ganze Bewegung ausgedehnt, die zur Trennung von der Römischen Kirche führte.

Reichsacht: höchste Strafe für Landfriedensbrecher; Ächtung bedeutete Ausstoß aus der weltlichen Gemeinschaft, Verlust des Besitzes und aller Rechte; ein Geächteter konnte straflos getötet werden; die Reichsacht wurde zurückgenommen, wenn sich der Geächtete einem Gericht stellte.

Renaissance (frz. = Wiedergeburt): Kunst- und Kulturepoche vom 14. bis zum 16. Jh.; Künstler und Philosophen ließen sich von den Errungenschaften der griechischen und römischen Antike beeinflussen; die antike Kunst wurde neu entdeckt, außerdem änderte sich das ▶ Welt- und Menschenbild (▶ Humanismus); Zeit des Übergangs vom ▶ Mittelalter zur ▶ Neuzeit.

Reichstag: im Norddeutschen Bund und ab 1871 im ▶ Deutschen Reich das aufgrund allgemeinen Wahlrechts gebildete Reichsparlament; war für die Gesetzgebung zuständig.

Restauration (lat. restaurare = wiederherstellen): Wiedereinrichtung der alten politischen und sozialen Ordnung nach einem Umsturz; Epochenbezeichnung für die europäische Geschichte zwischen 1815 und 1848.

Revolution (frz. révolution = Umwälzung; von lat. revolvere: zurückwälzen): ein meist gewaltsamer Umsturz, der eine grundlegende Veränderung der politi-schen, gesellschaftlichen und/oder wirtschaftlichen Verhältnisse herbeiführt; im Gegensatz zur Revolution steht die allmähliche Veränderung durch eine ▶ Reform.

Säkularisierung (lat. saecularis = weltlich): Enteignung und Verstaatlichung von Kirchengut; der Staat verfügte über den Kirchenbesitz, konnte ihn verkaufen, musste aber von da an Pensionen an Mönche der aufgehobenen Klöster zahlen, Lehrer für ehemals kirchliche Schulen und Personal für Kranken- und Armenhäuser zur Verfügung stellen und entlohnen.

Selbstbestimmungsprinzip/-recht: Recht aller Völker und Nationen, ihren politischen, wirtschaftlichen, sozialen und kulturellen Status zu bestimmen; beinhaltet auch das Recht, sich zu einem selbstständigen Staat zusammenzuschließen sowie den Grundsatz, dass Veränderungen des Staatsgebietes nur mit der Zustimmung der Mehrheit der betroffenen Bevölkerung zulässig sind.

Sozialdarwinismus: die Übertragung der Lehre Darwins von der natürlichen Auslese in der Natur auf menschliche Gemeinschaften; aus ihr heraus werden soziale Ungleichheit und ▶ Rassismus gerechtfertigt.

Soziale Frage: Bezeichnung für die Probleme, die sich aus den menschenunwürdigen Arbeits- und Lebensverhältnissen der Fabrikarbeiter in der Zeit der Industrialisierung ergaben (Frauen- und Kinderarbeit, niedrige Löhne, Arbeitslosigkeit, Wohnungselend); unterschiedliche Lösungswege wurden von Unternehmern, der Kirche und dem Staat (▶ Sozialgesetzgebung) gesucht.

Sozialgesetzgebung: von Otto von Bismarck ab 1883 eingeführte gesetzliche Kranken-, Unfall-, Invaliditäts- und Alterssicherung zur Verbesserung der Notlage der Arbeiter.

Sozialismus (lat. socius: Genosse): Mitte des 19. Jh. angesichts der Folgen der Industrialisierung entstandene politische Lehre und Bewegung; ihr Ziel ist es, die Ungleichheit des Besitzes aufzuheben, Produktionsmittel, z. B. Fabriken, in Gemeineigentum zu überführen („Sozialisierung") und die wirtschaftliche Entwicklung einem Planungssystem zu unterwerfen; im letzten Drittel des 19. Jh. spaltete sich die sozialistische Bewegung in den revolutionären kommunistischen und den reformerischen sozialdemokratischen Flügel.

Sozialistengesetz: von 1878 bis 1890 geltendes Ausnahmegesetz zur Unterdrückung der organisierten

Arbeiterbewegung; alle sozialdemokratischen, sozialistischen oder kommunistischen Vereinigungen, Versammlungen und Schriften waren verboten, jedoch nicht die Sozialdemokratische Partei.

Versailler Vertrag: Vertrag zwischen den Alliierten und Deutschland, der den Ersten Weltkrieg beendete; Artikel 231 (Kriegsschuldartikel) stellte die alleinige Kriegsschuld des Deutschen Reichs fest und verpflichtete es zu Reparationszahlungen an die Siegermächte; zudem musste das Reich zahlreiche Gebiete abtreten und sein Heer erheblich reduzieren.

Völkerbund: US-Präsident Wilson forderte 1918 in seinen „Vierzehn Punkten" die Gründung eines Bundes der Nationen, um Konflikte künftig gemeinsam lösen zu können und den Frieden zu sichern; der Völkerbund wurde in Genf gegründet, jedoch ohne Beteiligung der USA.

Volkssouveränität (von franz. souvaineté, aus lat.: superanus = darüber befindlich, überlegen): Forderung der Aufklärer, dass alle Staatsgewalt vom Volk ausgehen solle; das Volk als Zusammenschluss freier Bürger bestimmt seine Regierungsform und übt die Herrschaft direkt oder indirekt, d. h. durch gewählte Abgeordnete, aus.

Vormärz: Zeit von 1830 bis 1848, in der nationale und liberale Kräfte in Deutschland gegen die Wiederherstellung der alten Ordnung (▶ Restauration) kämpften; die Proteste führten zur Märzrevolution 1848; im Vormärz herrschte in den Ländern des ▶ Deutschen Bundes Frieden nach außen, aber erzwungene Ruhe im Innern.

Weltbild: bis zur ▶ Renaissance glaubten die Menschen, die Erde (griech. geo) sei der Mittelpunkt des Weltalls und alle Planeten kreisten um sie (geozentrisches Weltbild); Nikolaus Kopernikus, ein Astronom und Mathematiker, bewies, dass die Sonne (griech. helios) den Mittelpunkt unseres Sonnensystems darstellt (heliozentrisches Weltbild).

Westfälischer Friede: zwischen 1644 und 1648 in Münster und Osnabrück ausgehandelter Friede zwischen Kaiser, Heiligem Römischen Reich, Schweden und Frankreich; damit endete der ▶ Dreißigjährige Krieg; die Landeshoheit der Reichsfürsten wurde gestärkt, die Macht des Kaisers beschränkt; Protestanten und Katholiken erhielten gleiche Rechte, erstmals wurde den Untertanen eine gewisse religiöse Toleranz gewährt.

Wiener Kongress: Versammlung von europäischen Monarchen und Staatsmännern, die 1814/15 nach der Niederlage Napoleons eine neue europäische Ordnung aufstellten. ▶ Restauration

akg-images, Berlin: 5.1, 18.1 (British Library), 21 (British Library), 30 (British Library), 33, 34, 37.2, 40.1, 41.2, 44, 45.1 (Erich Lessing), 45.2, 46.2, 47, 50.1, 50.2 (Erich Lessing), 53.1 (Andrea Jemolo), 55 (VISIOARS), 65.2, 67.3, 69, 70, 76.2, 78, 83, 85, 86.1, 89.2, 91.1, 92, 98, 103.1, 105, 106.1, 106.2 (Archives CD. St. Genès), 106.3 (Erich Lessing), 110, 113, 115.3, 116, 117, 121.2, 123.2, 123.3 (Erich Lessing), 123.4 (Erich Lessing), 128, 130, 131, 134, 135, 139, 143 (Erich Lessing), 149.1, 152 (Reiner Wulf), 154, 163.3, 164, 166, 169, 174, 175, 177.2, 180.2, 181.4, 181.6, 186.2, 196.1, 200.2, 204.1, 212.3, 213.3; Anton H. Konrad Verlag, Weißenhorn: 74; ArTeg: 159 (Marlow); ARPL: 11.1; Artothek: 71 (Constantin Beyer), 123.1; Atelier Asisi: 5; Bayerisches Armeemuseum, Ingolstadt: 127.2; Bayerische Staatsbibliothek München, Cgm. 193-III fol. 1r: 38; Bildarchiv Stephens: 10.2 (Ralph K); Bildarchiv Preußischer Kulturbesitz: 15.2 (Museum für Islamische Kunst/SMB/Wolfgang Selbach), 36 (SBB/Ruth Schacht), 43, 63, 67.1, 76.1, 80 (Staatsbibliothek zu Berlin, Dietmar Katz), 81.1+2, 86.2, 88 (Christoph Irrgang), 90, 93 (Kunstbibliothek/SMB/Knud Petersen), 97, 101, 103.2, 107.2, 133 (Kunstbibliothek/SMB/Knud Petersen), 136, 137.1, 141, 160, 163.1+2, 180.1, 184, 187, 188 (Klaus Göken), 194.2, 195, 205; Bildpostkarten – Musik & Gesellschaft – Sammlung, Giesbrecht. www.bildpostkarten.uni-osnabrueck.de: 189.1; BnF: 12, 28, 186.1; Bodleian Library, Oxford: 26.1; The Bridgeman Art Library: 24 (Biblioteca del Monasterio de Escorial, Madrid, Spain), 31 (Musée de Monuments Francais, Paris, France/Lauros/Giraudon/Bridgeman Giraudon), 35.1, 56, 60 (Musée Guimet, Paris, France, Giraudon), 65.1, 96, 107.1, 111, 112, 115.1, 121 (London Giraudon), 122, 127.1 (Giraudon), 182; Corbis: 27 (Archivio Iconografico, S. A.); DB-Museum: 142; Deutsches Historisches Museum, Berlin: 5.2, 162, 179, 194.1, 202.1, 203 (Desnica Indua); Deutsches Museum München: 42, 149; Deutsches Technikmuseum Berlin (V. GH/I/30, Paul Meyerheim, Lokomotive Montagehalle Borsig): 140; Dokumentenkabinett Vlotho: 202.2; Dollinger, Hans, Etterschlag: 204.3; Europäische Zentralbank: 138.1; Friedrich, Rudolf, München: 10.3, 11.3; Scala, Florenz: 22, 52.1 (2006), 79; Forschungsstelle Schulwandbilder, Universität Würzburg: 177.1; Gemäldegalerie Dessau/Graphische Sammlung: 129; Geo-Epoche: 58 (Das alte China, „Die Armada des Kaisers", Illustration: Wislaw Smetek); Gulbransson, Olaf (VG-Bildkunst, Bonn 2008): 165, 176; Güthenke, Detlef: 156; Herzog August Bibliothek, Wolfenbüttel, Cod. Guelf. 148 Novis 2°: 20, 77; Historisches Zentrum der Stadt Wuppertal: 150; Hoesch-Krupp, HA, Essen: 181.5; IFA-Bilderteam, Ottobrunn/München: 99; imago: 32 (Martin Werner); Interfoto: 10.1 (Daniel), 19 (Friedrich), 25 (AISA), 38.2 (AISA), 46.1 (AISA), 52.2 (Tatge, George per Alinari), 172.1 (Imagebroker/Boensch); Kunstsammlungen der Veste Coburg (Inv.-Nr: XII, 413, 700): 109; Landesbildstelle Württemberg, Stuttgart: 73; Landeshauptstadt Koblenz: 23.1; Liedtke, Peter:

157; LOOK-Foto, München: 53.2 (Rainer Martini), 172.2 (Sabine Lubenow); Mauritius Images: 11.2 (age), 14 (Photrin); Mary Evans Picture Library: 149.2; Museum Düppel: 170; Photothèque des Musées de la Ville, Paris/Andreami: 115.2; picture-alliance: 40/41 (dpa-Bildarchiv), 94.1 (dpa), 181.1 (dpa-Bildarchiv), 181.2 (akg-images), 181.3 (akg-images); Pilert, Klaus, Düsseldorf: 67.2; Rijksmuseum Amsterdam: 91.2; Roger Viollet, Paris: 4.3; Schapowalow: 167 (Atlaltide); Staats- und Universitätsbibliothek Hamburg, Carl von Ossietzky, Cod. Hebr. 37 fol 27 r: 23.2; Stadtmuseum Hofgeismar: 89.1 (Robert Wolf); Stadtmuseum Neustadt: 138.2; SV-Bilderdienst: 82, 182/183, 190, 191 (Scherl), 204.2, 206.2 (Scherl); Tate Gallery, London: 104; ullstein-bild: 26.2 (Granger Collection), 94.2 (dpa), 151 (Archiv Gerstenberg), 158, 163.4 (Archiv Gerstenberg), 178 (Archiv Gerstenberg), 189.2 (Archiv Gerstenberg), 192.2 (Granger Collection), 197 (Archiv Gerstenberg), 206.1; Württembergische Landesbibliothek Stuttgart: 207.2; Zentralbibliothek Zürich: 81.3; S.4.2: aus: Tal der Könige (Erich Hornung), Artemis Verlag, Zürich 1982; S. 57: aus Comissao Nacional para as Comemoracoes dos Descobrimentas Portogueses Portugals: Öffnung der Welt S. 8/9 Lissabon, S. 137.2: aus Giesold Lammel: Deutsche Karikaturen. Vom Mittelalter bis heute. (Metzler 1995); S. 161: nach Globus Infografik GmbH S. 198, 207.1: aus Hans Dollinger: Der Erste Weltkrieg in Bildern und Dokumenten, Wiesbaden 1965, S. 393; S. 199: aus: Heinz Dieter Schmid (Hrsg.): Fragen an die Geschichte, Bd. 3, Hirschgraben-Verlag 1981, S. 318; S. 209: aus: Th. Th. Heine: Simplicissimus (1919); S. 212.2: aus Illustrierte Geschichte des deutschen Kaiserreichs, Südwest Verlag, S. 213.1: aus: Rolf Spiker/Bernd Ulrich (Hrsg): Der Tod als Maschinist. Der industrialisierte Krieg 1914–1918, Rasch Verlag, Bramsche 1998, S. 200 – 296 Q2.

GEORGE WASHINGTON (1732–1799)
Erster Präsident der Vereinigten Staaten (1789–1797)

Herausgeber und Autoren:
Joachim Cornelissen, Meerbusch
Dr. Martin Ehrenfeuchter, Königsfeld
Dr. Christoph Henzler, Krumbach
Jan Koppmann, Berg
Dorothea Kusch, Düsseldorf
Bettina Nitsche, Ingolstadt
Wolfgang Opel, Sachsen bei Ansbach
Dr. Wolfgang Petz, Kempten
Dr. Stefan Schipperges, Offenburg
Reinhold Schmid, Weingarten
Michael Tocha, VS-Pfaffenweiler
Stefan Weih, Karlsruhe
Dr. Sabine Wierlemann, Pfinztal
Helmut Winter, Meerbusch

Zu den Kapiteleingangsbildern:

Seite 10–11: Reiseroute der Gesandtschaft von Bagdad nach Aachen mit einem Bild von fränkischen Panzerreitern sowie muslimischen Musikern und Fahnenträger; außerdem Ansichten von der Pfalzkapelle in Aachen, der Großen Moschee in Kairouan, dem Felsendom in Jerusalem und der Hagia Sophia in Istanbul

Seite 40–41: 500-Jahr-Feier zur Entdeckung Amerikas; originalgetreu nachgebaute Karavellen; Blick ins All (Abbildung aus dem Buch von Camille Flammarion „L'atmosphère", 1888); Luther predigend (aus dem Altarbild von Lucas Cranach in der Stadtkirche von Wittenberg)

Seite 92–93: Erstürmung der Bastille am 14. Juli 1789 (Ausschnitt; Aquarell; zeitgenössisch; nach Angaben des an der Erstürmung beteiligten Leutnants Cholat); Barrikadenkampf auf dem Berliner Alexanderplatz in der Nacht vom 18. zum 19. März 1848 (zeitgenössische Lithografie, Anton Klaus)

Seite 140–141: „Vor der Vollendung" (Gemälde von Paul Meyerheim, 1876; Auftragsarbeit für die Villa des Lokomotivfabrikanten August Borsig; Kaiserproklamation (Anton von Werner, Friedrichsruher Fassung, 1885)

Seite 182–183: Französische Karikatur zum europäischen Vordringen in China (1898); junge Kriegsfreiwillige jubeln in die Kamera eines Fotografen (Ausschnitt; Berlin, August 1914); Kriegsgeschehen an der Westfront (1916)

Das Papier ist aus chlorfrei gebleichtem Zellstoff hergestellt, ist säurefrei und recyclingfähig.

© 2008 Oldenbourg Schulbuchverlag GmbH, München
www.oldenbourg-bsv.de

1. Auflage 2008 R06
Druck 12 11 10 09 08
Die letzte Zahl bezeichnet das Jahr des Drucks.

Alle Drucke dieser Auflage sind untereinander unverändert
und im Unterricht nebeneinander verwendbar.

Umschlagkonzept: Mendell & Oberer, München
Umschlaggestaltung und Layoutkonzept: Groothuis · Lofert · Consorten GmbH, Hamburg
Lektorat: Dr. Karin Friedrich, Margret Bartoli (Assistenz)
Herstellung: Eva Fink
Illustrationen: Gisela Vogel, München
Karten und Grafiken: Achim Norweg, München
Satz und Reproduktion: artesmedia GmbH, München
Druck: Himmer AG, Augsburg

ISBN 978-3-486-**00626**-1
ISBN 978-3-637-**00626**-3 (ab 1.1.2009)

150 Jahre
Wissen für die Zukunft
Oldenbourg Verlag